이십이사차기 3

Ershier shi zhaji (Critical Notes on the 22Histories)

지은이 조익(趙翼, Zhao Yi, 1727~1812)은 淸 양호(陽湖 : 江蘇省 武進縣) 사람으로 자는 운송(耘松), 호는 견북(甌北)이다. 관은 광서(廣西) 진안(鎭安) 지부(知府)에 까지 올랐으나 그의 관력보다 시인으로서 역사가로서 이름을 날렸다. 시로서는 원목(袁牧), 장사전(蔣士銓)과 함께 건륭(乾隆) 3대가라 칭해졌다. 사학 방면에는 건가(乾嘉)시대 고증사학의 3대 명저의 하나인 본『이십이사차기』외에『해여총고(陔餘叢考)』,『황조무공기성(皇朝武功紀盛)』등이 있다.『청사고(淸史稿)』권485와『청사열전(淸史列傳)』권72에 그의 열전이 있다.

옮긴이 박한제(朴漢濟, Park, Han Je)는 1946년 경남 진주에서 태어나 서울대학교 동양사학과 학사, 석사, 박사 과정을 수료하였다. 1985년 이후 같은 과의 교수로 중국 중세사(위진남북조 수당사)를 가르치고 있다. 주요저서로는『중국중세호한체제연구』가 있고,『아틀라스 중국사』를 주편하였으며, 역서로는『진인각 최후 20년』이 있다. 한국 중국학회 회장과 동양사학회 회장을 역임하였으며 일본 오짜노미즈 여자대학, 대만한학연구중심, 중국사회과학원 역사연구소, 미국 하버드 대학 옌칭연구소에서 연구한 바 있다.

이십이사차기 3

1판 1쇄 인쇄 2009년 6월 25일
1판 1쇄 발행 2009년 6월 30일

지은이 / 조익
옮긴이 / 박한제
펴낸이 / 박성모
펴낸곳 / 소명출판
등록 / 제13-522호
주소 / 137-878 서울시 서초구 서초동 1621-18 (란빌딩 1층)
대표전화 / (02) 585-7840
팩시밀리 / (02) 585-7848
somyong@korea.com / www.somyong.co.kr

값 15,000원

ISBN 978-89-5626-401-1 93920
ISBN 978-89-5626-398-4 (전5권)

이십이사차기 3

二十二史箚記 三

조익 지음 | 박한제 역주

일러두기

1. 趙注 : 撰者 趙翼이 스스로 붙인 注.
2. 王注 : 『廿二史箚記校證』(北京 : 中華書局, 1984)의 王樹民의 校注.
3. '(사마)천' : 원문에 천(遷)으로 되어 있는 것은 알기 쉽게 하기 위해서 괄호를 쓴 것임.
4. 한자표기는 각조를 한 단위로 하여 붙였음. (예) 사마천(司馬遷)
5. 번역은 가능한 한 원문에 충실하려 했기에 문맥상의 이해를 돕기 위해 필요한 문장은 ( )에 넣어 보충했음.
6. [ ]은 원문의 해당 단어 표현을 뜻함.

역자 서문

오늘날 역사라는 학문은 전공하는 학자만이 아니라 다양한 직업이나 계층의 사람들도 폭넓은 관심의 대상이 되고 있다. 우리와 이웃하고 있고, 5,000년 역사를 중단 없이 이어왔을 뿐만 아니라 줄곧 동아시아 문명권의 중심에 위치했으며, 그리고 최근 비약적인 경제 성장으로 '세계의 공장'으로 불리는 중국의 역사에 대한 관심은 더욱 더 높아지고 있다. 이런 높은 관심에도 불구하고 제대로 된 중국통사 하나 내놓지 못한 것이 우리학계의 현실이다. 그것은 단적으로 우리 중국사학계가 아직 그만한 역량을 가지지 못한 데서 비롯된 것이다. 조선시대까지만 해도 학문의 주된 영역을 차지했던 중국학이 이렇게 쇠락해 버린 것은, 우리 과거의 이해뿐만 아니라 우리 민족의 장래를 위해서도 바람직한 일은 아니다. 이런 쇠락의 원인은 한두 가지가 아니겠지만, 무엇보다 근래 서양 학문에 밀려 일반 대중의 중국학에 대한 관심과 지원이 멀어진 것을 중요한 원인으로 꼽을 수 있을 것이다. 여하튼 현재 우리 중국사학계가 일반 대중의 수요에 적절하게 대응하지 못하고 있는 것은 분명한 사실이다. 이런 문제가 여전히 해결되지 않고 있는 것은 무엇보다 전문 학자와 대중간의 유리 현상이 지속되기 때문이다. 학자는 전문적인 연구논문도 써야 하지만, 대중들에게 읽을거리를 제공하는 것도 그 못지않게 소망스런 일일 것이다. 대중의 관심으로부터 멀어지면 그 지원도 기대하기 어렵기 때문이다.

여기에 전문성과 대중성을 함께 갖춘 하나의 명저가 있으니, 바로 청(清)나라의 초기 대학자 조익(趙翼)이 저술한 『이십이사차기(二十二史箚記)』가 그것이다. 이 책은 높은 학문적 수준과 함께 중국사(先秦時代에서 明代까지)의 흐름을 일목요연하게 제시하고 있다는 점에서 대중성도 아울러 갖춘 보기 드문 저작이라 할 것이다. 이 책은 그 이름대로 '이십이사'라는 각 정사(正史)의 잘 · 잘못을 검토함과 동시에 재미있고 유익한 역사적 사실을 다양하게 소개하고 있다. 역사학에 접근할 때 가장 기본적인 것은 사료의 정확한 해독이다. 역사 특히 중국사를 연구하는 데 있어서 역대 학자들이 가장 관심과 정력을 쏟았던 것은, 어떻게 하면 그 많은 사료를 섭렵하고 그것을 정확히 해석해내느냐 하는 일이었다. 이를 위해서는 한 글자 한 글자의 뜻풀이에서부터 글자의 탈루, 오자의 발견과 판본에 따라 나타나는 표현의 차이 등을 정확히 고증하는 것이 가장 중요한 작업이다. 이 작업은 전통적인 훈고학(訓詁學)이나 고증학(考證學) 등의 학문을 생성시켰다. 고증사학자인 조익이 지은 『이십이사차기』는 우선 이런 역사학 연구의 가장 기본적인 문제에서부터 시작하고 있다.

중국사의 연구 자료로서 가장 기본적인 것은 두말할 필요도 없이 각 왕조의 정사(正史)일 것이다. 중국 왕조의 정사에는 1920년대 가소민(柯劭忞)이 새롭게 수찬(修撰)한 『신원사(新元史)』를 포함하여 모두 '25사'가 있다. 그러나 대개 중국 역대 정사를 일컬을 때 흔히 '24사'라 한다. 『사기(史記)』를 비롯하여 『한서(漢書)』 『후한서(後漢書)』 『삼국지(三國志)』 『진서(晉書)』 『송서(宋書)』 『남제서(南齊書)』 『양서(梁書)』 『진서(陳書)』 『남사(南史)』

『위서(魏書)』『북제서(北齊書)』『주서(周書)』『수서(隋書)』『북사(北史)』『구당서(舊唐書)』『신당서(新唐書)』『구오대사(舊五代史)』『신오대사(新五代史)』『송사(宋史)』『요사(遼史)』『금사(金史)』『원사(元史)』, 그리고 『명사(明史)』가 바로 그것이다.

조익의 『이십이사차기』는 '22사'라 하였지만, 사실은 『신당서』와 『구당서』, 그리고 『신오대사』와 『구오대사』를 비교 고찰함으로써 실제 다룬 정사는 24개사이다. 그러니 그 서명을 오히려 『이십사사차기』라고 해도 잘못이 없다. 『이십이사차기』는 조익의 생존 당시까지 전해진 모든 정사를 바탕으로 쓴 중국통사이다. '24사'는 청을 제외한 중국 역대 왕조의 가장 기본적인 사서로 총 3,243권으로 되어 있다. 중국사를 연구하면서 반드시 갖추어야 할 책이지만, 그 방대한 양의 책을 모두 통독하기란 중국사 전공자들에게 쉽지 않은 일이다. 따라서 '24사'에 기록된 역사적 흐름의 대강을 파악하는 데는 이만큼 유익한 책도 없다. 청말의 장지동(張之洞)도 "『이십이사차기』를 읽는 것으로 정사 통독을 대신할 수 있다"고 하였다. 즉 이 책을 읽는다면 실제 '24사'를 거의 섭렵하는 효과를 거둘 수 있는 것이다. 뿐만 아니라 '24사'의 찬자가 저지른 실수나 의도적인 왜곡까지도 교감하고 바로잡았으니, 24사를 읽을 적에 반드시 옆에 두고 참조해야 할 책이 바로 이 『이십이사차기』인 것이다.

앞서 말한 것처럼 정사에 대한 정확한 해석은 중국사 연구의 기본 바탕이 되는 것이기 때문에 정사에 대한 철저한 고증작업이 역대 끊임없이 이루어져 왔다. 특히 청대에 들어 이러한 작업은 전성기를 맞는다. 그 가운데 왕명성(王鳴盛), 전대흔(錢大昕), 조익 등이 이 작업을 수행한 대표적인 인물들이다. 즉 왕명성의 『십칠사상각(十七史商榷)』, 전대흔의 『이십이사고이(二十二史考異)』, 조익의 『이십이사차기』 등은 청 건륭(乾隆)·가경(嘉慶)시대 고증사학의 3대 명저라고 칭해지고 있다.

조익은 강소성 상주부(常州府) 양호(陽湖 : 江蘇省 武進縣) 출신으로 자는 운송(耘松), 호는 견북(甌北)이다. 옹정(雍正) 5년(1727)에 태어나서 가경(嘉

慶) 19년(1812) 향년 88세로 죽었다. 조익은 나면서부터 재주가 있어 세 살 때 글자를 알기 시작했고, 12세 때 하루에 7편의 글을 지었다고 한다. 19세에 현학(縣學)에 들어가고 경사(京師)에 유학(遊學)해서 재명(才名)을 떨쳤다. 1750년(乾隆 15)에 거인(擧人)이 된 후, 관학교습(官學教習)에 보임되었다. 1754년(乾隆 19) 내각중서(內閣中書)라는 직책으로 군기처(軍機處)에 들어가 근무했고, 1761년(乾隆 26) 진사(進士)에 급제하였다. 그 후 한림원(翰林院) 편수(編修)가 되고『통감집람(通鑑輯覽)』등 역사서 편찬을 담당하였다. 31세(1766, 乾隆 31) 겨울 광서(廣西) 진안부(鎭安府)의 지부(知府)에 취임했다. 당시 부의 창곡(倉穀)의 출입을 담당하는 관리 중 부정을 저지르는 자가 많았기 때문에 조익은 그 폐단을 엄격하게 바로잡고 청렴의 정치를 펴니 백성들이 감복했다고 한다. 그가 관내를 순행할 때마다 주민이 다투어 영접하며 "우리 공(公)께서 이르렀다"고 칭송하고 후하게 그를 대접했다고 한다. 그 후 조익을 위하여 생사(生祠)가 세워지기에 이르렀다. 얼마 후 어떤 사건에 연루되어 탄핵을 당했지만 청조의 군대가 면전(緬甸 : 미얀마)에 파견되는 일이 발생하자 조익은 운남(雲南)에 파견되어 그 군사작전에 참여했다. 1770년(건륭 35) 광동(廣東) 광주부(廣州府)의 지부로 다시 임명되었다. 그곳에서도 결옥(決獄)을 공평하게 하고, 또 해도(海盜) 108명을 생포하여 법에 따라 참형에 처하는 등 공적이 많았다. 조익은 이렇게 변경지방의 지방관으로 주로 활약하는데, 그가 귀주(貴州) 귀서병비도(貴西兵備道)직을 맡고 있을 때인 1772년(건륭 37) 조정에서 광주 지부 당시의 재판처리 문제로 징계를 내리자, 어머니가 늙어 시양(侍養)해야 한다는 이유를 내세워 벼슬살이를 사양하고는 고향으로 돌아갔다. 그때 그의 나이가 46세였다.

어머니를 시양하기를 5년이던 해인 1787년(건륭 52) 대만사람 임상문(林爽文)이 난을 일으키자 이시요(李侍堯)가 상주를 지나면서 조익을 만나 군사에 참여시켰다. 이시요는 난을 평정하는데 극히 엄정하고 세심하였지만, 조익은 관서(寬恕)로서 대하여 그것을 평정하는 데 이르기까지 많은 힘을 기울였다. 대만이 평정되자 이시요는 그를 기용하려 하였지만 고사하고 향리로 은퇴하여 주로 저작 작업에 몰두하였다. 주로 안정서원(安定書院)에서 강론하고 평강(平江) 일대를 왕래하면서 시를 지었다. 당시 그의 시명(詩名)이 이미 높았고 특히 절동(浙東)의 산수(山水)를 유람하면서 주옥같은 시를 지어 원매(袁枚), 장사전(蔣士銓) 등과 병칭되는 유명한 시인이 되기도 하였다.

그러나 그의 해박한 지식은 역사 방면에서 특히 빛을 발했다. 가거(家居) 수십 년 만에 세상에 나온 『이십이사차기』 36권과 보유(補遺) 1권은 그 학식의 표현이었다. 『이십이사차기』의 자서[小引]를 쓴 시기가 건륭 60년(1795) 3월이니 이때가 바로 『이십이사차기』 초고의 완성 시기이다. 그의 조수 이보태(李普泰)가 서문을 쓴 것이 가경 5년(1800) 5월이고, 전대흔이 쓴 서문도 역시 가경 5년의 것인데, 이때의 판본은 그의 『전집』에 수록된 것으로 소위 증보본이다. 『명사』 부분 가운데 권36 「명조본기(明祖本紀)」 이하 「명조미가귀천(明朝米價貴賤)」까지의 22항목은 초간본에는 없던 것이니 이것들은 당연히 이 수년 내에 다시 작성된 것이었다.

그는 『이십이사차기』와 쌍벽을 이루는 『해여총고(陔餘叢考)』 43권을 발간함으로써 고증사학자로서 세상에 크게 알려졌다. 『해여총고』는 경(經)·사(史)·시(詩)·연호(年號)·관제(官制)·과거(科擧)·도량(度量)·길흉례(吉凶禮)·기구(器具)·오행(五行)·귀신(鬼神)·인사(人事)·병(兵)·고인(古人)·남녀(男女)에 관한 고증과 의견을 모은 것으로 고염무의 『일지록』, 전대흔의 『양신록(養新錄)』에 미치지는 못하지만, 문자와 사물에 관한 기원, 진위에 대한 고증 등에 특히 해박한 지식을 제공하고 있다. 그 밖에 그의 저작으로는 『황조무공기성(皇朝武功紀盛)』 4권, 『첨폭잡기(簷曝雜記)』 6권, 續 1권, 『견북시화(甌北詩話)』 12권 『견북집(甌北集)』 53권 등이 있다. 손성연(孫星衍)이 그의 전기(傳記)를 찬하였다. 그의 생애는 『청사고(清史稿)』 권485에 있는 그의 열전에 잘 소개되어 있다.

『이십이사차기』의 저술 내용 및 동기는 그의 자서에 잘 나타나 있다.

『이십이사차기』에서 조익은 청대 고증학파의 기풍을 이어받아 정사의 교감·교정을 가장 우선으로 했다. 명말·청초는 이민족에 의한 왕조변혁으로 생긴 정치적 혼란기였다. 이런 혼란기를 맞아 일시 학술사상계는 실사구시적(實事求是的) 학문태도와 함께 통경(通經)과 치사(治史)하는 기풍이 흥기했다. 이 시기 고염무의 주장은 당시 학술계의 흐름을 대변하고 있다. 즉 고염무는 '망국(亡國)'과 '망천하(亡天下)'를 구별해야 한다는 유명한 논설을 발표하였다. 역성개호(易姓改號)의 망국은 인의(仁義)가 충색(充塞)하여 짐승이 사람을 잡아먹고, 사람이 서로 잡아먹는 소위 망천하와는 엄격히 구별되며, (망천하를 막고) 천하를 보전하는 데는 필부지천(匹夫之賤)도 그 책임이 있다(『日知錄』「正始」)고 역설하였다. 당시 청정부도 입관(入關) 이후 민감한 정치적 토론을 문자옥(文字獄) 등으로 금지하고 처벌하였지만, 대신 회유수단으로 학자들의 순수한 학문 활동은 적극 권장하였다. 이에 고증·훈고학이 학술의 주류를 이루게 되었다. 사학 부문에서도 경학의 영향을 받아 탁월한 성취를 이룩하였으니, 전대흔의 『이십이사고이』와 왕명성의 『십칠사상각』, 조익의 『이십이사차기』 등이 그 산물이었다. 전대흔과 왕명성의 두 저작은 원래 경학자로서 경학연구과정에서 남은 힘으로 사학에 종사한 결과물이라고 한다면, 조익의 저작은 경학보다 사학에 치중한 측면이 강하였다.

이 세 저작들은 그 제목에서 나타나 있듯이 모두 정사에 대해서 고증한 책이지만 각각 다른 특징을 지니고 있다. 우선 각각 저작의 권수와 그 고증대상으로 삼은 정사를 비교하면 다음과 같다.

구 분	卷數	고증 대상 正史	비 고
『十七史商榷』	100卷	『史記』『漢書』『後漢書』『三國志』『晉書』『魏書』『北齊書』『周書』『北史』『宋書』『南齊書』『梁書』『陳書』『南史』『隋書』『新唐書』『新五代史』	실제 『舊唐書』와 『舊五代史』를 『新唐書』·『新五代史』와 비교하여 19史를 대상으로 하고 있다.
『二十二史考異』	100卷	24史에서 『舊五代史』 『明史』 제외한 正史	·
『二十二史箚記』	36卷	24史에서 『舊唐書』『舊五代史』를 제외한 正史	실제 『舊唐書』·『舊五代史』도 비교하여 24史를 대상으로 하고 있다.

전·왕·조 세 명의 저작은 모두 역대 정사를 위주로 하여 역대의 사서들을 전면적으로 연토(硏討)한 공통적 특징이 있다. 전씨의 저작은 『명사』와 『구오대사』가 빠져 이름 그대로 「이십이사」이고, 왕씨의 저작은 『사기』에서 시작하여 『신오대사』·『구오대사』에 와서 그친 나머지 통사로서 누락된 부분이 더욱 많다. 그리고 두 책 모두 개별사건이나 자구(字句)의 정정에 치중하였던 반면, 조익의 책은 24사 전부를 논했을 뿐만 아니라 사법(史法), 사실(史實)을 다 같이 중요하게 취급하여 그 스스로 독특한 특징을 가지고 있다. 물론 전·왕 두 학자의 학문 태도가 비교적 근엄하여 책 속에 착오가 비교적 적었고, 특히 전씨의 책이 정밀하여 경학의 여풍을 받은 것이라는 평가를 받고 있다. 반면 조익의 책은 그 점에선 전·왕씨에 비교해 결점이 있다는 평을 듣기도 했다.

그러나 조익의 책은 두 책에 비해 장점도 많다. 『이십이사차기』는 여러 정사에 보이는 기록들을 비교하여 사실의 진위(眞僞)를 고증하는 방법을 취하였다. 먼저 정사의 작자, 편찬 경과, 책의 성립 연대를 소개하고 사료의 내원과 그 진위, 사료가치 등을 충실하게 설명하였다. 이 점은 『십칠사상각』이나 『이십이사고이』와 크게 다르지 않다. 다만 『십칠사상각』은 정사에 있어서 잘못된 글을 개정하고 빠뜨린 글을 보충하며 더 들어간 글을 없앴고 때로는 역사서의 우열 및 그 작자에 대한 평론을 가하고 있지만 전체적으로 교감·고증이 강한 반면, 역사적 사실에 대한 보다 많은 논의나 깊은 고찰을 담고 있지는 않다. 『이십이사고이』도 사실에 대한 논의는 별로 없고 문자의 교감과 훈고, 전장제도에 대한 상세한 해설 등에 중점을 두고 있다. 그런데 『이십이사차기』는 이상의 두 책에 보이는 여러 특징을 고루 갖추면서도 그 이외에 역사적 사실에 대한 깊은 논의와 고찰을 가하고, 여기다 역사를 관통하는 시각을 제시하고 있다. 자서에도 나타나 있듯이 "고금의 풍상이 점차 변하고 정사가 자주 바뀜 등에 대해서는 잘 다스려짐과 어지러움, 흥기함과 쇠퇴함의 원인"에 대한 자신의 의사를 개진하고 있는 것이 조익의 책의 특징이다.

『이십이사차기』는 출판된 후 역사 연구자들에게 크게 중시되었다. 『한서』의 주를 단 당나라 초 안사고(顔師古) 이후 정사 문장의 잘못을 지적한 것으로는 이만한 책이 없다는 평가를 받았다. 이자명(李慈銘)은 함풍(咸豐) 6년(1856)부터 11년(1861)까지 6년 간 이 책을 세 번이나 읽고 제기(題記)를 써서 "이 책은 전 역사를 관통하여 서로 교정함으로써, 빠진 문장과 잘못된 해석들을 밝혀낸 것이 많을 뿐만 아니라, 각 왕조의 역사에서 그 요점을 종합하고 이문(異聞)을 뽑아 수미일관하게 되었으므로, 전 정사를 읽지 않더라도 이 책만으로 역대의 제도의 대략과 시정의 득실, 풍속의 성쇠, 역사가가 중시한 부분과 그 포폄의 소재를 명확하게 알 수 있으니, 진실로 흉년의 조[粟]와 귀리[稷]와 같은 것이다"라고 평하였다.

『이십이사차기』의 출판은 조익의 문집 『견북전집』에 수록되어 가경 초년 담이당(湛貽堂) 명의로 원각본(原刻本)이 간행되었다. 그 후 『이십이사차기』 한 책만으로 번각된 것이 매우 많아, 광서(光緖) 26년(1900) 광주 광아서국(廣雅書局)에서, 26년에는 호남(湖南) 신화서여산관(新化西畬山館)에서 간행되었는데, 이 2종이 가장 가본(佳本)이다. 담이당본은 비록 원각본이지만 교각과정에서 정밀함이 부족한 반면, 서여 2본은 문자 교정을 많이 했을 뿐만 아니라 내용이 소략한 곳을 간혹 교보(校補)하였다. 특히 서여본이 보정한 부분이 많다. 본 번역에 있어 대본으로 사용한 것은 왕수민(王樹民)이 교증하여 북경 중화서국(中華書局)에서 1984년에 출판한 『이십이사차기교증(廿二史箚記校證)』(上·下)이다. 왕수민의 교증본은 상기한 3가지 판본을 서로 비교하여 '가장 좋은 것을 따랐다(擇善而從)'고 한다. 원각본에 잘못이 있어 2본이 다 개정한 것은 모두 따랐으며, 원각본에 잘못이 없으나 2본이 모두 개정한 것은 원각본을 따랐다고 한다. 역주자는 본 역주본 주(注 : 별도로 【王注】라 표기함) 부분에서 이것을 밝혔다.

『이십이사차기』에 수록된 578편의 글은 모두 다채로우면서도 수미일관한 하나의 논문이라 해도 과언이 아니다. 이것들은 사료의 정확한 읽기를 바탕으로 하면서 역사를 바라보는 방법까지도 제시하고 있는 것이다. 『이십이사차기』를 통해서 그 자체만으로도 '22사'를 거의 섭렵하고 중국사학사를 통람하는 지식을 얻게 될 뿐만 아니라 중국사를 분석하는 시각까지도 배우게 된다.

예를 들어 권3의 「여후와 무후는 나란히 칭할 수 없다(呂武不當並稱)」라는 글은 잔인하기로 유명한 한 고조의 비 여후와 당의 무측천이라는 두 여성 권력자를 예리하게 비교하고 있다. 단순히 한 시대의 역사적 사실에만 매몰되지 않고 중국 전시대를 통괄하는 박학함을 여실히 드러내고 있다. 그 뿐만 아니라 본서에서는 현재 학계에서도 유력한 시대구분론의 하나로 거론되고 있는 중국 중세사의 특징인 귀족제사회론(貴族制社會論)이 이미 제시되었다는 점도 눈에 띤다. 즉, 권12의 「강좌의 권세 있는 가문에는 공신이 없었다(江左世族無功臣)」는 그의 또 다른 저서 『해여총고』의 「육조시대는 씨족을 중시했다(六朝重氏族)」는 항목과 함께 20세기 초 일본의 나이토 고난(內藤湖南)이 제시하여 현재까지 일본 학계의 하나의 축이 되고 있는 「중세귀족제론」의 논거 대부분을 제시하고 있어 그의 혜안을 엿보게 한다.

여기서 『이십이사차기』의 역주에서 교정과 출판과정에 얽힌 개인사를 약간 부기해 두고 싶다. 역주자가 『이십이사차기』를 처음 대한 것은 학부 2학년 때 해방 후 한국의 동양사학 특히 중국사학계를 이끌던 은사 고(故) 동빈(東濱) 김상기(金庠基) 박사의 「동양사강독(東洋史講讀)」 강의를 들으면서부터이다. 그때에는 대만 세계서국(世界書局)에서 출판한 것을 복사하여 사용하였다. 당시 강독교재로 조익의 『해여총고』도 함께 읽게 되었는데, 김 박사의 유려한 한문해석과 해박한 역사적 지식은 40년이 지난 지금 회상해도 경외로 다가오고 있다. 역주자는 1985년 이후 모교에서 설경(舌耕)하면서 학과의 필수과목인 「동양사사료강독」 과목

강의를 줄곧 맡았고 그 교재는 항상 『이십이사차기』였다. 이 책을 그렇게 자주 사용한 것은 이 책에 담겨져 있는 다양한 역사적 지식뿐만 아니라 역주자의 전공(위진남북조 · 수당)과 깊은 관련이 있다는 생각에서였다. 『이십이사차기』는 모두 36권으로 되어 있다. 그 가운데 후한 이전의 역사가 6권(1~6), 위진남북조와 수의 역사가 10권(6~15), 당의 역사가 5권(16~20), 오대의 역사가 2권(21~22), 송요금원사가 8권(23~30) 명대사가 6권(31~36)으로 되어 있다. 눈에 띄는 것은 위진남북조(수는 15권의 일부인 4항에 불과)와 명대의 분량이 가장 많다는 것이다. 명대는 조익이 살았던 청대의 바로 앞선 시대라는 점에서 이해가 되지만, 위진남북조가 가장 많다는 것은 쉽게 이해가 되지 않는다. 물론 위진남북조를 다룬 정사는 『삼국지』 이하 『남 · 북사』까지 24사 가운데 12사(隋書 포함)를 차지하고 있다는 점도 작용했을 것이다. 그러나 역주자는 조익을 감히 위진남북조 전공자였다고 생각하고 있다. 그의 『해여총고』에도 상당 부분을 할애해서 위진남북조를 다루고 있기 때문이다.

역주자는 1997년 2월부터 위진남북조시대에서 당 · 오대까지를 전공하는 석 · 박사과정 지도학생들(최재영 · 홍정아 · 이준희 · 최진열 · 김성희)과 함께 매주(혹은 격주로) 강독 겸 번역 주석작업을 시작하여, 만 6년이 걸려 2003년 2월에 그 작업을 완료하였다. 마침 한국학술진흥재단에서 이를 동서양고전번역과제로 선정하여 연구비를 제공함으로써 우리들에게 용기를 북돋아 주었다. 주석작업 초기에는 역주자가 관심을 가진 시대의 역사사실에 대한 이해에 중점을 두었다. 그래서 위진남북조시대 부분부터 읽기 시작하였다. 이어서 수당시대 부분을 읽었다. 역주자뿐만 아니라 학생들도 이 책에 점차 매료되기 시작했다. 그러나 더욱 치밀한 교정이 필요하다는 생각을 가졌다. 조익이 대단히 해박한 지식을 가진 학자이고, 훌륭한 고증학자이지만, 군데군데 오류도 적지 않게 발견하게 되었다. 그래서 그가 인용한 문장 하나하나를 정사 등의 해당 부분과 대조해 보기로 했다. 그리고 이제까지 출판된 각종 교정본을 참조하였다.

『이십이사차기』는 세계 어디에도 아직 제대로 된 번역이 없는 상태이다. 1945년 이전 일본에서 『국역한문대성(國譯漢文大成)』 제7권 「속경자사부(續經子史部)」 제3집에 『이십이사차기』에 대한 세천종랑(笹川種郎)과 공전연태랑(公田連太郎)의 역병주(譯幷注)본이 출판되었다. 일본의 것은 번역이라 하나 토와 약간의 주를 단 것에 불과하다. 그 외에는 중국대륙에서조차 번역본 내지 역주본이 나와 있지 않다.

이후 당대와 오대까지의 강독을 마쳤을 때는 강독에 그칠 것이 아니라 본격적인 역주작업을 진행하여 출판하는 것이 우리학계에 어느 정도 공헌할 수 있다는 생각을 가지게 되었다. 앞서 소개했듯이 『이십이사차기』는 모두 36권 578편으로 구성된 방대한 저작이다. 이 방대한 책을 단순히 그 해석에만 그치지 않고 조익이 인용한 정사 및 기타자료에 대해서 원문 대조 등의 주석작업까지를 목표로 한다는 것은 실로 지난한 일이었다. 특히 송대 이후 부분은 강독에 참여한 우리들에게는 매우 생소한 부분이었다. 따라서 본 번역은 일단 그 분량을 권1부터 권22 오대(五代)까지로 한정하기로 하였다. 권1~권22까지 모두 309편의 글이 실려 있고 22사 가운데 17사에 해당한다. 앞으로 송대부터 명대까지의 나머지 부분은 누군가 그 전공자가 우리 작업을 이어서 역주작업을 해 주었으면 한다.

『이십이사차기』의 역주로 중국사 연구자들에게 청대 고증학자의 중국 정사에 대한 독해와 이해를 우리글로써 전달함으로써 연구 진작에 조금이나마 도움이 될 수 있을 것으로 기대한다. 『이십이사차기』는 단지 중국사의 전문 연구자만이 아니라 일반인에게도 유용한 책임에 틀림없다. 『이십이사차기』는 중국사학사(中國史學史)와 중국통사(中國通史)의 두 가지 특징을 아우르는 성격을 지니고 있다. 뿐만 아니라 오늘날에 간행된 저명한 중국사학사나 중국통사 관련 교양서를 뛰어넘는 수준을 확보하고 있다. 『이십이사차기』를 통해서 중국사의 흐름과 중국인의 역사인식을 생생하게 느낄 수 있기를 역주자로서 기대한다.

역주원고는 2003년 이미 학술진흥재단으로부터 심사를 받아 출판을 허가 받았다. 그러나 도저히 바로 출판할 수가 없었다. 군데군데 보완점이 발견되었기 때문이다. 연구년을 맞아 미국에 1년간 동안 체류하면서 역자는 틈틈이 교정을 계속하였고 이후 귀국한 후에도 교정작업을 계속하여 2006년 1월 그 결과를 넘길 수 있었다. 3개월 후 소명출판사로부터 편집본 파일을 다시 돌려받았다. 편집본을 돌려받은 역주자는 또 다시 대대적인 보완과 수정이 필요함을 절감하게 되었다. 다른 연구자가 교정을 맡는 것이 오류를 하나라도 더 많이 발견할 수 있겠다고 생각했다. 이리 하여 다시 전반적인 교정작업을 맡기게 되었다. 13,000매가 넘는 이 역주본에 대한 지루하고 따분한 교정작업에 당초부터 강독에 참여했던 제자 홍정아 선생이 2년 가까운 기간 동안 귀중한 시간을 소비하며 실로 헌신적인 도움을 주었다. 홍 선생에게 이 자리를 빌려 참으로 고마움과 미안함을 전하고자 한다. 이 교정작업이 없었더라면 그녀는 몇 편의 논문을 더 써내었을 것으로 여겨지기 때문이다. 2008년 말 다시 출판사로부터 최종 교정본을 받았다. 다시 보니 고칠 곳이 많았다. 이때 석·박과정 학생들과 같이 매주 해오던 원서(周一良, 『魏晋南北朝史札記』) 강독을 중단하고 2개월여에 걸쳐 다시 한 글자 한 글자 읽고 바로잡았다. 그리고 이들은 무미건조한 색인 작업도 맡아 주었다. 이 교정과 색인 작업에 다시 헌신적으로 참여한 나의 제자들(최재영·홍정아·이준희·이기천·문미정·민혜란·한수정)에게 사랑과 감사의 말을 전한다.

이렇게 기본적인 역주작업 6년, 교정작업 6년, 총 12년이란 세월이 걸린 것이다. 강산이 변하고 남을 이 짧지 않은 세월 동안 역주자의 노력에도 불구하고 적지 않은 오역과 오류를 범하지 않았을까 심히 걱정된다. 그 모든 책임은 모두 역주자로 명기된 박한제에게 있음을 밝혀둔다. 추후 수정할 기회가 허여될 것인지, 아니면 이 역주본으로 끝날 것인지는 하느님만이 가진 권한일 것이다. 이제 10여 년 동안 지고 온 무거운 짐을 내려놓은 기쁨을 잠시나마 만끽하고 싶다. 좀 더 나은 역주본의 출판을 위한다는 역주자의 거듭된 변명을 의심하지 않고 수년간 인내심을 가져주신 학술진흥재단 관계자 여러분과 소명출판사 편집부 관계자 여러 선생들에게 이 자리를 빌려 심심한 사의를 표하고자 한다.

2009년 4월 박한제

권14

권15

二十二史箚記 전체 차례

권13

168. 『위서』에는 곡필이 많다魏書多曲筆

위수(魏收)는 북제(北齊)에서 벼슬을 하며 사서를 편찬한 것이 바로 문선제(文宣帝) [趙注 : 고양(高洋)] 때였으므로, 무릇 (북)제 신무제(神武帝)[趙注 : 고환(高歡)][1]가 (북)위(北魏) 조정에 있을 때의 일에 관해서는 반드시 굽히고 말을

---

1) 神武帝 : 高歡(496~547)의 諡號이다. 高歡의 字는 賀六渾이며, 懷朔鎮에 거주하였다. 北魏 孝昌 元年(525) 杜洛周의 起兵에 참가했으며, 葛榮에 투항했다가 尒朱榮에게 귀부하여 親信都督을 거쳐 晉州刺史가 되었다. 尒朱榮이 죽자 尒朱兆로부터 떨어져 나와 자립하였다. 普泰 元年(531) 晉陽에서 滏口로 나와 冀州를 점거하고 信都에 들어갔다. 당시 尒朱氏의 횡포가 심하자 元朗을 황제로 옹립하였다가(後廢帝), 永熙 元年(532) 洛陽을 점령한 후 元修를 皇帝로 삼고(孝武帝) 스스로 大丞相이 되었다. 晉陽에 주둔하면서 朝政을 통제하였다. 永熙 3년(534) 효무제가 關中으로 달아나자 元善見을 황제로 옹립하고(孝靜帝) 鄴을 수도로 삼으니(東魏), 이로써 北魏는 東魏와 西魏로 나뉘었다. 전후 16년간 집정하며 남으로 梁을 막고 북으로 柔然을 공격하였으며, 서쪽으로 宇文泰와

돌려 비호했다. 예를 들어 「효장(제)기(孝莊帝紀)」 건의(建義) 원년(528)에는 "(북)제(齊) 헌무왕(獻武王)[趙注 : 고환의 첫 시호이다]이 우휘(于暉) 등과 함께 양간(羊侃)을 하구(瑕丘)에서 크게 격파했다"[2]라고 썼다[趙注 : 『북사(北史)』에서는 쓰지 않았다]. (건의) 2년에는 "(북)제 헌무왕이 상당왕(上黨王) 천목(天穆)과 더불어 형고(邢杲)를 제남(濟南)에서 크게 격파했으며, 형고가 항복하자 서울로 보내어 도성의 시장에서 참수했다"[3]라고 썼다[趙注 : 『북사』에서는 쓰지 않았다]. 「전폐제기(前廢帝紀)」 보태(普泰) 원년(531)에는 "(북)제 헌무왕이 이주영(爾朱榮)이 반역하자 신도(信都)에서 의병을 일으켰다"[4]라고 썼다[趙注 : 『북사』에서는 쓰지 않았다]. 또, 「이주영전(爾朱榮傳)」 안에서는 "하음(河陰)의 사건[5]에서 (이주)영이 찬탈하고자 했으나 (북)제 헌무왕 및 사마자여(司馬子如)가 그만두라고 권하여 결국 계속 (효)장제[6]를 받들었다"[7]라고 썼다[趙注 : 『북사』에서는 유령조

苦戰했다. 후에 병으로 晉陽에서 죽었다. 아들 高洋이 北齊를 세운 후 獻武帝로 추증되었고 廟號는 太祖이다. 天統 元年(565) 謚號를 神武皇帝로, 廟號를 高祖로 바꿨다.

2) 『魏書』 卷10 「孝莊帝紀」, 261면, "癸亥, 齊獻武王・行臺于暉, 與徐兗行臺崔孝芬・大都督刁宣大破羊侃於瑕丘, 侃奔蕭衍. 兗州平."

3) 『魏書』 卷10 「孝莊帝紀」, 261면, "辛丑, 上黨王天穆・齊獻武王大破邢杲於齊州之濟南, 杲降, 送京師, 斬於都市."

4) **[王注]** 高歡이 起兵했을 때, 尒朱榮은 이미 죽었으니, 그가 만난 것은 尒朱榮의 동생이나 조카일 것이며, 『魏書』에도 원래 ('尒朱'라고만 되어 있고) '榮'字는 없으니 마땅히 삭제해야 한다. 『魏書』 卷11 「廢出三帝紀」 「前廢帝廣陵王恭」, 277면, "六月 庚申, 齊獻武王以尒朱逆亂, 始興義兵於信都."

5) 河陰은 지금의 河南省 孟津縣에 해당하는 지역이다. 여기서 이주영은 胡太后, 少帝 및 王公大臣 2천여 명을 죽이고 자립을 꾀하려 했다.

6) 孝莊帝(507~530, 재위 528~530) : 이름은 元子攸이며, 彭城王 元勰의 셋째 아들이다. 孝昌 2년(526) 長樂王에 봉해지고 侍中 中軍將軍을 역임하였다. 武泰 元年(528) 胡太后가 孝明帝를 독살하자 尒朱榮에 의해 皇帝로 옹립되었다. 尒朱榮이 朝政을 장악하고 親黨을 확대하자 永安 3년(530) 尒朱榮이 入宮하는 기회를 노려 살해하였다. 같은 해 12월 尒朱榮의 從子 尒朱兆가 복수하기 위해 起兵하여 洛陽을 함락하자 포로가 되어 晉陽으로 옮겨졌다가 三級佛寺에서 목 졸려 죽었다. 謚號는 孝莊帝이며, 廟號는 敬宗이다.

7) 『魏書』 卷74 「尒朱榮傳」, 1648면, "榮遂有大志, 令御史趙元則造禪文, 遣數十人遷帝於河橋. 至夜四更中, 復奉帝南還營幕. 帝憂憤無計, 乃令人喩旨於榮 ……. 榮旣有異圖, 遂鑄金爲己像, 數四不成. 時幽州人劉靈助善卜占, 爲榮所信, 言天時人事必不可爾. 榮亦精神恍惚, 不自支持, 久而方悟, 遂便愧悔. 於是獻武王、榮外兵參軍司馬

(劉靈助)가 그만둘 것을 권했다고 쓰고, 고환 등은 언급하지 않았다].[8] 이것은 모두 (북)제 신무제의 공을 크게 드러낸 것이다. 효무제(孝武帝[9])가 서쪽으로 옮겨 서위(西魏)를 세우고 신무제가 효정제(孝靜帝[10])를 옹립해 동위(東魏)를 세우자,[11]

子如等切諫, 陳不可之理. 榮曰 : '愆誤若是, 惟當以死謝朝廷, 今日安危之機, 計將何出?' 獻武王等曰 : '未若還奉長樂, 以安天下.' 於是還奉莊帝."

8) 『北史』 卷48 「尒朱榮傳」, 1753~1754면, "榮惑武衛將軍費穆之言, 謂天下乘機可取. 乃譎朝士共爲盟誓, 將向河陰西北三里, 至南北長堤, 悉命下馬西度, 卽遣胡騎四面圍之. …… 乃令四五十人遷帝於河橋, 沈靈太后及少主於河. 時又有朝士百餘人後至, 仍於堤東被圍. …… 榮令人誡軍士, 言元氏旣滅, 尒朱氏興, 其衆咸稱萬歲. 榮遂鑄金爲己像, 數四不成. 時榮所信幽州人劉靈助善卜占, 言今時人事未可. 榮乃曰 : '若我作不吉, 當迎天穆立之.' 靈助曰 : '天穆亦不吉, 唯長樂王有王兆耳.' 榮亦精神恍惚, 不自支持, 遂便愧悔, 至四更中, 乃迎莊帝, 望馬首叩頭請死."

9) 孝武帝(510~534, 재위 532~534) : 이름은 元修, 字는 孝則이며 廣平王 元懷의 셋째 아들이다. 出帝라고도 한다. 汝陽縣公·平陽王으로 봉해졌고, 후에 侍中 尙書左僕射가 되었다. 中興 2년(532) 丞相 高歡이 尒朱氏를 격파하고 皇帝로 옹립하였으므로, 이때 高歡이 晉陽에 주둔하면서 멀리 洛陽의 朝政을 주물렀다. 永熙 3년(534) 河南諸州의 兵을 소집하여 梁을 토벌한다는 명분으로 高歡을 토벌하려 했으나, 高歡이 20만을 이끌고 내려오자 洛陽을 포기하고 入關하여 關西大行臺 宇文泰에게 의탁하였다. 후에 독살되었다.

10) 孝靜帝(524~552, 재위 534~550) : 이름은 元善見이다. 永熙 3년(534) 丞相 高歡의 옹립으로 帝位에 올라 연호를 天平으로 바꾸었다. 이후 武定 5년(547) 宗室親信과 함께 高澄을 주살하려고 모의하다가 일이 발각되어 유폐되었다. 武定 8년(550) 丞相 高洋에게 讓位하고 中山王에 봉해졌으며, 이로써 東魏가 망하였다. 北齊 天保 2년(551) 12월 독살되었다.

11) 표 1 〈北魏－東·西魏 世系表〉

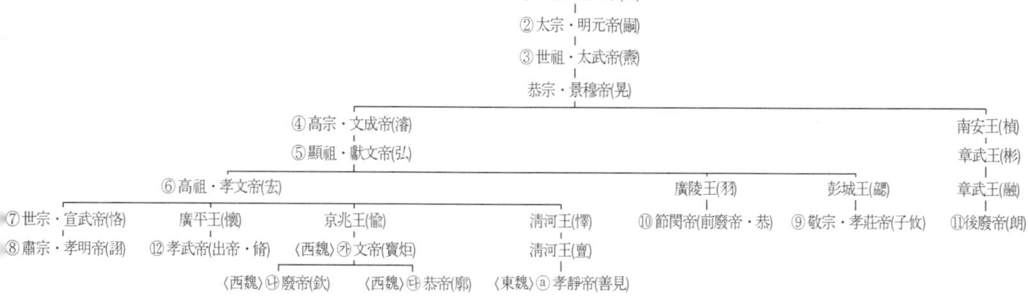

* 후폐제는 恭宗－章武王 太洛－章武王 彬－章武王 融 계열의 아들이다.

곧 서위의 임금과 신하에 대해서는 대개 깎아 내리는 글이 많았다. 효무제의 죽음에 대해서는 우문흑달(宇文黑獺)[趙注 : 즉, 우문태(宇文泰)][12]이 출제(出帝)[趙注 : 즉, 효무제]를 시해하고 남양왕(南陽王) 원보거(元寶炬)[13]에게 존호를 참칭[趙注 : 즉, 문제(文帝)]하게 했다고 썼다. 곡사춘(斛斯椿)[14]은 (효무제를) 따라 관중(關中)으로 들어갔는데, 『북사』에서는 그가 죽은 뒤에 집안에 남은 재산이 없다[15]고 썼으나, 위수의 책에서는 "교활하게 일을 많이 만들고 화란(禍亂)을 즐기어 조야(朝野)에서 그를 미워하지 않는 이가 없었다"[16]라고 기록했다. 하발승(賀拔勝)[17]은 위(魏)에서 양(梁)으로 도망갔다

---

12) 宇文泰(505 혹은 507~556) : 北朝 代郡 武川縣 사람으로 字는 黑獺이다. 아버지를 따라 鮮于修禮의 軍에 항복했고, 후에 賀拔岳을 따라 孝莊帝를 맞아들여 洛陽으로 돌아왔다. 또 万俟醜奴를 격파하고 隴右를 평정하여 行原州事가 되었다. 太昌 元年(532) 賀拔岳이 關西大行臺가 되자 左丞 領臺府司馬가 되어 모든 일에 參預하여 처리하였다. 후에 夏州刺史가 되었고 永熙 3년(534) 賀拔岳이 侯莫陳悅에게 살해당하자 무리들의 추대를 받아 군대를 이끌고 侯莫陳悅을 살해했으며, 秦隴에 위신을 떨쳤고, 關西大行臺가 되었다. 孝武帝가 入關하자 그를 죽이고 元寶炬를 즉위시켜 軍國大政을 장악하고 大將軍 丞相이 되었다. 大統 元年(535) 都督中外諸軍事 大行臺 安定公이 되었고, 大統 14년(546) 太師 大冢宰가 되어 정권을 장악하였다. 蘇綽과 盧辯을 발탁하여 개혁을 추진하였으며, 均田制를 실시하고 關隴豪右들을 廣募하여 軍旅를 증가시켜 12軍으로 편제하여 八柱國이 통제하도록 하였다. 謚號는 文公이며, 孝閔帝가 즉위한 후 謚號를 文皇帝, 廟號를 太祖라 하였다.

13) 元寶炬(507~551, 535~551) : 西魏 文帝이다. 孝文帝의 손자이며 京兆王 元愉의 아들이다. 正光 연간 直閤將軍이 되고 永安 3년(530) 南陽王에 봉해졌으며, 太昌 元年(532) 太尉 侍中, 다음 해 尙書令, 永熙 3년(534) 中軍四面大都督이 되었다. 후에 孝武帝를 따라 長安으로 달아나 太宰 錄尙書事에 제수되었다. 孝武帝가 宇文泰에게 독살된 뒤, 즉위하여 大統으로 개원하였다. 宇文泰의 통제 하에 지내다가 죽었다. 謚號는 文帝이다.

14) 斛斯椿(495~537) : 北魏 廣牧郡 富昌縣(지금의 內蒙古 準格爾旗 동남) 사람으로 字는 法壽이다. 尒朱榮에게 투항하여 軍機를 담당하였다. 孝莊帝 初 曲陽縣公에 봉해졌고 尒朱榮 大將軍府司馬가 되었다. 葛榮을 평정한 후 上黨太守 · 東徐州刺史를 역임하였다. 尒朱榮이 죽은 후 汾州刺史 尒朱兆 등에게 의탁하였다. 尙書令 尒朱世隆이 節閔帝를 세우는 일에 참여하여 侍中 驃騎大將軍이 되었다 太昌 元年(532) 尒朱氏가 高歡에게 패하자 都督 賈顯智와 함께 尒朱氏 일당을 살해하고 尒朱度律, 尒朱天光을 高歡에게 보냈다. 孝武帝 즉위에 공을 세웠고, 孝武帝에게 高歡을 도모하라고 권하였다. 일이 실패하자 孝武帝를 따라 入關하여 宇文泰에게 투신했으며, 尙書 · 太傅를 역임하였다.

15) 『北史』 卷49 「斛斯椿傳」, 1787면, "及死, 家無餘貲."

16) 『魏書』 卷80 「斛斯椿傳」, 1774면, "椿狡猾多事, 好亂樂禍, 干時敗國, 朝野莫不讎

가 또 양에서 서위로 귀순했는데, 양 무제(武帝)의 덕에 감동하여 새가 남쪽으로 날아가는 것을 보면 또한 차마 활을 쏘지 못했다. 옥벽(玉壁) 전투[18]에서 (북)제 신무제를 추격해 쫓아 거의 그를 잡을 뻔했다. 『북사』에서 "깃을 강좌(江左)에 드리우고도 (북)위 황실의 위망을 걱정하여 날개를 관서(關西)에 떨쳤으며 양나라 조정의 대우에도 감동하였으니 이는 본디 군자와 같은 사람이다"[19]라고 적었다. (그러나) 위수의 책에서는 이르길 "하찮은 술수를 부리기 좋아하고, 의지는 크지만 담이 얇았으며, 남북을 떠돌아다니며 끝내 이룬 바가 없이 적진 가운데에서 죽기에 이르렀다"[20]라고 썼다. 이는 모두 서위에서 벼슬했다 하여 마구 헐뜯은 것이다. 당시에 이미 "(북)제 편을 들고 위를 헐뜯으니 포폄함에 사사로운 감정을 늘어놓았다"라는 말이 있었으니, 그 곡필의 정도를 알 수 있다.

그런데 「효정제기(孝靜帝紀)」를 보면 고징(高澄[21])이 (효정)제에게 무례

疾之."

17) 賀拔勝(?~544) : 北魏 神武郡 尖山縣(지금의 山西省 神池縣) 사람으로 字는 破胡이다. 활쏘기에 능했으며, 아버지 賀拔度拔을 따라 懷朔鎭을 수비하였다. 후에 游擊將軍 尒朱榮에 귀부하여 別將 兼 都督이 되었다. 葛榮과 北海王 元顥의 토벌에 참여하여 眞定縣公이 되었다. 高歡이 尒朱氏 토벌을 명분으로 기병했을 때 尒朱仲遠 휘하에서 高歡과 싸웠으나 패하여 항복하였다. 太昌 元年(532) 孝武帝가 高歡을 제거하려 하자 都督三荊二郢南襄南雍七州諸軍事가 되어 응원하였다. 高歡의 공격으로 梁에 도망갔다가 大統 2년(536) 西魏로 귀환하여 太師가 되었다. 다음 해 蒲坂을 공격하였고 현지 10여 만 호를 얻어 귀환하였다. 東魏에서 잔류한 아들들을 죽이자 화병으로 죽었다.

18) 宇文泰의 西魏軍과 高歡이 이끄는 東魏 北齊軍과의 중요전투는 다음과 같다. 542년 10월의 '解玉壁圍戰', 543년 3월의 '邙山之戰'에서 東魏軍에 대패, 그리고 546년 9월의 '玉壁大戰', 548년의 '潁川之圍', 550년 9월의 '東伐'(未接戰) 등 西魏의 東魏에 대한 攻勢가 있었다.

19) 『北史』 卷49 「賀拔勝傳」, 1811면, "及勝垂翅江左, 憂魏室之危亡, 奮翼關西, 感梁朝之顧遇, 有長者之風矣."

20) 『魏書』 卷80 「賀拔勝傳」, 1781면. "勝好行小數, 志大膽薄, 周章南北, 終無所成, 致殁於賊中."

21) 高澄(521~549) : 東魏 勃海郡 蓨縣 사람으로 字는 子惠이며, 高歡의 맏아들이다. 天平 元年(534) 尙書令 大行臺 幷州刺史가 되었고, 후에 朝政을 보좌하여 領左右 京畿大都督이 되었다. 興和 2년(540) 大將軍 領中書監이 되었다. 武定 5년(547) 高歡이 죽자 司徒 侯景이 河南을 바치고 梁에 항복하려고 하여 慕容紹宗을 보내 격파하였다. 또 梁武帝와 修好하여 侯景에게 스스로 의심하도록 하였다. 大將軍 都督中外諸

했던 일[22]과 (효정)제가 (북)제[23] 문선제에게 제위를 물려줄 때 후궁들과 울면서 이별하고 송아지가 끄는 수레 한 대를 타고 떠난 일, 나중에 문선제가 거동할 때마다 항상 (효정)제에게 자기를 따르도록 한 일, 마침내 독주를 마시고 죽은 일[24] 등을 두루 서술했다. 생각해 보건대 위수가 책을 지은 것이 바로 문선제 때이므로 마침 (북)제에 아첨하는 데에도 겨를이 없었을 텐데, 어찌 감히 그 일을 바로 쓸 수 있었겠는가? 이것은 분명 (위)수가 쓴 원본이 아니고, 후대 사람이 『북사』의 문장을 취하여 그것을 보충한 것이다.

다만 「후비전(后妃傳)」 안에서는 효정제의 황후인 고(高)씨가 본래 신무(제)의 딸이고 문선(제)의 누이인데, (효정)제가 붕어한 뒤 양준언(楊遵彦,

---

軍事 渤海王이 되었고, 武定 7년(549) 相國 齊王이 되었다. 후에 몰래 선양에 대해 논의하다가 살해되었다. 謚號는 文襄帝, 廟號는 世宗이다.

22) 『魏書』 卷12 「孝靜帝紀」, 313면, "齊文襄王嗣事, 甚忌焉, 以大將軍中兵參軍崔季舒爲中書黃門侍郎, 令監察動靜, 小大皆令季舒知. 文襄與季舒書曰 : '癡人復何似? 癡勢小差未?' 帝嘗與獵於鄴東, 馳逐如飛. 監衛都督烏那羅受工伐從後呼帝曰 : '天子莫走馬, 大將軍怒.' 文襄嘗侍飲, 大擧觴曰 : '臣澄勸陛下酒.' 帝不悅, 曰 : '自古無不亡之國, 朕亦何用此活!' 文襄怒曰 : '朕! 朕! 狗脚朕!' 文襄使季舒毆帝三拳, 奮衣而出. 明日, 文襄使季舒勞帝, 帝亦謝焉. 賜絹, 季舒未敢受, 以啓文襄, 文襄使取一段. 帝束百匹以與之, 曰 : '亦一段耳!'"; 高澄을 '文襄'이라 칭하고 있다.

23) 표2 〈北齊 世系表(550~577년, 6대 28년)〉

高祖・神武帝(歡)
- 世宗・文襄帝(澄)
- ① 顯祖・文宣帝(洋)
  - ② 廢帝(殷)
- ③ 肅宗・孝昭帝(演)
- ④ 世祖・武成帝(湛)
  - ⑤ 後主(緯)
    - ⑥ 幼主(恒)

24) 『魏書』 卷12 「孝靜帝紀」, 314면, "及將禪位於文宣, …… 帝乃下御座, 步就東廊 …… 乃與夫人妃嬪已下訣, 莫不欷歔掩涕. 嬪趙國李氏誦陳思王詩云 : '王其愛玉體, 俱享黃髮期.' 皇后已下皆哭. 直長趙德以故犢車一乘候於東上閤, 帝上車, 德超上車持帝. …… 遂入北城下司馬子如南宅. 及文宣行幸, 常以帝自隨. 帝后封太原公主, 常爲帝嘗食以護視焉. 竟遇酖而崩."

곧 양음(楊愔))에게 시집갔다고 씀[25])으로서 역시 대략 꺼리고 피한 것이 없는 것 같았기 때문에, (나는) 『해여총고(陔餘叢考)』 전편(前編)에서 (위)수의 원본이 아니라고 했지만,[26]) 지금 그것을 상세히 생각해 보니 바로 (위)수가 (양)준언에게 아첨하고 빌붙어 제실과 통혼한 영화로움을 나타내려고 한 것으로 보인다. 그러니 이 열전은 실로 (위)수가 쓴 것이며 『북사』의 문장을 베낀 것이 아니다. '준언'은 양음(楊愔)[27])의 자(字)인데, 역사가는 (인물의) 이름을 쓰지 (그 인물의) 자를 쓰지 않는데도 이제 유독 그의 자를 썼으니, 더욱 그(위수)가 (양)음에게 아첨하여 감히 이름을 쓰지 않았던 것임을 볼 수 있다. 그러므로 (위)수의 책은 아첨해 빌붙는 데에 내달리어 꺼릴 바를 피하였고 시비가 공정하지 않으니, 진실로 이른바 지저분한 사서[穢史]인 것이다.

효무제는 고환과 화합하지 못해 서쪽으로 옮겨갔는데, 관중에 들어간 뒤 후궁[閨門] 내에 예절이 없음으로 인해서 우문태에게 독살되었다.[28]) 위수는 (북)제에 있으면서 『위서』를 썼으니 그 추함을 상세히 드러냄이 마땅했는데도 「출제기(出帝紀)」[趙注 : 곧 효무제]에서는 전혀 서술해 언급하지 않

---

25) 『魏書』 卷13 「孝靜皇后高氏傳」, 341면, "孝靜皇后高氏, 齊獻武王之第二女也. …… 五月, 立爲皇后, 大赦天下. 齊受禪, 降爲中山王妃. 後降于尙書左僕射楊遵彦."

26) [王注] 이 글은 『陔餘叢考』 卷7에 보인다. 陳垣은 말하길 忌諱가 없는 것이 아니라, 곧 再嫁를 꺼리지 않은 것이라고 했다; 『陔餘叢考』 卷7 「魏收書有後人所補者」條, "…… 魏書孝靜帝紀一卷及皇后傳一卷必非收原本乃後人反抄北史以補之者也."

27) 楊愔(511~560) : 北齊 弘農郡 華陰縣 사람으로 字는 遵彦, 小名은 秦王이다. 어려서 經史에 정통했으며, 孝昌初 아버지를 따라 定州에 갔다가 杜洛周軍에게 구금되었다. 永安初 洛陽으로 돌아와 通直散騎常侍가 되었고, 普泰 元年(531) 高歡에게 투항해 行臺郎中, 大行臺右丞을 역임했으며 각종 문장을 관장하였다. 北齊初 官爵이 尙書令 開封王에 이르렀다. 文宣帝 高洋이 죽고 遺詔를 받아 太子 殷을 세우고, 常山王 高演과 長廣王 高湛의 세력을 꺾으려다 일이 누설되어 피살당했다.

28) 『北史』 卷5 「魏孝武帝紀」, 174면, "帝之在洛也, 從妹不嫁者三. 一曰平原公主明月, 南陽王同産也; 二曰安德公主, 淸河王懌女也; 三曰蒺莉, 亦封公主. 帝內宴, 今諸婦人詠詩, 或詠鮑照樂府曰 : '朱門九重門九閨, 願逐明月入君懷.' 帝旣以明月入關, 蒺莉自縊. 宇文泰使元氏諸王取明月殺之. 帝不悅, 或時彎弓, 或時推案, 君臣由此不安平. …… 須臾, 帝飮酒, 遇酖而崩, 時年二十五."

았고, 다만 "황제가 우문흑달에게 해를 당했다"29)라고만 말했으니, 이는 오히려 '악행을 쓰기 꺼리는 뜻[諱惡之義]'을 남긴 것이다. 어쩌면 (위)수가 책을 편찬할 때 효무(제) 후궁에 관한 일이 아직 (북)제에 알려지지 않았기 때문일까?

169. 『위서』에서 본기와 열전의 내용이 서로 다른 곳 魏書紀傳互異處

『위서(魏書)』「도무제(道武帝) 선목황후전(宣穆皇后傳)」[趙注 : 명원제(明元帝)의 어머니인 유귀인(劉貴人)]을 보면, (북)위(北魏) 고사에 후궁이 아들을 낳아 장차 태자[儲貳]가 되면 그 어머니는 모두 사사(賜死)되었는데, 그런 까닭에 (선목)황후가 옛 법도(舊法)30)에 따라 죽었다고 한다.31) 그러나 본기와 열전을 살펴보아도 도무제(道武帝)32) 이전에는 그러한 일은 없었다. 「명원(제)본기(明元本紀)」에는, 도무(제)가 명원(제)을 태자로 책립하려고 하여, 그를 불러 "예전에 한(漢) 무제(武帝)가 아들을 책립하려고 하면서 그 어머니를 죽였으니, 아낙네가 국정에 간여하지 못하게 하려는 이유였다. 너는 마땅히 제위를 이을 것이므로, 나는 멀리 한 무제와 같이 하고자 한다"라고 말하고, 이에

---

29) 『魏書』 卷10 「出帝紀」, 292면, "閏十二月季巳, 帝爲宇文黑獺所害, 時年二十五."

30) 여기서 '舊法'이란 일반적으로 北魏 성립 이전의 代國시대의 법도를 가리킨다.

31) 『魏書』 卷13 「道武宣穆皇后劉氏傳」, 325면, "魏故事, 後宮產子將爲儲貳, 其母皆賜死. 太祖末年, 后以舊法薨."

32) 道武帝(371~409, 재위 386~409) : 이름은 拓跋珪이며 北魏의 창시자이다. 拓跋猗盧가 代王에 봉해진 후 什翼犍 시기 前秦에 망하였다. 前秦이 淝水의 전투로 와해되자 다시 復國하여 代王이라 칭했으며 年號를 登國이라 칭하고 盛樂에 도읍을 정했다. 皇始 2년(397) 後燕의 수도 中山을 점령한 후 稱帝하고 宮室·宗廟·社稷을 세웠으며 博士를 설치하였고, 官制·爵品·律令을 제정하였다. 後燕의 遺民들을 平城 인근으로 遷徙하여 計口受田을 실시하였다. 말년에 난폭해져서 大臣을 다수 살해했으며, 天賜 6년(409) 작은 아들 拓跋紹에게 살해되었다. 諡號는 道武帝, 廟號는 太祖이다.

유귀인이 죽으니 명원(제)이 슬픔을 이기지 못했다고 적고 있다.[33] 이에 근거하자면, 아들을 책립하면서 먼저 그 어머니를 죽이는 예는 실은 도무(제)로부터 시작된 것이다. 『위서』를 두루 살펴보아도 도무(제) 이전에는 실로 이러한 예가 없는데, 열전에서는 어찌 북위 '고사(古事)'[34]라고 말하는가? 『북사(北史)』 또한 마찬가지로 이러한 오류를 범했다.

170. 이주영전爾朱榮傳

『북사(北史)』에 나오는 (북)위 여러 신하들의 열전은 많은 부분에서 위수(魏收)의 책과 서로 같다. 다만 「이주영전(爾朱榮傳)」만은 이주영(爾朱榮[35])의 아들 (이주)문창(爾朱文暢)이 (위)수에게 금을 보내 아버지를 위해 좋은 전기를 지어 줄 것을 청하여, (위)수가 논하는 글 안에 결국 '덕스럽고 의로운 기풍을 닦았으니 시위(豕韋), 대팽(大彭),[36] 이윤(伊尹), 곽광(霍光)인들 무릇

---

33) 『魏書』 卷3 「明元帝紀」, 49면, "初, 帝母劉貴人賜死, 太祖告帝曰 : '昔漢武帝將立其子而殺其母, 不令婦人後與國政, 使外家爲亂. 汝當繼統, 故吾遠同漢武, 爲長久之計.' 帝素純孝, 哀泣不能自勝, 太祖怒之. 帝還宮, 哀不自止, 日夜號泣."

34) '古事'란 단순히 옛 일을 가리키는 것이 아니라 法令에 상응하는 규정을 뜻한다.

35) 爾朱榮(493~530) : 北魏 北秀容(지금의 山西省 忻州) 사람으로 字는 天寶이며, 契胡의 部落酋長이다. 孝明帝 때 直寢 游擊將軍을 지냈다. 正光中 사방에서 반란이 일어나자 이를 기회로 각 부족을 토벌하고 六鎭반란에 참여하였다. 車騎將軍을 거쳐 大都督이 되었다. 武泰 元年(528) 孝明帝가 胡太后에게 독살되자 군대를 이끌고 洛陽으로 진격하여 河陰(지금의 河南省 孟津縣)에서 胡太后, 少帝 및 王公大臣 2천여 명을 죽이고 孝莊帝를 옹립하였다. 그리고 스스로 都督中外諸軍事 大將軍 兼尙書令領軍將軍 太原王이 되었다. 滏口에서 葛榮 등을 격파했으며, 다음 해 北海王 元顥를 격파하여 天柱大將軍이 되었다. 親黨을 심고 朝政을 좌우하게 되니, 孝莊帝가 그의 전권행사에 불만을 품고 入宮하도록 유인하여 살해하였다. 이 성씨는 본문에는 '爾朱'으로 표기했으나, 中華書局本 『魏書』 등에는 '尒朱'으로 표기하고 있다.

36) 豕韋와 大彭은 商代의 霸主를 가리킨다(『北齊書』 卷37 「魏收傳」, 498면, 注12 "'彭、

어찌 비길 수 있겠는가'[37] 하는 것과 같은 말이 있게 되었다고 세간에 전한다.[38] 그래서 『북사』의 이 열전(「이주영전」)에서는 개정한 바가 많았다.

이제 (위)수의 책을 살펴보면, 대체로 그 공업은 드러내고 악행은 줄였으니, 먼저 그(이주영)가 만자걸진(萬子乞眞), 번화파륜험(番和婆崙嶮), 걸·보락견호(乞·步落堅胡) 유아여(劉阿如), 칙륵(勅勒) 북열보약(北列步若), 늑근(勒勤) 곡률낙양(斛律洛陽), 비야두목자(費也頭牧子) 등을 토벌한 것을 쓰면서[39] 아주 상세히 하여 빠뜨리는 것이 없었다.[40] 갈영(葛榮)[41]이 반

韋'指大彭、豕韋, 是傳說中的商代霸主, 故置於伊尹、霍光之前"); 『北史』 卷56 「魏收傳」, 2051면, 注18, "則韋彭伊霍夫何足數 諸本'韋'作'韓'. 錢氏考異云 : '魏書卷七四尒朱榮論本作彭、韋, 謂大彭、豕韋也. 此作韓、彭, 亦後人妄改.' 按錢說是."

37) 『魏書』 卷74 「尒朱榮傳」, 1656~1657면, "史臣曰 : '…… 向使榮無姦忍之失, 修德義之風, 則彭、韋、伊、霍夫何足數. ……'."

38) 『北史』에서는 尒朱文暢이 아니라 그의 弟 尒朱文略이 뇌물을 전한 것으로 되어 있다. 『北史』 卷48 「尒朱榮傳 附 子文略傳」, 1764면, "文略嘗大遺魏收金, 請爲父作佳傳, 收論榮比爲韋·彭·霍, 蓋由是也"; 『北史』 卷56 「魏收傳」, 2031면, "尒朱榮於魏爲賊, 收以高氏出自尒朱, 且納榮子金, 故減其惡而增其善, 論云 : '若修德義之風, 則韋、彭、伊、霍, 夫何足數."

39) **[王注]** 番和婆崙嶮의 '番'은 '素'의 잘못이며(『魏書』 卷74 「尒朱榮傳」, 1645면, "素和婆崙嶮") '乞'字 위에는 『魏書』 원문에 '內附叛胡' 네 글자가 있으니, 이는 『魏書』에 의거하여 직접 개정할 수 있는 것이다. 또한, '萬子乞眞'은 마땅히 '萬于乞眞'이라 해야 하고, '北列步若'은 응당 '叱列步若'이라 해야 하니, 이는 『魏書』의 글에 잘못이 있어 마땅히 개정해야하는 것이다. 또한, '勒勤'은 '勅勒'의 잘못이고, '乞'은 '內附叛胡'의 이름이며, '劉阿如'는 '步落堅胡'의 이름이며, '叱列步若'과 '斛律洛陽'은 모두 勅勒部 首領의 이름이다. 그러므로, 이 문장은 읽는데 잘못이 있으니 마땅히 다음과 같이 고쳐야 한다. "先敍其討破萬于乞眞, 素和婆崙嶮, 內附叛胡乞, 步落堅胡 劉阿如, 勅勒叱列步若, 勅勒斛律洛陽, 費也頭牧子等". 이 조항은 標點本 『魏書』 「尒朱榮傳」 校勘記 1을 참고할 수 있다.

40) 『魏書』 卷74 「尒朱榮傳」, 1645면, "秀容內附胡民乞扶莫于破郡, 殺太守; 南秀容牧子萬子乞眞反叛, 殺太僕卿陸延; 并州牧子素和婆崙嶮作逆. 榮並前後討平之. 遷直閤將軍、冠軍將軍, 仍別將. 內附叛胡乞、步落堅胡劉阿如等作亂瓜肆, 敕勒北列步若反於沃陽, 榮並滅之. 以功封安平縣開國侯, 食邑一千戶. 尋加通直散騎常侍. 敕勒斛律洛陽作逆桑乾西, 與費也頭牧子迭相掎角, 榮率騎破洛陽於深井, 逐牧子於河西. 進號平北將軍、光祿大夫, 假安北將軍, 爲北道都督."

41) 葛榮(?~528) : 처음에 懷朔鎭將이었는데, 孝昌 2년(526) 五原降胡 鮮于修禮를 따라 난을 일으켰다. 鮮于修禮가 부하 元洪業에게 살해되자, 드디어 元洪業을 살해하고 그 부를 합하였다. 博野에서 章武王 元融을 살해하고 天子를 자칭하여 國號를 齊, 年

란을 일으키게 되자 토벌할 것을 청하는 상소 하나를 실었다.[42] 명제(明帝, 곧 肅宗)가 죽게 되자 서흘(徐紇), 정엄(鄭儼)을 주살할 것을 청하는 상소 하나를 실었다.[43] 장제(莊帝)를 옹립한 뒤에는 (장)제가 (이주영에게) 주국대장군(柱國大將軍)을 제수하는 조서 하나를 실었다.[44] 갈영을 사로잡은 뒤에는 (장)제가 대승상(大丞相)을 제수하는 조서 하나[45]와, 또 작위를 태사(太師)로 높이는 조서 하나를 실었다.[46] 원호(元顥)를 평정한 뒤[47]에는 (장)제가 천주대장군(天柱大將軍)을 제수하는 조서 하나를 실었다.[48]

號를 廣安이라 하였다. 武泰 元年(528) 杜洛周를 죽이고 그 부중을 통합하였으며, 冀州・定州・滄州・瀛州・殷州를 장악하고 군대가 백만이라 칭하였다. 鄴을 포위하여 柱國大將軍 尒朱榮과 滏口에서 싸웠으나 패하여 사로잡혔으며 洛陽으로 끌려가 살해되었다.

42) 『魏書』 卷74 「尒朱榮傳」, 1645~1646면, "榮以山東賊盛, 慮其西逸, 乃遣兵固守滏口以防之. 復上書曰 : '臣前以二州頻反, 大軍喪敗, 河北無援, 實慮南侵, 故令精騎三千出援相州, 京師影響, 斷其南望, 賊聞此衆, 當亦息圖. …… 葛榮雖并洛周, 威恩未著, 人類差異, 形勢可分.' 於是榮遂嚴勒部曲, 廣召義勇, 北捍馬邑, 東塞井陘."

43) 『魏書』 卷74 「尒朱榮傳」, 1646~1647면, "尋屬肅宗崩, 事出倉卒, 榮聞之大怒, 謂鄭儼、徐紇爲之, 與元天穆等密議稱兵入匡朝廷, 討定之. 乃抗表曰 : '伏承大行皇帝背棄萬方, 奉諱號踊, 五內摧剝. …… 然後更召宗親, 推其年德, 聲副遐邇, 改承寶祚, 則四海更蘇, 百姓幸甚.' 於是遂勒所統將赴京師."

44) 『魏書』 卷74 「尒朱榮傳」, 1649면, "七月, 詔曰 : '乾坤統物, 星象贊其功; 皇王御運, 股肱匡其業. …… 太原王榮爰戴朕躬, 推臨萬國, 勳踰伊霍, 功格二儀, 王室不壞, 伊人是賴. 可柱國大將軍、兼錄尙書事, 餘如故.'"

45) 『魏書』 卷74 「尒朱榮傳」, 1650면, "詔曰 : '功格天地, 錫命之位必崇; 道濟生民, 褒賞之名宜大. …… 可大丞相、都督河北畿外諸軍事, 增邑一萬戶, 通前三萬, 餘官悉如故.'"

46) 『魏書』 卷74 「尒朱榮傳」, 1651면, "又詔曰 : '我皇魏道契神元, 德光靈範, 源先二象, 化穆五才, 玉歷與日月惟休, 金鼎共乾坤俱永. …… 可以冀州之長樂、相州之南趙、定州之博陵、滄州之浮陽、平州之遼西、燕州之上谷、幽州之漁陽等七郡, 各萬戶通前滿十萬戶爲太原國邑.' 又進位太師, 餘如故."

47) 北魏 宗室인 北海王 元顥가 남쪽 梁나라로 도망갔는데, 梁 武帝가 그를 魏主로 옹립해 군사를 주어 북위로 돌려보낸 것을 尒朱榮이 평정했다(『魏書』 卷74 「尒朱榮傳」, 1651~1652면 및 『魏書』 卷21上 「北海王顥傳」, 564~565면 참조).

48) 『魏書』 卷74 「尒朱榮傳」, 1652~1653면, "詔曰 : '周武奉時, 藉十亂以纂曆; 漢祖先天, 資三傑以除暴. …… 非常之功, 必有非常之賞, 可天柱大將軍. 此官雖訪古無聞, 今員未有, 太祖已前增置此號, 式遵典故, 用錫殊禮. 又宜開土宇, 可增封十萬, 通前二十萬, 加前後部羽葆鼓吹. 餘如故.'"

(이주)영이 죽은 뒤에는 또 폐제(廢帝)[49]가 (이주영을) 추증하는 조서 세 편을 실었다.[50] 그러나 (이주)영이 멋대로 굴며 임금을 무시하고 흉악하게 사람을 마구 죽인 것과, 장제가 핍박을 두려워하여 화를 근심한 나머지 몰래 (이주)영을 죽이려고 한 일에 대해서는 그다지 상세하지가 않다. 책을 보는 사람에게 다만 공이 많고 죄가 적은 것처럼 느끼게 만들었으니, 이는 (위)수가 글을 멋대로 쓴 것이다.

『북사』는 만우걸진(萬于乞眞) 등 하찮은 도적을 토벌한 것에 대해서는 몇 마디 말을 바로잡은 데에 지나지 않았고, 그 상소문과 조서는 모두 삭제해 버렸지만[趙注 : 이는 본래 『북사』의 체제가 이와 같은 것이니, 「이주영전」에서만 오로지 생략한 것은 아니다], 그러나 하음(河陰)에서 조정 신하들을 죽인 것과[趙注 : 『위서』에서는 천삼백 명이라 했고,[51] 『북사』에서는 이천여 명이라 했다][52] 장제가 (이주)영을 죽인 것[53]에 대해서는 상세하게 서술하여 그림처럼 역력했으니, 이로써 공과 죄가 각각 서로 덮히지는 않았다.

그러나 (위)수의 책에서도 하음의 사건에서 (이주)영이 황제의 형제를 죽이고 아울러 황제도 별도의 장막(別帳)에다 유폐하여 죽이려고 했는데, 이미 조원칙(趙元則)을 시켜 선양한다는 글을 짓게 하고 이어 자신의 상을 주조했으나 완성하지 못하자 이에 돌아와 장제를 받들었다는 부분[54]에서는,

---

49) 高歡에게 폐위된 前廢帝 恭을 이른다. 나중에 西魏에서 節閔帝라고 시호를 추증했다.

50) 『魏書』 卷74 「尒朱榮傳」, 1655면, "前廢帝初, 世隆等得志, 乃詔曰 : …… 又詔曰 : …… 詔曰 : ……."

51) 『魏書』 卷74 「尒朱榮傳」, 1648면, "因縱兵亂害, 王公卿士皆斂手就戮, 死者千三百餘人, 皇弟、皇兄並亦見害, 靈太后、少主其日暴崩."

52) 『北史』 卷48 「尒朱榮傳」, 1753면, "妄言丞相高陽王欲反, 殺百官王公卿士二千餘人, 皆斂手就戮."

53) 『北史』 卷48 「尒朱榮傳」, 1761면, "二十五日, 旦, 榮、天穆同入, 其日大欲革易. 上在明光殿東序中西面坐, 榮與天穆並御牀西北小牀上南坐, 城陽入, 始一拜, 榮見光祿卿魯安等持刀從東戶入, 卽馳向御坐, 帝拔千牛刀手斬之, 時年三十八. 得其手板上有數牒啓, 皆左右去留人名, 非其腹心, 悉在出限. 帝曰 : '豎子! 若過今日, 便不可制.' 時又天穆與榮子菩提亦就戮, 於是內外喜叫, 聲滿京城. 旣而大赦."

54) 『魏書』 卷74 「尒朱榮傳」, 1648면, "(尒朱)榮遂有大志, 令御史趙元則造禪文, 遣數十人遷帝於河橋. 至夜四更中, 復奉帝南還營幕. 帝憂憤無計, 乃令人喩旨於榮 ……."

또한 결국 조금도 피할 수 없었으니, 역시 크게 실상을 잃은 것은 아니다.

다만, (이주)영의 딸이 앞서 명제의 빈(嬪)이었는데, (이주)영이 장제의 황후로 삼으려고 하자, (장)제가 조영(祖瑩)의 말을 따라 그를 책립했다.[55)] 이 일은 (『위서』) 「(이주)영전」 가운데에서는 끝내 결코 한 글자도 없으니, 이 황후를 나중에 북제(北齊) 신무제(神武帝)가 맞아들였기 때문에[56)] 꺼린 것이다. 그러한 즉, (위)수가 이주(씨)에게 (허리)굽혀 따른 것이 아니라 고(高)씨에게 굽혀 따른 것뿐이었다.

171. 서위서西魏書[57)]

(북)위(北魏)는 호태후(胡后)가 임조(臨朝)하고 효명제(孝明帝)[58)]가 붕어한

榮旣有異圖, 遂鑄金爲己像, 數四不成. 時幽州人劉靈助善卜占, 爲榮所信, 言天時人事必不可爾. …… 於是還奉莊帝"; 소위 '鑄像卜休咎' 행위는 북방 유목민족의 습속인데, 이것에 대해서는 본서 중 卷14 「190. 북위에서는 상을 주조하여 길흉을 점쳤다[後魏以鑄像卜休咎]」條를 참조할 것.

55) 『北史』 卷48 「尒朱榮傳」, 1754~1755면, "榮女先爲明帝嬪, 欲上立爲后, 帝疑未決. 給事黃門侍郎祖瑩曰 : '昔文公在秦, 懷嬴入侍. 事有反經合義, 陛下獨何疑焉?' 上遂從之, 榮意甚悅."

56) 『北史』 卷14 「齊彭城太妃尒朱氏」, 518면, "彭城太妃尒朱氏, 榮之女, 魏孝莊后也. 神武納爲別室, 敬重踰於婁妃, 見必束帶, 自稱下官."

57) **[王注]** 이 글은 趙翼이 謝啓昆의 『西魏書』를 評論한 것으로 『西魏書』에서 「附錄」으로 넣었는데, 문장이 본서와 거의 비슷하니, 본서에 넣을 때 이미 修訂하였다. 謝啓昆이 이 글을 보았을 때 일찍이 趙翼에게 편지를 보냈으니, 곧 이 편의 뒤에 붙인 것이고, 이로 인하여 趙翼의 「사온산 번백에게 답하는 편지」가 있게 되었는데, 이 책에서는 역시 수록하였다. 그 뒤 謝啓昆이 다시 답서를 지었는데, 여기서는 싣지 않고 『西魏書』 「附錄」 가운데 그것을 실었다. 謝啓昆의 두 문장은 모두 『樹經堂文集』 卷3 가운데 들어갔는데, '丁巳'라고 밝혔으니 곧 嘉慶 2년(1797)이다.

58) 孝明帝(510~528, 재위 515~528) 이름은 元詡, 혹은 拓跋詡이며, 宣武帝의 둘째 아들이다. 延昌 4년(515) 6세의 나이로 즉위하여 高陽王 元雍 등이 輔政하고 胡太后가 臨朝稱制하였다. 正光 元年(520) 侍中 元叉가 太后를 협박하여 歸政하게 하였고, 孝昌 元年(525) 太后와 元雍 등이 元叉를 주살하여 다시 胡太后가 臨朝稱制하였으며, 鄭儼과 徐

이후로, 이주영(爾朱榮)이 군사를 일으켜 (호)태후와 소제(少帝)를 황하(黃河)에 빠뜨려 죽이고[59] 장락왕(長樂王) (원)자유(元子攸)를 세웠는데, 이가 효장제(孝莊帝)이다. (효장)제가 (이주)영이 멋대로 전횡한다 하여 손수 그를 죽이자, 이주조(爾朱兆) 등이 군사를 일으켜 (효장)제를 해치고 장광왕(長廣王) 원엽(元曄)을 옹립했으나, 또 (원)엽이 광릉왕(廣陵王) (원)공(元恭)에게 선양한다고 조서를 내리니, 이가 절민제(節閔帝)[60]이다[趙注 : 『위서(魏書)』에서는 전폐제(前廢帝)라고 했다]. 고환(高歡)이 군사를 일으켜 이주(爾朱)씨를 토벌하고 절민제를 폐위한 후 평양왕(平陽王) (원)수(元修)를 세우니 이가 효무제(孝武帝)이다. 오래지 않아 (효무)제는 (고)환과 화합하지 못하여 결국 서쪽 관중(關中)으로 옮겨가서 우문태(宇文泰)에게 의지했다. (고)환은 따로 청하왕(淸河王) (원)단(元亶)의 아들 (원)선견(元善見)을 세워 황제로 삼으니 이것이 동위(東魏)이고, 효무제(의 나라)는 서위(西魏)가 되었다. 생각건대 (고)환이 절민제를 폐위할 때 조정 신료들을 모아 논의했는데, 모두가 효문제(孝文帝)의 후손 가운데 皇位를 계승해야 한다고 말하므로 효무제를 옹립했으니,[61] 천하가 모두 그를 군주로 여긴 것이었으며, 그러고 나서 3년이 지나 비로소 서쪽으로 옮겨갔으니, 이는 (북)위의 정통이 자연히 응당 효무제에게 돌아간다는 것을 뜻한다. 효무제가 죽자 문제(文帝)가 즉위했고, 문제가 죽자 폐제(廢帝),[62] 공제(恭帝)[63]가 그 뒤를 이었으니, 모두 (북)위의

紇을 중용하였다. 胡太后와 鄭儼의 전횡에 불만을 가져 모자 사이의 관계가 나빠졌다. 武泰 元年(528) 尒朱榮에게 密詔를 내려 入朝하라고 하여 太后를 협박하려 했으나 鄭儼·徐紇·太后에게 독살되었다. 謚號는 孝明帝이며, 廟號는 肅宗이다.

59) '하음지변(河陰之變)'을 가리킨다.

60) 節閔帝(498~532, 재위 531~532) : 이름은 元恭, 字는 修業이며, 廣陵王 元羽의 아들이다. 正始 연간 爵位를 이어받고 給事黃門侍郎이 되었다. 元叉가 전권을 휘두르자 병을 칭하고 龍華佛寺에 居하였다. 531년 尒朱世隆의 옹립으로 제위에 올라 年號를 普泰라 하였다. 이에 丞相 高歡에게 폐위되었고, 532년 元修(孝武帝)에게 독살당했다. 西魏에서 節閔帝라는 謚號를 내렸으며, 前廢帝라고도 한다.

61) 『魏書』 卷11 「出帝紀」, 281면, "出帝諱脩 …… 中興二年夏四月, 安定王自以疏遠, 未允四海之心, 請遜大位. 齊獻武王與百僚會議, 僉謂高祖不可無後, 乃共奉王."

62) 廢帝(535~554, 재위 551~554) : 이름은 元欽이며, 西魏 文帝의 맏아들이다. 大統 元

정통을 이어받은 것이다.

위수(魏收)는 북제(北齊)에서 『위서』를 지으면서 (북)제가 (북)위를 이어 정통이 되는 것으로 하고자 하였으므로, 효무제의 뒤를 곧 동위 효정제(孝靜帝)로 잇고[64] 효무제 이후 서위의 여러 황제들은 다시 본기를 짓지 않았으니, 이는 (위)수의 사사로운 견해이다. 위담(魏澹)이 『위서』를 지으면서 서위를 정통으로 한 것은 자연히 정론이 된다. 애석하게도 그 책이 전하지 않으므로 서위 문제 등에 관한 연도, 사건은 도리어 (북)주(北周) 문제[趙注 : 즉, 우문태]의 본기 안에서 보인다. 다행히도 『북사(北史)』는 문제 등의 본기를 더하여 명분이 비로소 바르게 되었으나, 『위서』는 결국 완전한 사서라고 할 수 없다.

근래 사온산(謝蘊山)[65] 번백(藩伯)[66]이 별도로 『서위서(西魏書)』를 편찬하여 『위서』 다음에 놓게 되었는데, 진실로 역사적인 판단의 올바름[史裁之正]을 얻은 것이다. 자료를 모은 것 역시 상당히 상세하여 좋은 사서라고 이를 수 있는데, 다만 열전에는 아직 빠뜨린 것이 있다. 예컨대, 팔주국(八柱國) 중에는 이필(李弼),[67] 독고신(獨孤信),[68] 조귀(趙貴),[69] 후막진숭

年(535) 皇太子가 되었고 大統 17년(551) 즉위하였다. 廢帝 3년(554) 太師 宇文泰를 살해하려고 모의하다가 누설되어 폐위되고 독살되었다.

63) 恭帝(537~556, 재위 554~556) : 이름은 元廓이며, 文帝의 넷째 아들이다. 大統 14년(548) 齊王에 봉해졌으며, 廢帝 3년(554) 太師 宇文泰의 추대로 제위에 올라 다시 拓跋氏를 칭하였다. 恭帝 3년 宇文泰가 죽자 宇文覺에게 禪位하여 이로써 西魏가 망하였다. 다음 해 宋公으로 봉해졌으나, 곧 피살되었다.

64) 『魏書』 卷11 「出帝紀」(곧, 효무제의 본기) 뒤에 『魏書』 卷12 「孝靜紀」가 이어진다.

65) 謝蘊山 : 謝啓昆를 이르며, 그의 字가 蘊山이다. 江西 南康人이며, 乾隆 26年(1761) 進士로서 庶吉士·編修 등을 시작으로 여러 관직을 거쳤다. 『廣西通志』를 편수하였고, 『西魏書』 12편 등의 저술이 있다.

66) 藩伯 : 明淸時代에는 布政使를 가리킨다. 즉 總督·巡撫에 직속되어 각 성의 행정 사무를 담당했던 正三品의 관직이다.

67) 李弼(494~557) : 北朝 遼東郡 襄平縣(지금의 遼寧省 遼陽) 사람으로 字는 景和이다. 北魏末 尒朱天光·賀拔岳·侯莫陳悅의 휘하에 있었다. 永熙 3년(534) 侯莫陳悅이 賀拔岳을 살해하자 侯莫陳悅의 불의함에 분노하여 部衆을 이끌고 夏州刺史 宇文泰에게 귀부하였다. 西魏 大統 연간 東魏 竇泰를 평정하고 弘農을 점령했으며, 沙苑의 전투에서 승리하여 特進 趙郡公이 되었다. 宇文泰를 따라 洛陽을 공격하고 邙山戰에 참여했으

(侯莫陳崇)[70] 등이 빠졌고, 십이대장군(十二大將軍) 중에는 후막진순(侯莫陳順),[71] 우문준(宇文導), 달해무(達奚武),[72] 이원(李遠),[73] 두로녕(豆盧寧),[74] 우

며, 稽胡를 평정하는 등 공을 세워 司空·太尉·柱國大將軍에 임명되었고, 廢帝 元年(552) 徒河氏로 賜姓되었다. 이어 太傅 大司徒가 되었고 宇文護가 집정할 때 于謹과 機要를 공동으로 관장하였다. 北周 孝閔帝가 즉위한 후 太師 趙國公이 되었다.

68) 獨孤信(503~557) : 北朝 雲中 사람으로 본명은 如愿이다. 北魏 正光 5년(524) 武川軍主 賀拔度 등과 함께 破六韓拔陵의 장수 衛可孤를 격파하고 살해하였다. 尒朱榮의 別將이 되었으며, 후에 賀拔勝을 따라 荊州에 주둔하였고, 永熙 3년 賀拔勝의 아우 賀拔岳이 晉州刺史 侯莫陳悅에게 살해되자 入關하여 남은 무리를 안무하고 夏州刺史 宇文泰에게 귀의하였다. 衛大將軍 都督三荊州諸軍事 荊州刺史가 되어 東魏 荊州刺史 辛纂을 대파하여 三荊을 평정하였으며, 이 공으로 車騎大將軍이 되었다. 北周 孝閔帝가 즉위한 후 太保 大宗伯 衛國公이 되었다. 趙貴가 晉公 宇文護를 제거하려는 음모에 연루되어 宇文護의 압박을 받아 자살하였다. 세 딸이 北周와 隋의 皇后였다. 楊堅이 즉위한 후 太師 上柱國 趙國公으로 추증되었다.

69) 趙貴(?~557) : 北朝 天水郡 南安縣(지금의 甘肅省 隴西 동남) 사람으로 字는 元貴이다. 北魏末 葛榮의 군대에 들어가고 永安 元年(528) 葛榮이 패하자 尒朱榮의 別將이 되었으며, 賀拔岳을 따라 關中을 평정하였다. 永熙 3년(534) 賀拔岳이 晉州刺史 侯莫陳悅에게 살해되자 부중을 이끌고 거짓으로 항복하여 賀拔岳의 시체를 수습한 후 무리를 모아 夏州刺史 宇文泰를 맞아들여 侯莫陳悅을 살해하였다. 孝武帝의 入關과 西魏 文帝 옹립에 공을 세워 魏平縣公으로 봉해졌으며, 岐州刺史 領大丞相府長史가 되었다. 東魏를 공격해 弘農을 수복하고 沙苑戰에 참가한 공으로 侍中 驃騎大將軍이 되고 河橋의 전쟁과 玉壁·邙山 전투에 참가하여 柱國大將軍이 되었으며 乙弗氏로 賜姓되었다. 北周 孝閔帝가 즉위한 후 太傅 大冢宰 楚國公이 되었다. 후에 晉公 宇文護 제거에 실패하여 피살되었다.

70) 侯莫陳崇(?~563) : 北朝 代郡 武川 사람으로 字는 尙樂이다. 용감하고 騎射에 능했으며 賀拔岳, 尒朱榮을 따라 葛榮·邢杲를 진압했으며, 建明 元年(530) 賀拔岳을 따라 入關하여 万俟醜奴를 격파하였다. 賀拔岳이 晉州刺史 侯莫陳悅에게 주살되자 諸將과 모의하여 夏州刺史 宇文泰에게 귀부하였다. 侯莫陳悅이 주살된 후 征西大將軍이 되었고, 西魏 大統 元年(535) 涇州刺史에 제수되었고, 驃騎大將軍으로 승진하였다. 大統 3년과 4년 각종 전투에 종군하여 공을 세웠으며, 大統 15년(549) 柱國大將軍 大司空이 되었다. 北周 孝閔帝가 즉위한 후 太保 大宗伯 大司徒가 되었다. 保定 3년(563) 北周 武帝를 따라 原州로 갔다가 밤에 長安으로 돌아오던 중 장차 宇文護가 주살될 것이라고 말해 宇文泰의 강요로 자살하였다.

71) 『周書』 卷19 「侯莫陳順傳」, 307~308면.

72) 達奚武(504~570) : 北朝 代郡 사람으로 字는 成興이다. 北魏末 賀拔岳의 別將이 되었다. 賀拔岳이 侯莫陳悅에게 살해당하자 都督 趙貴와 함께 部衆을 이끌고 夏州刺史 宇文泰에게 귀의하였다. 西魏 大統 3년(537) 宇文泰를 따라 潼關에서 東魏의 都督 竇泰를 격파하고 弘農을 취하여 高陽郡公에 봉해졌다. 다음 해 東魏 司徒 高敖曹를 습격하여 살해하고 驃騎大將軍이 되었으며 이어서 大將軍이 되었다. 北周 孝閔

문귀(宇文貴),[75] 양충(楊忠),[76] 왕웅(王雄) 등이 빠졌다. 생각건대, 주국(柱國)은 본래 이주영의 관호로, (이주)영이 패한 뒤 이 관직도 결국 폐지됐는데, (서)위 문제가 우문태의 공이 크다 하여 비로소 명을 내려 그를 임명한 것으로, 그 뒤 군주를 돕는 데에 참여한 공이 있거나 명망과 실적이

帝 즉위 후 柱國 大司寇가 되었다. 武成初 大宗伯 鄭國公이 되었다. 保定中 北齊를 두 차례 공격하여 太保 同州刺史 太傅가 되었다.

73) 李遠(507~557) : 北朝 隴西郡 成紀縣 사람으로 字는 萬歲이다. 北魏末 尒朱天光을 도와 전쟁에 나서서 伏波將軍 原州大中正이 되었다. 후에 夏州刺史 宇文泰에게 귀의하여 후한 대접을 받았다. 東魏 竇泰 공격과 弘農 수복에 참여하여 공을 세워 原州刺史가 되었다. 西魏 大統 3년(537) 東魏를 공격하여 沙苑의 전투에서 공을 세워 車騎大將軍 陽平郡公이 되었다. 尙書左僕射가 되어 孝閔帝가 후계자로 옹립되는 데에 공헌하였다. 孝閔帝 즉위 후 柱國大將軍이 되었다. 아들 植이 宇文護 제거음모에 가담했으나 실패하여 자살하였다.

74) 豆盧寧(500~565) : 北朝 昌黎郡 徒何縣 사람으로 字는 永安이며, 선조는 鮮卑 慕容氏이다. 北魏末 別將으로 尒朱天光을 따라 入關하여 万俟醜奴를 토벌하였고, 尒朱天光이 패하자 무리를 이끌고 宇文泰에게 귀부하였다. 西魏 大統 元年(535) 撫軍將軍이 되었고, 大統 3년(537) 宇文泰를 따라 東魏를 공격하여 전공을 세워 車騎大將軍에 제수되고 北華州刺史를 역임하였다. 大統 7년(541) 于謹을 따라 稽胡를 정벌하였고, 大統 9년(543) 邙山전투에 참여하여 范陽郡公에 봉해졌다. 北周 孝閔帝 즉위 후 柱國大將軍에 제수되었고 武成初 同州刺史·大司寇를 역임하였다.

75) 宇文貴(?~567) : 北朝 昌黎郡 大棘縣(지금의 遼寧省 義縣 서북) 사람으로 字는 永貴이다. 北魏末 源子雍·尒朱榮·元天穆을 따라 破六韓拔陵·葛榮·邢杲 등을 격파했으며 郢州刺史 武衛將軍에 제수되었다. 永熙 3년(534) 孝武帝를 따라 入關하여 化政郡公에 봉해졌다. 西魏 大統 3년(537) 丞相 宇文泰가 宗室이라는 이유로 車騎大將軍으로 삼았다. 東魏의 장수 堯雄과 潁川에서 격전을 벌여 대파하였으며 侍中·驃騎大將軍·大將軍을 역임하였다. 北周 孝文帝가 즉위한 후 柱國이 되었고, 武成初 吐谷渾을 격파한 공으로 許國公에 봉해졌다. 후에 大司農·大司徒·太保를 역임하였다.

76) 楊忠(507~568) : 北朝 弘農郡 華陰縣 사람으로 字는 掩幹, 小名은 奴奴이며, 楊堅의 아버지이다. 18세에 泰山에 놀러갔다가 梁兵에게 잡혔다. 北海王 元顥가 洛陽을 공격했을 때 直閤將軍이 되었다. 北魏 永熙 3년(534) 孝武帝를 따라 入關하였으며, 獨孤信을 따라 東魏 荊州刺史 辛纂을 습격하여 三荊을 평정하였다. 후에 東魏에 쫓겨 獨孤信과 함께 梁으로 달아났다가 西魏 大統 3년(537) 다시 돌아와 潼關·沙苑·河橋 등의 전투에 참여하여 공을 세웠고 雲州刺史 兼 大都督이 되었다. 후에 邙山전투에 참가했고, 江·漢을 경략하여 都督三荊等十五州諸軍事가 되어 穰城에 주둔하였다. 恭帝 元年(554) 普六茹氏로 賜姓되었고, 北周 武成 元年(559) 隋國公으로 봉해졌다. 保定 3년(563) 돌궐과 연합하여 北齊를 공격하여 20여 城을 점령하였다. 天和 3년(568) 병으로 長安에 돌아와 죽었다.

모두 중요한 경우 역시 이 관직에 있게 되었다. 대통(大統) 16년(550) 이전부터 임명된 사람이 모두 여덟 명인데, (우문)태는 모든 계책[百揆]을 통할했고 원흔(元欣)은 황족이었으며, 그 나머지 여섯 명[77]은 각각 대장군(大將軍) 두 명을 감독하며 금군(禁軍)을 나누어 맡았고 밖으로 나아가서는 외적을 정벌했다. 이 여러 신하들은 대통 16년 이전의 공신으로 비록 모두 우문태가 발탁하여 등용했지만, 이때에는 (서)위 정권의 조명(祚命)이 아직은 옮겨지지 않았으며 (우문)태 역시 여전히 (서)위의 신하였으므로 여러 사람들이 마침 (우문)태와 어깨를 나란히 하며 (서)위를 섬기고 있었으니 모두 (서)위의 신하인데, 어찌 열전이 없을 수 있겠는가. 또 소작(蘇綽)[78]은 (서)위에서 『주례(周禮)』를 모방해서 관제를 정하면서 노변(盧辨)[79]과 함께 그 일을 맡았는데, 지금 (소)작은 열전이 있으나 (노)변은 열전이 없으니 또한 빠뜨린 것에 속하는데, 일찍이 (사)온산에게 그것을 보충할 것을 부탁했으나, 더해 넣었는지 여부는 아직 알지 못한다.

---

77) 소위 '六柱國'이다.

78) 蘇綽(498~546) : 北朝 武功郡(지금의 陝西省 扶風縣 동남) 사람으로 字는 令綽이다. 西魏 大行臺 宇文泰의 行臺郎中이 되었고, 大行臺左丞이 되어 機密을 관장하였고 文案程式과 計帳·戶籍 관련법을 제정하였다. 大統 3년(537) 宇文泰를 좇아 潼關에서 東魏 竇泰를 사로잡아 衛將軍 右光祿大夫에 제수되었다. 大統 10년(544) 度支尙書 兼 司農卿이 되었다. 宇文泰를 도와 改革을 실행하여 官員을 줄이고 二長을 두고 屯田을 설치하여 軍國之用을 늘리도록 하였다. 六條詔書를 초안하였고, 大誥를 지어 浮華의 文風을 개혁하였다. 『周禮』에 의거하여 官制를 제정하였으나 완성하지 못하고 죽었으며, 盧辯이 이를 완성하였다. 저서에는 『佛性論』『七經論』이 있다.

79) 盧辯(?~557?) : 北朝 范陽郡 涿縣 사람으로 字는 景宣이다. 經籍에 널리 통하였다. 처음에 太學博士가 되어 『大戴禮』를 주석하였다. 北魏 永熙 3년(534) 집을 버리고 孝武帝를 따라 入關하여 黃門侍郎 領著作이 되었다. 丞相 宇文泰가 執政한 후 그의 儒術을 존중하여 항상 불러 의견을 청하였다. 太子와 諸王 등이 그에게 배웠으며, 朝廷의 憲章과 乘輿法服, 金石律呂 등을 정리하였다. 蘇綽의 뒤를 이어 『周禮』에 따라 六官을 세워 西魏 恭帝 3년(556) 처음으로 시행하였다. 驃騎大將軍·尙書令·小宗伯·大將軍 등을 역임하고 宜州刺史가 되어 임지로 가던 중 죽었다.

사온산의 답장을 첨부함[附謝蘊山答書]

일전에 상주(常州)를 지나면서 고아한 논의[麈論]를 기쁘게 듣게 되니 쌓였던 회포에 위로를 얻었습니다. 예전에 고마우신 편지를 써 주셔서 어리석음을 꾸짖어 주신 것이 한 해 남짓 되었는데, 보잘것없는 저의 시에 다시 서문을 써 주시는 은혜를 받으니, 얼마나 감사한지요. 이어 『서위서(西魏書)』에서 빠뜨린 곳을 가르쳐 주셨으니 극히 마음을 써 주셨습니다. 종실 중에 원육(元育), 원찬(元贊)[80]을 빠뜨리고, 팔주국 중에 이필, 독고신 등을 빠뜨리고, 십이대장군 중에 후막진순(侯莫陳順) 등을 빠뜨렸으니, 진실로 소략하다 할 것입니다.

그러나 시대를 나누어 (사)서를 짓게 되면 열전에는 당연히 제한이 있어야 합니다. (후)한(後漢)의 장홍(臧洪),[81] 도겸(陶謙),[82] 순욱(荀彧),[83] 공손찬(公孫瓚),[84] 동탁(董卓),[85] 두 원씨[곧, 원소(袁紹)[86]와 원술(袁術)][87] 등 여러 사람들이 모두 위(魏)를 섬기지 않았는데도 진수(陳壽)가 「위지(魏志)」(열전)에 수록한 것을 일찍이 이상하게 생각했는데, 특히 올바른 역사적 판단을 잃은 것이며 범엽이 『후한서(後漢書)』에 수록한 것이 옳은 일입니다. 그러나 (위나라 문제(文帝) 때인) 황초(黃初) 연간(220~226)의 여러 신하들은 일찍이 (후한 헌제(獻帝) 때인) 건안(建安) 연간(196~220)에 벼슬한

---

80) 이 둘에 대해서는 열전이 없다. 다만, 『周書』 卷16 「侯莫陳崇傳」, 272면의 「附 十二大將軍」명단에 이름이 보인다.

81) 『三國志』 卷7 「魏書」 「臧洪傳」, 231~237면; 『後漢書』 卷58 「臧洪傳」, 1884~1892면.

82) 『三國志』 卷8 「魏書」 「陶謙傳」, 247~250면; 『後漢書』 卷73 「陶謙傳」, 2366~2368면 참조.

83) 『三國志』 卷10 「魏書」 「荀彧傳」, 307~325면; 『後漢書』 卷70 「荀彧傳」, 2280~2298면.

84) 『三國志』 卷8 「魏書」 「公孫瓚傳」, 239~244면; 『後漢書』 卷73 「公孫瓚傳」, 2357~2366면.

85) 『三國志』 卷6 「魏書」 「董卓傳」, 171~187면; 『後漢書』 卷72 「董卓傳」, 2319~2351면.

86) 『三國志』 卷6 「魏書」 「袁紹傳」, 188~207면; 『後漢書』 卷74上 「袁紹傳」, 2373~2408면.

87) 『三國志』 卷6 「魏書」 「袁術傳」, 207~216면; 『後漢書』 卷75 「袁術傳」, 2438~2452면.

사람이 많으니 이들을 모두 『(후)한서』에 들이게 되면 이는 올바른 체례가 없게 되는 것입니다.

제가 이 책을 짓기 시작할 때 찾아서 모아 보니, (북)주(北周)와 수(隋) 두 왕조의 인물 가운데 일찍이 서위에 벼슬한 사람이 모두 300여 명이었으며, 『주서(周書)』 열전에서 서위의 신하가 아니었던 사람은 열에 한두 명도 없었고, 형편상 『주서』를 없애고 『서위서』로 고치기도 어렵기 때문에, 부족하나마 열전을 지으면서 우문(宇文)씨가 선양을 받은 것을 기준으로 하여 그 이후 (북)주, 수에 벼슬한 사람은 열전을 만들지 않았으니, 비록 울지형(尉遲迥),[88] 독고신의 무리가 공훈과 업적이 빛나기는 하나 또한 삭제하였습니다. 그러나 「봉작표(封爵表)」[89]에 그 작위와 봉록에 관계된 큰 일을 실었고, 「이역표(異域表)」[90]에 그 공훈의 대강을 실었으며, 주국대장군(柱國大將軍)의 제도는 「백관고(百官考)」[91]에 실었으니, 열전과 서로 보충이 될 수 있어 빠뜨리게 되지는 않은 것 같습니다.

이것이 제가 보잘 것 없이 책을 지은 취지였는데, 식견이 높고 명철하신 선생께서 옳게 생각하실지 모르겠습니다. 대저 우리들이 책을 쓸 때 득실이 반반이니, 한 사람의 식견은 단출하고 정력도 한계가 있으니 좋은 벗이 바로잡아 주는 도움을 얻지 못하면 아마도 따라 개정할 수가 없을 것입니다. 가르침의 말씀을 아끼지 마시고 뛰어난 논의를 더욱 밝아 주시기 바랍니다. 선생[吾兄[92]]께서 근래에 저술하신 것이 만약 이미 탈고되었다면, 또한 부쳐서 보여 주셨으면 하며, 혹 한 가지 소득이라도 있을지 모를 어리석은 소견이나마 아뢸 수도 있겠지요. 그저 살펴서 양해해 주시면 다행이겠습니다.

---

88) 『周書』 卷21 「尉遲迥傳」, 349~352면 참조.

89) 『西魏書』 卷2 「封爵表」 1.

90) 『西魏書』 卷4 「異域表」 3.

91) 『西魏書』 卷9 「百官考」 4上, 및 『西魏書』 卷10 「百官考」 4下.

92) 吾兄 : 友人에 대한 존칭이다. 아랫사람, 윗사람이 서로 극진히 부를 때 사용한다.

172. 사온산 번백에게 답하는 편지答謝蘊山藩伯

『서위서(西魏書)』의 하한(下限)을 우문(宇文)씨가 선양을 받은 시점에서 끊었다는 점을 알게 해주시고, 제가 지적한 팔주국(八柱國), 십이대장군(十二大將軍)이 모두 서위(西魏)에 넣을 수는 없는 경우가 있다 하여 헤아리고 고심했음을 갖추어 보여주시니, 저로서는 따져 살피는 것이 정밀하지도 못하면서 함부로 논의의 끝자락에 간여한 것이 되어 너무나도 부끄럽게 되었습니다.

한(漢) 이후 여러 왕조는 모두 선양형식으로 혁명을 이루었는데, 그 신하 가운데 앞뒤 두 왕조에서 두루 벼슬한 사람이 많았으므로 사서를 짓는 사람은 반드시 먼저 그 끊는 한계[限斷][93]를 세워 두어야 했습니다. 진(晉) 무제(武帝) 때 『진서(晉書)』의 범위를 정하는 것을 논의하였는데, 순욱(荀勖)은 위(魏) 정시(正始) 연간(240~249)을 기준으로 정하자 했고, 왕찬(王讚)은 가평(嘉平) 연간(249~254)을 기준으로 정하자 했으며, 가밀(賈謐)은 태시(泰始) 연간(265~274)을 기준으로 정하자 했는데, 나중에 장화(張華)가 마땅히 태시 연간으로 해야 한다고 해서[94] 그 논의가 결국 결정되었습니다. 서원(徐爰)의 『송서(宋書)』 구본에서는 진나라 말엽의 여러 신하 및 반란자와 유의(劉毅) 등 송(宋) 무제와 함께 기의한 사람들을 아울러 열거했는데, 심약(沈約)은 『송서』를 편찬하면서 환현(桓玄), 초종(譙縱), 노순(盧循) 등은 진나라의 반역자로 후대와는 무관하고, 오은(吳隱), 치승시(郗僧施) 등은 의리가 전 왕조에

---

93) 限斷 : 斷限이라고도 한다. 劉知幾의 『史通』 卷4 「斷限」편이 있다. 『(史通)通釋』에 [按] "限斷卽斷限也 二字見史傳始此"라 하여 『晉書』 卷40 「賈充傳」을 들고 있다.

94) 『晉書』 卷40 「賈充傳 附 孫 賈謐傳」, 1173~1174면, "先是, 朝廷議立晉書限斷, 中書監荀勖謂宜以魏正始起年, 著作郎王瓚欲引嘉平已下朝臣盡入晉史, 于時依違未有所決. 惠帝立, 更使議之. 謐上議, 請從泰始爲斷. 於是事下三府, 司徒王戎・司空張華・領軍將軍王衍・侍中樂廣・黃門侍郎嵇紹・國子博士謝衡皆從謐議. 騎都尉濟北侯荀畯・侍中荀藩・黃門侍郎華混以爲宜用正始開元. 博士荀熙・刁協謂宜嘉平起 年. 謐重執奏戎・華之議, 事遂施行."

서 그치고 있기 때문에 송나라 신하로 넣을 수 없으며, 유의, 하무기(何無忌), 제갈장민(諸葛長民), 위영지(魏詠之), 단빙지(檀憑之) 등은 뜻이 진을 바로잡는 데 있었기에 또한 송의 신하가 아니므로, 마침내 일괄하여 삭제해 버렸습니다.[95] 이는 모두가 옛 사람들이 먼저 범위[限斷]를 세웠던 방법입니다.

족하(足下)[96]의 『서위서』는 우문(宇文)씨가 선양을 받은 것으로 기준을 삼았으니 요체를 파악한 것이라고 할 수 있으나, 또한 아직 다 잡지 못한 것이 있습니다. 진수(陳壽)는 「위지(魏志)」에 한나라 말엽의 신하들인 동탁(董卓), 도겸(陶謙), 여포(呂布),[97] 두 원(袁)씨, 유표(劉表)[98] 등을 열거하여 넣었으니, 진실로 족하께서 말한 바대로 특히 올바른 역사적 판단[史裁]을 잃은 것입니다. 그런데 (진)수가 『삼국지(三國志)』를 지을 때에는 후한(後漢)에는 아직 정사가 없었고 여러 신하들에 관한 사적이 조조(曹操)와 서로 관련되어 있는 경우가 많아 열전을 만들지 않는다면 기록이 불분명해지므로 『한서(漢書)』[99]에 있는 항우(項羽), 진섭(陳涉)의 예를 모방하여[100] 결국 한의 신하들을 「위지」에 열거했습니다. 범엽이 나와서 (이들을) 모두 『후한서(後漢書)』에 거두어 넣게 된 뒤에 한·위 두 왕조의 인물이 좌우 눈썹이 나란한 것처럼 분명하게 되었습니다. 족하의 『서위서』는 곡사춘(斛斯椿), 가현도

---

95) 『宋書』 卷100 「自序」, 2467~2468면, "宋故著作郎何承天始撰宋書, 草立紀傳, 止於武帝功臣, 篇牘未廣. 其所撰志 唯天文, 律歷, 自此外, 悉委奉朝請山謙之. 謙之, 孝建初, 又被詔撰述, 尋値病亡, 仍使南臺待御史蘇寶生續造諸傳, 元嘉名臣, 皆其所撰. 寶生被誅, 大明中, 又命著作郎徐爰踵成前作. 爰因何·蘇所述, 勒爲一史, 起自義熙之初, 訖于大明之末. 至於臧質·魯爽·王僧達諸傳, 又皆孝武所造. 自永光以來, 至於禪讓, 十餘年內, 闕而不續, 一代典文, 始末未擧. 且事屬當時, 多非實錄, 又立傳之方, 取捨乖衷, 進由時旨, 退傍世情, 垂之方來, 難以取信. 臣今謹更創立, 製成新史, 始自義熙肇號, 終於昇明三年. 桓玄·譙縱·盧循·馬·魯之徒, 身爲晉賊, 非關後代. 吳隱·謝混·郗僧施, 義止前朝, 不宜濫入宋典. 劉毅·何無忌·魏詠之·檀憑之·孟昶·諸葛長民, 志在興復, 情非造宋, 今並刊除, 歸之晉籍."

96) 足下 : 대등한 사람에 대한 敬稱으로 戰國시대에는 諸侯에게도 썼다.

97) 『三國志』 卷7 「魏書」 「呂布傳」, 219~220면.

98) 『三國志』 卷6 「魏書」 「劉表傳」, 210~216면.

99) 【王注】 原刻本에는 『史記』라 되어 있으나 西畬本에서 이미 개정했다.

100) 이들의 열전이 『漢書』 卷31 「陳勝·項籍傳」, 1785~1820면에 수록되어 있다.

(賈顯度), 하발승(賀拔勝) 등의 열전을 늘어놓았으니[101] 바로 범엽의 『후한서』의 예를 사용한 것입니다. 그러나 범씨의 책(『후한서』) 가운데 순욱(荀彧)의 열전이 하나 있는데,[102] (순)욱은 출사하면서 조조의 참군사(參軍事)가 되어 처음부터 끝까지 그의 책사가 되어 대업을 이루는 것을 도왔으므로 「위지」에 그 열전을 두는 것을 허락할 수도 있을 것입니다만, 그러나 범엽은 (순)욱의 마음이 한나라를 존속케 하고 위의 구석(九錫)을 막았다 하여 특별히 한의 신하로 집어넣었으니, 이것은 또한 사서를 짓는 사람이 범위를 설정하는 가운데 변통에 의지한 예라 할 것입니다. 지금 서위(西魏)의 팔주국, 십이대장군은 비록 우문태(宇文泰)가 뽑아 등용한 경우가 많고 나중에는 또 (북)주(北周)에서 벼슬한 경우도 많지만, 앞서서는 (우문)태와 함께 (서)위 조정에서 벼슬을 했습니다. 또한 우문태는 (서)위 문제(文帝) 때에도 여전히 신하의 절개를 잃지 않아 군사를 출진시킬 때에는 일찍이 (서)위 황제를 받들어서 행하였으며 『주례(周禮)』 육관(六官)[103]을 본받은 바도 또한 반드시 상주한 뒤에 법령으로 알렸으니, (조)조의 눈에 (후)한 헌(제)(後漢獻帝)이 없었던 것과 같지 않았습니다. 그러므로 (우문)태와 함께 서위에 공을 세운 사람들은 여전히 모두 (서)위의 신하인 것입니다. 하물며 이필(李弼), 후막진순(侯莫陳順) 등은 (북)주 민제(閔帝)가 선양을 받는 해에 죽었고, 조귀(趙貴), 독고신(獨孤信) 등은 모두 우문호(宇文護) 살해를 모의함으로써 해를 입었으니, (북)주의 신하라고 모두 다 지칭할 수 없을 것 같은데도 『서위서』에서는 열전을 만들지 않았습니다.

(북)주에 벼슬함으로서 (서)위에서 끝나지 않았던 것과 같은 경우는 『신당서(新唐書)』에서 조광윤(趙光胤), 왕처직(王處直)의 열전을 만들었던 예가 있습니다. 두 사람은 모두 당(唐)의 신하면서도 나중에 주씨의 양(朱梁, 곧

---

101) 이들의 열전이 『西魏書』 卷15에 수록되어 있다.

102) 『後漢書』 卷70 「荀彧傳」, 2280~2291면.

103) 六官 : 周代에 중앙 정부를 天・地・春・夏・秋・冬의 6부로 나누어 治(天官)・敎(地官)・禮(春官)・兵(夏官)・刑(秋官)・事(冬官)를 分掌하게 한, 여섯 사람의 장관. 六卿.

후량(後粱)과 후당(後唐)에서 두루 벼슬을 했으나, 『신당서』에서는 여전히 열전을 만들었습니다. (조)광윤은 지제고(知制誥)[104]를 역임했던 것을 서술하는 것으로 그치고[105] (왕)처직은 천복(天復)[106] 초년에 태원군왕(太原郡王)에 봉해지는 것을 서술하는 것으로 그쳤는데,[107] 이 관직은 오히려 당에서 준 것이었기 때문이며, 그 뒤의 일에 대해서는 다시 서술하지 않았습니다. 그렇지 않으면 『수서(隋書)』와 『(신)당서』 두 사서에서 각각 배구(裴矩)의 열전을 만든 예[108]가 있습니다. (배)구는 당나라에서 민부상서(民部尙書)가 되었는데 당나라 사람들이 『수서』를 편찬할 때 그가 수나라에서 한 사적이 매우 많다 하여 특별히 열전을 만들었습니다. 뒤에 송기(宋祁)는 그가 조단(曹旦)에게 산동(山東)의 땅을 가지고 당에 귀순할 것을 설득한 것으로 또한 『신당서』에서도 열전을 만들었습니다. 이것은 한 사람에게 두 열전이 있는 것으로 예전에도 또한 이 같은 예가 있었던 것입니다.

서위의 달해무(達奚武)는 (북)주에 들어서 (북)제의 장군 사마소난(司馬消難)을 맞이하고 곡율돈(斛律敦) 등을 막은 공이 있었으나, 그에 앞서 사원(沙苑)에서 싸우고 하교(河橋)에서 싸워 (북)제의 장군 고오조(高敖曹)를 참수하고 양(梁)의 장군 소순(蕭循)을 패배시켰으니, 이는 모두 (서)위 때의 일들입니다. 두로녕(豆盧寧)은 (북)주에 들어서 계호(稽胡)[109] 유상덕(劉桑德)

104) 知制誥 : 황제의 명령(誥命)을 담당하는 것으로 唐初에는 中書舍人이 관장했으나 나중에는 이것만을 담당하는 사람을 가리킨 관직명으로 바뀌었다.

105) 【王注】『新唐書』에는 「趙光胤傳」이 없고, 卷182 「趙隱傳」 뒤에 그 아들 光逢·光裔 및 光胤의 이름을 덧붙였으며, 아울러 光逢은 翰林學士, 光裔는 知制誥가 되었다고 기록했으나, 光胤의 일은 기록하지 않았으니, 이 부분의 인용, 서술은 잘못이 있다. 『新唐書』 卷182 「趙隱傳」, 5375면.

106) 天復 : 唐 昭宗의 연호, 901~904년.

107) 『新唐書』 卷186 「王處存傳」에 그의 동생인 王處直에 대한 기사를 일부 소개하고 있다(5419~5420면). 그리고 그 말미에 "處直字允明, 天復初爲太原郡王"(5420면)이라 기록하고 있다. 이것을 王處直의 列傳이라고 할 수 있는지는 의문이다. 그리고 현재 사용하고 있는 中華書局本의 卷186 목록에도 王處存과 그의 아들 王郜傳만을 넣고 있고 「王處直傳」이라는 항목을 따로 표시하고 있지 않다.

108) 『隋書』에는 卷67, 『新唐書』에는 卷100에 각각 裴矩의 열전이 있다.

109) 稽胡 : 山胡. 남흉노에 근본을 두며 남북조시대에는 지금의 산서, 섬서 북부 산골짜

등을 토벌한 공이 있지만 앞서 두태(竇泰)를 잡는 데에 종군하고 홍농(弘農)을 회복했으며 사원을 격파하고 양선정(梁仚定)을 평정하고 방걸철홀(傍乞鐵忽)을 토벌했으니,110) 모두 (서)위 때의 일들입니다. 양충(楊忠)은 (북)주에 들어서 (북)제 군사를 진양(晉陽)에서 격파한 등의 공이 있었으나 그에 앞서 동관(潼關) 평정에 종군하고 회락성(回洛城)을 격파했으며 (북)제 장군 신찬(辛纂)을 참수하고 양의 장군 유중례(柳仲禮)를 사로잡았으니, 모두 (서)위 때의 일들입니다. 우문귀(宇文貴)는 (북)주에서 단지 토욕혼(吐谷渾)을 토벌한 공만 있었을 뿐이나, 그에 앞서 이주영(爾朱榮)을 따라 갈영(葛榮)을 사로잡았으며 형고(邢杲)를 평정하고 원호(元顥)를 막았던 일은 여전히 효무(제)(孝武帝) 이전에 있었던 것이고, 효무(제)를 따라 관중(關中)에 들어가 하약통(賀若統)을 구원하고 요웅(堯雄)을 격파했으며 임상(任祥)을 쫓아내고 시운보(是云寶)를 항복시켰으니 또한 모두 (서)위 때의 일들이었습니다. (서)위 문제가 금잔을 과녁 위에 놓고서 쏘아서 적중시킨 사람에게 그것을 준다 했는데, (우문)귀가 한 발로 적중시키니 (문)제는 곧 (우문)귀에게 상을 주면서 또한 그를 장려했으므로 또한 더욱 (서)위 황제가 총애하는 바였습니다. 삼가 생각해 보면, 이러한 여러 사람들은 계속 『서위(서)』에 열전으로 보충해야 하되, 단 그들이 (서)위에서 공을 세운 부분만 서술하면 되고, (북)주에 들어간 이후의 사적은 『(북)주서(北周書)』에 본래 열전이 있으므로 진실로 나란히 있는 것이 방해가 되지 않습니다. 이는 『수서』와 『(신)당서』 두 사서에서 배구, 조광윤, 왕처직의 열전을 만든 예와 서로 부합하니, 그들이 일찍이 (북)주에 벼슬을 했다 해서 끝내 『서위서』에 넣지 말아야 할 필요는 없습니다.

전후 오대(五代)111)의 사람들은 여러 왕조에서 벼슬한 경우가 많아 위치

기에 거주하였다. 『周書』를 찾아보면 계호 郝阿保와 계호의 別部 유상덕이라 하였다.

110) 【王注】 原刻本에는 '討乙鐵忽'이라 했으나, 西畬本을 따라 교정했다.

111) '前後五代'에서 '前五代'란 지칭하는 바가 명확하지 않으나 梁·陳·北齊·北周·隋를 가리키는 것으로 보인다. 唐 太宗 貞觀 15년, 이상 五代王朝의 역사에 '志'가 없기 때문에 長孫無忌 등을 시켜 찬수하도록 하였는데(高宗 顯慶元年에 완성), 이것이

를 정하는 것이 가장 어렵습니다. 예컨대 후오대(後五代) 때 장전의(張全義)는 (후)량(後梁) 정권에 빌붙은 것이 가장 밀접했으나, 설거정(薛居正)은 그가 다시 후당에 벼슬했다 하여 「당신전(唐臣傳)」에 넣었습니다.[112] 풍도(馮道)는 여러 왕조에서 두루 벼슬하였는데, (설)거정은 그가 (후)주(後周) 때 죽은 것 때문에 또한 「주신전(周臣傳)」에 넣었으나,[113] 결국 타당하지 않다는 것을 알게 되었으므로 구양수(歐陽修)는 달리 「잡전(雜傳)」을 만들어 그를 두었습니다.[114] 지금 (북)주에서 벼슬한 사람들을 결국 『(서)위서』에 넣지 않으면, 뜻은 비록 엄격하지만 사실이 갖추어지지 않은 것입니다.

또한 전 왕조의 각 사서에서는 손수 제업을 개창하였으나 아직 자신이 황제가 되지는 못하고 그 자식에 이르러서야 비로소 선양을 이룬 경우 모두 그를 새로운 왕조의 본기 안에 넣도록 허락하고 이전 왕조의 사서에는 다시 열전을 만들지 않았습니다. 예를 들어 『후한서』에서는 「조조전(曹操傳)」을 만들지 않았고, 「위지(魏志)」에서는 「사마의(司馬懿) 부자전(父子傳)」을 만들지 않았으며, 『후위서(後魏書)』[115]에서는 「고환전(高歡傳)」을 만들지 않은 것이 바로 이것입니다. 지금 『서위서』에서 우문태를 서위 공신의 대표라 하여 특별하게 열전을 만들었는데 이것은 『후주서』가 「양충전(楊忠傳)」[116]을 만든 것과 마찬가지로 뛰어난 견해입니다. (우문)태는 이미 『서위(서)』에 열전을 만들었으면서도 (우문)태와 같이 (서)위에서 벼슬하고 함께 (서)위의 봉작을 받은 사람은 반대로 그들이 (북)주에서 벼슬했다 하여 내버려 두니, 도리어 전체 책에다 결함을 남기는 것을 면하지 못하는 것입니다.

후에 『隋書』의 「十志」 30권으로 편입되었으며(劉知幾, 『史通』 「外編」 卷21 「古今正史編」), 속칭 '五代史志'라고 한다.

112) 『舊五代史』 「唐書」 卷63에 「張全義傳」이 있다.

113) 『舊五代史』 「周書」 卷126에 「馮道傳」이 있다.

114) 『新五代史』에서는 「馮道傳」을 卷54 「雜傳」 안에 두었다.

115) 魏收의 『魏書』를 말한다.

116) 『周書』 卷19 「楊忠傳」, 314~319면.

책을 지음에 반드시 벗의 정정에 의지해야 한다고 말씀해 주셨으니, 이는 실로 대인선생(大人先生)이 마음을 비워 이로움을 모으는 아량이라 할 것이므로, 제가 감히 다시 도리에 어두운 말씀[瞽說]을 올림으로서 도가 있는 선생께 나아가 잘못을 바로잡고자 하는 바입니다.[117]

173. 『북사』의 『위서』 부분은 위수의 책을 저본으로 한 것이 많다 北史魏書多以魏收書爲本

이연수(李延壽)가 『북사(北史)』를 편찬할 때에 위수(魏收)와 위담(魏澹)의 두 『위서(魏書)』가 함께 있었다. 역사에서 (위)담의 책은 의례(義例)가 극히 엄격하다고 말하므로,[118] (이)연수의 위사(魏史)는 자연히 위담의 책을 저본으로 삼아야 했지만, 이제 (『북사』를) 위수의 책과 하나하나 따져서 대조해 보면, 다만 도무제(道武帝), 태무제(太武帝),[119] 헌문제(獻文帝)[120]의 죽

117) 이 편지에 대해 謝啓昆은 다시 「再答趙雲松觀察」을 써 보냈는데, 그 全文은 王樹民의 『廿二史箚記考證』 上, 284~286면, 【王注】 ④에 재록되어 있다.

118) 『史通』 卷12 「古今正史編」, "至隋開皇初, 勅著作郎魏澹與顔之推 · 辛德源, 更撰魏書矯正收失. 澹以西魏爲眞, 東魏爲僞, 故文恭列紀, 孝靖爲傳, 合紀傳論例, 總九十二編."

119) 太武帝(408~452, 재위 423~452) : 이름은 拓跋燾, 字는 佛狸이며, 明元帝의 맏아들이다. 泰常 8년(423) 16세의 나이로 즉위하였다. 이때 柔然이 침입해 오자 격파하였다. 神䴥 2년(429) 柔然을 정벌하여 可汗庭에 이르렀으며, 高車 30만을 획득하였다. 이후 夏 · 北燕 · 北涼을 멸망시켜 太延 5년(439) 북방을 통일하였다. 崔浩를 영수로 하는 漢人官僚들을 信用하였고, 八部를 尙書省으로 편입시켰다. 道敎를 신봉하여 寇謙之를 天師라 칭했다. 太平眞君 6년(445) 盧水胡 蓋吳의 난을 진압하고 다음 해 滅佛의 조서를 내렸다. 眞君 11년(450) 劉宋을 공격하여 瓜步까지 남하하다가 철군하였다. "暴揚國惡"의 죄명으로 司徒 崔浩와 그 戚族 · 屬吏를 주살하였다. 正平 2년(452) 中常侍 宗愛에게 살해되었다. 諡號는 太武帝이며, 廟號는 世祖이다.

120) 獻文帝(454~476, 재위 465~471) : 이름은 拓跋弘이며, 文成帝의 큰아들이다. 太安 2년(456) 皇太子가 되었고, 和平 6년(465) 12세의 나이로 즉위하였으며, 馮太后가 섭정하였다. 鎭東大將軍 尉元 등을 보내 劉宋을 공격하여 淮北의 靑州 · 冀州 · 徐州 ·

음에 관한 내용과 서위(西魏)를 정통으로 하는 점【趙注 : 소성제(昭成帝 : 什翼犍)는 그 아들 실군(實君)에게 시해되었는데, 『위서』에서는 다만 29년 12월에 (소성)제가 운중(雲中)에 갔다가 열이틀이 지나 죽었다고 했다.[121] 『북사』에서는 황자 실군(實君)이 난을 일으켜 (소성)제가 갑자기 죽었다고 했다.[122] 도무제는 청하왕(淸河王) 탁발소(拓跋紹)[123]에게 시해되었는데, 『위서』에서는 다만 10월 무진(戊辰)일에 (도무)제가 천안전(天安殿)에서 죽었고 나이가 서른아홉이었다고 했다.[124] 『북사』에서는 청하왕 (탁발)소가 난을 일으켜 (도무)제가 죽었다고 했다.[125] 태무제는 중상시(中常侍) 종애(宗愛)에게 시해되었는데, 『위서』에서는 다만 정평(正平) 2년(452) 3월 갑인(甲寅)일에 (태무)제가 영안궁(永安宮)에서 죽었으며 나이는 마흔 다섯이었다고 했다.[126] 『북사』에서는 중상시 종애가 역모를 일으켜 (태무)제가 죽었다고 했다.[127] 헌문제는 문명태후(文明太后)에게 해를 당했는데, 『위서』에서는 다만 승명(承明) 원년(476)에 나이 스물셋으로 (헌문)제가 영안전(永安殿)에서 죽었다고 했다.[128] 『북사』에서는 문명태후가 (헌문)제에게 안 좋은 감정이 있어 (헌문)제가 죽었다고 했다.[129] 『위서』에서는 출제(出帝) 다음으로 곧 동위(東魏) 효정제(孝靜帝)를 잇고는 출제 이후 여

兗州와 豫州의 淮西지역을 점령하였다. 皇興 3년(469) 元宏을 皇太子로 삼고 親征하였는데, 정치에 열심이었다. 皇興 5년(471) 禪位하여 太上皇帝라 칭하였다. 당시 馮太后의 애인 李奕을 살해하여 馮太后의 원망을 사서 후에 독살되었다. 諡號는 獻文帝이며, 廟號는 顯祖이다.

121) 『魏書』 卷1 「序紀」 「昭成皇帝什翼犍紀」, 16면, "三十九年 …… 十二月, 至雲中, 旬有二日, 帝崩, 時年五十七." 본문에서 '29년'이라 하였지만 『魏書』에서는 '39년'으로 되어 있다.

122) 『北史』 卷1 「魏昭成帝紀」, 9면, "旬有二日, 皇子寔君作亂, 帝暴崩, 時年五十七." 에는 '實君'이 아니라 '寔君'으로 표기했다. 『魏書』 卷15 「昭成子孫列傳」, 369면, "寔君者, 昭成皇帝之庶長子也. 性愚戇, 安忍不仁. 昭成季年, 苻堅遣其行唐公 苻洛等來寇南境, 昭成遣劉庫仁逆戰於石子嶺. 昭成時不勝, 不能親勒衆軍, 乃率諸部避難陰山, 度漠北. 高車四面寇抄, 復度漠南. 苻洛軍退, 乃還雲中."

123) 拓跋紹(394~409) : 字는 受洛拔이며, 北魏 道武帝의 아들이다. 天興 6년(403) 淸河王에 봉해졌다. 흉악하고 겁탈을 좋아하였다. 어머니 賀氏가 宮에 유폐되어 몰래 그에게 구해줄 것을 청하자, 이에 道武帝를 죽이고 자립하였으나 후에 피살되었다.

124) 『魏書』 卷2 「太祖紀」, 44면, "(天賜六年) 冬十月戊辰, 帝崩於天安殿, 時年三十九."

125) 『北史』 卷1 「魏太祖紀」, 25면, "十月戊辰, 淸河王紹作亂, 帝崩於天安殿, 時年三十九."

126) 『魏書』 卷4下 「世祖紀」, 106면, "(正平二年)三月甲寅, 帝崩於永安宮, 時年四十五. 秘不發喪, 中常侍宗愛矯皇后令, 殺東平王翰, 迎南安王余入而立之, 大赦, 改元爲永平, 尊皇后赫連氏爲皇太后. 三月辛卯, 上尊諡曰太武皇帝, 葬於雲中金陵, 廟號世祖."

127) 『北史』 卷2 「魏世祖紀」, 62면, "三月甲寅, 中常侍宗愛構逆, 帝崩於永安宮, 時年四十五."

128) 『魏書』 卷6 「顯祖紀」, 132면, "承明元年, 年二十三, 崩於永安殿."

러 황제들에 대해서는 쓰지 않았다. 『북사』는 효무제(孝武帝, 즉 출제) 다음으로 문제(文帝), 폐제(廢帝), 공제(恭帝)의 세 본기가 있으며, 공제가 제위에서 물러나고 서위가 망한 뒤에 비로소 동위 「효정제본기」를 두었다] 은 대개 위담의 예를 채용했으나[趙注 : (위)담의 책은 서위를 정통으로 하고 동위를 거짓[僞]으로 했다. 또 도무제를 비롯한 여러 황제는 모두 비명횡사를 당했는데, "먼저 쓰인 사서에서는 본기를 쓰면서 (이들의 죽음을) 천수를 다했던 (다른 황제들의) 경우와 다르지 않게 하여 임금을 죽이고 군주를 해친 자들의 이름을 알 수 없게 했으니, 난신적자(亂臣賊子)가 장차 무엇을 두려워하겠는가? 이제 분명하게 바로 써서 감히 말을 돌려서 피하지 않는다"라고 했다], 그밖에 본기와 열전은 위수의 책을 저본으로 하는 경우가 많았는데, 단지 번거로운 것을 삭제하여 간단하게 했을 뿐이다. 그 까닭을 추정해 보면, 아마도 위수가 역사를 편찬한 것이 북제(北齊) 때라 여러 가지 (북)위(北魏)시대의 기록, 예컨대 등연(鄧淵),[130] 최호(崔浩), 고윤(高允)[131]이 지은 편년서(編年書)[132]나, 이표(李彪),[133] 최광(崔光)[134]이 지

---

129) 『北史』 卷2 「魏顯祖紀」, 77면, "承明元年, 文明太后有憾, 帝崩於永安殿, 年二十三."

130) 鄧淵(?~403) : 北魏 安定郡(甘肅省 涇川縣 북쪽) 사람으로 字는 彦海이다. 群書를 널리 읽었으며, 制度에 밝았고 故事를 다수 기억했다. 魏王 拓跋珪가 中原을 점령하자 著作郎으로 발탁되었고 尙書吏部郎으로 전임되었다. 尙書 崔宏과 함께 朝儀·律令·音樂을 정하였다. 軍國·文記·詔策 등이 그의 손에서 나왔다. 天興 5년(402) 後秦의 姚興 토벌에 종사한 공으로 漢昌子에 봉해졌다. 조서를 받아 『國記』 10여 卷을 撰述하였으나 體例를 완성하지 못했다. 從父弟 鄧暉와 和跋이 평소 친했는데, 和跋이 주살된 후 和跋의 子弟들이 長安으로 달아났는데, 道武帝는 鄧淵이 사건의 사정을 알고 있었을 것이라 의심하여 살해하였다.

131) 高允(390~487) : 北魏 勃海郡 蓨縣 사람으로 字는 伯恭이다. 經史·天門·曆數에 정통하였으며 특히 『春秋公羊傳』을 좋아하였다. 神麚 4년(431) 中書博士가 되었고, 侍郎으로 전임되었다. 崔浩와 함께 『國記』를 편찬하고 太子 拓跋晃에게 經을 가르쳤다. 崔浩가 주살되었을 때 太子 덕분에 주살을 면하였다. 文成帝 때 中書令이 되었다. 청렴하고 검박하여, 아들은 스스로 나무를 베어 자급하였다. 馮太后가 臨朝稱制할 때 禁中에 불러들여 大政을 논의케 하였다. 孝文帝 즉위 후 中書監이 되었다. 律令을 제정하였으며, 軍國에 博士를 설치할 것을 주청하는 등 다수 善政을 베풀었다. 저서에는 『徵士頌』 『北伐頌』과 詩賦 등이 있다. 淸代 사람들이 『高令公集』을 輯補하였다.

132) 『魏書』 卷35 「崔浩傳」, 815면, "初, 太祖詔尙書郎鄧淵著國記十餘卷, 編年次事, 體例未成. 逮于太宗, 廢而不述. 神麚二年, 詔集諸文人撰錄國書, 浩及弟覽·高讜·鄧穎·晁繼·范亨·黃輔等共參著作, 敍成國書三十卷."

133) 李彪(444~501) : 北魏 頓丘郡 衛國縣(지금의 河南省 淸豐縣 남쪽) 사람으로 字는 道固이다. 孝文帝 때 祕書丞·祕書令을 역임하고 律令제정에 참여하였다. 6차례 南齊에 出使하였으며 御史中丞에 임명되었다. 가문이 寒微하였는데, 당시 세력 있던 李

은 기전표지(紀傳表志), 형만(邢巒),[135] 최홍(崔鴻),[136] 왕준업(王遵業)이 지은 『고조기거주(高祖起居注)』, 온자승(溫子昇)이 지은 『장제기(莊帝紀)』, 원휘업(元暉業)이 지은 『변종실록(辨宗室錄)』 등의 책이 모두 권질(卷帙)이 갖추어져 있어 충분히 그에 근거해서 자료를 채집할 수 있었기에,[137] 그 책의 내용이 비교적 상세하게 갖추어졌기 때문이다. 또, 책이 완성되고 나서 최(호)와 이(표) 등의 옛 책들을 모두 불태워버려, 이에 위수의 책만이 남게 되었다. 그래서 위담이 이어서 책을 편찬하면서도 또한 겨우 그 의례가 부당한 점에 대해서만 고칠 수 있었고, 연대별로 사실을 나누어 연결

沖에게 붙어 그에게 재주와 학식을 인정받아 御史中丞으로 천거되었다. 貴戚들을 탄핵하여 孝文帝의 신임을 얻었다. 孝文帝가 남벌할 때 度支尙書를 겸하였으나 전횡을 저질러 尙書僕射 李沖에게 탄핵되어 제명되었다. 宣武帝 즉위 후 복직을 청구하여 秘書省에서 白衣로 역사 편찬에 종사할 것을 허락받았다.

134) 崔光(451~523) : 北魏 東淸河郡 鄃縣 사람으로 本名은 孝伯, 字는 長仁이다. 獻文帝 때 아버지와 함께 平城으로 옮겨져 平齊民이 되었다. 집은 가난했지만 학문을 좋아하였다. 太和 6년(482) 中書博士·著作郎이 되어 國史를 편찬하였다. 宣武帝 시기 中書監·侍中·太子少傅가 되었다. 正光 2년(521) 司徒 國子祭酒가 되었다. 불교를 독실하게 믿어 沙門과 朝貴를 위해 『維摩』『十地』를 강의하였고, 『二經義疏』 30여 卷을 저술하였다. 이밖에 『詩賦誄頌』 50여 卷을 저술하였다.

135) 邢巒(464~514) : 北魏 河間郡 鄚縣 사람으로 字는 洪賓이다. 孝文帝 시기 散騎常侍가 되어 南齊에 사신으로 다녀왔으며 中書侍郎·尙書를 역임하였다. 正始 2년(505) 梁 漢中太守 夏侯道遷이 北魏에 항복하자 梁秦二州刺史가 되어 이를 招納하였고, 武興氐를 평정하였다. 都督南討諸軍事가 되어 宿豫(지금의 江蘇省 泗陽)에서 梁軍을 대파하였으며, 豫州 白早生의 난을 평정하였다. 이 공으로 殿中尙書 撫軍將軍이 되었다. 후에 暴疾로 죽었다.

136) 崔鴻(?~527?) : 北魏 東淸河郡 鄃縣 사람으로 字는 彦鸞이며, 崔光의 조카이다. 經史에 널리 통했다. 太和 20년(496) 彭城王國左常侍가 되었고, 員外郎을 역임하였다. 正光 元年(520) 前將軍이 되어 孝文·宣武起居注를 편찬했으며, 律令제정에 참여하였다. 正光 5년(524) 修國史를 겸하였다. 孝昌初 給事黃門侍郎 濟州大中正을 역임하였다. 『十六國春秋』 102卷을 편찬하였으며 현재 輯本이 남아 있다.

137) 『魏書』 卷104 「自序」, 2326~2327면, "始魏初鄧淵撰'代記'十餘卷, 其後崔浩典史, 游雅·高允·程駿·李彪·崔光·李琰之世修其業. 浩爲編年體, 彪始分作紀表志傳, 書猶未出. 世宗時, 命邢巒追撰'高祖起居注', 書至太和十四年, 又命崔鴻·王遵業補續焉. 下訖肅宗, 事甚委悉. 濟陰王暉業撰'辨宗室錄'三十卷. (魏)收於是與通直常侍房延祐, 司空司馬辛元植, 國子博士刁柔·裴昂之, 尙書郎高孝幹博總斟酌, 以成魏書. 辨定名稱, 隨條甄舉, 又搜採亡遺, 綴續後事, 備一代史籍, 表而上聞. 勒成一代大典, 凡十二紀·九十二列傳, 合一百一十卷."

시키는 것은 실로 (위)수의 책을 놓아두고 따로 자료를 얻을 곳이 있을 수 없었다. 이로써 (위)담의 책도 이미 모두 (위)수의 책을 저본으로 삼았으며, (이)연수는 또 (위)담보다 더 늦은 시대에 살았으니 자연히 (위)수의 책을 저본으로 하지 않을 수 없었고, 이 때문에 (『북사』의) 사실 서술이 대략 서로 (위서와) 같게 되었음을 알 수 있다.

생각건대, 효명제(孝明帝)의 죽음은 본래 호태후(胡太后)의 측근 신하[倖臣]인 정엄(鄭儼), 서흘(徐紇)의 소행인데,[138] 위수의 책(『魏書』)과 『북사』 본기에서는 모두 그런 자취는 보이지 않으며, 다만 무태(武泰) 원년(528) 2월 계축(癸丑)일에 (효명)제가 현양전(顯陽殿)에서 붕어했다고 말했을 뿐이니,[139] 이는 『북사』의 의례에서도 또한 한결같지는 않았던 것이다. 또, 『진서(晉書)』 「부견재기(苻堅載記)」를 보면, (부)견이 구난(俱難), 등강(鄧羌) 등을 보내 섭익건(涉翼犍)[趙注 : 바로 『위서』의 십익건(什翼犍)]을 토벌하게 하자, 섭익건이 전투에서 패해 음산(陰山)으로 도망갔는데, 그 아들 익규(翼珪)가 아버지를 포박해 항복했다. (부)견은 섭익건이 거칠고 속되어 예의를 모른다고 여겨, 태학(太學)에 들어가 예를 익히도록 했고, 익규는 아버지를 잡아 불효를 저질렀으므로 촉(蜀)으로 보내 버렸다고 되어 있다.[140] 이 일은 위수의 책 본기에서 이미 싣지 않았고, 『북사』 또한 쓰지 않았다.

---

138) 『魏書』 卷13 「宣武靈皇后胡氏傳」, 340면, “肅宗之崩, 事出倉卒, 時論咸言鄭儼·徐紇之計. 於是朝野憤歎.”

139) 『魏書』 卷9 「肅宗孝明帝紀」, 248면, “癸丑, 帝崩於顯陽殿, 時年十九”; 『北史』 卷4 「魏肅宗孝明帝紀」, 155면, “二月癸丑, 帝崩於顯陽殿, 時年十九.”

140) 『晉書』 卷113 「苻堅載記上」, 2898～2899면, “(苻)堅旣平涼州, 又遣其安北將軍·幽州刺史苻洛爲北討大都督, 率幽州兵十萬討代王涉翼犍. 又遣後將軍俱難與鄧羌等率步騎二十萬東出和龍, 西出上郡, 與洛會於涉翼犍庭. 翼圭戰敗, 遁於弱水. 苻洛逐之, 勢窘迫, 退還陰山. 其子翼圭縛父請降, 洛等振旅而還, 封賞有差. 堅以翼圭荒俗, 未參仁義, 令入太學習禮. 以翼圭執父不孝, 遷之於蜀. 散其部落於漢鄣邊故地, 立尉·監行事, 官僚領押, 課之治業營生, 三五取丁, 優復三年無稅租.”

174. 『북사』는 각 열전을 고쳐 편성했다北史改編各傳

『북사(北史)』는 각 열전을 편찬하는 데에 있어 여타 정사와 다른 부분이 많다.

『위서(魏書)』『(북)제서(北齊書)』『수서(隋書)』는 모두 「외척전(外戚傳)」이 있는데,141) 『북사』는 (북)위(北魏)의 유라진(劉羅辰), 이준(李峻), 우경(于勁), 이연식(李淵寔)과 (북)제(北齊)의 누예(婁叡), 이주문창(爾朱文暢), 정중례(鄭仲禮), 이조승(李祖昇), 원만(元蠻), 수(隋)의 독고라(獨孤羅), 소규(蕭巋)를 각각 그 집안 열전에 부기하고, 오로지 (북)위의 하눌(賀訥), 요황미(姚黃眉), 두초(杜超), 하미(賀迷), 여비(閭毗), 풍희(馮熙), 이혜(李惠), 고조(高肇), 호국진(胡國珍)과 (북)제의 조맹(趙猛), 호장인(胡長仁)을 「외척전」에 넣었다142)【趙注 : 『주서(周書)』에는 「외척전」이 없다】.

『위서』「문원전(文苑傳)」에는 원약(袁躍), 배경헌(裴敬憲), 노관(盧觀), 봉숙(封肅), 형장(邢臧), 배백무(裴伯茂), 형흔(邢昕), 온자승(溫子昇)이 있는데,143) 『북사』는 오로지 (온)자승 만을 취했고144) 그 나머지는 각각 그 집안 열전에 부기했다. 『(북)제서』「문원전」에는 조홍훈(祖鴻勳), 이광(李廣), 번손(樊遜), 유적(劉逖), 순사손(荀士遜), 안지추(顏之推) 등이 있는데,145) 『북사』에서는 오로지 조(홍훈), 이(광), 번(손), 순(사손)만을 취했고146) 그 나머지는 각기 그 집안 열전에 부기했다. 『주서』에는 「문원전」이 없는데, 『북사』는 왕포(王褒), 유신(庾信), 안지추 및 동생 안지의(顏之儀)를 취했다147)【趙注 : (안)

---

141) 『魏書』 卷83上 및 83下, 『北齊書』 卷48, 『隋書』 卷79가 「外戚傳」이다.

142) 【王注】『隋書』에 文帝 外家 呂氏가 있는데, 『北史』「外戚傳」에도 그대로 들어갔다. 또한, 西魏 文帝의 舅 楊騰 및 后兄 乙弗繪는 『北史』에 추가로 들어간 바이다; 『北史』 卷80 「外戚」「楊騰傳」, 2692면, "楊騰, 弘農人, 文帝之舅也"; 『北史』 卷80 「外戚」「乙弗繪傳」, 2693면, "乙弗繪, 河南洛陽人, 文帝皇后之兄也"; 『北史』 卷80 「外戚」「隋文帝外家呂氏」, 2695면, "隋文帝外家呂氏, 其族蓋微."

143) 『魏書』 卷85 「文苑傳」이다.

144) 『北史』 卷83 「文苑」「溫子昇傳」, 2783~2786면.

145) 『北齊書』 卷45 「文苑傳」에 있다.

146) 『北史』 卷83 「文苑傳」, 2786~2791면.

지추는 본래 『북제서』「문원전」 안에 있는데, 나중에 또 (북)주(北周)에서 벼슬을 했으므로 『북사』에서는 주대(周代)에 편입했다]. 『수서』「문학전(文學傳)」에는 유진(劉臻), 최표(崔儦), 왕규(王頍), 제갈영(諸葛穎), 왕정(王貞), 손만수(孫萬壽), 우작(虞綽), 왕주(王胄), 유자직(庾自直), 반휘(潘徽)가 있는데,[148] 『북사』는 유진, 제갈영, 왕정, 우작, 왕주, 유자직, 반휘를 취하고, 또 우세기(虞世基), 허선심(許善心), 유변(柳䛒), 명극양(明克讓)을 더하여 「문원전」을 만들었으며,[149] 최표, 왕규, 손만수는 각각 그 집안 열전을 따랐다.

『위서』에는 「효감전(孝感傳)」이 있는데, 조염(趙琰), 장손려(長孫慮), 걸복보(乞伏保), 손익덕(孫益德), 동락생(董洛生), 양인(楊引), 염원명(閻元明), 오실달(吳悉達), 왕속생(王續生), 이현달(李顯達), 창발(倉跋), 장승(張昇), 왕숭(王崇), 곽문공(郭文恭) 등이 있고,[150] 『주서』에는 「효의전(孝義傳)」이 있는데, 이당(李棠), 유회(柳檜), 두숙비(杜叔毗), 형가(荊可), 진족(秦族), 황보하(皇甫遐), 장원(張元)이 있으며,[151] 『수서』에는 「효의전」이 있는데, 육언사(陸彥師), 전덕무(田德懋), 설준(薛濬), 왕반(王頒), 전익(田翼), 양경(楊慶), 곽세준(郭世俊), 유인(紐因),[152] 유사준(劉仕儁), 낭방귀(郎方貴), 적보림(翟普林), 이덕요(李德饒), 화추(華秋), 서효숙(徐孝肅)이 있다.[153] 『북사』는 조염, 이당, 유회, 두숙비, 육언사, 이덕요를 별도의 열전 및 집안 열전에 넣었고, 그 나머지로는 「효행전(孝行傳)」을 지었다.[154]

---

147) 『北史』 卷83 「文苑傳」, 2791~2797면.

148) 『隋書』 卷76 「文學傳」에 있다.

149) [王注] 『北史』「文苑傳」이 『隋書』「文學傳」에 더한 사람으로는 李文博이 더 있다.

150) 『魏書』 卷86 「孝感傳」에 있다.

151) 『周書』 卷46 「孝義傳」에 있다.

152) [王注] '郭世俊'은 『隋書』「孝義傳」에는 '郭儁'이라 했고, 『北史』「節義傳」에서는 '郭世儁'이라 했는데, 이는 唐人들이 唐太宗 李世民을 피휘하여 '世'字를 혹 생략한 것일 듯하다. '紐因'은 『北史』에서 사용된 이름인데, 『隋書』에서는 '因'字를 '回'로 썼으니, 두 글자의 모양이 유사하여 잘못하기 쉬움으로 어느 것이 옳은지 알 수 없다.

153) 『隋書』 卷72 「孝義傳」에 보인다.

154) [王注] 別傳 및 家傳에 들어간 이로는 마땅히 田德懋·薛濬·郭世儁·郎方貴 네 명을 더 포함시켜야 한다. 『北史』 卷84 「孝行傳」 참고.

『위서』「예술전(藝術傳)」에는 조숭(晁崇), 장승(張勝),[155] 은소(殷紹), 왕조(王早), 경원(耿元), 유령조(劉靈助), 강식(江式), 주담(周澹), 이수(李修), 서건(徐謇), 왕현(王顯), 최욱(崔彧), 장소유(蔣少游)가 있고,[156] 『(북)제서』「방기전(方技傳)」에는 유오도영(由吾道榮), 왕춘(王春), 신도방(信都芳), 송경업(宋景業), 허준(許遵), 오준세(吳遵世), 조보화(趙輔和), 황보옥(皇甫玉), 해법선(解法選), 위녕(魏寧), 기모회문(綦母懷文), 장자신(張子信), 마사명(馬嗣明)이 있으며,[157] 『주서』「예술전」에는 기준(冀儁), 장승(蔣昇), 요승원(姚僧垣),[158] 여경희(黎景熙), 조문심(趙文深), 저해(褚該), 강련(强練)이 있고,[159] 『수서』「예술전」에는 유계재(庾季才), 노태익(盧太翼), 경순(耿詢), 위정(韋鼎), 내화(來和), 소길(蕭吉), 장주현(張胄玄),[160] 허지장(許智藏), 만보상(萬寶常)이 있다.[161] 『북사』는 강식, 최욱, 기준, 여경희, 조문심을 각각 열전에 편성하고, 또 승려 영원(靈遠), 이순흥(李順興), 단특사(檀特師), 안악두(顔惡頭)를 더하여 육법화(陸法和), 서지재(徐之才), 하조(何稠)와 함께 모두 「예술전」을 만들었으며,[162] 그 나머지는 별도의 열전 및 집안 열전에 넣었다.

『위서』「혹리전(酷吏傳)」에는 우락후(于洛侯), 호니(胡泥), 이홍지(李洪之), 고준(高遵), 장사제(張赦提), 양지(羊祉), 최섬(崔暹), 역도원(酈道元), 곡해(谷楷)가 있고,[163] 『(북)제서』「혹리전」에는 저진(邸珍), 송유도(宋游道), 노비

155) **[王注]** '張勝'은 마땅히 '張淵'이라고 해야 하는데, 『北史』「藝術傳」에서 '張深'이라 하였으니, 이는 唐人들이 唐高祖 李淵을 피휘하기 위해 고친 것이다.

156) 『魏書』 卷91 「藝術傳」.

157) 『北齊書』 卷49 「方伎傳」.

158) **[王注]** '垣'字를 原刻本에서는 '坦'이라 했는데, 『陳書』 卷27과 『南史』 卷69의 「姚察傳」, 그리고 『周書』 卷47과 『北史』 卷90의 「藝術傳」에서는 곧 '垣'이라고 했다. 아마도 '垣'字에서 1획이 빠져 '坦'字가 되었을 듯하므로, 西畲本에서는 곧 고쳐 '垣'이라고 하였으니, 이제 이를 따른다.

159) 『周書』 卷47 「藝術傳」.

160) **[王注]** 蕭吉과 張胄玄 사이에 楊伯醜 · 臨孝恭 · 劉祐 세 사람이 빠져 있다.

161) 『隋書』 卷78 「藝術傳」.

162) 『北史』 卷89 · 90 「藝術傳上 · 下」.

163) 『魏書』 卷89 「酷吏傳」.

(盧斐), 필의운(畢義雲)이 있으며,[164] 『주서』 「혹리전」에는 왕문동(王文同)이 있다.[165] 『북사』는 고준, 양지, 역도원, 곡해, 송유도, 노비, 필의운은 각각 그 집안 열전을 따랐고, 그 나머지는 「혹리전」에 넣었다.[166]

175. 『북사』는 『수서』를 그대로 사용했다北史全用隋書

『북사(北史)』는 (북)위(北魏), (북)제(北齊), (북)주(北周)의 정사에 대해서는 간간이 개정한 부분이 있으나, 오직 수(隋)에 관한 부분은 『수서(隋書)』를 그대로 써서 간략히 줄이기만 했지 전혀 개정한 곳이 없었고, 게다가 말을 돌려 비호한 곳이 많았다. 예를 들면 수 문제(文帝)가 찬탈한 것에 대해 『수서』 본기는 이미 역대 사서의 옛 법식을 따라 구석문(九錫文), 선위조(禪位詔)와 (문)제가 세 번 사양하고 선양을 받은 것을 적어 결코 나라를 빼앗은 흔적을 보이지 않았던 것이다.[167] 『북사』 역시 일일이 그 본에 따라 베껴 적어서 대략 한 마디도 차이가 없고, 다만 구석문을 빼서 군더더기를 생략했을 뿐이다.[168] 문제가 우문씨(곧, 북주)의 여러 왕들을 죽인 것에 대해 『주서(周書)』에서는 여러 왕들이 모두 정권을 잡기를 도모하려다 해를 입었다고 했지만,[169] 『북사』에서는 다만 '진왕(陳王) 순(純)을 주살하

164) 『北齊書』 卷47 「酷吏傳」에 있다.

165) 【王注】 『周書』에는 「酷吏傳」이 없고, 王文同은 『隋書』에 보인다. 『北史』와 『隋書』 「酷吏傳」이 서로 일치하는 자로는, 田式·燕榮·元弘嗣·王文同 등 네 명이 있는데, 본문에서 이 세 명을 누락시키고, 또 망령되이 『周書』의 이름을 거론한 것은 심히 잘못되었다.

166) 『北史』 卷87 「酷吏傳」 참고.

167) 『隋書』 卷1 「高祖紀上」, 5~13면.

168) 『北史』 卷11 「高祖文帝本紀」, 402~403면.

169) 『周書』 卷8 「靜帝紀」, 132면, "(大象二年)秋七月壬子 …… 趙王招·越王盛以謀執政被誅."

다', '대왕(代王) 달(達)을 주살하다', '등왕(滕王) 유(逌)를 주살하다'라고 적어,[170] 하나같이 죄가 있어 법에 따라 벌을 받은 것처럼 보인다. (문)제가 즉위한 후 (북주의) 정제(靜帝)를 개국공(介國公)으로 봉했는데, 그때 (정제의) 나이가 9살이었으며, 개황(開皇) 원년에 죽었는데, 『주서』는 이를 '수(문제)의 뜻'이라고 하였지만,[171] 『북사』는 단지 '개국공이 죽자 황제(문제)가 조당(朝堂)에서 애도하는 예를 행했으며 시호를 주(周) 정제라 했다'라고 적어,[172] 한결같이 마치 천수를 다하고 죽었으며 은혜로운 예를 더했던 것처럼 했다.

문제의 죽음에 대해서도 '(문)제는 병이 심해지자 백료와 함께 작별인사를 하고 손을 잡고 흐느껴 울었으며, 대보전(大寶殿)에서 붕어하였다'라고 적었으며,[173] 유조 한 편을 실어 "악한 자손은 이미 백성을 위해 제거하였으니 지금 후계자는 좋은 자손이다"라는 등의 말을 했으니,[174] 마치 안석[几]에 의지하여 임종의 유언을 남기고 천수를 다하여 깨끗이 죽어, 결코 해를 당한 것이 아닌 듯하다. 「양제기(煬帝紀)」 또한 고조(高祖)가 붕어하여 황제(곧, 양제(煬帝))가 인수궁(仁壽宮)에서 즉위했다고만 단지 적었으니,[175] 양제가 장형(張衡)[176]를 시켜 (문제의) 병시중을 들도록 해 죽음

---

170) 『北史』 卷10 「靜帝紀」, 382~383면, "(大象二年)秋七月, 趙王招・越王盛以謀執政, 被誅. …… 冬十月 …… 壬戌, 陳王純以怨執政, 被誅"라 되어 있으니 『北史』가 아니라, 『隋書』라야 할 것이다(『隋書』 卷1 「高祖紀上」, 5면, "(大象二年) 誅陳王純. …… 十一月辛未, 誅代王達・滕王逌").

171) 『周書』 卷8 「靜帝紀」, 136면, "隋氏奉帝爲介國公, 邑萬戶, 車服禮樂一如周制, 上書不爲表, 答表不稱詔. 有其文, 事竟不行. 開皇元年五月壬申, 崩, 時年九歲, 隋志也."

172) 『北史』 卷10, 384면, "隋開皇元年五月壬申, 帝崩, 時年九歲 …… 隋志也. 謚曰靜皇帝, 葬恭陵"이라 되어 있고, 『隋書』 卷1 「高祖紀」, 15면, "(開皇元年 五月) 辛未, 介國公薨 上擧哀於朝堂, 以其族人洛嗣焉"이라 되어 있으니 『北史』가 아니라 『隋書』라 해야 옳다.

173) 『北史』 卷11 「隋高祖文皇帝本紀」, 427면, "(仁壽四年 秋七月)甲辰, 帝疾甚, 臥於仁壽宮, 與百僚辭訣, 上握手歔欷. 丁未, 崩于大寶殿. 時年六十四."

174) 趙翼의 인용문("惡子孫已爲百姓除去 今嗣位者乃好子孫")은 『北史』 원문과는 약간의 뉘앙스 차이가 있다(『北史』 卷11 「隋高祖文皇帝本紀」, 427~428면, "詔曰; '…… 今惡子孫已爲百姓黜屏 好子孫足堪負荷大業'").

에 이르게 한 것과 조서를 위조하여 즉위한 일은 전혀 자취를 보이지 않았다. 곧 「장형전(張衡傳)」에서도 또한 그가 문제를 시역한 것을 드러내지 않았는데, 단지 그가 사사될 때 스스로 "내가 이 사람을 위해 무슨 일을 했던가. 그러고도 오래 살기를 바라겠는가"라고 말하자 형벌을 감독하는 사람들이 귀를 막고 죽이기를 재촉했다고 적었을 뿐이다.177) 오직 「선화부인전(宣華夫人傳)」에서는 문제가 태자 (양)광(楊廣)이 부인에게 무례했다 하여 급히 폐태자 양용(楊勇)178)을 부르도록 했는데, 양소(楊素)179)가 급히 이것을 태자 (양)광에게 알리자, (양)광이 결국 장형에게 침전에 들어가게 하고 부인과 후궁으로 병간호를 하던 사람들을 모두 나가게 하니, 얼마 뒤 문제가 붕어했다고 했다.180) 이는 은근히 표현하는 가운데 사건의 시

---

175) 『北史』 卷12 「隋煬皇帝本紀」, 440면, "(仁壽)四年七月, 高祖崩, 上卽皇帝位於仁壽宮."

176) 張衡(?~612) : 隋 河內 사람으로 字는 建平이다. 北周에서 掌朝大夫를 역임하고 隋初 司門侍郎이 되었다. 晉王 楊廣에 의부하였으며 河北行臺刑部·度支二曹郎, 幷州總管掾, 揚州掾을 역임하였다. 楊廣을 잘 섬겼으며, 太子의 지위를 빼앗을 것을 모의하여 右庶子가 되었다. 仁壽 4년(604) 文帝 살해에 참여하여 煬帝 즉위 후 御史大夫가 되었으며 총애를 받았다. 煬帝가 汾陽宮을 修築하려 하자 이를 간언하다가 총애를 잃어 榆林太守가 되었으나, 이를 원망하고 불만을 가져 제명되고 民이 되었다. 朝政을 비방했다는 죄로 살해되었다.

177) 『北史』 卷74 「張衡傳」, 2548면, "奪宗之計, 多衡所建"; 『北史』 卷74 「張衡傳」, 2549면, "(大業)八年, 帝自遼東還都, 妾言衡怨望 謗訕朝政, 帝賜死于家. 臨死大言曰, '我爲人作何物事, 而望久活!' 監刑者塞耳, 促令殺之……"; 『隋書』 卷56 「張衡傳」, 1393면, "臨死大言曰, '我爲人作何物事, 而望久活' 監刑者塞耳, 促令殺之."

178) 楊勇(?~604) : 隋 弘農郡 華陰縣 사람으로 隋 文帝의 맏아들이다. 학문과 詞賦를 좋아하였다. 北周 시기 洛州總管·上柱國·大司馬를 역임하였고 禁衛를 統領하였다. 隋初 皇太子가 되었다. 사치와 女色을 좋아하였으며 國政에 참여하여 건의한 바가 많았다. 楊廣의 모함으로 開皇 20년(600) 폐위되어 庶人이 되었다. 楊廣이 文帝를 살해할 때 賜死되었다. 房陵王으로 추봉되었다.

179) 楊素(?~606) : 隋 弘農郡 華陰縣 사람으로 字는 處道이다. 大志를 가졌으며 權略이 있었고 독서를 좋아했고 글짓기에 능했다. 北周시대 司城大夫·上柱國을 역임하였다. 隋初 陳 정벌군에 종군하여 行軍元帥가 되었고, 荊州總管 越國公에 봉해졌다. 江南 李稜·高智慧 등의 反隋세력을 평정한 공으로 尙書右僕射가 되어 高熲과 朝政을 장악하였다. 開皇 20년(600) 晉王 楊廣과 모의하여 太子 楊勇을 폐위시켰으며 尙書左僕射로 승진하였다. 煬帝 즉위 후 尙書令, 司徒 楚國公으로 제수되었다. 군령이 엄격하고 싸울 때마다 이겨 名將으로 칭해졌으며, 突厥 達頭可汗의 精騎 10여 만을 격파하였다. 공이 크고 지위가 높아 煬帝에게 꺼림을 받자 걱정하다가 죽었다.

말을 대략 드러낸 것이지만, 역시 바로 쓴 것은 아니다.

『수서』의 서술 방법은 역대에 이어져 내려오는 옛 체제를 이었으니 오히려 이상할 것이 없지만, 이연수(李延壽)는 스스로 개인적으로 역사를 지으면서 마땅히 사실에 근거하여 바로 써서 후세에 모범이 되어야 할 것인데, 어찌 반드시 사사로운 정에 얽매인 바가 있고 꺼려서 피함이 이와 같은지, 어쩌면 수나라에만 유독 편드는 바가 있는 것인가? 아니면 『수서』도 본디 (이)연수가 조칙을 받들어 편찬한 것이고 그 서법이 이미 이와 같으므로 서로 어긋나는 것이 편하지 않았던 것인가? 그러나 정사에서 숨기고 꺼리는 것들은 개인이 편찬하는 사서가 있음으로서 기댈 수 있는 것인데, 만약 본[樣]을 따라 그대로 그린 호리병과 같이 별도로 밝히는 것이 없다면 또한 어찌 스스로 일가(一家)의 주장을 이룬 귀함이 있겠는가.

176. 『남사』와 『북사』에서 (남북) 두 나라 사이의 전쟁은 상세히 기록되지 않았다 南北史兩國交兵不詳載

『남사(南史)』와 『북사(北史)』는 간략함을 위주로 하였으므로 대개 각 왕조의 정사(正史)에 대하여 열 가운데 서넛은 삭제해 버렸다. 예컨대 매 왕조가 교체될 때에 선양으로 찬탈하는 경우에는 반드시 구석문(九錫文), 세 번 사양하는 표[三讓表], 선위조책(禪位詔冊)이 있기 마련이고 (이것을) 길게

180) 『隋書』 卷36 「宣華夫人陳氏傳」, 1110면, “初, 上寢疾於仁壽宮也, 夫人與皇太子同侍疾, 平旦出更衣, 爲太 子所逼, 夫人拒之得免, 歸於上所, 上怪其神色有異, 問其故. 夫人泫然曰 : ‘太子無禮’ 上恚曰 : ‘畜生何足付大事, 獨孤誠誤我’ 意謂獻皇后也, 因呼兵部尙書柳述, 黃門侍郎元巖曰 : ‘召我兒!’ 述等將呼太子, 上曰 : ‘勇也’ 述·巖出閤爲勑書訖, 示左僕射楊素. 素以其事白太子, 太子遣張衡入寢殿, 遂令夫人及後宮同侍疾者, 並出就別室. 俄聞上崩, 而未發喪也. 夫人與諸後宮相顧曰 : ‘事變矣!’ 皆色動股慄. 晡後, 太子遣使者齎金合子, 帖紙於際, 親署封字, 以賜夫人. 夫人見之惶懼, 以爲鴆毒, 不敢發. 使者促之, 於是乃發, 見合中有同心結數枚. 諸宮人咸悅, 相謂曰 : ‘得免死矣!’ 陳氏恚而却坐, 不肯致謝. 諸宮人共逼之, 乃拜使者. 其夜, 太子烝焉.”

늘어놓은 것이 서로 이어져 결국 일정한 격식을 이루었는데, 『남사』 『북사』는 그것을 삭제하고서 겨우 한두 가지 조책만을 남겼을 뿐이다. 그밖에 열전 안에 있는 문장도 사건의 경중과 관련이 없는 경우는 또한 잘라서 추려낸 것이 많다. 예컨대 허선심(許善心)의 「신작부(神雀賦)」는 『수서(隋書)』에서 원문을 모두 수록하고 있지만[181] 『북사』에서는 단지 그 일만 기록하고 그 부는 싣지 않았다.[182] 이와 같은 것이 하나로 족하지 않으니, 송기(宋祁, 宋子京)가 말하는 '빚어낸 말을 잘라 없앤 것이 이전의 책보다 매우 많은[刊落釀詞, 過舊書遠甚]' 것이다.

남조(南朝)와 북조(北朝)의 교전에 관한 일은 더욱 삭제한 것이 많다. 이제 『북사』와 『위사(魏史, 곧 魏書)』로 대조해 보겠다. 예컨대 『위서』를 보면, 명원제(明元帝) 태상(泰常) 7년(422)에 (북)위(北魏)가 활대(滑臺)를 공격하니 송(宋)의 장군 왕경탁(王景度)이 성을 버리고 달아났다.[183] (태상) 8년(423)에는 호뢰(虎牢)를 점령하고 송의 장군 모덕조(毛德祖) 등을 사로잡았다[趙注 : 이 일은 송 소제(少帝) 경평(景平) 원년(423)에 있었던 일로, 『송서(宋書)』에서는 (북)위 군사가 호뢰를 점령하고서 사주자사(司州刺史) 모덕조를 잡아 가버렸다고 썼는데, 『남사』에서는 도리어 쓰지 않았다].[184] 태무제(太武帝) 신가(神䴥) 원년(428)에 송의 장군 왕중덕(王仲德)이 제양(濟陽)을 침략했고 왕현모(王玄謨),[185] 축령수(竺靈秀) 등이 형양(滎陽)을

181) 『隋書』 卷58 「許善心傳」, 1425~1427면, "十六年, 有神雀降於含章闥, 高祖召百官賜醼, 告以此瑞. 善心於座請紙筆, 製神雀頌, 其詞曰 : …….”

182) 『北史』 卷83 「許善心傳」, 2801면, "善心於坐請紙筆, 製神雀頌奏之."

183) 『魏書』 卷3 「明元帝紀」, 62면, "劉義符東郡太守王景度棄滑臺走."

184) 『魏書』 卷3 「明元帝紀」, 63면, "司空奚斤旣平兗豫, 還圍虎牢, 劉義符守將毛德祖距守不下."

185) 王玄謨(387 혹은 388~468) : 劉宋 太原郡 祁縣 사람으로 字는 彦德이다. 東晉末 領徐州刺史 劉裕의 벽소로 從事史가 되었고, 宋 元嘉中 長沙王 劉義欣鎭軍參軍 領汝陰太守가 되었다. 元嘉 27년(450) 대거 北魏를 공격할 때 寧朔將軍으로써 선봉이 되어 滑臺를 공격했으나 北魏 太武帝의 군대에 패하였다. 太子 劉劭가 門第를 죽이고 자립하자 武陵王 劉駿이 기병했을 때, 이에 호응하였다. 南郡王 劉義宣과 江州刺史 臧質이 반란을 일으키자 豫州刺史가 되어 柳元景과 함께 梁山에서 대파하였다. 雍州刺史와 徐州刺史를 역임하였으며, 明帝初 晉安王이 尋陽에서 즉위하자 大統이 되어 수군을 이끌고 토벌하였다. 左光祿大夫 車騎將軍 護軍將軍으로 재직 중 사망하였다.

침략했으나, (북)위 군대가 그들을 격파했다.[186] (신가) 4년(431)에는 안힐(安頡)이 활대를 평정하고 송의 장군 주수지(朱脩之), 이원덕(李元德) 등을 사로잡고서 단도제(檀道濟)를 역성(歷城)까지 추격하다가 돌아왔다[趙注 : 이 일은 송 원가(元嘉) 8년(431)에 있었는데, 『송서』에서는 활대가 다시 색로(索虜)에게 점령되었고 단도제는 군사를 이끌고 돌아왔다고 기록했다].[187] 태평진군(太平眞君) 4년(443)에는 피표자(皮豹子) 등이 송의 군대를 탁수(濁水)에서 격파했다. (태평진군) 7년(446)에는 영창왕(永昌王) (탁발)인(拓跋仁)이 송의 장군 왕장(王章)을 고평(高平)에서 사로잡았다. (태평진군) 11년(450)에는 (탁발)인이 송의 장군 유탄지(劉坦之)를 여수(汝水) 동쪽에서 참수하였다. 송의 장군 소빈지(蕭斌之)가 제주(濟州)를 침략하여 왕매덕(王買德)이 성을 버리고 도주하자, (소)빈지는 성에 들어와 왕현모(王玄謨)를 보내 활대를 공략하도록 했다. (태무)제가 남벌하여 장손진(長孫眞)에게 기병 5천 명을 이끌고 가도록 하니, (왕)현모와 (소)빈지는 모두 달아났다. 이에 여러 장수들에게 모두 진군할 것을 명하니, 송의 장군 장질(臧質)이 저항하며 수비했으나 연왕(燕王) (탁발)담(拓跋譚)이 그 구원병을 이끈 호숭지(胡崇之)를 격파했고, 영창왕 또한 현호(懸瓠)를 공략하여 점령했다. 어가가 회수(淮水)에 이르러 송의 장군 유강조(劉康祖)를 참수하고 드디어 과보(瓜步)에 이르렀다. 송나라 사람들이 크게 놀라 많은 제사용 가축[百牢][188]을 바치고 여자를 황손에게 보내며 화평하기를 청하였다. (태무)제는 군사적인 이유로 혼인하는 것은 예가 아니라고 여겨 화평은 허락하였으나 혼인은 허가하지 않았다.[189] 『북사』에서는 이러한 내용

---

186) 『魏書』 卷4上 「太武帝紀」, 74면, "劉義隆淮北鎭將王仲德遣步騎二千餘入寇濟陽, 陳留. …… 義隆遣將王玄謨, 兗州刺史竺靈秀步騎二千人寇滎陽, 將襲虎牢. 豫州遣軍逆擊走之."

187) 『魏書』 卷4上 「太武帝紀」, 78면, "二月辛酉, 安頡, 司馬楚之平滑臺, 擒義隆將朱脩之, 李元德及東郡太守申謨. …… 義隆將檀道濟, 王仲德東走, 諸將追之, 至歷城而還."

188) 百牢 : 百마리의 太牢, 즉 많은 제사용 가축. 제사에 쓰이는 牛·羊·豕 각 한 마리씩을 합쳐 牢라 한다.

189) 『魏書』 卷4下 「世祖太武帝紀」, 105면, "癸未, 車駕臨江, 起行宮於瓜步山. …… 甲申, 義隆使獻百牢, 貢其方物, 又請進女於皇孫以求和好. 帝以師婚非禮, 許和而不許

을 다 쓰지 않고 다만 "(태무)제가 남정하여 여러 장수에서 길을 나누어 함께 진군하도록 명하니 이르는 곳마다 성읍이 모두 함락되었으며, 과보에 행궁을 세우니 송 문제(文帝)가 사신을 파견하여 많은 제사용 가축[百牢]을 헌상하고 아울러 딸을 바치겠다고 청하였으나 (태무)제는 화평은 허락하였으되 혼인은 허가하지 않았다"[190]라고 기록했다. 또한 예컨대 효문제(孝文帝) 태화(太和) 4년(480)에는 제(齊)의 장군 최문중(崔文仲)이 치미수(茬眉戍)를 함락하고 최혜경(崔慧景)이 무흥(武興)에 침입했는데, (북)위에서는 조서를 내려 원가(元嘉) 등에게 남쪽을 토벌하라고 하여 제의 장군 노소지(盧紹之)를 구산(朐山)에서 격파했다. 또한 풍희(馮熙) 등에게 의양(義陽)으로 출정하게 하고 하라(賀羅)에게 종리(鍾離)로 출정하도록 하여 여러 장군들이 제의 장군 환강(桓康)을 회양(淮陽)에서 격파하고 3만여 명을 사로잡았다.[191] 『북사』에서는 또한 상세하게 기재하지 않고 단지 원가가 제나라 군사를 격파하고 3만 명을 사로잡았다고만 언급했다.[192] (태화) 12년(488)에는 제의 장군 진현달(陳顯達)이 예양(醴陽)을 점령했으나 좌복야(左僕射) 목량(穆亮)이 그를 토벌하였다. (태화) 13년(489)에는 제의 병사가 회양에 침입했으나 태수 왕승준(王僧儁)이 격파하여 쫓아냈다. (태화) 21년(497)에는 (효문)제가 여러 장군들을 자양(赭陽)을 공격하도록 두고, 스스로 완성(宛城)에 이르러 그 외성을 점령하였고, 신야(新野)에 이르러서는 긴 포위망을 쌓아 신야를 곤경에 빠뜨렸다. 제의 장군을 면수(沔水) 북쪽에서 크

婚, 使散騎侍郎夏侯野報之."

190) 『北史』 卷2 「魏世祖紀」, 61면, "車駕至淮. 詔刈葦作筏數萬而濟, 淮南皆降. 癸未, 車駕臨江, 起行宮於瓜步山. 諸軍同日皆臨江, 所過城邑, 莫不望塵奔潰, 其降附者不可勝數. 甲申, 宋文帝使獻百牢, 貢其方物, 又請進 女於皇孫, 以求和好. 帝以師婚非禮, 許和而不許婚, 使散騎侍郎夏侯野報之."

191) 『魏書』 卷7上 「高祖孝文帝紀上」, 148~149면, "蕭道成徐州刺史崔文仲寇淮北, 陷茬眉戍. 二月, 遣尙書游明根率 騎二千南討. …… 冬十月丁未, 詔昌黎王馮熙爲西道都督, 與征南將軍桓誕出義陽; 鎭南將軍賀羅, 自下蔡東出鍾離. 蘭陵民桓富殺其縣令, 與昌慮桓和北連太山羣盜張和顔等, 聚黨保五固, 推司馬朗之爲主. 詔淮陽王尉元等討之."

192) 『北史』 卷3 「魏高祖紀」, 97면, "假梁郡王嘉大破齊, 俘獲三萬餘口, 送京師."

게 격파하였다. (태화) 22년(498)에는 제의 장군 채도복(蔡道福), 성공기(成公期), 호송(胡松) 등이 각각 그 지역을 버리고서 달아나버렸다. 또한 완성을 공격해 함락하여 그 장군 방백옥(房伯玉)이 나와서 투항했다. 제의 장군 배숙업(裴叔業)이 와양(渦陽)을 침략하니 정사명(鄭思明)에게 조서를 내려 구원하도록 했다. (태화) 23년(499)에는 제의 장군 진현달이 형주(荊州)를 침략하자 원영(元英)에게 조서를 내려 그를 토벌하도록 했다. (진)현달이 마권(馬圈)를 점령하자 어가(효문제)가 직접 남벌하니 (진)현달은 도망가 버렸다. 『북사』에서는 (이러한 일들을) 모두 쓰지 않았다.193)

선무제(宣武帝) 정시(正始) 원년(504)에는 양(梁)의 장군 강경진(姜慶眞)이 수춘(壽春) 외곽을 점령했으나 주(州)의 군사들이 그를 격퇴하여 쫓아버렸다. 통군(統軍) 유사조(劉思祖)는 양의 군대를 소양(邵陽)에서 크게 격파하고 그 장군 조경열(趙景悅) 등을 사로잡았다. 원영은 또한 양의 장군 왕승병(王僧炳)을 번성(樊城)에서 격파하였고, 또 양의 장군 마선병(馬仙琕)을 의양(義陽)에서 격파하고 그곳을 점령했다. 『북사』에서는 모두 적지 않고 단지 마선병을 격파한 일 하나만을 기록했을 뿐이다.194) (정시) 2년(505)에는 형만(邢巒)이 양나라 장수 범시남(范始男) 등을 사로잡았고, 왕족(王足)은 양나라 장수 왕명달(王明達) 등을 목 베었으며, 설진도(薛眞度)는 또한 양나라 장수 왕초종(王超宗) 등을 격파했다. 『북사』에서는 모두 쓰지 않고 다만 자주 (적을) 크게 격파했다고만 했다.195) 이 해에는 또한 중산왕(中山王) (원)영에게 조서를 내려 남쪽으로 양양(襄陽)과 면수 일대를 토벌하도록 했다. (정시) 3년(506)에는 양나라 장수 왕무선(王茂先)이 형주를 침범했는데, 양대안(楊大眼)에게 조서를 내려 그를 토벌하도록 하여 양나라 장수 왕화(王花)

---

193) 【王注】 이상의 각 일을 『北史』 卷3 「孝文帝紀」에는 모두 기재하고 있으니, 이 글에서 '皆不書'라고 말한 것은 사실과 부합하지 않는다.

194) 『北史』 卷4 「魏世宗宣武帝紀」, 135면, "八月丙子, 假鎭南將軍元英破梁將馬仙琕於義陽."

195) 『北史』 卷4 「魏世宗宣武帝紀」, 135면, "二月, 梁州氐, 蜀反, 絶漢中運路, 州刺史邢巒頻大破之."

등을 목 베었다. (왕)무선이 달아나자 추격하여 한수(漢水)에 이르렀고, 그 다섯 성을 함락시켰다.[196] 양나라 장수 장혜소(張惠紹)가 숙예(宿豫)를 함락시키고 위예(韋叡)가 합비(合肥)를 함락시키자, 상서(尙書) 원요(元遙)에게 조서를 내려 남쪽을 토벌하게 했으며, 해강생(奚康生)이 장혜소를 격파하여 그 장수 송묵(宋黑)을 목 베었다. 중산왕 (원)영이 그(양나라) 장수 왕백오(王伯敖)를 격파했으며, 형만이 그 장수 환화(桓和)를 고산(孤山)에서 격파하여 여러 장수들이 각각 고성(固城), 몽산(蒙山)을 함락시키니 연주(兗州)가 평정되었다. 형만이 양나라 군사를 숙예에서 패퇴시키니, 장혜소는 숙예를 버리고 소병(蕭昞)은 회양(淮陽)을 버린 채 남쪽으로 달아났고, 서주(徐州)가 평정되었다. 중산왕 (원)영이 회남(淮南)에서 양나라 군사를 크게 격파하니 양 임천왕(臨川王) (소)굉(蕭宏) 등은 양성(梁城)을 버리고, 회수를 따라 동쪽으로 달아나, (북위 군사가) 결국 종리(鍾離)를 공격하게 되었다. (정시) 4년(507)에는 종리에 홍수가 나서 (중산왕 원)영이 크게 패하고 돌아왔다. 『북사』에서는 모두 쓰지 않고 다만 중산왕 (원)영에게 남쪽을 토벌하도록 명하여 양나라 장수 왕백오를 격파하고 종리를 포위하기에 이르렀으나 홍수 때문에 패해 돌아왔다고만 썼다.[197] 회양의 전투는 임천왕 (소)굉의 대군이 도망쳐 돌아갔으므로 실로 두 나라 사이에 큰일이었으나 또한 쓰지 않았다.

아마도 (이)연수(李延壽)는 사건을 서술하면서 오로지 간략하게 묶는 것을 주로 했기에 본디 하나하나 상세히 쓸 수 없었을 것이며, 게다가 남북간 교전은 각각 스스로 승리는 과장하면서 패배는 회피했고, 국사도 본디 각각 그 기록할 바만을 기록했으니, (이)연수의 경우는 남북을 합하여 모두가 그 한 사람 손에서 나왔으므로, 아마도 저본을 참조하여 베끼면서

196) 『魏書』 卷8 「世宗宣武帝紀」, 202면, "蕭衍江州刺史王 茂先寇荊州, 屯於河南城, 詔平南將軍楊大眼討之. 辛酉, 大破之, 斬其輔國將軍王花, 首虜二千餘. 進攻河南城, 茂先逃潰, 追奔至於漢水, 拔其五城."

197) **[王注]** 邢巒이 桓和를 격파한 일과 鍾離가 함락된 일은 『北史』 卷4 「宣武帝紀」에 함께 보이므로, 이 '皆不書'라는 말은 사실과 부합하지 않는다.

일관하여 조사, 대조해 보면 사건이 서로 부합하지 않는 경우가 많았기 때문일 것이다. 예컨대, 「(북)제(北齊) 신무(제)기(神武帝紀)」에서는 신무제가 옥벽(玉壁)에서 왕사정(王思政)을 포위하고 적을 끌어내려고 했으나 서군이 감히 나오려고 하지 않아 이에 군대를 철수했다고 되어 있다. 그러나 「(북)주(北周) 문제기(文帝紀)」에서는 (북)주 문제[198]가 (북)제 신무(제)가 옥벽에 이르렀다는 것을 듣고 곧 포판(蒲坂)으로 출군하니 신무(제)가 바로 퇴각했다고 하였으니, 이렇게 보면 서군이 감히 나오지 못한 것이 아니다. 망산(芒山) 전투의 경우, 「북제 본기」에서는 신무(제)가 (북)주 문(제)을 대패시켜 6만 명을 사로잡거나 목 베었는데, 마침 군사 가운데 서군으로 도망간 자가 있어 신무(제)가 있는 곳을 알리니, 서군이 정예병을 다 써서 공격해 와 신무(제)가 거의 하발승(賀拔勝)에게 잡힐 뻔하다가 겨우 면했다고 기록하였으니, 이렇게 보면 동군이 먼저 이겼다가 나중에 패한 것이 된다. 「북주 본기」에서는 (북)제 신무(제)가 망산에 진을 치고는 며칠 동안 전진하지 않으니, (북)주 문(제)이 군사를 이끌고 밤에 산을 올라 새벽에 습격하여 신무(제)가 하발승에게 쫓기다가 겨우 벗어났다고 했다. 그런데 조귀(趙貴) 등 다섯 장수의 군사가 우측에 있었는데[199] 전황이 불리하게 되자 (북)제 신무(제)가 군사를 합하여 다시 싸워서 (북)주 문(제)이 또 불리해졌다고 하였으니, 이렇게 보면 서위 군사도 또한 먼저 이겼다가 나중에 패한 것이 된다. 두 본기를 서로 비교해 보면, 「북주 본기」는 앞서 동군에게 패한 한 대목을 적게 썼고, (마찬가지로) 「북제 본기」는 또한 다시 싸워 서군을 패배시킨 대목을 적게 써서 서로 맞지 않게 되었다. 그리고 (북)제 신무(제)가 도망쳐 추격에서 벗어난 후 군사를 모아 다시 싸워 (북)주 문(제)이 불리하게 되었다는 내용은 응당 「북제 본기」에 서술되어 승리를 과장해야 하는 것인데, 오히려 「북주 본기」에 서술되어 있고

---

198) 北周 文帝 : 宇文泰를 지칭한다. 사후 文帝로 추증되었다.

199) 『周書』에는 趙貴 등이 우측이 아니라 좌측에 있었던 것으로 나와 있다(『周書』 卷2 「文帝紀下」, 30면).

「북제 본기」는 쓰지 않았다. 이 전투가 끝난 뒤 「북제 본기」에서는 신무(제)가 유풍(劉豊)을 보내 땅을 점령하게 하여 홍농(弘農)에 이르러 돌아왔다고 했다. (그런데) 「북주 본기」에서는 (북)제 신무(제)가 스스로 섬(陝)에 이르렀지만 달해무(達奚武)가 그를 막아 결국 물러났다고 하여 역시 서로 부합하지 않는다. 가히 역사를 쓰는 어려움을 볼 수 있으며, 양국이 교섭하는 내용은 일관하여 조사와 대조를 거치면 번번이 틈이 많으니, (이)연수가 감히 상세하게 쓰지 못한 것은 마땅하다 하겠다[趙注 : 살펴보건대 『북사』가 너무 간략하여 또한 명확하지 않은 부분이 있다. 예컨대 (북)위 선무제 경명(景明) 원년(500)에 제나라 장수 진백지(陳伯之)가 회남을 침범했는데,[200] 이는 (진)백지가 제를 위하여 북위를 공격한 것이었지만, 문득 정시 3년(506)에는 진백지가 양성(梁城)에서 남쪽으로 달아났다고 쓰고 있다. (진)백지 한 사람이 어찌 남쪽이었다 북쪽이었다 할 수 있는가. 『위서(魏書)』에서는 경명 3년(502)에 (진)백지가 항복해 왔고, 정시원년(504)에 (진)백지가 양나라 장수 조조열(趙祖悅)과 창의지(昌義之)를 격파했으며,[201] 3월에[202] (진)백지가 양성에서 남쪽으로 도망갔다고 썼으니,[203] 그가 먼저 북에 항복했다가 또 남쪽으로 도망간 것이 비교적 분명하다. 『북사』는 그(진백지)가 (북)위에 항복한 한 부분을 쓰지 않아 더욱 내력을 알 수 없게 되었다. 만약 (진)백지가 북위에 항복한 것이 사소한 일이라서 쓰지 않았다면, 정시 원년에 양나라 장수 하후도천(夏侯道遷)이 한중(漢中)을 점거하고 항복해 온 것은 어찌 또 썼단 말인가?].[204]

200) 『北史』 卷4 「魏世宗宣武帝紀」, 132면, "齊將陳伯之寇淮南."
201) 陳伯之가 昌義之를 격파한 일은 正始 원년 기사에서 보이지 않고 정시 3년 기사에 보인다.
202) 문맥상 正始 3년 3월이 되어야 한다. 陳伯之가 남쪽으로 도망간 사건이 실제 正始 3년 3월에 일어났다.
203) 『北史』 卷4 「魏世宗宣武帝紀」, 136면, "庚寅, 平南將軍, 曲江縣公陳伯之自梁城南奔."
204) 『北史』 卷4 「魏世宗宣武帝紀」, 135면, "閏月癸卯朔, 行梁州事夏侯道遷據漢中來降."

177. 『북사』와 『위서』 『북제서』 『주서』 『수서』가 서로 어긋나는 부분北史與魏齊周隋書岐互處

『북사(北史)』와 『위서(魏書)』 『(북)제서(北齊書)』 『주서(周書)』 『수서(隋書)』 각 사서를 비교, 대조해 보면 대략 서로 같지만 사이사이에 약간 다른 부분이 있는데, 이제 그것을 뽑아 보이고자 한다.

『위서』에서는 신원제(神元帝)[205]가 아들 문제(文帝)[趙注 : 사막한(沙漠汗)]를 (조)위(曹魏)로 파견했는데, 이 해가 위(魏) 경원(景元) 2년(261)이었다고 했지만,[206] (그러나) 『북사』는 문제를 진(晉)에 파견했는데, 이때가 진(晉) 경원 2년이었다고 하고 있다.[207] 생각건대, 경원은 아직 위 진류왕(陳留王, 곧 曹奐)의 연호이므로 『위서』는 이 기사를 위나라 때에 속하는 것으로 하여 그 명분을 따랐으나, 이때 권력은 이미 진에 있었으므로 『북사』는 이를 진나라 때에 속하는 것으로 했으니 그 실질을 따른 것이다.

『위서』에서는 모든 종실을 모두 원(元)씨로 했으니, 원고(元觚),[208] 원의(元儀),[209] 원제(元題)[210]의 예가 그러하다. 생각건대, 탁발(拓跋)이 원으로 성을 바꾼 것은 효문제(孝文帝) 때의 일이니 도무제(道武帝) 이후로 아직 그러한 예가 없었으나, 나중에 와서 고친 성으로 아직 고치지 않았을 때까지 소급해 썼으니, 특히 거꾸로 치장한 것에 속한다. 『북사』에서는 진

205) 神元帝(175~278) : 拓跋力微의 諡號이다. 拓跋詰汾의 작은 아들로 沒鹿回部를 겸병하였고, 당시 控弦之士 20여 만을 옹유하였다. 258년 盛樂城으로 옮겼다. 261년 아들 沙漠汗을 曹魏 洛陽에 파견하였다. 北魏 건국 후 始祖로 추증되었고, 諡號는 神元皇帝이다.

206) 『魏書』 卷1 「序記」 「始祖神元皇帝紀」, 4면, "四十二年, 遣子文帝如魏, 且觀風土. 魏景元二年也."

207) **【王注】** 百衲本 影印 元大德刊本 『北史』는 '晉'字가 모두 '魏'로 되어있고, 標點本 『北史』도 그것을 따랐으니, 趙翼이 의거한 판본에 잘못이 있다. 『北史』 卷1 「魏神元皇帝紀」, 3면, "四十二年, 遣子文帝如魏, 且觀風土. 是歲, 魏景元二年也."

208) 「元觚傳」은 『魏書』 卷15 「昭成子孫」 「秦王觚傳」, 374면 참조

209) 「元儀傳」은 『魏書』 卷15 「昭成子孫」 「元儀傳」, 370~372면 참조. 『魏書』에 보이는 '元儀'는 『魏書』 卷2 「太祖道武帝紀」, 22면 및 23 · 26 · 29 · 30면 등 6차례 보인다.

210) 『魏書』에 보이는 '元題'는 『魏書』 卷2 「太祖道武帝紀」, 30면에 보인다.

왕(秦王) 고(觚),[211] 동평공(東平公) 의(儀),[212] 양성공(襄城公) 제(題)[213]라 적고 있으니 비교적 실상을 얻은 것이다.

이주영(爾朱榮)이 하음(河陰)에서 조정 신하(朝士)들을 죽인 것에 대해, 『위서』는 (효)명제(孝明帝)가 해를 당한 것을 구실로 백관들을 질책했다고 했으나[214] 『북사』는 (이주)영이 고양왕(高陽王) 옹(雍)이 반란을 일으키려 했다고 거짓으로 말하면서 그들을 죽였다고 했다.[215] 『주서』「양충전(楊忠傳)」을 보면, (양)충(楊忠)은 독고신(獨孤信)을 따라 양성(穰城)을 격파한 뒤 반년 만에 동위(東魏)의 압력으로 (독고)신과 함께 양(梁)나라로 달아났다가 나중에 양에서 관중(關中)으로 돌아왔고, (북)주(北周) 문제(文帝)가 그를 불러 막하에 있게 했다고 했으니, 이는 양으로 도망간 다음에야 서위(西魏)로 돌아왔다는 것이다.[216] 『북사』에서는 동위가 압박을 가하자 (양)충과 (독고)신이 함께 관중으로 돌아왔고, (북)주 문제가 불러 막하에 머물게 했다고 했으니, 양나라로 도망갔다는 한 구절을 삭제한 것으로 지나치게 간략함만을 추구하려는 잘못을 면하지 못했다.

그밖에 정사와 조금씩 차이가 있는 부분으로는, (북)위(北魏) 효문제가 남벌한 것에 대해 『위서』는 기병과 보병 백여 만이라 적었지만,[217] 『북사』는 30여 만이라 했다.[218] (북)제(北齊) 문선제(文宣帝)가 (동)위(東魏) 효정

211) 『北史』의 '秦王觚'는 『北史』 卷1 「魏太祖道武帝紀」, 12면, 16면에 보인다.

212) 『北史』의 '東平公儀'는 『北史』 卷1 「魏太祖道武帝紀」, 15면, 16면에 보인다.

213) 『北史』의 '襄城公題'는 『北史』 卷1 「魏本紀」「太祖道武帝紀」, 16면에 보인다.

214) 『魏書』 卷74 「尒朱榮傳」, 1648면, "朝士旣集, 列騎圍遶, 責天下喪亂, 明帝卒崩之由, 云皆緣此等貪虐, 不相匡弼所致."

215) 『北史』 卷5 「魏敬宗孝莊帝紀」, 161~162면. 尒朱榮이 高陽王 雍을 살해한 기사는 보이지만 "榮妄言高陽王雍欲反, 故殺之"에 해당하는 내용은 보이지 않는다.

216) 『周書』 卷19 「楊忠傳」, 315면, "居半歲, 以東魏之逼, 與信奔梁. 梁武帝深奇之, 以爲文德主帥, 關外侯. 大統三年, 與信俱歸闕. 太祖召居帳下."

217) 『魏書』 卷7下 「高祖紀下」, 172면, "(太和十有七年八月)己丑, 車駕發京師, 南伐, 步騎百餘萬."

218) 『北史』 卷3 「魏高祖孝文帝紀」, 110면, "(太和十七年八月)己丑, 車駕發京師南伐, 步騎三十餘萬."

제(孝靜帝)에게 선양하라고 압력을 가했던 일에 대해 『위서』는 양성왕(襄城王) 욱(旭)이 들어와 상주하여 (효)정제에게 요(堯)가 순(舜)에게 선양한 고사를 본받으라 청했다고 했으나,[219] 『북사』는 이를 양성왕 창(昶)으로 적었다.[220] 서위가 남정(南鄭)을 점령한 것에 대해 『주서』는 양나라 소순(蕭循)이 항복했다고 했으나,[221] 『북사』는 소수(蕭修)라고 했다.[222] 『주서』「문제기(文帝紀)」에는 옥야(沃野)의 도적 위가고(衛可孤)가 있다고 했으나[223] 『북사』에서는 위가괴(衛可瓌)라고 했다.[224] 홍농(弘農) 전투에 관하여 『주서』는 동위 장수 이휘백(李徽伯)을 참수했다고 했으나,[225] 『북사』는 이휘백을 사로잡았다고 했다.[226] 이는 모두 조금씩 차이가 있는 부분이다. (이)연수(李延壽)는 「자서(自序)」에서 정사 이외에 잡다한 사서 천여 권을 조사하고 살폈다고 했으니,[227] 따라서 이렇게 개정함이 있었던 것이다.

---

219) 『魏書』 卷12 「孝靜紀」, 314면, "及將禪位於文宣, 襄城王旭及司徒潘相樂 …… 等求入奏事. 帝在昭陽殿見之, 旭曰: '五行遞運, 有始有終. 齊王聖德欽明, 萬姓歸仰. 臣等昧死聞奏, 願陛下則堯禪舜'."

220) 『北史』 卷5 「魏東魏孝靜帝紀」, 197면, "及將禪位於文宣, 襄城王昶及司徒潘相樂 …… 等求入奏事. 帝在昭陽殿見之, 旭曰: '五行遞運, 有始有終. 齊王聖德欽明, 萬姓歸仰. 臣等昧死聞奏, 願陛下則堯禪舜'"; 『北史』 卷5 「魏東魏孝靜帝紀」, 207면, 校勘記 51에는 昶이 아니라 旭이라고 고치고 있다.

221) 『周書』 卷2 「文帝紀下」, 33면, "(魏廢帝元年夏四月) 達奚武圍南鄭, 月餘, 梁州刺史·宜豐侯蕭循以州降. 武執循還長安."

222) 『北史』 卷9 「周太祖文皇帝紀」, 327면, "(廢帝元年夏四月) 達奚武圍南鄭, 月餘, 梁州刺史·宜豐侯蕭脩以州降武"라 되어 있다. 『北史』 卷9 「周太祖文皇帝紀」, 343면, 校勘記 20에 의하면 "二字(循·脩)易混, 未知孰是"라 하였다.

223) 『周書』 卷1 「文帝紀上」, 2면, "正光末, 沃野鎮人破六汗拔陵作亂, 遠近多應之, 其僞署王衛可孤徒黨最盛 ……."

224) 『北史』 卷9 「周太祖文皇帝紀」, 311면, "正光末, 沃野鎮人破六韓拔陵作亂, 其僞署王衛可瓌最盛 ……."

225) 『周書』 卷2 「文帝紀下」, 23면, "(大統三年八月) 戊子, 至弘農, 東魏將高干·陝州刺史李徽伯拒守. 於是連雨, 太祖乃命諸軍冒雨攻之. 庚寅, 城潰, 斬徽伯."

226) 『北史』 卷9 「周太祖文皇帝紀」, 321면, "(大統三年八月) 戊子, 至弘農, 攻之, 城潰, 禽東魏陝州刺史李徽伯, 虜其戰士八千."

227) 『北史』 卷100 「序傳」, 3344면, "至於魏·齊·周·隋·宋·齊·梁·陳正史, 並手自寫, 本紀依司馬遷體, 以次連綴之. 又從此八代正史外, 更勘雜史於正史所無者一千餘卷, 皆以編入."

178. 『북사』의 서법이 『주서』 『수서』와 같지 않은 부분北史書法與周隋書不同處

『주서(周書)』「문제기(文帝紀)」 안에는, (서)위(西魏) 대통(大統) 12년(546)에는 (북)제(北齊) 신무(제)(神武帝)가 옥벽(玉壁)을 포위하였으나 함락하지 못하고 병 때문에 군사를 돌이켰고, (대통) 13년(547) 봄에는 결국 세상을 떠났다고 했다.[228] (대통) 15년(549)에는 후경(侯景)이 양(梁) 무제(武帝)를 시해했다. (대통) 16년(550)에는 (북)제 문선(제)(文宣帝)이 (동)위(東魏) 효정제(孝靜帝)를 폐위하고 자립했다고 되어 있다.[229] 『북사(北史)』「주기(周紀)」에는 이를 모두 쓰지 않았으니,[230] 이때 (북)주(北周) 문제(文帝)가 아직 (서)위의 신하였으므로 여러 일들을 모두 (서)위의 역사로 적었기 때문이다. 『수서(隋書)』「문제기(文帝紀)」는 오로지 문제(文帝)의 일만 서술하고 그의 아버지 (양)충(楊忠)이 (북)주 왕실에 공을 세운 내용은 쓰지 않았는데, 『주서』에서 이미 「(양)충전(楊忠傳)」을 만들었기 때문이다. 『북사』는 (북)주 부분에 「(양)충전」을 만들지 않고 (양)충의 일은 「수(隋) 문제기」 안에 서술했다. 『주서』의 「문제(기)」 「효민제(기)(孝閔帝紀)」 「명제(기)(明帝紀)」 세 본기는 각각 하나의 논(論)을 만들었으나, 『북사』에서는 세 명의 황제를 합쳐서 하나의 논을 만들면서도 문장은 계속 『주서』에 있는 세 논을 다듬어 썼다.[231] 『주서』「무제(기)(武帝紀)」 「선제(기)(宣帝紀)」 「정제기(靜帝紀)」는 각각 하나의 논을 만들었으나, 『북사』에서는 또한 그 말을 다듬어 하나의 논으로 만들었

---

228) 『周書』 卷2 「文帝紀下」, 30~31면, “(大統十二年)九月, 齊神武圍玉壁, 大都督韋寬力戰拒守, 齊神武攻圍六旬不能下, 其士卒死者 什二三. 會齊神武有疾, 燒營而退. 十三年 是月(正月), 齊神武薨.”

229) 『周書』 卷2 「文帝紀下」, 32면, “(大統十六年) 夏五月, 齊文宣廢其主元善見而自立.”

230) 【王注】 大統 15年(549)에는 侯景이 梁 武帝에게 반란을 일으켰을 뿐 아직 그를 시해하지는 않았으며, 梁 武帝는 西魏 廢帝 元年(551)에야 비로소 죽었고, 『北史』 卷9 「周本紀」 「太祖文皇帝紀」, 326면에는 大統 十五年에 ‘侯景圍建鄴’이라고 썼으니, 곧 『周書』의 잘못을 바로 잡은 것이다.

231) 『北史』 卷9 「周太祖文帝紀」, 339면.

다.[232] 「수 문제(기)(文帝)」「양제(기)(煬帝紀)」「공제기(恭帝紀)」의 논과 같은 경우는 전부 『수서』에 있는 것을 사용하여 한 글자도 고치지 않았는데, 다만 「문제기」 논에서는 맨 첫머리에 '용의 덕이 밭에 있고 기이한 표지가 남다름을 드러냈다(龍德在田, 奇表見異)'[233]라는 여덟 자를 '기본을 세우고 덕과 인을 쌓았다'[234]라고 고쳤을 따름이다. 그러나 수 문제는 거짓으로 제위를 훔쳤으니 무슨 덕을 쌓고 인을 포갬이 있었겠는가!

179. 『북사』에서 본기와 열전의 내용이 서로 다른 부분北史紀傳互異處

『수서(隋書)』「문제(文帝) 본기」를 보면, (북)주(北周) 다섯 왕이 수(隋) 문제를 도모하려고 하자 (문)제가 술과 안주를 가지고 조왕(趙王) (우문)초(宇文招)의 집에 이르러 그 뜻을 살펴보았는데, (조)왕이 침실에 군사를 숨겨두고 있었던 것을 원주(元冑) 덕분에 (그 위기를) 벗어날 수 있었다고 한다.[235] 이는 문제가 (우문)초가 자신을 해치려고 모의한 것을 알았으므로 술과 안주을 가지고 가서 그 뜻을 살폈다는 것이다. 그런데 「원주전(元冑傳)」에서는 (우문)초가 문제를 시해하려고 했으나 (문)제가 그것을 알지 못하고 이내 술과 안주를 가지고 그의 집에 이르렀다고 했으니,[236]

---

232) 『北史』 卷10 「周高祖武帝紀」, 385면.

233) 『隋書』 卷2下 「高祖紀下」, 55면, "史臣曰 : 高祖龍德在田, 奇表見異, 晦明藏用, 故知我者希."

234) 『北史』 卷11 「隋高祖文帝紀」, 430면, "論曰 : 隋文帝樹基立本, 積德累仁."

235) 『隋書』 卷1上 「文帝紀上」, 4면, "五王陰謀滋甚, 高祖齎酒肴以造趙王第, 欲觀所爲. 趙王伏甲以宴高祖, 高祖 幾危, 賴元冑以濟, 語在冑傳."

236) 【王注】 이는 『北史』 卷73 「元冑傳」, 2518~2519면의 문장인데, 『隋書』 卷40 「元冑傳」, 1176면에는, "趙王招知高祖將遷周鼎, 乃要高祖就第"라 하였으며, 『周書』 卷13 「趙王招傳」의 문장과 대체로 일치한다; 『北史』 卷73 「元冑傳」, 2518~2519면, "周趙王招謀害帝, 帝不之知, 乃將酒肴詣其宅. 趙王引帝入寢室, 左右不得從, 唯楊弘與冑

이미 본기와 내용이 다르다. 『주서(周書)』「조왕 (우문)초전」에서는 (우문)초가 수 문제를 집에까지 초대하여 침실에서 술을 마셨다고 했으니,[237] 또한 수 문제가 술과 안주를 가지고 그에게 갔다는 것은 아니다. 『주서』『수서』는 각각 기록할 바를 기록했으니 이처럼 내용이 같지 않은 것이다. 『북사(北史)』는 (이)연수(李延壽) 혼자 손으로 이룬 것인데도 이러한 부분 등에서 옛 글을 모두 베끼고 처음부터 점검하지 않아 결국 역시 서로 어긋나게 되었던 것이다.

180. 대업 14년大業十四年

수(隋) 양제(煬帝)가 강도(江都)에서 난을 당한 것은 대업(大業) 14년(618)이었는데, 그러나 『수서(隋書)』 및 『북사(北史)』에서 단지 (대업) 13년(617)까지만 썼던 것은, (대업) 13년에 당(唐) 고조(高祖)가 군사를 일으켜 장안(長安)에 들어가 대왕(代王) (양)유(楊侑)를 받들어 황제로 삼고 의녕(義寧)이라고 개원하여 양제의 대업 연호가 그에 따라 삭제된 것과 관련이 있다.[238] 사서를 편찬한 사람이 모두 당나라 신하였으므로 자연히 응당 본 왕조의 제도를 따라 의녕 연호로 연도를 기록하여, 양제가 시해된 것은 의녕 2년(618)에다 돌려서 썼다. 그런데 실은 천하가 함께 인정하는 군주가 하루라도 여전히 존재하고 있다면 그 연호를 끝까지 칭해야 하므로, 대업 14년은 없앨 수가 없는 것이다.

兄弟坐於戶側. 趙王令其二子進瓜, 因將刺帝. 及酒酣, 趙王欲生變, 以佩刀子刺瓜, 連啗帝, 將爲不利."

237) 『周書』 卷13 「趙王招傳」, 203면, "隋文帝輔政, 加招等殊禮, 入朝不趨, 劒履上殿. 隋文帝將遷周鼎, 招密欲圖之, 以匡社稷. 乃邀隋文帝至第, 飮於寢室."

238) 『北史』 卷12 「隋煬帝紀」, 470면, "十一月丙辰, 唐公入京師, 辛酉, 遙尊帝爲太上皇, 立代王侑爲帝, 改元義寧."

181. 태상황제太上皇帝

태상황(太上皇)은 본래 한(漢) 고조(高祖)가 천하를 차지한 뒤 그 아버지 태공(太公)을 떠받든 호칭으로, 태공이 천하를 소유하고서 아들에게 물려주어 이러한 호칭을 가진 것이 아니었다[趙注 : 『한서(漢書)』를 보면, 고제(高帝)가 조서를 내려 "아버지가 천하를 가지면 물려주는 것이 아들에 돌아가고, 아들이 천하를 가지면 높이 받드는 것이 아버지에게 돌아가니, 이는 사람된 도리의 지극한 바이다. 지금 공경대부(公卿大夫)들이 이미 짐을 높여 황제라고 하나 태공께서는 아직 존호(尊號)를 가지고 있지 않으니, 이제 태공을 높여 태상황이라 한다"고 하였다.[239] 채옹(蔡邕)이 "태상황을 제(帝)라고 하지 않는 것은 천자가 아니기 때문이다"[240]라고 말했고, 안사고(顔師古)는 "천자의 아버지이므로 황(皇)이라 불렀다. 정치에 관여하지 않았으므로 제(帝)라고 하지 않았다"[241]라고 (주)했다. 또한 『삼국지(三國志)』를 보면, 왕숙(王肅)이 "한나라에서는 전반적으로 제왕의 칭호를 황제라고 했습니다. 별도로 제라고 부르는 경우는 있으나, 황이라고 부르는 경우는 없었습니다. 고조 때에는 그 아버지가 살아 계셔서 황이라 불렀으니, 황은 조금 가벼운 것이었습니다"[242]라고 논했다. 배송지(裵松之)는 "한 고조가 그 아버지를 높여 황이라고 하였으니, 그것이 실상 신분이 귀하지만 지위가 없고, 신분이 높지만 다스릴 백성이 없어 제에 견주면 실로 다소 가벼웠기 때문입니다"[243]라고 주석을 달았다]. 천하를 아들에게 물려주고 태상황

---

239) 『漢書』 卷1下 「高帝本紀」, 62면, "夏五月丙午, 詔曰 : '人之至親, 莫親於父子, 故父有天下傳歸於子, 子有天下尊歸於父, 此人道之極也. 前日天下大亂, 兵革並起, 萬民苦殃, 朕親被堅執銳, 自帥士卒, 犯危難, 平暴亂, 立諸侯, 偃兵息民, 天下大安, 此皆太公之教訓也. 諸王, 通侯, 將軍, 羣卿, 大夫已尊朕爲皇帝, 而太公未有號. 今上尊太公曰太上皇'."

240) 『史記』 卷8 「高祖本紀」, 382면, 注2 "集解蔡邕曰 : '不言帝, 非天子也.'"

241) 『漢書』 卷1下 「高帝紀」, 62면, 注5, "師古曰 : '太上, 極尊之稱也. 皇, 君也. 天子之父, 故號曰皇. 不預治國, 故不言帝也.'"

242) 『三國志』 「魏書」 卷13 「王肅傳」, 415~416면, "青龍中, 山陽公薨, 漢主也. 肅上疏曰 : '昔唐禪虞, 虞禪夏, 皆終三年之喪, 然後踐天子之尊. …… 且漢總帝皇之號, 號曰皇帝. 有別稱帝, 無別稱皇, 則皇是其差輕者也. 故當高祖之時, 土無二王, 其父見在而使稱皇, 明非二王之嫌也. 況今以贈終, 可使稱皇以配其謚.' 明帝不從使稱皇, 乃追謚曰漢孝獻皇帝."

243) 『三國志』 「魏書」 卷13 「王肅傳」, 416면, 注1 "臣松之以爲上古謂皇皇后帝, 次言三五, 先皇後帝, 誠如盛言. 然漢氏諸帝, 雖尊父爲皇, 其實則貴而無位, 高而無民, 比之於帝, 得不謂之輕乎! 魏因漢禮, 名號無改."

제(太上皇帝)라고 칭한 사람은 각 사서에 기재된 것이 모두 열네 명의 군주인데, 이제 아래에 기록해 보겠다[趙注 : 살펴보건대, 『좌전(左傳)』에서는 진(晉) 경공(景公)이 병이 있어 태자 주포(州蒲)를 군주로 삼고 제후와 회합하여 정(鄭)을 정벌했다[244]고 한다. 『사기(史記)』에서는 조(趙) 무령왕(武靈王)이 나라를 아들 혜문왕(惠文王)에게 물려주고는 스스로 주보(主父)라 칭했다[245]고 한다. 이것은 실로 내선(內禪)의 시작이기는 하나, 태상(太上)이라는 칭호가 없으므로 열거하지 않는다. 그밖에 진(晉) 사마륜(司馬倫) 같은 경우 혜제(惠帝)를 금용성(金墉城)으로 옮겨 태상황이라고 칭했고, 당(唐) 고조는 수(隋) 대왕(代王) (양)유(楊侑)를 옹립하고 양제(煬帝)를 높여 태상황으로 삼았다. 이것은 모두 어지럽고 변혁이 일어난 시대의 일로서 명칭은 같지만 실상이 다르므로 또한 내선의 범위 안에 열거해 넣을 수는 없다].

여광(呂光)[246]은 천왕(天王) 자리에 즉위하여 연호를 용비(龍飛)라고 했다. 재위한 지 10년에 늙고 병들어 아들 (여)소(呂紹)를 세워 천왕으로 삼고 스스로 태상황제라고 칭했다[趙注 : 『진서(晉書)』 재기(載記)].[247]

후위(後魏, 北魏) 헌문제(獻文帝)는 즉위하고는 이어 평소 시무를 가벼이 여기고 언제나 세상일을 잊어버리고자 하는 마음이 있었다. 7년간 재위하고 나이가 열일곱이 되자 곧 태자에게 양위하여[內禪], 태보(太保) 육복(陸馥)과 태위(太尉) 원하(源賀)에게 황제의 새수책(璽綬冊)을 받들어 황태자에게 제위에 오를 것을 명하도록 했다[趙注 : 이가 바로 효문황제(孝文皇帝)인데, 당시 나이 겨우 다섯 살이었다]. 여러 신하들이 "옛날 삼황(三皇)의 시절은 담박하고 무위하

---

244) 『春秋左氏傳』 「成公 10年」條.

245) 『史記』 卷43 「趙世家」, 1812면, "二十七年五月戊申, 大朝於東宮, 傳國, 立王子何以爲王. 王廟見禮畢, 出臨朝. 大夫悉爲臣, 肥義爲相國, 幷傅王. 是爲惠文王. 惠文王, 惠后吳娃子也. 武靈王自號爲主父."

246) 呂光(338~400, 재위 386~400) : 略陽(지금의 甘肅省 天水市 동쪽) 사람으로 字는 世明이다. 十六國 시기 後涼의 창시자이다. 前秦 苻堅 재위 시 美陽令·鷹揚將軍·驍騎將軍을 역임하였고, 建元 19년(383) 10여 만을 이끌고 龜玆 등 서역 30국을 정벌하였다. 淝水之戰 이후 동쪽으로 돌아오다가 姑臧을 점령하고 스스로 涼州刺史가 되었다. 苻堅이 죽은 후 386년 涼州牧 酒泉公을 자칭하고 年號를 大安이라 하였다. 大安 4년(389) 三河王이라 칭하고 麟嘉로 개원하였으며, 麟嘉 8년(396) 天王位에 올라 國號를 大涼, 연호를 龍飛라 하였다. 承康 元年(399) 太子 紹를 天王으로 삼고 스스로 太上皇帝라 칭하다가 죽었다. 시호는 懿武皇帝이며, 廟號는 太祖이다.

247) 『晉書』 卷122 「呂光載記」, 3063면, "光疾甚, 立其太子紹爲天王, 自號太上皇帝."

였으므로, 한 고조가 그 아버지를 높여 태상황이라 하였으되 천하를 다스리지는 않았습니다. 이제 황제께서 어려 모든 중요한 정사는 오히려 마땅히 폐하께서 총괄하셔야 마땅합니다. 삼가 존호를 올려 태상황제라 하겠습니다"라고 상주했다. (헌문)제는 이에 그것을 따르고 드디어 숭광궁(崇光宮)으로 거처를 옮겼는데, 서까래는 통나무 그대로 깎지 않았고[采椽不斲][248] 층계는 흙으로 할 뿐이었으나, 나라의 큰일에 대해서는 여전히 상주를 받았다. 효문제는 달마다 한 번씩 숭광궁을 찾아뵈었다. 나중에는 영광궁(寧光宮)이라 고쳐 불렀다. 그 뒤에도 연연(蠕蠕), (토욕혼의) 습인(拾寅) 등을 토벌하는 일은 헌문제가 여전히 몸소 군대를 거느렸다. 승명(承明) 원년(476)에 죽으니[249] 나이가 스물 셋이었다[趙注 :『위서(魏書)』].[250]

북제(北齊) 무성제(武成帝)가 즉위한 지 5년이 되었을 때[趙注 : 스물여덟 살이었다] 천문(天文)에 변화가 있자, 태사(太史)가 응당 변역이 있을 것이라고 상주했다. 조정(祖珽)이 이에 표문을 올려 말하기를 "폐하께서는 비록 귀하신 천자이오나 아직 지극히 귀한 것은 아니옵니다.『춘추원명포(春秋元命苞)』를 보면 을유(乙酉)년에 묵은 정치를 없앤다 했습니다. 이제 간지가 을유에 해당하니 마땅히 동궁(東宮, 곧 태자)에게 전위하여 하늘의 도에 부응

248) 采椽 : 산에서 벌채한 나무를 대패질하지 않고 그대로 쓴 서까래. 간소한 건물을 이르는 말로 쓰인다.

249)『魏書』卷6「顯祖紀」, 132면;『北史』卷2「魏顯祖獻文帝紀」, 77면.

250)『魏書』卷6「顯祖紀」, 131～132면, "帝雅薄時務, 常有遺世之心, 欲禪位於叔父京兆王子推, 語在任城王雲傳, 羣臣固請, 帝乃止. 丙午, 冊命太子曰 : '昔堯舜之禪天下也, 皆由其子不肖. 若丹朱、商均能負荷者, 豈搜揚仄陋而授之哉? 爾雖沖弱, 有君人之表, 必能恢隆王道, 以濟兆民. 今使太保、建安王陸麗, 太尉源賀持節奉皇帝璽綬, 致位於爾躬. 其踐昇帝位, 克廣洪業, 以光祖宗之烈, 使朕優遊履道, 頤神養性, 可不善歟?' 丁未, 詔曰 : '朕承洪業, 運屬太平, 淮岱率從, 四海清晏. 是以希心玄古, 志存澹泊. 躬覽萬務, 則損頤神之和; 一日或曠, 政有淹滯之失. 但子有天下, 歸尊於父; 父有天下, 傳之於子. 今稽協靈運, 考會衆心, 爰命儲宮, 踐昇大位. 朕方優遊恭己, 栖心浩然, 社稷乂安, 克廣其業, 不亦善乎? 百官有司, 其祗奉胤子, 以答天休. 宣布宇內, 咸使聞悉.' 於是羣公奏曰 : '昔三皇之世, 澹泊無爲, 故稱皇. 是以漢高祖. 旣稱皇帝, 尊其父爲太上皇, 明不統天下. 今皇帝幼沖, 萬機大政, 猶宜陛下總之. 謹上尊號太上皇帝.' 乃從之. …… 承明元年, 年二十三, 崩於永安殿."

하십시오"라고 말하며 바로 (북)위 헌문제가 아들에게 선양한 고사를 올렸다. (무성)제가 그것을 따라[趙注 : 「조정전(祖珽傳)」][251] 바로 황태자 (고)위(高緯)에게 자리를 물리니 이가 바로 (북)제 후주(後主)[252]이다[趙注 : 당시 열 살이었다]. 대사령을 내리고 연호를 고친 뒤 백관들이 존호를 올려 태상황제라 했는데, 군사와 국정의 큰일은 계속해서 상주를 받았다[趙注 : 『북제서(北齊書)』 본기].[253] 그런데 이때 무성제는 여전히 진양(晉陽)과 업도(鄴都)를 왕래하며 모든 관직 수여와 살리고 죽이는 일을 계속 스스로 주관했다. 후주 천통(天統) 4년(568)에 죽으니 태상황제가 된 지 4년이었다[趙注 : 『북제서』].[254]

후주 (고)위는 융화(隆化) 2년(577)[趙注 : 당시 스물한 살이었다]에 진양에서 전투에 패하여 업으로 돌아왔다. (북)주(北周) 군사들이 날로 핍박해오자 이에 태자 (고)항(高恒)[趙注 : 당시 막 여덟 살이었다]에게 자리를 물렸다. 융화 2년을 고쳐 승광(承光) 원년으로 하고 후주를 높여 태상황제라 했다. 후주가 먼저 청주(靑州)로 도망가고 유주(幼主)[255] 역시 동쪽으로 도망가면서 다시 임성왕

---

251) 『北齊書』 卷39 「祖珽傳」, 517면, "因有彗星出, 太史奏云除舊布新之徵. 珽於是上書, 言 : '陛下雖爲天子, 未是極貴. 按春秋元命苞云 : '乙酉之歲, 除舊革政.' 今年太歲乙酉, 宜傳位東宮, 令君臣之分早定, 且以上應天道.' 並上魏獻文禪子故事. 帝從之."

252) 後主(556~578, 재위 565~577) : 이름은 高緯, 字는 仁綱이며, 武成帝의 큰아들이다. 河淸 4년(565) 武成帝의 禪位로 즉위하여 天統으로 개원하였고, 天統 4년(568) 親政하였다. 재위기간 侍臣 穆提婆, 錄尙書事 高阿那肱 등을 신임하였고, 宗室・外戚・大臣 등을 주살하는 등 朝政이 부패하였다. 隆化 元年(577) 禪位하였고, 承光 元年(576) 幼主와 함께 北周軍에게 사로잡혀 溫國公에 봉해졌다. 후에 모반죄로 피살되었다. 일찍이 『玄洲苑御覽』을 勅撰했으며, 史官에게 『魏書』를 다시 편찬할 것을 명했다.

253) 『北齊書』 卷7 「武成帝紀」, 94면, "太史奏天文有變, 其占當有易王. 丙子, 乃使太宰段韶兼太尉, 持節奉皇帝璽綬傳位於皇太子, 大赦, 改元爲天統元年, 百官進級降罪各有差. 又詔皇太子妃斛律氏爲皇后. 於是羣公上尊號爲太上皇帝, 軍國大事咸以奏聞."

254) 『北齊書』 卷7 「武成帝紀」, 94~95면, "始將傳政, 使內參乘子尙乘驛送詔書於鄴. 子尙出晉陽城. 見人騎隨後, 忽失之, 尙未至鄴而其言已布矣. 天統四年十二月辛未, 太上皇帝崩於鄴宮乾壽堂, 時年三十二, 謚曰武成皇帝, 廟號世祖. 五年二月甲申, 葬於永平陵."

255) 幼主 : 이름은 高恒이며, 後主의 맏아들이다. 隆化 2년(577) 즉위하여 承光으로 改元하였다. 北周軍이 쳐들어오자 鄴에서 濟州로 도망갔으며, 任城王 湝에게 讓位하고 스스로 守國天王이라 칭하였다. 오래지 않아 靑州에서 北周의 장수 尉遲勤에게 생포되어 長安으로 압송되었다. 다음 해 피살되었다.

(任城王) (고)개(高湝)에게 선양을 하니, 태상황을 무상황(無上皇)이라 하고 어린 임금을 수국천왕(守國天王)이라 했다. (그러나) 며칠 되지 않아 부자가 모두 (북)주군에게 잡혔다[趙注 : 『북제서』].[256]

후주(後周) 선제(宣帝)[257]는 대상(大象) 원년(579)[趙注 : 당시 스물한 살이었다]에 황태자 (우문)연(宇文衍)[趙注 : 당시 일곱 살이었다]에게 자리를 물렸는데, 조서에서 "짐이 덕이 적은데도 마침 나라를 다스리는 큰일[鴻緖]을 이었다. 위로는 선대 제왕들의 도를 얻은 자취[得一之迹]에 의지하고 아래로는 여러 제후들의 달리 하지 않는 마음[不二之心]에 의지하여, 나라의 근본을 일으킬 것을 생각하고 제왕이 되는 천운[天厤[258]]을 넓혔다. 황태자 연은 윗대를 이을 지위에 있어 정통이 돌아갈 바이니, 멀리 덕을 쌓은 아름다움에 의지하였고 진실로 끝없는 경사스러움에 화합하였다. 짐이 이제 연에게 자리를 물리는 것은 곧 온 세상을 보아서는 임금의 공덕을 칭송하고자 하는 바람에 깊이 부합하며, 나 한 사람에게는 속세의 밖을 고아하게 노닐게 함이다. 온 세상 모든 백성들은 짐의 뜻을 살필지어다"라고 말했다. 이에 스스로 천원황제(天元皇帝)라 칭하고 거처는 천대(天臺)라 했으며, 황제 (우문)연은 정양궁(正陽宮)이라 칭했다. (그러나) 조정의 정사는 여전히 선제가 처분했다. 대상 2년(580)에 죽으니 나이가 스물

---

256) 『北齊書』 卷8 「幼主紀」, 111면, "隆化二年春正月乙亥, 卽皇帝位, 時八歲, 改元爲承光元年, 大赦, 尊皇太后爲太皇太后, 帝爲太上皇帝, 后爲太上皇后. …… 周師漸逼, 癸未, 幼主又自鄴東走. 己丑, 周師至紫陌橋. 癸巳, 燒城西門. 太上皇將百餘騎東走. 乙亥, 渡河入濟州. 其日, 幼主禪位於大丞相, 任城王湝, 令侍中斛律孝卿送禪文及璽紱於瀛州, 孝卿乃以之歸周. 又爲任城王詔, 尊太上皇爲無上皇, 幼主爲守國天王. …… 周軍奄至青州, 太上窘急, 將遜於陳, 置金囊於鞍後, 與長鸞, 淑妃等十數騎至青州南鄧村, 爲周將尉遲綱所獲."

257) 宣帝(559~580, 재위 578~579) : 字는 乾伯이며 武帝의 큰아들이다. 宣政 元年(578) 皇太子로서 즉위하였다. 大成 元年(579) 四輔官을 설치하고 大司馬 隋國公 楊堅을 大後丞 등으로 삼고 皇子 衍을 魯王으로 삼았다. 같은 해 2월 太子 衍에게 帝位를 물려주고 大象이라 改元하였으며, 天元皇帝를 자칭하였고, 制詔를 天制詔로 바꿨다. 洛陽으로 천도하였으며, 음란하고 사치를 좋아하였다. 諡號는 宣皇帝이다.

258) 天厤 : 厤은 曆의 古字이므로, 이는 곧 天曆과 같으며, 天之曆數의 준말이다. 帝王이 되는 천운, 제왕이 되는 자연의 섭리를 뜻한다.

두 살이었다[趙注 : 『주서(周書)』].[259]

당(唐) 고조(高祖) 무덕(武德) 9년(626) 6월에 진왕(秦王) (이)세민(李世民)이 황태자 (이)건성(李建成)과 제왕(齊王) (이)원길(李元吉)을 죽이니 이에 (이)세민을 황태자로 책립해 정사를 감독하게 했다. 이 해 8월에 황태자가 동궁 현덕전(顯德殿)에서 황제위에 올랐다.[260] 정관(貞觀) 3년(629)에는 태상황의 거처를 대안궁(大安宮)으로 옮겼다[趙注 : 『신당서(新唐書)』 본기는 서술 방식이 이와 같은데, 황태자가 즉위했다고만 말할 뿐 고조가 자리를 물렸다고 말하지 않았으니, (퇴위의) 궁박함이 사정상 부득이했다는 것을 보인 것이다. 이하는 모두 『당서』이다].[261]

당 예종(睿宗)은 무후(武后) 당시에 이미 황제로 책립되었지만, 나중에 중종(中宗)이 황제로 복귀하자 예종은 예전처럼 상왕(相王)이 되었다.[262] 중종이 위황후(韋皇后)와 안락공주(安樂公主)에게 시해되고 위황후가 임조(臨朝)하자, 임치왕(臨淄王) (이)융기(李隆基)[趙注 : 예종의 아들]가 군사를 이끌고 난리를 토벌하고 위씨와 안락공주를 주살했으며, 이에 예종이 황제위에 올라 임치왕을 황태자로 책립했다. 선천(先天) 원년(712)에는 황제로 책립해 작은 일을 감독하게 하고, 스스로는 태상황이라 칭하며 큰일을 감독했다. 이듬해에 조서를 내려 정사를 황제에게 돌리니, 이가 바로 현종(玄宗)이다.[263]

---

259) 『周書』 卷7 「宣帝紀」, 118~119면, "辛巳, 詔曰 : '…… 朕以寡薄, 祗承鴻緒, 上賴先朝得一之迹, 下藉羣后不貳之心. …… 思隆國本, 用弘天曆. 皇太子衍, 地居上嗣, 正統所歸. 遠憑積德之休, 允叶無疆之祚. 帝王之量, 未肅而成; 天祿之期, 不謀已至. 朕今傳位於衍. 乃睠四海, 深合謳歌之望; 俾予一人, 高蹈風塵之表. 萬方兆庶, 知朕意焉. 可大赦天下, 改大成元年爲大象元年.' 帝於是自稱天元皇帝, 所居稱天臺, 冕有二十四旒, 車服旗鼓, 皆以二十四爲節. 內史、御正皆置上大夫. 皇帝衍稱正陽宮, 置納言、御正、諸衛等官, 皆准天臺. 尊皇太后爲天元皇太后. 封內史上大夫鄭譯爲沛國公"; 『周書』 卷7 「宣帝紀」, 124면, "是日, 帝崩於天德殿. 時年二十二, 謚曰宣皇帝."

260) 『新唐書』 卷2 「太宗紀」, 27면, "八月甲子, 卽皇帝位于東宮顯德殿."

261) 『新唐書』 卷1 「高祖紀」, 19면, "貞觀三年, 太上皇徙居大安宮."

262) 『新唐書』 卷5 「睿宗紀」, 115면, "睿宗 …… 高宗第八子也. 始封殷王 ……. 徙封豫王, 又封冀王, …… 徙封相王, 復封豫王. 武后廢中宗, 立爲皇帝, 其改國號曰周, 以爲皇嗣 居于東宮. 中宗自房州還, 復爲皇太子, 武后封皇嗣爲相王, …… 中宗復位, 進號安國相王."

당 현종은 나라를 다스린 지 이미 오래되어 일찍이 태자에게 자리를 물리고자 했으나, 양국충(楊國忠) 등이 매우 두려워하여 양귀비를 시켜 죽을 각오로 흙을 머금고 애처로움을 고하게 하니(銜土祈哀) 끝내 이루어지지 못했다.[264] 천보(天寶) 15년(756) 안록산(安祿山)이 반란을 일으키자, 황제(현종)는 난을 피해 마외(馬嵬)에 이르렀고 태자가 따라 갔는데, 지방 유지들(父老)이 태자가 머물러 적을 토벌할 것을 청하니, 황제가 그것을 허락하여 수왕(壽王) (이)모(李瑁) 및 고력사(高力士) 등을 보내 태자에게 알렸으며,[265] 태자는 이에 삭방(朔方)에서 군사를 거느렸다. 배면(裴冕), 두홍점(杜鴻漸) 등이 청함에 따라 드디어 영무(靈武)에서 즉위하니 이가 숙종(肅宗)이며, 현종을 상황천제(上皇天帝)로 높이고 사신을 보내 아뢰었다. 현종은 위견소(韋見素), 방관(房琯), 최환(崔渙) 등을 보내 황제의 책서를 받들어 영무에 이르게 했다.[266] 숙종은 두 서울[兩京, 장안과 낙양]을 회복하고 지덕(至德) 2년(757)에 이르러 현종이 돌아오는 것을 맞이했다. 함양(咸陽)에 이르

---

263)『新唐書』卷5「睿宗紀」, 115～119면, "景雲元年六月壬午, 韋皇后弑中宗, 矯詔立溫王重茂爲皇太子, …… 皇太子卽皇帝位, 以睿宗參謀政事, …… 太后臨朝攝政, 罷睿宗參謀政事, 以爲太尉. …… 庚子, 臨淄郡王隆基率萬騎兵入北軍討亂, 誅韋氏·安樂公主及韋巨源、馬秦客、駙馬都尉武延秀、光祿少卿楊均. 辛丑, 睿宗奉皇帝御安福門, 大赦. …… 進封隆基爲平王 …… 甲辰, 安國相王卽皇帝位于承天門. …… 丁未, 立平王隆基爲皇太子. 復則天大聖皇后號曰天后. ……(先天元年)八月庚子, 立皇太子爲皇帝, 以聽小事, 自尊爲太上皇, 以聽大事. ……(二年七月)乙丑, 誥歸政于皇帝."

264) 죄를 청하여 죽기를 결심한 뜻을 보이는 禮로서 입에 흙을 머금는 것을 원문에는 '銜土'라 쓰고 있으나 일반적으로 '銜塊'라 한다(『舊唐書』卷51「楊貴妃傳」, 2180면, "河北盜起, 玄宗以皇太子爲天下兵馬元帥, 監撫軍國事. 國忠大懼, 諸楊聚哭, 貴妃銜土陳請, 帝遂不行內禪";『新唐書』卷76「玄宗貴妃楊氏傳」, 3495면, "初, 安祿山有邊功, 帝寵之, 詔與諸姨約爲兄弟, 祿山母事妃, 來朝, 必宴餞結歡. 祿山反, 以誅國忠爲名, 且指言妃及諸姨罪. 帝欲以皇太子撫軍, 因禪位, 諸楊大懼, 哭于廷. 國忠入白妃, 妃銜塊請死, 帝意沮, 乃止").

265)『新唐書』卷6「肅宗紀」, 156면, "(天寶十五載)玄宗避賊, 行至馬嵬, 父老遮請留太子討賊, 玄宗許之, 遣壽王瑁及內侍高力士諭太子, 太子乃還."

266)『新唐書』卷5「玄宗紀」, 153면, "(天寶十五載八月)癸巳, 皇太子卽皇帝位于靈武, 以聞. 庚子, 上皇天帝誥遣韋見素、房琯、崔渙 奉皇帝冊于靈武";『舊唐書』卷9下「玄宗紀」, 234면, "(天寶十五載八月)癸巳, 靈武 使至, 始知皇太子卽位. 丁酉, 上用靈武冊稱上皇, 詔稱誥. 己亥, 上皇臨軒冊肅宗, 命宰臣韋見素、房琯使靈武."

자 망현역(望賢驛)에 어가를 준비했고, 현종이 남쪽 누각에 오르니 숙종은 자주색 옷을 입은 채 누각을 바라보고 절을 하며 뵈었고, 현종은 망루를 내려와 숙종을 어루만져 주었다. 숙종이 눈물을 흘리며 누런 도포를 사양했지만 현종은 스스로 그것을 입혀 주었다. 숙종이 땅에 엎드려 고사하자 현종은 "천하의 인심이 모두 너에게 돌아갔으니, 짐에게 여생을 보존할 수 있게 하는 것이 곧 너의 효도이다"라고 말했으며, 숙종은 이에 받아들였다. 현종은 흥경궁(興慶宮)에 거처했다.[267] 건원(乾元) 원년(758)에 현종이 선정전(宣政殿)에 들어 숙종에게 전국수명보(傳國受命寶) 및 부책(符冊)을 주면서 광천문무대성효감황제(光天文武大聖孝感皇帝)라 칭하니, 숙종은 또 현종을 성황천제(聖皇天帝)라고 높여 불렀다.[268] 상원(上元) 원년(760)에 숙종이 병이 나자 이보국(李輔國)이 조서를 위조해 현종을 서내(西內)로 옮겼다. 보응(寶應) 원년(762)에 현종이 죽었다.[269]

당 순종(順宗)이 즉위하고 병이 깊어지자, 이에 광릉왕(廣陵王) (이)순(李純)을 황태자로 세워 임시로 군사와 국정의 업무를 담당하도록 했다. 다음 해에 태자가 황제가 되니 이가 헌종(憲宗)이며, 순종은 태상황이라 칭했다. 원화(元和) 원년(806)에 헌종이 존호를 올려 응건성수태상황(應乾聖壽太上皇)이라 했다.[270]

---

267) 『舊唐書』 卷10 「肅宗紀」, 249면, "十二月丙午, 上皇至自蜀, 上至望賢宮奉迎. 上皇御宮南樓, 上望樓辟易, 下馬趨進樓前, 再拜蹈舞稱慶. 上皇下樓, 上匍匐捧上皇足, 涕泗嗚咽, 不能自勝. 遂扶侍上皇御殿, 親自進食; 自御馬以進, 上皇上馬, 又躬攬轡而行, 止之後退. 上皇曰: '吾享國長久, 吾不知貴, 見吾子爲天子, 吾知貴矣.' 上乘馬前導, 自開遠門至丹鳳門, 旗幟燭天, 綵棚夾道. …… 禮畢, 上皇詣長樂殿謁九廟神主, 卽日幸興慶宮. 上請歸東宮, 上皇遣高力士再三慰譬而止."

268) 『新唐書』 卷6 「肅宗紀」, 160면, "乾元元年正月戊寅, 上皇天帝於宣政殿, 授皇帝傳國·受命寶符, 冊號曰光天文武大聖孝感皇帝. ……(二月)乙巳, 上上皇天帝冊號曰聖皇天帝."

269) 『舊唐書』 卷9 「玄宗紀」, 235면, "(至德)三載二月, 肅宗與羣臣奉上皇帝號曰太上至道聖皇帝. 乾元三年七月丁未, 移幸西內之甘露殿. 時閹官李輔國離間肅宗, 故移居西內. 高力士·陳玄禮等遷謫, 上皇寖不自懌. 上元二年四月甲寅, 崩于神龍殿, 時年七十八. 羣臣上謚曰至道大聖大明孝皇帝, 廟號玄宗"; 『新唐書』 卷6 「肅宗紀」, 165면, "(寶應元年建巳月) 甲寅, 聖皇天帝崩. 乙丑, 皇太子監國. 大赦, 改元年爲寶應元年."

송(宋) 휘종(徽宗)은 선화(宣和) 7년(1125)에 금(金)나라 군사가 압박해 옴에 따라 먼저 황태자에게 명하여 개봉목(開封牧)으로 삼고, 이어 다시 황태자에게 조서를 내려 제위를 계승하게 하고는 스스로를 도군황제(道君皇帝)라 칭했다.[271] 태자가 즉위하니 이가 흠종(欽宗)인데, 휘종을 높여 교주도군태상황제(教主道君太上皇帝)라 하고 용덕궁(龍德宮)에 거처하게 했다. 정강(靖康) 원년(1126)에 휘종은 금나라 군사를 피해 진강부(鎭江府)로 갔다가 금나라 군사가 퇴각하자 서울로 돌아왔다. 다음 해 금나라 사람들은 두 황제를 데리고 북으로 갔다[趙注 : 이하는 모두 『송사(宋史)』의 내용이다].[272]

송 고종(高宗)은 원의태자(元懿太子)가 죽자 태조(太祖)의 자손 가운데 백(伯)자 항렬에 속하는 자를 찾아내어 궁중에서 길렀는데, 소흥(紹興) 2년(1132)에 (조)백구(趙伯玖)란 이를 찾아 원(瑗)이라는 이름을 내리고 나중에 진안군왕(晉安郡王)에 봉했다. (소흥) 30년(1160)에는 책립하여 황자로 삼고 다시 이름을 위(瑋)로 고쳤다. (소흥) 31년(1161)에 금나라 해릉(왕)(海陵王)이 쳐들어오자 (조)위는 고종을 따라 금릉(金陵)에 이르렀다. 얼마 뒤 해릉(왕)이 시해되어 금나라 군사가 퇴각하자 고종은 금릉으로부터 돌아왔다. (소흥) 32년(1162)에는 황태자로 책립하고 이름을 신(眘)으로 고쳤다. 고종은 오랫동안 제위를 물릴 뜻이 있었는데, 이에 이르러 서신을 내려 말하길 "황태자가 즉위할 수 있으니, 짐은 태상황제라 칭하고 물러나 덕수궁(德壽宮)에 거처할 것이다"라고 했다. 환관(中使)을 보내 태자를 불러 궁중에 들어오게 하였으나, 태자가 급히 전각 옆으로 피하기만 하니 고종이 재삼 권유하며 말했다. 이에 고종이 자신전(紫宸殿)에서 나섰고, 재상들이

270) 『舊唐書』 卷14 「順宗紀」, 410면, "元和元年正月丙寅朔, 皇帝率百僚上太上皇尊號曰應乾聖壽. 甲申, 太上皇崩於興慶宮之咸寧殿, 享年四十六歲. 六月乙卯, 皇帝率羣臣上大行太上皇謚曰至德大聖大安孝皇帝, 廟號順宗"; 『舊唐書』 卷14 「憲宗紀上」, 414면, "元和元年春正月丙寅朔, 皇帝率羣臣於興慶宮奉上太上皇尊號曰應乾聖壽太上皇."

271) 『宋史』 卷23 「欽宗紀」, 421면, "宣和七年十二月戊午, 除開封牧. 庚申, 徽宗詔皇太子嗣位, 自稱曰道君皇帝, 趣太子入禁中, 被以御服."

272) 『宋史』 卷22 「徽宗紀」, 417면, "四月己亥還京師. 明年二月丁卯, 金人脅帝北行."

상주하기를 마치자 고종은 환궁했다. 백관들은 전각 문 밖으로 반열을 옮겼다가 배례하고 조서를 반포하는 절차가 끝나자 다시 전각 마당으로 돌아왔고, 내시가 태자를 부축해서 옥좌 앞에 이르러 즉위하게 되니, 이가 효종(孝宗)이다. 효종은 이때 오히려 옆으로 서서 감히 앉으려고 하지 않았는데, 내시들이 부축하기를 여덟아홉 차례나 하자 끝내 간단하게나마 앉았다. 재상이 백관을 거느리고 경하하자 효종이 갑자기 일어났다. 재상이 전각에 올라 재삼 청하니 효종은 수심에 잠겨 "이 중요한 자리는 감당하지 못할까 두렵다"라고 말했다.[273] 고종은 어가에 올라 덕수궁으로 갔다. 효종은 걸어서 상희문(祥曦門)을 나가 전송했으며 비를 무릅쓰고 가마를 부축하여 궁문에 이르도록 그치지 않았다. 고종은 재삼 불러 사양하며, 좌우에 명하여 부축해서 돌아가도록 하고, 돌아보며 "내 적당한 사람 얻기를 부탁했으니, 섭섭함이 없도다"라고 말했다.[274] 이로부터 닷새마다 한 번 덕수궁을 찾아뵈었고 백관은 한 달에 두 번씩 배알했으나, 고종은 매달 네 번만 찾아오도록 명했다. 효종은 고종에게 광요수성태상황제(光堯壽聖太上皇帝)라는 존호를 올렸다. 효종은 죽을 때까지 효성스럽게 봉양하기를 극진히 다하였는데, 두 사람 사이에는 조그마한 틈도 없었다. 순희(淳熙) 14년(1187)에 이르러 고종이 죽었는데, 나이가 여든한 살이었고, 태상황제가 된 지가 24년이었으며, 효종은 3년상을 치렀다.[275]

---

273) 『宋史』 卷33 「孝宗紀」, 617면, "…… 君父之命, 出於獨斷. 然此大位, 懼不克當."

274) 『宋史』 卷33 「孝宗紀」, 617~618면, "乙亥, 內降御札 : '皇太子可卽皇帝位. 朕稱太上皇帝, 退處德壽宮, 皇后稱太上皇后.' 丙子, 遣中使召帝入禁中面諭之, 帝又推遜不受, 卽趨側殿門, 欲還東宮, 高宗勉諭再三, 乃止. 於是高宗出御紫宸殿, 輔臣奏事畢, 高宗還宮. 百官移班殿門外, 拜詔畢, 復入班殿庭. 頃之, 內侍掖帝至御榻前, 側立不坐, 內侍扶掖至七八, 乃略就坐. 宰相率百僚稱賀, 帝遽興. 輔臣升殿固請, 帝愀然曰 : '君父之命, 出於獨斷. 然此大位, 懼不克當.' 班退, 太上皇帝卽駕之德壽宮, 帝服袍履, 步出祥曦殿門, 冒雨掖輦以行, 及宮門弗止. 上皇麾謝再三, 且令左右扶掖以還, 顧曰 : '吾付託得人, 吾無憾矣.' 左右皆呼萬歲."

275) 『宋史』 卷33 「孝宗紀」, 618면, "丁丑, 朝德壽宮. 戊寅, 大赦. 詔宰相率百官月兩朝德壽宮. …… 庚辰, 詔五日一朝德壽宮. …… 丁亥, 詔以太上皇不許五日一朝, 自今月四朝. …… 甲午, 上太上皇帝尊號曰光堯壽聖太上皇帝, 太上皇 后曰壽聖太上皇后."

송 효종은 순희 15년(1188)에 조칙을 내려 이제부터 내전에 있을 것이라 하고는 황태자에게 시립(侍立)하도록 명했다.[276] (순희) 16년(1189) 2월에 황태자에게 제위를 물리고 덕수궁을 중화궁(重華宮)이라 했다.[277] 이날 효종은 길복(吉服)을 입고 자신전에 나아가 내선(內禪)의 예식을 행했다. 백관의 하례가 끝난 뒤 내시가 태자에게 옥좌에 앉을 것을 청하자, 태자는 고사했으나 내시가 곁을 부축하여 결국 즉위하니, 이가 광종(光宗)이다. 광종은 이때 잠깐 앉았다가 다시 일어났는데, 승상(丞相)이 백관을 이끌고 경하하였다. 예가 끝난 뒤 추밀원(樞密院)에서 업무를 상주하는데도 광종은 여전히 서서 이를 들었다. 신료들이 물러가자 효종은 상복으로 갈아입고 후전(後殿)에 나아가니 광종이 시립했다. 이어서 가마에 올라 함께 중화궁에 이르렀다. 광종은 다시 돌아와서 지존수황성제(至尊壽皇聖帝)라는 존호를 올렸다.[278]

송 광종은 소희(紹熙) 4년(1193) 7월 이후 병이 있어 중화궁을 찾아뵐 수 없었다. 다음 해 효종의 병이 심해졌는데도 광종은 여전히 (효종을) 찾아뵐 수 없었다. 효종이 붕어한 뒤에도 역시 궁에 가서 상례를 행할 수 없어서[279] 이에 아들 가왕(嘉王)을 황태자로 세웠다.[280] 조여우(趙汝愚)는 비밀

---

276)『宋史』卷35「孝宗紀」, 688~689면, "(淳熙)十五年春正月乙巳, 詔自今御內殿, 令皇太 子侍立."

277) 宮의 이름을 바꾼 것은 淳熙 16년(1189) 正月 己未日이고, 효종이 황태자에게 傳位하도록 조서를 내린 날은 2月 壬戌日이었다. 따라서 본문은 두 사건이 시간적으로 역순으로 나열되었다(『宋史』卷35「孝宗紀」, 691면).

278)『宋史』卷36「光宗紀」, 694~695면, "二月壬戌, 孝宗吉服御紫宸殿, 行內禪禮, 應奉官以次稱賀. 內侍固請帝坐, 帝固辭. …… 帝還內, 卽上尊號曰至尊壽皇聖帝, 皇后曰壽成皇后."

279) 광종의 皇后 李氏는 정치에 자주 간섭하였다. 특히 광종이 병중에 있어 조정에 나오지 않게 되어 정사는 황후에 의해 결정되었다. 그녀와 좌우의 近臣들은 광종 부자를 이간시키고자 효종이 광종을 폐위할 의사가 있다고 말하여, 광종은 효종에게 결례를 많이 저질러 신하들에게 불만을 샀다. 紹興 5년(1149) 효종이 세상을 떠나자 광종은 궁에서 나오지도 않고 예를 행하여 內外가 흉흉하였다.

280)『宋史』卷37「寧宗紀」, 714면, "五年六月戊戌, 孝宗崩, 光宗以疾不能出. 丁未, 宰臣奏云: '皇子嘉王, 仁孝夙成. 宜正儲位, 以安人心.' 越六日, 奏三上, 從之. 翌日禫

리 태황태후(太皇太后)에게 담제(禫祭)[281] 날에 황태자가 즉위하도록 명령을 내리고 광종을 태상황으로 높이도록 청했다.[282] 그 날(담제일)이 되자 여러 관료들이 태자를 부축하여 하얀 천막[素幄]에 들어가 누런 도포를 입혔으나, 태자는 오히려 서서 앉지 않았는데, (조)여우가 같은 반열에 있는 관료들을 이끌고 거듭 절하였다. 잠시 뒤 호위를 세우기를 마치고 나자,[283] 백관들이 늘어서는 차례를 정하고 내시가 곁에서 부축하여 이에 즉위하게 되니, 이가 영종(寧宗)이다. 영종은 태안궁(泰安宮)을 세워 태상황을 봉양하도록 조서를 내리고 이로부터 닷새에 한 번 (광종을) 찾아뵈었다.[284] 곧 이어 다시 조서를 내려 가을 늦더위로 태상황이 거처를 옮기기를 바라지 않으니 침전을 태안궁으로 삼도록 했고, 성안수인태상황제(聖安壽仁太上皇帝)라는 존호를 올렸다. 경원(慶元) 6년(1200)에 (광종이) 붕어했다.[285]

명(明) 영종(英宗)이 토목(보)(土木堡)의 변으로 에센(也先)에게 사로잡히자, 황태후는 황제의 장자 (주)견심(朱見深)을 황태자로 세울 것을 명하고 성왕(郕王, 주기옥(朱祁鈺))[趙注 : 영종의 동생]이 그를 보좌하여 대신 조정을 총괄케 했다. 나중에 논하는 이들이 때가 바야흐로 어려움이 많으니 마땅히 장성한 임금을 세워야 한다고 말하자, 황태후는 또 태감(太監) 김영(金英)을 보내 명을 전하여 성왕이 모름지기 황제의 자리를 빨리 바로잡아야 한다고 했으며, 이에 성왕이 황제 자리에 오르니[286] 곧 경제(景帝)[287]이다.

祭, 汝愚袖出所擬以進, 云 : '皇帝以疾, 未能執喪, 曾有御筆, 欲自退閑, 皇子嘉王擴可卽皇帝位. 尊皇帝爲太上皇, 皇后爲太上皇后'."

281) 禫祭 : 大祥을 지낸 그 다음 다음 달에 지내는 제사.

282) 재상 趙汝愚와 朝臣 한탁주는 高宗后 吳氏에게 皇子인 嘉王 擴을 옹립하도록 청하였다. 이에 가왕이 즉위하여 영종이 되고 광종을 태상황으로 높였다.

283) 본문은 "須臾催杖訖, 百官班定"라 했으나 『宋史』 卷37 「寧宗本紀」에서는 "須臾立杖訖, 催百官班"이라 하여 글자의 차이가 있다.

284) 『宋史』 卷37 「寧宗紀」, 714~715면, "扶入素幄, 披黃袍, 方卑立未坐, 汝愚率同列再拜. 帝詣几筵殿, 哭盡哀. 須臾立仗訖, 催百官班, 帝衰服出, 就重華殿東廡素幄立, 內侍扶掖, 乃坐. 百官起居訖, 乃入行禫祭禮. 詔建泰安宮, 以奉太上皇、太上皇后. …… 詔車駕五日一朝泰安宮, 百官月兩朝."

285) 『宋史』 卷36 「光宗紀」, 710면.

경제는 영종을 태상황으로 높였다. 나중에 에센이 영종을 귀환시키자 경제가 (영종을) 받들어 맞이하는 예가 매우 간단하여, (영종이) 북경(北京)에 도착하려고 하자 비로소 어가를 안정문(安定門) 밖에 준비했다. 영종이 동안문(東安門)으로 들어오자 경제는 (그를) 맞이하며 절했고 영종도 답배했으며, 각자 자기의 뜻을 말하며 서로 겸손히 양보하길 오래하고서, 이에 영종을 남궁(南宮)으로 보내니 여러 신하들이 가서 알현하고 물러갔다.[288] 후에 여러 신하들이 만수성절(萬壽聖節)과 원단(元旦)에 영종을 찾아 뵙고자 청했으나 경제는 모두 허락하지 않았다. 그러고 나서 태자 (주)견심을 폐위하여 기왕(沂王)으로 삼고 자기 아들 (주)견제(周見濟)를 황태자로 삼았으며,[289] 또한 영종을 모시는 태감 완랑(阮浪) 등을 살해했다. 황태자 (주)견제가 얼마 있어 죽자 어사(御史) 종동(鍾同) 등이 다시 태자를 세우자고 청하니 모두 장형(杖刑)에 처하였으며, 아울러 남성(南城) 가운데 큰 나무를 잘라 버리니 영종은 위태로움이 더해졌다. 경제가 병에 걸리자 석형(石亨), 서유정(徐有貞) 등은 영종을 맞이해 복위시켰다[趙注 : 『명사(明史)』].[290]

이상이 모두 역대 태상황에 관한 고사이다. 북조(北朝)의 임금들은 본디 말할 만한 것이 없지만 당나라와 송나라의 경우는 명분과 전례(典禮)가 각각 사서에 드러나 있다. 그러나 홍용제(洪容齋, 곧 홍매(洪邁))가 말하기를, '당나라 네 황제의 경우 순종은 병으로 정사에 임할 수 없었고,[291] 고조

---

286) 景帝의 즉위 기사는 『明史』 卷10 「英宗本紀」, 139면 및 『明史』 卷11 「景帝紀」, 141면 참조. 土木堡에서 영종을 사로잡은 에센이 영종을 끼고 북경을 공격하자 兵部侍郎 于謙 등은 영종의 동생 성왕을 옹립하고 북경을 사수했다.

287) 景帝 : 묘호는 代宗이고, 일반적으로 연호를 따서 景泰帝라 부른다.

288) 『明史』 卷11 「景帝紀」, 144면, "(景泰元年)八月癸酉, 上皇發瓦剌. …… 甲申, 遣侍讀商輅迎上皇於 居庸關. 丙戌, 上皇還京師, 帝迎於東安門, 入居南宮, 帝帥百官朝謁."

289) 『明史』 卷11 「景帝紀」, 145면, "夏五月甲午, 廢皇太子見深爲沂王, 立皇子見濟爲皇太子."

290) 『明史』 卷11 「景帝紀」, 149~150면. 사서에서는 이를 '탈문(奪門)의 변(變)'이라 부른다.

291) 順宗은 夙患과 風疾로 805년 太子 純(곧, 憲宗)에게 전위하고 태상황이 되었다. 그러나 실제로는 당시 翰林學士로 外朝의 우두머리였던 王叔文이 母喪으로 벼슬에서

는 진왕이 형제를 죽였고, 명황(明皇, 곧 현종)은 촉(蜀)으로 몽진하여[292] 태자가 마음대로 제위에 올랐으며, 오직 예종만이 자리를 물린 것만이 진실한 마음에서 나온 것이었다.[293] 그러나 선천 2년(713)에 태평공주(太平公主)가 주살된 다음날 비로소 정권을 돌려주는 일을 단행했으니[294] 오히려 부득이함이 있었다고 할 것이다. 오직 송의 고종과 효종의 두 사례[295]는 천고에 없던 바이다'라고 말하였다. 이는 실로 분명한 의론이지만, 그러나 남송(南宋)은 나라가 겨우 구석에서 안주했고 후계자도 또한 친아들이 아니었으니, 결국 완전한 것이 될 수 없었다. 오직 우리 고종 순황제(純皇帝, 곧 건륭제(乾隆帝))만이 대일통의 운수를 만나 제위에 있은 지 60년이 되어 친히 보위를 전하고도[296] 오히려 때로 훈정(訓政)[297]에 힘쓰다가 천수

물러나자, 환관의 우두머리였던 俱文珍이 태자 純의 빨리 황제가 되려는 심리를 이용하여 밖으로 藩鎭인 韋皐 등과 결탁하고 표를 올려 태자를 監國하도록 청하였다. 이에 순종은 태자에게 양위하게 되었다.

292) 肅宗은 朔方節度使 郭子儀가 있던 靈武로 피난했으나 막후에서 환관 李輔國이 음모를 꾸며 현종을 태상황으로 높이고 숙종을 황제로 옹립했는데, 정변의 성격을 띠고 있었다고 한다.

293) 예종은 아들 臨淄王 李隆基(후일 玄宗)와 측천무후의 딸 태평공주의 도움으로 황제로 복위했다. 예종은 자신을 옹립하는데 공을 세운 이융기를 태자로 삼았는데, 태평공주는 그가 총명함을 알고 쉽게 다룰 수 없다고 생각하여 그를 폐태자하려고 모함하였다. 그러나 이러한 기도는 신하들에 의해 좌절되고, 예종은 태평공주와 태자 사이의 정쟁을 중지시키고자 태자에게 양위하고 태상황이 되었다.

294) 712년 아버지 睿宗의 양위를 받아 황제가 된 현종은 예종을 방패막이로 삼고 대권을 쥐고 있던 太平公主와 대립했다. 태평공주는 당시 일곱 명의 재상 가운데 다섯 명을 자파로 앉혔으며, 현종을 폐위 혹은 독살시키려고 음모를 꾸몄다. 開元元年(713) 동생 岐王 範·薛王 業, 재상 郭元振, 환관 高力士 등과 친위쿠데타를 음모하여 태평공주 일파를 제거했다. 이어 태상황은 조서를 내려 "朕將高居無爲, 自今後軍國刑政, 一事以上, 並取皇帝處分"이라 하여 현종이 완전히 실권을 쥐게 되었다.

295) 高宗은 嫡子가 일찍 죽고 近親宗室은 모두 金의 포로가 되어 (후사가 없자) 太祖의 아들 秦王德芳의 6세손인 효종을 태자로 삼았다. 고종은 南渡한 후 金의 남침에 시달리다가 海陵王과의 싸움에서 이기기는 했지만, 제위에 미련이 없어 태자에게 양위하였다. 한편, 孝宗은 양아버지 高宗에게 할 수 있는 효도를 다했다고 한다. 특히 淳熙 14년(1187) 高宗이 세상을 떠나자 퇴위하여 3년喪을 마치려 했으나 朝臣들의 반대로 저지당했고, 순희 16년(1189) 마침내 태자 惇에게 양위하고 태상황이 되었다.

296) 乾隆帝는 61년 동안 군주의 지위에 있었던 祖父 康熙帝보다 오래 제위에 있을 수 없다고 하여 60년만 채우고 아들 嘉慶帝에게 제위를 물려주었다.

를 누리심이 여든아홉에 이르렀다. 지금 황제(곧, 가경제(嘉慶帝))께서는 선양을 받은 뒤 태상황을 높이고 봉양하는 정성을 다했으니, 하루라도 직접 낯빛과 웃음을 받들지 않은 날이 없었는데, 송 효종이 한 달에 네 번 (고종을) 찾아뵈었던 것을 보면 이미 횟수를 비교할 수도 없는 것이다. 그런즉 양궁(兩宮 : 건륭제와 가경제)이 (제위를) 주고받아 자애와 효성이 아울러 빛나고 복과 덕이 크게 갖추어져 진실로 개벽 이래 아직 보지 못한 바이니, 어찌 성대하지 않겠는가.

297) 訓政 : 淸代에 태상황 · 황태후가 양위한 뒤에도 여전히 政務를 재결하던 일.

권14

182. 황태손皇太孫

『예기(禮記)』에 "적자(適子)는 있으되 적손(適孫)은 없다"[1]라는 말이 있다. 주석에서 "적장자[冢子]는 자기 자신에 버금가는 것이다. 집안에는 두 명의 주인이 없고, 또한 두 명의 이인자도 없다"라고 했다. 그러므로 예전에는 황태손(皇太孫)이라 칭하는 경우가 아직 없었다. 한(漢) 선제(宣帝) 때 원제(元帝)가 태자가 되어서 성제(成帝)를 낳으니 세적황손(世嫡皇孫)이라 했으며, 선제는 그를 예뻐하여 오(驁)라는 이름을 붙이고 자(字)를 태손(太孫)이라 했다.[2] 이는 그것을 자로 삼은 것이지 책립해 (황)태손으로 한 것

1) 『禮記』「內則」.

2) 『漢書』 卷10 「成帝紀」, 301면, "孝成皇帝, 元帝太子也. 母曰王皇后, 元帝在太子宮生甲觀畫堂, 爲世嫡皇孫. 宣帝愛之, 字曰太孫."

은 아니었다. 다만 진(晉) 혜제(惠帝)[趙注 : (혜)제는 아들 (사마)휼(司馬遹)을 황태자로 삼았으나 뒤에 가후(賈后)에게 살해당했다. 조왕(趙王) (사마)륜(司馬倫)이 가후를 폐위하고서 (사마)휼의 지위와 호칭를 회복시키고, 이어 (사마)휼의 아들 임회왕(臨淮王) (사마)장(司馬臧)을 세워 황태손(皇太孫)으로 삼았다.[3] 얼마 지나지 않아 (사마)륜이 또 (사마)장을 해치고,[4] 이어 (사마)장의 동생 양왕(襄王) (사마)상(司馬尙)을 황태손으로 삼았지만 곧 죽고 말았다], [5] 제(齊) 무제(武帝)[6][趙注 : (무)제는 황태자 (소)장무(蕭長懋)가 먼저 죽자, 이에 (소)장무의 아들 (소)소업(蕭昭業)을 세워 황태손으로 삼고 그 동궁(東宮)의 관속을 모두 바꾸어 '태손관속(太孫官屬)'이라 했다.[7] 태손이 즉위했으나 무도하다고 하여 폐위되어 울림왕(鬱林王)이 되었다], (북)위(魏) 태무제(太武帝)[趙注 : (태무)제는 먼저 아들 (탁발)황(拓跋晃)을 황태자로 삼았으나 곧 죽고 말았고, 이어 (탁발)황의 아들 (탁발)준(拓跋濬)을 고양왕(高陽王)으로 삼았으나, 뒤에 황손세적(皇孫世嫡)은 외번(外藩)에 있어서는 안 된다고 하여 곧 봉호를 거두고 세적황손이라고 불렀다.[8] 나중에 즉위하여 문성제(文成帝)[9]가 되었다], 당(唐) 고종(高宗)[趙注 : 고종은 누차 태자를 폐위했다가 영왕(英王) (이)철(李哲)을 세워 황태자로 삼았다.[10] 태자가 아들 (이)중조(李重照)를 낳으니 고종이 기뻐하여 황태손으로

---

3) 『晉書』 卷4 「孝惠帝紀」, 96면, "(永康元年)五月己巳, 立皇孫臧爲皇太孫, 尙爲襄陽王."

4) 『晉書』 卷4 「孝惠帝紀」, 97면, "(永寧元年 春正月 丙寅)廢皇太孫臧爲濮陽王. …… 癸酉, 倫害濮陽王臧."

5) 『晉書』 卷4 「孝惠帝紀」, 98면, "(永寧元年)五月, 立襄陽王尙爲皇太孫."

6) 齊 武帝(440~493, 재위 482~493) : 이름은 蕭賾, 字는 宣遠, 小名은 龍兒이며, 高帝의 맏아들이다. 宋 尋陽國侍郎으로 起家한 후 贛令을 역임하고 江州刺史 晉安王 劉子勳의 난에 참여하지 않아 廣興相이 되었다. 元熙 4년(476) 晉熙王 劉燮의 鎭西長史 江陵內史 行郢州事가 되었다. 齊 高帝가 즉위한 후 皇太子가 되었다가 建元 4년(482) 즉위하여 年號를 永明이라 하였다. 永明 3년(485) 戶籍을 정리하고 관리의 폐해를 조사하여 唐寓之의 난이 발생했으나 다음 해 군대를 보내 진압하였다. 諡號는 武帝, 廟號는 世祖이다.

7) 『南齊書』 卷3 「武帝紀」, 60면, "(永明11年 正月)丙子, 皇太子長懋薨. …… 夏四月壬午, 詔'東宮文武臣僚, 可悉度爲太孫官屬.' 甲午, 立皇太孫昭業、太孫妃何氏. 詔'賜天下爲父後者爵一級, 孝子順孫義夫節婦粟帛各有差."

8) 『魏書』 卷4下 「世祖紀下」, 106면, "(正平元年) 十有二月丁丑, 車駕還宮. 封皇孫濬爲高陽王. 尋以皇孫世嫡, 不宜在藩, 乃止."

9) 文成帝(440~465, 재위 452~465) : 이름은 拓跋濬이며, 太武帝의 손자이다. 正平 2년(452) 中常侍 宗愛가 太武帝를 죽이고 南安王 余를 옹립하였으나 다시 余를 살해하였다. 殿中尙書 源賀, 南部尙書 陸麗 등이 宗愛를 사로잡아 죽이고 拓跋濬을 皇帝로 옹립하였다. 與民休息 정책을 실시하고 僧祇戶와 佛圖戶를 회복하였다. 諡號는 文成帝이고, 廟號는 高宗이다.

세웠으나 무후(武后) 때 장형(杖刑)으로 죽었다], 요(遼) 도종(道宗)[趙注 : 황태자 (야율)준(耶律濬)이 을신(乙辛)에 의해 참소를 받아 폐위되고 해를 당하게 되자 (야율)준의 아들 (야율)연희(耶律延禧)를 봉하여 연국왕(燕國王), 천하병마대원수(天下兵馬大元帥)로 삼는다는 조서를 내렸다.[11] 도종이 죽으면서 유조(遺詔)로 연국왕이 즉위하도록 하니 이가 천조제(天祚帝)[12]이다], 금(金) 세종(世宗)[趙注 : 세종은 먼저 적자 (완안)윤공(完顔允恭)을 황태자로 삼았으나 곧 죽고 말았으며, 이에 (완안)윤공의 아들 (완안)경(完顔璟)을 원왕(原王)으로 삼았다가 나중에 황태손으로 세우면서 그에게 "명덕황후(明德皇后)의 적손(嫡孫)은 오직 너 한 사람뿐이니, 나라를 바로 세우는 것은 나에게 달려있으나, 안정되게 유지하는 것은 너에게 달려있다"라고 훈계했다.[13] 뒤에 즉위하니, 이가 장종(章宗)이다], 원(元) 세조(世祖)[趙注 : 세조는 먼저 적자 친킴[眞金]을 황태자로 삼았으나 친킴이 죽자 황손 테무르[鐵穆爾]에게 북변에 주둔할 것을 명하고서 황태자보(皇太子寶)(라는 인장)를 주었다.[14] 세조가 죽은 뒤 황손이 들어와 즉위하니 이가 성종(成宗)이다], 명(明) 태조(太祖)[趙注 : 태조는 먼저 적자 (주)표(朱標)를 황태자로 삼았으나 먼저 죽자, 이에 (주)표의 아들 (주)윤문(朱允炆)을 황태손으로 삼았다.[15] 뒤에 즉위하니 이가 건문제(建文帝)이다], 명 성조(成祖)[趙注 : 성조는 먼저 (주)고치(朱高熾)를 황태자로 삼았는데 이가 인종(仁宗)이며, (인종이) 동궁에 있을 때 아들 (주)첨기(朱瞻基)가 성품이 뛰어나자, 성조가 (그를) 곧 황태손으로 세우니[16] 이가 선종(宣宗)이다] 등은 모두 (황태손을) 세운 예가 있다. 그러나 진 혜제, 제 무제, 금 세종, 명 태조는 모두 황태자가 먼저 죽었기 때문에 황태손을 세워서 정통을 잇게 한 것으로 이는 일이 부득이한 것이다. (북)위 태무(제), 요 도종, 원 세조는 비록 동궁이 먼저 죽어 제위[大位]가 이미 적손에 속해 있었으나 오히려 황태손이라는

---

10) 『舊唐書』 卷5 「高宗紀下」, 106면, "(調露二年 八月)乙丑, 立英王哲爲皇太子."
11) 『遼史』 卷25 「道宗紀」, 300면, "(大安7年)冬十月辛巳, 命燕國王延禧爲天下兵馬大元帥, 總北南院樞密使事."
12) 『遼史』 卷27 「天祚皇帝紀」, 317면, "天祚皇帝, 諱延禧, 字延寧, 小字阿果. 道宗之孫, 父順宗大孝順聖皇帝, 母貞順皇后蕭氏. 大康元年生."
13) 『金史』 卷9 「章宗紀」, 208면, "又謂宰臣曰 : '朕所以置原王於近輔者, 欲令親見朝廷議論, 習知政事之體故也.' 十一月, 詔立爲皇太孫, 稱謝於慶和殿. 世宗論之曰 : '爾年尙幼, 以明德皇后嫡孫惟汝一人, 試之以事, 甚有可學之資. 朕從正立汝爲皇太孫, 建立在朕, 保守在汝'."
14) 『元史』 卷17 「世祖紀」, 373면, "乙巳, 以皇太子寶授皇孫鐵穆耳, 總兵北邊."
15) 『明史』 卷3 「太祖紀」, 50면, "(洪武 25年)九月庚寅, 立皇孫允炆爲皇太孫."
16) 『明史』 卷6 「成祖紀」, 89면, "(永樂 9年)丁卯, 立皇長孫瞻基爲皇太孫."

칭호를 만들지 않았다. 예컨대 (북)위 태무(제)는 그 손자를 세적황손이라 불렀고, 요 도종은 그 손자를 봉하여 연국왕, 천하병마대원수라고 했으며, 원 세조는 손자에게 황태자보를 주었으나, 모두 아직 황태손이라는 호칭이 있지는 않았다. 그런데 당 고종은 중종이 동궁에 있을 때 곧 (손자인) (이)중조를 세워 황태손으로 삼았다. 명 성조 역시 인종이 동궁에 있을 때 곧 선종을 황태손으로 삼았으니, 모두 올바른 예가 아니다[趙注 : 양(梁) 무제(武帝)는 간문제(簡文帝)가 태자로 동궁에 있을 때 또한 간문제의 적자인 (소)대기(蕭大器)를 선성군왕(宣城郡王)으로 삼았으나[17] 황태손이라는 칭호는 없었다]. 고종이 (이)중조를 (황태손으로) 세울 때 일찍이 배경이(裴敬彝), 왕방경(王方慶) 등에게 물으니 모두 "『예(기)』에 적자는 있으되 적손은 없다고 했습니다. 진나라에서는 민회(태자)(愍懷太子)[趙注 : 즉, (사마)휼]의 아들을 황태손으로 세웠고, 제나라에서는 문혜(태자)(文惠太子)[趙注 : 즉, (소)장무]의 아들을 황태손으로 세워 모두 동궁에 거하게 했습니다. 지금 태자가 계신데 또다시 태손을 세우는 것은 고래로 아직 없던 바입니다"라고 대답했다. 제(고종)가 "나로부터 옛것[古]을 만든다면 어떠한가?"라고 말하고, 드디어 그를 세웠다.[18] 이것은 당대(唐代)에 여전히 예에 근거하여 쟁론을 벌일 수 있는 이가 있었던 것이다. 그러나 명 영락(永樂) 연간에는 끝내 이것을 잘못으로 지적한 경우가 있었다는 것을 듣지 못했고, 온 조정이 조용히 아무 말이 없었으니 명나라 신하들이 책을 읽지 않아 고사를 알지 못한 비루함을 볼 수 있다.

---

17) 『梁書』 卷3 「武帝紀下」, 76면, "(大通 4年 正月)庚午, 立嫡皇孫大器爲宣城郡王."
18) 『舊唐書』 卷5 「高宗紀下」, 109면, "(永淳元年) 二月癸未, 以太子誕皇孫滿月, 大赦. 改開耀二年爲永淳元年, 大酺三日. 戊午, 立皇孫重照爲皇太孫, 欲開府置僚屬. 吏部郎中王方慶曰 : '按周禮, 有嫡子無嫡孫. 漢、魏已來, 皇太子在, 不立太孫, 但封王耳. 晉立愍懷太子子彧爲太孫, 齊立文惠太子子昭業太孫, 便居東宮; 而皇太子在而立太孫, 未有前例.' 上曰 : '自我作古, 可乎?' 曰 : '可.' 然竟不立府僚."

183. 황태제皇太弟

황태손(皇太孫)이라는 명칭도 이미 옛 법도에 따른 것이 아닌데, 진(晉) 이후로는 이른바 황태제(皇太弟)도 더 있었다. 진 혜제(惠帝)는 황태손 (사마)장(司馬臧)과 (사마)상(司馬尙)이 모두 죽자, 하간왕(河間王) (사마)옹(司馬顒)의 상주에 따라 조서를 내려 성도왕(成都王) (사마)영(司馬穎)을 황태제로 책립했다[趙注 : 혜제의 동생이다].[19] 뒤에 (사마)영의 군사가 패하자 다시 그를 폐위하고 예장왕(豫章王) (사마)치(司馬熾)를 황태제로 세웠는데[趙注 : 역시 혜제의 동생이다],[20] 즉위하게 되니 이가 회제(懷帝)이다. 유연(劉淵)이 죽자 그 태자 (유)화(劉和[21])가 유총(劉聰)에게 해를 당했는데, (유)총은 동생인 북해왕(北海王) (유)예(劉乂)에게 제위를 양보했으나 (유)예가 굳이 (유)총이 즉위할 것을 청하니 이에 (유)예를 황태제로 세웠지만,[22] 나중에 (유)예는 (유)총의 아들 (유)찬(劉粲[23])에게 해를 당했다. 모용위(慕容暐[24])는 부견(苻堅)에게

19) 『晉書』 卷4 「孝惠帝紀」, 102면, "河間王顒表請立成都王穎爲太弟. 戊申, 詔曰 : '朕以不德, 纂承鴻緒, 于玆十有五載. 禍亂滔天, 姦逆仍起, 至乃幽廢重宮, 宗廟圮絶. 成都王穎溫仁惠和, 克平暴亂. 其以穎爲皇太弟、都督中外諸軍事, 丞相如故'."

20) 『晉書』 卷5 「孝懷帝紀」, 115면, "永興元年, 改授鎭北大將軍、都督鄴城守諸軍事. 十二月丁亥, 立爲皇太弟, 帝以爲河王覃本太子也, 懼不敢當."

21) 劉和(?~310, 재위 310) : 十六國時代 漢의 군주로 字는 玄泰, 劉淵의 嫡子이다. 劉淵이 漢王을 칭한 후 大將軍이 되었고, 帝位에 즉위한 후 大司馬 梁王이 되었다가 후에 太子로 봉해졌다. 劉淵 사후 즉위했으나 1개월 만에 아우 劉聰에게 살해되었다.

22) 『晉書』 卷102 「劉聰載記」, 2658면, "於是以永嘉四年僭卽皇帝位, 大赦境內, 改元光興. 尊元海妻單氏曰皇太后, 其母張氏爲帝太后, 乂爲皇太弟 ……."

23) 劉粲(?~318, 재위 318) : 十六國時代 漢의 군주로, 字는 士光이며, 劉聰의 아들이다. 劉聰이 즉위한 후 河內王으로 봉해졌고, 撫軍大將軍 都督中外諸軍事를 역임하였다. 劉曜와 長安을 점령하였고, 다시 晉陽을 수복한 공으로 丞相 領大將軍 錄尙書事가 되었으며 晉王으로 改封되었다. 靳準·王沈 등과 모의하여 北海王 劉乂를 모함하여 살해한 후 皇太子 領大單于가 되었다. 劉聰이 죽은 후 즉위하여 漢昌으로 改元하였다. 酒色을 탐하고 대신들을 죽였으며, 國政은 靳準이 담당하였다. 후에 靳準에게 살해되었다. 謚號는 隱帝이며, 역사에서는 少主라 칭한다.

24) 慕容暐(350~384, 재위 360~370) : 十六國時代 前燕의 군주로 字는 景茂, 慕容儁의 작은 아들이다. 元璽 3년(354) 中山王에 봉해지고 다음 해 皇太子로 즉위하였다. 建熙

사로잡힌 뒤 장안(長安)에서 관직을 맡았는데, 나중에 (모용)위의 동생 모용충(慕容沖)[25]이 군사를 일으키자 고개(高蓋) 등이 (모용)충을 황태제로 옹립했고, (부)견에게 격문을 써서 스스로 황태제라 칭하며[26] 편지를 보내 자신의 형인 황제를 받들어 성 밖으로 보내 줄 것을 요청했다. 부비(苻丕)[27]가 전투에서 패해 죽자 그 아들 (부)의(苻懿)는 부등(苻登)에게 도망갔는데, 이때 (부)등은 이미 황제를 칭하고 있었으므로 이에 (부)의를 황태제로 책립했다.[28] 이는 고래로 처음 보이는 바이다. 당(唐) 문종(文宗)이 죽자 중위(中尉) 구사량(仇士良) 등이 영왕(潁王) (이)전(李瀍)을 옹립해 황태제로 삼아 즉위케 하니[29] 이가 바로 무종(武宗)이다. 희종(僖宗)이 죽자 군용사(軍

元年(360) 즉위하여 國政을 慕容恪에게 맡겼다. 후에 前燕의 정치가 쇠퇴하여 母后가 정치에 간여하고 慕容評이 정치를 농단하였다. 建熙 11년(370) 前秦의 王猛이 前燕을 멸하면서 포로가 된 후 新興侯로 봉해지고 尙書가 되었다. 苻堅이 淝水의 전쟁에서 패한 후 慕容垂가 起兵하여 자립하자 苻堅을 살해한 후 慕容垂에 호응하려다가 발각되어 살해되었다. 후에 慕容德이 幽皇帝로 추증하였다.

25) 慕容沖(359~386, 재위 385~286) : 十六國時代 西燕의 군주로 小字는 鳳皇, 前燕의 군주 慕容儁의 아들이다. 前燕이 망한 후 前秦에 포로가 되었으나, 누이와 함께 苻堅의 총애를 받아 후에 平陽太守가 되었다. 淝水戰 이후 起兵하였으나 前秦에 패해 慕容泓에게 투항하였다. 慕容泓이 部將에게 살해되자 皇太弟로 옹립되었다. 長安을 공격하여 阿房宮에서 稱帝하여 연호를 更始라 하였다. 후에 長安을 크게 약탈하여 백성들이 죽거나 흩어졌다. 後燕의 慕容垂가 강하여 동쪽으로 돌아가지 못하여 部衆의 원망을 샀고, 다음 해 장수 韓延의 공격을 받아 살해되었다.

26) 『晉書』 卷114 「苻堅載記下」, 2921면, "泓謀臣高蓋宿勤崇等以泓德望後沖, 且持法苛峻, 乃殺泓, 立沖爲皇太弟, 承制行事, 自相署置."

27) 苻丕(335~357, 재위 355~357) : 十六國時代 前秦의 군주로 字는 永敍, 苻堅의 庶長子이다. 經史를 섭렵했고, 文武의 재능이 있었으며 鄧羌에게 병법을 배웠다. 苻堅이 즉위한 후 長樂公에 봉해졌다. 建元 16년(379) 군대를 이끌고 東晉의 重鎭인 襄陽을 함락하여 晉將 朱序를 사로잡았다. 苻洛의 난을 평정한 후 都督關東諸軍事 征東大將軍 冀州牧이 되어 鄴에 주둔하였다. 苻堅이 淝水의 전투에서 패한 후 慕容垂에게 공격을 받아 建元 21년(384) 晉陽으로 철수하였다. 후에 苻堅이 죽었다는 소식을 듣고 晉陽에서 즉위하였다. 다음 해 慕容永에게 패하여 남쪽으로 달아났으나 東晉軍에게 살해되었다.

28) 『晉書』 卷115 「苻登載記」, 2949면, "登復改葬堅以天子之禮. 又僭立其妻毛氏爲皇后, 弟懿爲皇太弟."

29) 『舊唐書』 卷18上 「武宗紀」, 583~584면, "兩軍中尉仇士良、魚弘志矯詔迎潁王於十六宅, 曰 : '……, 親弟潁王瀍昔在藩邸, 與朕常同師訓, 動成儀矩, 性稟寬仁. 俾奉昌圖, 必諧人欲. 可立爲皇太弟, 應軍國政事, 便令權勾當. ……' 是夜, 士良統兵士於

容使[30] 양복공(楊復恭)[31]이 수왕(壽王)을 옹립해 황태제로 삼아 즉위케 하니 이가 바로 소종(昭宗)이다.[32] 이는 모두 창졸간에 옹립한 것으로 미리 세워 후계자로 삼은 것이 아니다[趙注 : 또 남당(南唐) 원종(元宗) 이경(李璟)[33]은 동생인 제왕(齊王) 이경수(李景遂)[34]를 책립해 황태제로 삼았으나[35] 제위를 전하지는 못했다]. 그러나 형이 죽고 동생이 이은 것이니 명칭이 오히려 바르지 않은 것은 아니다[趙注 : 당 무종이 죽자 환관 마원지(馬元贄)가 광왕(光王)을 세워 황태숙(皇太叔)으로 삼아 즉위케 하니 이가 바로 선종(宣宗)이 되는데,[36] 이 또한 고래로 없던 바이다. 안락공주(安樂公主)[37]는 중종(中宗)에게 자신을 황태녀(皇太女)로

十六宅迎太弟赴少陽院, 百官謁見於東宮思賢殿."

30) 軍容使 : 觀軍容使를 이른다. 唐 肅宗 때 魚朝恩이 지방 절도사들의 군대를 감독하기 위해 이 직을 맡은 이후 환관들이 장악했다.

31) 楊復恭(?~894) : 唐 閩(지금의 福建) 사람으로, 字는 子恪, 本姓은 林이다. 어려서 內侍省에 들어가 宦官이 되었다. 龐勳의 난을 진압한 공으로 咸通 10년(869) 河陽監軍에서 樞密使로 승진하였다. 僖宗 때 田令孜와 사이가 좋지 않아 병을 칭하고 藍田에 退居하였다. 僖宗이 다시 山南으로 도망가자 樞密使로 기용되고 田令孜를 대신하여 左神策軍中尉가 되어 권력을 장악하였다. 僖宗 사후 昭宗을 옹립하고 禁軍을 장악하고 朝政을 농단하여 강대한 宦官集團을 형성하였고, 아들들을 州刺史로 삼고 養子 600명에게 節度使의 監軍을 맡겨 昭宗이 싫어하였다. 大順 2년(891) 致仕하여 집으로 돌아갔다. 후에 모반하여 李茂貞에게 사로잡혀 죽었다.

32) 『舊唐書』 卷20上 「昭宗紀」, 735면, "羣臣以吉王最賢, 又在壽王之上, 將立之, 唯軍容楊復恭請以壽王監國. 三月六日, 宣遺詔立爲皇太弟. 八日, 柩前卽位, 時年二十二."

33) 南唐 元宗(916~961, 재위 943~961) : 이름은 李璟, 字는 伯玉, 初名은 景通이다. 처음에 齊王에 봉해졌다가 昇元 4년(940) 太子가 되었다. 아버지가 죽은 후 帝位를 계승하였다. 어려서부터 총명하였고 10세에 이미 시를 지을 줄 알았다. 재위시 文士를 우대하고 翰林學士 馮延巳, 中書舍人 馮延魯 등을 중용하였다. 일찍이 출병하여 閩과 楚를 멸하여 30여 州를 점령하였으나 계속된 전쟁으로 국력이 쇠퇴하였다. 交泰 元年(958) 後周의 군대가 남하하여 패하자 江北 14州를 할양하고 稱臣하고 帝號를 거둬들였다. 후에 南昌에서 죽은 뒤 順陵에 장사지냈고, 시호는 明道崇德文宣皇帝이다. 『全唐詩』에 詞 4수가 전한다.

34) 李景遂(920~958) : 五代十國 南唐 烈祖의 셋째 아들, 元宗의 아우이다. 吳에 벼슬하여 門下侍郎 參政事가 되었고, 吉王에 봉해졌다. 南唐 건국 후 壽王에 봉해지고 東都留守 江都尹에 제수되었다. 元宗이 즉위한 후 형제세습을 약속하고 皇太弟에 봉해져 東宮에 13년간 居하였다. 交泰 元年(958) 天策上將軍 江南西道兵馬元帥 洪州大都督에 제수되고 晉王에 봉해졌다. 후에 太子 弘冀에게 독살되었다.

35) 『舊五代史』 卷134 「李景傳」, 1787면에는 "以仲弟遂爲皇太弟, 季弟達爲齊王, 仍於父柩前設盟約, 兄弟相繼"라고 되어 있다.

36) 『新唐書』 卷8 「武宗紀」, 245면, "(會昌 6年)三月壬戌, 不豫, 左神策軍護軍中尉馬元贄

삼을 것을 청하였으니,[38] 더욱 바르지 않음이 심한 것이다]. 원(元) 성종(成宗)[39]이 죽었는데 아들이 없었고, 그 형의 아들 카이산[海山]은 막북(漠北)에 주둔하고 있었는데, 카이샨의 동생 아유르바르와다[愛育黎拔力八達]가 회주(懷州)에 있다가 서울로 들어가 감국(監國)이 되어 카이샨을 맞아 즉위케 하니 이가 바로 무종(武宗)[40]이며, 무종은 곧 아유르바르와다를 황태자로 책립했다.[41] 또, 태정제(泰定帝)[42]가 죽었을 때, 무종의 두 아들은 서울 밖에 있었는데, 큰아들

立光王怡爲皇太叔, 權句當軍國政事. 甲子, 皇帝崩于大明宮, 年三十三"; 『新唐書』 卷8 「宣宗紀」, 245면, "會昌六年, 武宗疾大漸, 左神策軍護軍中尉馬元贄立光王爲皇太叔."

37) 安樂公主(?~710) : 唐 中宗의 딸로 小名은 裹兒이다. 처음에 武三思의 아들 武崇訓에게 시집갔다가 武承嗣의 아들 武延秀에게 재가하였다. 부모의 총애를 받아 세력이 천하에 떨쳤으며 王侯와 宰相이 그녀의 문하에서 나왔다. 아들 方은 10세도 안 되어 太常卿 鎬國公으로 임명되었다. 賣官賣職을 일삼았으며, 自派를 조정에 부식하여 朝政이 문란하였다. 그녀의 저택은 궁전보다 아름다웠고, 定昆池도 만들었다. 일찍이 皇太女가 되겠다고 자청하여 帝位를 계승하려고 하였다. 景雲 元年(710) 韋后와 함께 中宗을 독살하였다. 후에 李隆基(玄宗)에게 살해되었다.

38) 『舊唐書』 卷7 「中宗紀」, 150면, "(景龍四年)時安樂公主志欲皇后臨朝稱制, 而求立爲皇太女, 自是與后合謀進鴆."

39) 元 成宗(1265~1307, 재위1295~1307) : 이름은 테무르이며, 世祖 쿠빌라이의 둘째 아들 친킴의 셋째 아들이다. 아버지 친킴이 사망한 후 쿠빌라이는 대칸 계승자를 정하지 않았는데, 至元 30년(1293) 皇太子寶를 받고 漠北을 鎭守하였다. 다음 해 쿠빌라이가 죽자 카말라와 대칸의 위를 다투었으나 權臣 바얀, 우즈티무르(玉昔帖木兒) 등의 지지로 4월 上都의 쿠릴타이에서 즉위하였으며, 元貞으로 改元하였다. 治國政策은 世祖 쿠빌라이의 만년 정치를 계승하였다. 安南과 日本 遠征을 중지하고 카이두와 두와의 공격을 격퇴하여 차가다이와 우구데이 울루스 통치자들이 화친을 청하면서 40여 년에 걸친 몽골 왕족들의 전쟁이 그쳤다. 쿠빌라이에게서 풍부한 재정을 넘겨받아 즉위 후 諸王·公主·駙馬·勳臣들에게 대거 賞賜하여 財政을 탕진하였다. 만년에 병이 많아 정치를 맡지 못하여 皇后와 權臣 中書右丞相 카라카순이 정권을 장악하였다. 諡號는 欽明光孝皇帝, 廟號는 成宗이다.

40) 武宗(1281~1311, 재위 1307~1311) : 이름은 카이샨이며, 世祖 쿠빌라이의 손자이다. 大德 3년(1299) 寧遠王 코코추 대신 北邊의 군대를 총괄하여 카이두의 반군을 격파하였다. 大德 8년(1304) 懷寧王에 봉해졌다. 大德 11년(1307) 成宗이 죽자 아우인 아유르바르와다가 帝位를 탈취하고 安西王 아난다를 격파하고 카이샨을 맞아들여 즉위시켰다. 그리고 사후 아우에게 帝位를 넘길 것을 약속하였다. 재위기간 동안 酒色에 빠지고 관직을 남발하며 賞賜에 절도가 없었다. 사후 廟號는 武宗, 諡號는 仁惠宣孝皇帝이다.

41) 『元史』 卷22 「武宗紀」, 480면, "六月癸巳朔, 詔立母弟愛育黎拔力八達爲皇太子, 受金寶."

42) 泰定帝(1276~1328, 재위 1323~1328) : 이름은 에센티무르이며, 친킴의 아들 晉王 감

은 코실라[和世球][43]이라 하며 막북에 주둔하고 있었으며, 그 동생 톡테무르[圖帖睦爾]는 강릉(江陵)에 있다가 역시 먼저 서울로 들어갔다. 제호를 칭하고 코실라를 맞아 즉위케 하니 이가 바로 명종(明宗)[44]이며, 명종도 역시 톡테무르를 황태자로 책립했다.[45] 명종이 곧 해를 당하고 황태자가 이어 즉위하니 이가 문종(文宗)[46]이다. 살펴보건대, 무종과 명종 두 황제는 모두 동생을 후계자로 삼았으니, 곧 황태제라는 호칭이 실로 마땅함에 속하나, 도리어 황태자로 책립했으니, 이는 바로 동생을 아들로 삼은 것이다. 아마 원나라 사람들이 황태제 고사가 있음을 알지 못하고 다만 황태자가 계승자의 호칭인 것만을 알아, 그것(황태자)이 군주인 동시에 아버지인 자에 대하여 칭하는 호칭이라는 사실을 몰랐기 때문일 것이다.

말라의 큰아들이다. 大德 6년(1302) 晉王의 작위를 계승하고 漠北의 軍馬를 統領하였다. 至治 3년(1323) 鐵失 등이 英宗을 살해하고 황제로 옹립하였으며, 年號를 泰定으로 바꾸었다. 즉위 후 鐵失과 그 무리들을 제거하고 仁宗이 유배보낸 諸宗王을 사면하여 통치집단의 갈등을 완화하였다. 라마교를 독실하게 믿었고 回回人 倒剌沙를 총애하여 정치가 부패하고 財政이 부족해졌으며, 자연재해가 잇달아 일어났다.

43) 『元史』 卷31 「明宗紀」, 693면에는 '和世辣'로 되어 있다; 『元史』 卷31 「明宗紀」, 693면, "明宗翼獻景孝皇帝, 諱和世辣, 武宗長子也."

44) 明宗(1300~1329, 재위 1328~1329) : 이름은 코실라이며, 武宗 카이샨의 큰아들이다. 延祐 3년(1316) 周王에 봉해져 雲南에 出鎭하였으나 延安에서 起兵하여 반란을 일으켰으나 패하여 차가타이 울루스로 도망갔다. 致和 元年(1328) 泰定帝가 죽자 아우 톡테무르(文宗)가 大都에 들어가 그를 맞아들여 즉위시켰다. 天曆 2년(1329) 正月 카라코룸에서 즉위식을 거행하고 南으로 돌아오다가 옹구차투에서 엔태무르에게 독살되었다. 謚號는 翼獻景考皇帝, 廟號는 明宗이다. 至元 6년(1340) 順天立道睿文智武大聖孝皇帝로 추증되었다.

45) 『元史』 卷33 「文宗紀」, 733면, "(天曆 2年)癸卯, 明宗遣武寧王徹徹禿、中書平章政事哈八兒禿來錫命, 立帝爲皇太子, 命仍置詹事院, 罷儲慶司."

46) 文宗(1304~1332, 재위 1329~1332) : 이름은 톡테무르이며, 武宗의 작은아들이자 明宗의 아우이다. 仁宗이 즉위한 후 자신이 죽으면 형 武宗의 아들이 즉위한다는 약속을 깨고 코실라를 밖으로 내보냈다. 泰定帝가 즉위한 후 懷王에 봉해져 建康路(지금의 江蘇省 南京市)로 옮겼다. 天曆 元年(1328) 8월 엔테무르와 政變을 일으켜 즉위했다가 다음 해 형 코실라에게 양위하고 太子가 되었다. 8월 코실라가 독살되자 다시 즉위하였다. 文治에 관심을 가져 奎章閣을 만들고 『經世大典』을 편찬하였다. 그러나 權臣을 신용하고 불교사원을 건축하는 등 낭비가 많아 국력이 쇠퇴하였다. 廟號는 文宗, 시호는 明元孝皇帝이다.

184. 제왕이 삼년상을 행한 경우帝王行三年之喪

삼대(三代) 이후 제왕이 삼년상을 행한 경우로는 모두 진(晉) 무제(武帝), 송(宋) 효종(孝宗)을 말하지만, 그러나 진 강제(康帝), 요흥(姚興), (북)위(北魏) 효문제(孝文帝), 후주(後周) 무제,[47] 북한(北漢) 유승균(劉承鈞)이 더 있는데도 세상 사람들이 그것을 알지 못하므로, 지금 뒤에다 그것을 기록한다.

진 문제(文帝)【趙注 : 사마소(司馬昭)】의 상을 치를 때에는 신민(臣民)이 모두 임시적 법제에 따라 사흘 만에 상복을 벗었다. 장례가 끝난 뒤 무제 역시 상복은 벗었으나 여전히 누런 명주관을 쓰고 채소만 먹었으며, 숭양릉(崇陽陵)[48]을 알현하게 되면 여전히 상복을 입고 행사에 임했는데, 배수(裴秀)가 상주하여 이미 상복을 벗었으니 다시 상복을 입어서는 안된다고 하자 이에 그만두었다. 양호(羊祜)[49]는 "삼년의 상은 한(漢) 문제(文帝)가 그것을 없앴는데, 예를 훼손시키고 의를 상하게 했습니다. 이제 주상께서 지극히 효

---

47) 後周(北周) 武帝(543~578, 재위 560~578) : 이름은 宇文邕, 字는 禰羅突이며, 宇文泰의 넷째 아들이다. 武成 2년(560) 즉위하여 다음 해 保定으로 개원하였다. 宇文護를 大冢宰 都督中外諸軍事로 삼아 朝政을 담당하도록 하였다. 天和 7년(572) 宇文護를 죽이고 親政을 시작하고 建德으로 改元하였다. 백성을 부유하게 하고 强兵을 키우는 각종 개혁을 실시하였다. 6차례에 걸쳐 奴婢 방면의 詔書를 내렸고, 세 차례 賦役 경감 조서를 내렸다. 建德 3년(574) 佛教와 道教를 금지시켰다. 建德 6년(577) 大軍을 이끌고 北齊를 공격하여 鄴城을 점령하고 北齊의 後主 高緯를 사로잡아 北齊를 멸하여 華北을 통일하였다. 후에 突厥을 평정하고 江南을 정벌하여 전국을 통일하려 했으나 병으로 죽었다. 謚號는 武皇帝, 廟號는 高祖이다.

48) 崇陽陵은 文帝 司馬昭의 陵이다(『晉書』 卷2 「文帝紀」, 44면, "(咸熙 2年)九月癸酉, 葬崇陽陵, 謚曰文王. 武帝受禪, 追尊號曰文皇帝, 廟稱太祖").

49) 羊祜(221~278) : 西晉 泰山郡 南城縣(지금의 山東省 平邑縣 남쪽) 사람으로 字는 叔子이다. 魏末 相國從事中郎이 되어 機密을 담당하였고, 中領軍이 되어 宿衛를 통할하였으며, 殿中에 入直하여 兵事를 관장하였다. 禪讓의 모의에 참여하여 中軍將軍 散騎常侍 鉅平侯에 제수되었다. 晉 太始初 尙書左僕射 衛將軍으로 발탁되었다. 太始 5년(269) 都督荊州諸軍事가 되어 襄陽으로 出鎭하여 800여 頃을 둔전하여 軍糧을 비축하였고, 水軍을 갖추어 吳를 정벌할 준비를 했다. 咸寧 2년(276) 征南大將軍이 되었고, 王濬을 監益州諸軍事로 천거하여 吳 정벌에 대비하였다. 咸寧 4년(278) 병이 들자 入朝하여 吳 정벌에 관해 獻策하고 곧이어 죽었다.

성스러우시니, 만약 이로써 선왕의 법을 다시 회복한다면 또한 좋지 않겠습니까"라고 말했으나,[50] 여러 신하들이 의견을 달리하여 이에 그만두었다. 여러 신하들이 또한 복장을 바꾸고 반찬을 예전처럼 할 것을 청했으나, "공자께서 재아(宰我)에게 답한 말을[51] 한번 살펴보면 될 것이니, 분분한 논의를 기다릴 것이 없다"라는 조서를 내리고 결국 채소만 먹으면서 삼년상을 마쳤다.[52] 나중에 왕태후(王太后)가 죽자, (무)제는 상례에 임하면서 모두 옛 예법을 따랐다. 장례를 마친 뒤 담당 관리가 상복을 벗을 것을 청하자, "전대의 전례들은 실질과 형식이 같지 않은데 왜 하필이면 근래의 제도를 끌어다 통상적인 상례[達喪]를 완전하지 않게 하는가"라고 조서를 내려 결국 소복을 입고 삼년상을 마쳤다【趙注 : 무제의 양후(楊后)가 죽자 장례를 마친 뒤 곧 탈상했다. 상서(尙書)에서 상주하여 황태자 역시 상복을 벗어야 한다고 했으나, 두예(杜預)가 상주하여 황태자는 의당 옛 법도를 행하여 임금이 부모의 상을 치르는 기간에 따라 상례를 마쳐야 한다고 하자 그에 따랐다. 「두예전(杜預傳)」[53]에 보인다】.

「강제기(康帝記)」를 보면, 담당 관리가 상주하여 성제(成帝)가 죽은 지

---

50) 『晉書』 卷34 「羊祜傳」, 1022면, "初, 文帝崩, 祜謂傅玄曰, '三年之上, 雖貴遂服, 自天子達, 而漢文除之, 毁禮傷義, 常以歎息.. 今主上天縱至孝, 有曾閔之性, 雖奪其服, 實行喪禮. 喪禮實行, 除服何爲邪! 若因此革漢魏之薄, 而興先王之法, 以敦風俗, 垂美百代, 不亦善乎!"

51) 『論語』 卷17 「陽貨篇」, "宰我問, 三年之喪, 期已久矣. 君子三年不爲禮, 禮必壞, 三年不爲樂, 樂必崩. 子曰, 食夫稻, 衣夫錦, 於女安乎 曰安. 女安則爲之, 夫君子之居喪, 食旨不甘, 聞樂不樂, 居處不安, 故不爲也 今女安則爲之. 宰我出, 子曰, 予之不仁也, 子生三年然後, 免於父母之喪, 夫三年之喪, 天下之通喪也, 予也有三年之愛於其父母乎."

52) 『晉書』 卷20 「禮志」, 613~615면, "及宣帝·景帝之崩, 並從權制. 文帝之崩, 國內服三日. 武帝亦遵漢魏之典, 旣葬除喪 …… 太宰司馬孚 …… 車騎將軍賈充·尙書令裴秀 …… 中軍將軍羊祜等奏曰 : '…… 陛下旣以俯遵漢魏降喪之典, 以濟時務, 而躬蹈大孝, 情過乎哀, …… 臣等以爲陛下宜割情以康時濟俗…….' 詔曰 : '…… 相從已多, 可試省孔子答宰我之言, 無事紛紜也. 言及悲剝, 柰何! 柰何!' 孚等重奏 : '…….' 又詔曰 : '重覽奏議, 益以悲剝, 不能自勝, 柰何! 柰何! 三年之喪, 自古達禮, 誠聖人稱情立衷, 明恕而行也. 神靈日遠, 無所訴告, 雖薄於情, 食旨服美, 所不堪也. 不宜反覆, 重傷其心, 言用絶斷? 柰何! 柰何!' 帝遂以此禮終三年. 後居太后之喪亦如之."

53) 『晉書』 卷34 「杜預傳」, 1027~1028면, "元皇后梓宮將遷於峻陽陵. 舊制, 旣葬, 帝及羣臣卽吉. 尙書奏, 皇太子亦宜釋服. 預議 '皇太子宜復古典, 以諒闇終制', 從之."

이미 한 해가 되었으니 소복을 갈아입고 반찬 올리는 것을 예전처럼 하기를 청했다. (이에) "임시적 법제가 만들어진 것은 근래에 나온 것으로, 비록 일의 형편에 맞춘 것이라 하나 실제로는 피폐하고 천하게 되는 시초이다. 선왕이 숭상한다 해도 후세에는 오히려 태만하기 마련인데, 하물며 그대로 따르는 것임에랴. 또한 가볍게 하고 낮추는 것을 따르자 하니 도리상 옳지 않은 것이다"라고 조서를 내렸다. 이는 강제 역시 삼년상을 행했던 것이다.[54]

요흥의 어머니 사(蛇)씨가 죽자 (요)흥은 슬퍼하며 몸을 상하는 것이 예법에서 지나쳤다. 여러 신하들이 한(漢)·위(魏)의 고사에 따라 장례를 마친 뒤 곧 탈상할 것을 청했다. (그러나) 이숭(李嵩)이 상소를 올려 "효로써 천하를 다스리는 것은 선왕의 훌륭한 법도입니다. 마땅히 성스러운 성정을 따름으로써 효의 도리를 빛나게 하고, 장례를 마친 뒤에도 계속 소복을 입고 조정에 임해 천하에 솔선해야 합니다"라고 말했다. 윤역(尹繹)이 그를 반박하며 "제왕의 상례는 한나라, 위나라를 기준으로 삼습니다. (이)숭은 일반적인 규범을 비틀고 예법을 뛰어넘었으니 담당 관리에게 보내 죄를 논할 것을 청합니다"라고 말했다. (요)흥이 "(이)숭은 충신이고 효자이니 무슨 잘못이 있겠는가. 모두 (이)숭의 논의에 따를 것이다"라고 말했다[趙注 : 『진서(晉書)』 재기(載記)].[55]

(북)위 효문제가 문명태후(文明太后)의 상을 당해 삼년상을 행하고자 하

---

54) 『晉書』 卷7 「康帝紀」, 185면, "有司奏, 成帝崩一周, 請改素服, 御進膳如舊. 壬寅, 詔曰 : '禮之降殺, 因時寢興, 誠無常矣. 至於君親相準, 名教之重, 莫之改也. 權制之作, 蓋出近代, 雖曰適事, 實弊薄之始. 先王崇之, 後世猶怠, 而況因循, 又從輕降, 義弗可矣'."

55) 『晉書』 卷117 「姚興載記上」, 2977~2978면, "興母蛇氏死, 興哀毁過禮, 不親庶政. 羣臣議請依漢魏故事, 旣卽吉. 興尚書郎李嵩上疏曰 : '三王異制, 五帝殊禮. 孝治天下, 先王之高事也, 宜遵聖性, 以光道訓. 旣葬之後, 應素服臨朝, 率先天下, 仁孝之擧也.' 尹緯駁曰 : '帝王喪制, 漢魏爲準. 嵩矯常越禮, 常于軌度, 請付有司, 以專擅論. 旣葬卽吉, 乞依前議.' 興曰 : '嵩忠臣孝子, 有何咎乎? 尹僕射棄先王之典, 而欲遵漢魏之權制, 豈所望於朝賢哉! 其一依嵩議'."

자, 여러 신하들이 유조(遺詔)에 따라 장례를 마친 뒤 곧 탈상할 것을 굳이 청했으나, (효문)제는 허락하지 않고 곧 상복을 입고 한 해를 넘기며 사계절의 추모를 마쳤다. 이듬해 정월에야 비로소 황신당(皇信堂)에서 정무를 듣기 시작했다. 또 이듬해에 문명태후의 2주기 기일이 되자 능 아래에서 곡을 했으며, 사흘 동안 식사를 끊고 곡하는 소리가 끊이지 않았다[趙注 : 『위서(魏書)』].[56]

후주 무제의 황태후 질노(叱奴)씨가 죽자 무제가 "삼년상은 천자에게도 해당이 되니, 고금을 통해 바뀌지 않는 도리이다. 짐은 의당 전대의 법도를 따름으로써 망극한 마음을 펼 것이니, 백료 이하는 그대로 유언을 따르도록 하라"라는 조서를 내렸다. 공경들이 장례를 마친 뒤 곧 탈상할 것을 굳이 청했으나 무제는 허락하지 않았다. 이에 드디어 삼년상의 예제를 다하였으며 오복(五服)의 범위 안에서도 역시 예법에 따라 하도록 했다[趙注 : 『후주서(後周書)』].[57]

북한의 유승균[58]은 건우(乾祐) 7년(954) 그 아버지 세조(世祖)[59]의 상을

---

56) 『魏書』 卷7下 「高祖紀」, 166~167면, "九月癸丑, 太皇太后馮氏崩. …… 甲戌, 車駕謁永固陵. 羣臣固請公除, 帝不許. 己卯, 車駕謁永固陵. 庚辰, 帝居廬, 引見羣僚於太和殿, 太尉、東陽王丕等據權制固請, 帝引古禮往復, 羣臣乃止. 語在禮志."

57) 『周書』 卷5 「武帝紀」, 84면, "(建德 3年)三月辛酉, 至自雲陽宮. 癸酉, 皇太后叱奴氏崩. 帝居倚廬, 朝夕供溢米. 羣臣表請, 累旬乃止 …… 五月庚申, 葬文宣皇后於永固陵, 帝袒跣至陵所. 辛酉, 詔曰, '齊斬之情, 經籍彝訓, 近代沿革, 遂亡斯禮. 伏奉遺令, 旣葬便除, 攀慕几筵, 情實未忍. 三年之喪, 達於天子, 古今無易之道, 王者之常行. 但時有未諧, 不得全制. 軍國務重, 庶自聽朝. 縗麻之節, 苦廬之禮, 率遵前典, 以申罔極. 百寮以下, 宜依遺令.' 公卿上表, 固請俯就權制, 過葬卽吉. 帝不許, 引古禮答之, 羣臣乃止. 於是遂申三年之制, 五服之內, 亦令依禮."

58) 『新五代史』 卷70 「東漢世家」 「劉承鈞」, 866~867면, "承鈞, 旻次子也. 少頗好學, 工書. 旻卒, 承鈞遣人奉表契丹, 自稱男. …… 故其僭號仍稱乾祐, 不改元, 不立宗廟, 四時之祭, 用家人禮. 承鈞旣立, 始赦境內, 改乾祐十年曰天會元年, 立七廟於顯聖宮."

59) 北漢 世祖(895~954, 재위 951~954) : 五代 北漢의 창건자로 이름은 劉崇이며, 沙陀突厥 사람이다. 後漢 高祖 劉知遠의 堂弟이다. 後晉 때 劉知遠이 河東節度使가 되자 都指揮使가 되었다. 劉知遠이 稱帝한 후 太原尹이 되었다가 北京(太原)留守가 되었다. 隱帝 때 樞密使 郭威와 사이가 나쁘자 세금을 징수하고 軍籍을 만들어 자립을 도모하였다. 廣順 元年(951) 郭威가 後漢을 멸하자 太原에서 稱帝하여 國號를 漢이라 칭했는데, 이를 北漢이라 한다. 旻으로 改名하고 乾祐라는 연호를 사용했으며 12

당했는데, (유)승균이 날로써 달을 바꾸는 것은 예가 아니라고 말했다. 삼년상을 행하기 시작하여 건우 9년(956) 겨울에 이르러서야 비로소 상복을 벗었다[趙注 : 『십국춘추(十國春秋)』].[60]

송 효종은 고종(高宗)의 상을 당하자 "짐은 마땅히 최복(衰服)을 3년 동안 입을 것이니, 여러 신하들은 달을 바꾸는 법령[易月之令]을 스스로 따르도록 하라"고 조서를 내렸다. 이로부터 매 7일과 초하루, 보름마다 덕수궁(德壽宮)을 찾았다. 대상(大祥)[61]이 되자 제(효종)는 하얀 베로 만든 두건과 도포를 입고 연화전(延和殿)에 나아갔으며, 만약 덕수궁을 행차할 일이 있으면 계속 띠와 지팡이를 갖추어 처음처럼 했다. 장례가 끝난 뒤 제는 직접 우주(虞主)를 받들어 맞는 예[62]를 행했다. 이로부터 칠우(七虞), 팔우(八虞), 구우(九虞)를 지나 졸곡(卒哭)[63]에 받들어 보내는 것도 모두 그와 같았다. 또 조서를 내려 "짐이 3년 동안 상복을 입으려 하는데 여러 신하들이 거듭 전각에 나아가기를 청하므로 간소한 베옷을 입고 사무를 보겠다. 비록 조서에서는 졸곡을 지난 뒤 사당에 합사하고 나서 청한 바를 따르기에 힘쓰기로 했지만, 여러 예법을 헤아려 보니 마음이 실로 편안하지 않으며, 그렇게 하고서 상례를 마치는 것은 근래의 예법이다. 마땅히 지극한 뜻을 몸소 실천해야 할 것이니, 다시는 말하는 바가 있지 않도록 하라"고 말하며 이에 드디어 삼년상을 마쳤다.[64] 장차 태자에게 제위를 물려주려고[內禪] 할 때에

州를 통치했다. 契丹과 동맹하여 契丹主 兀欲을 叔父로 섬겼다. 顯德 元年(954) 後周의 太祖 郭威가 죽자 契丹에 請兵하여 남하하여 後周 世宗과 高平에서 싸웠으나 대패하여 晉陽으로 돌아와 죽었다. 廟號는 世祖이다.

60) (淸) 吳任臣撰, 『十國春秋』(北京 : 中華書局, 1983) 卷105 「北漢」「睿宗本紀」, 1487~1488면, "睿宗名鈞, 初名承鈞, 世祖次子也. …… 世祖既安駕, 承鈞謂, '服喪, 以日易月, 非禮也.' 始行三年喪禮. ……(乾祐 9年)是冬服除. 改明年爲天會元年. (點校 : 『九國志』云; 承鈞立服喪三年, 至乾祐九年服除, 改十年爲天會元年)."

61) 大祥 : 지낸 뒤 두 돌 만에 지내는 제사.

62) 虞祭. 장례 후 사흘 동안 지내는 제사. 初虞 · 再虞 · 三虞를 통틀어 하는 말.

63) 卒哭 : 祭를 지낸 뒤 석 달 만에 丁日이나 亥日을 택하여 지내는 제사.

64) 『宋史』 卷122 「禮志」, 2861~2862면, "是日詔曰 : '朕昨降指揮, 欲衰経三年, 緣羣臣屢請御殿易服, 故布素視事內殿. 雖有俟過祔廟勉從所請之詔, 稽諸典禮, 心實未安,

는 은밀히 양부(兩府, 곧 중서성(中書省)과 추밀원(樞密院))에 뜻을 밝혀 제위를 물려주고 물러나 고종의 삼년상을 마치려고 한다고 했다.[65] 기일에 이르자 평복을 입고 자신전(紫宸殿)에 나아가 선위하는 예를 다 행하여 마친 뒤 예전처럼 다시 상복으로 갈아입고 중화궁(重華宮)으로 가서 상복 입는 기한을 마치고서야 비로소 상복을 벗었다[趙注 : 『송사(宋史)』].[66] 효종이 붕어했는데, 광종(光宗)은 병이 나서 상례를 치를 수 없었다. 이에 영종(寧宗)이 즉위하여 1년 동안 상복을 입었는데, 대상이 끝난 뒤 다시 두 달 동안 상복을 더 입으려고 했다. 어사(御史) 호굉(胡紘)이 "손자가 할아버지를 위해 상복을 입는 것을 이미 1년 하셨는데, 지금 두 달을 더하고자 하시니, 이는 어떤 전례를 따른 것인지 알지 못하겠습니다. 만약 적손이 제사를 받들어야 한다고 말하신다면, 태상황[趙注 : 즉, 광종]께서 몸이 오래 전부터 이미 건강을 회복하시어 궁중에서 삼년의 상을 스스로 행하고 계시온데, 폐하가 또 이를 행하면 이는 아버지를 잃은 자식이 둘이 되는 것입니다" 운운했다. 이는 광종 역시 삼년상을 행한 것이다[趙注 : 『주자어류(朱子語類)』].[67]

行之終制, 乃爲近古. 宜體至意, 勿復有請'."

65) 『宋史』 卷35 「孝宗紀」, 691면, "(淳熙 16年 二月)壬戌, 下詔傳位皇太子. 是日, 皇太子卽皇帝位 帝素服駕之重華宮."

66) 『宋史』 卷36 「光宗紀」, 694~695면, "二月壬戌, 孝宗吉服御紫宸殿, 行內禪禮, 應奉官以次稱賀. 內侍固請帝坐 帝固辭. 內侍扶掖至七八, 乃微坐復興. 次丞相率百僚稱賀, 禮畢, 樞密院官升殿奏事, 帝立聽. 班退, 孝宗反喪服, 御後殿, 帝侍立, 尋登輦, 同詣重華宮."

67) 조익은 『주자어류』를 전거(典據)로 밝혔지만, 실제로 그 원문은 『주자어류』에는 보이지 않으며 『송사』에 기재되어 있다. (『宋史』 卷122 「禮志」25 凶禮1, 2862면, "慶元二年六月九日, 大祥. 八月十六日, 禫祭. 時光宗不能執喪, 寧宗嗣服, 欲大祥畢更服兩月, 曰 : 「但欲禮制全盡, 不較此兩月.」 於是監察御史胡紘言 : 「孫爲祖服, 已過期矣. 議者欲更持禫兩月, 不知用何典禮? 若曰嫡孫承重, 則太上聖躬亦已康復, 於宮中自行二十七月之重服, 而陛下又行之, 是喪有二孤也爲. 自古孫爲祖服, 何嘗有此禮?」"

185. 여후의 현명함女后之賢

홍용재(洪容齋, 곧 洪邁)는 세 후비[女后]의 현숙함을 현창하였으니,[68] 왕망(王莽)의 딸은 한(漢) 평제(平帝)의 황후였는데 유(劉)씨가 폐위된 이후 병을 칭하며 조회에 나아가지 않았다. (왕)망은 이를 존중하면서도 안타깝게 생각하여 다시 시집보내려 했으나, (황후가) 이에 응하지 않았다. (왕)망이 패망하자 황후는 "내가 무슨 면목으로 한나라 황실을 보겠는가!"라고 말하며 스스로 불 속으로 뛰어들어 죽었다. 양견(楊堅)의 딸은 (북)주(北周) 선제(宣帝)의 황후였는데, 아버지가 딴 마음을 먹고 있다는 것을 알고는 마음이 자못 편치 않았으며, 선양에 이르러서는 울분과 원망이 더욱 심하였다. (양)견은 속으로 부끄러워하며 그 뜻을 빼앗으려 하였으나, 황후가 맹세코 허락하지 않자 이에 그만두었다. 이변(李昪)의 딸은 오(吳) 태자 (양)련(楊璉)의 비였는데, (이)변이 찬탈한 뒤 그녀를 영흥공주(永興公主)로 봉했지만, 비는 다른 사람들이 공주라 부르는 것을 들으면 눈물을 흘리며 사양하였다. 세 후비의 일은 대략 같은데, 가히 경외하고 우러를 만하다.[69] 그러나 이 세 후비는 오히려 사람들이 이미 아는 바이며, (홍)용재가 기록한 바에는 여전히 누락된 것이 있다.

한 영제(靈帝)가 붕어하고 아들 (유)변(劉辯)이 즉위했으니 곧 소제(少帝)인데, 동탁(董卓)은 (소제를) 폐하여 홍농왕(弘農王)으로 삼고 얼마 후 독주를 올려 시해했다. (소제는) 독주를 마시려 할 때 아내 당희(唐姬)와 눈물을 흘리며 헤어졌다. (당)희는 영천(潁川)으로 돌아왔는데, 아버지 회계태수(會稽太守) (당)모(唐瑁)는 그를 재가시키려고 했으나 (당희는) 맹세코 응하지 않았다. 나중에 이각(李傕)이 병사를 파견하여 관동(關東)을 노략질하면서 그녀를 사로잡았는데, (이)각은 그녀를 아내로 삼으려 했으나 이를

---

68) 【王注】『容齋隨筆』卷3에 보인다.

69) 『容齋隨筆』卷3「三女后之賢」. 대략의 문장은 같으나 마지막에 "彼爲其父者 安所置愧乎"라는 문장이 첨가되어 있다.

듣지 않고 끝내 스스로 이름을 밝히지도 않았다. 헌제(獻帝)는 이를 듣고 조서를 내려 (당)희를 맞아들여 홍농왕비(弘農王妃)로 삼았다.[70]

진(晉) 민회태자(愍懷太子) (사마)휼(司馬遹)의 비 왕(王)씨는 이름이 혜풍(惠風)으로 왕연(王衍)의 딸이었다. 태자가 폐위된 뒤 (왕)연은 이혼을 청했다. 유요(劉曜)가 낙양(洛陽)을 함락한 후 (왕)혜풍을 그 장수 교속(喬屬)에게 하사했는데, (왕)혜풍이 칼을 빼들고 (교)속을 막으며 "나는 태위공(太尉公)[71]의 딸이며 황태자비인데, 어찌 너와 같은 역적 오랑캐에게 수치를 당하겠느냐!"라고 하니, (교)속은 마침내 그녀를 죽였다.[72]

부견(苻堅)은 오장산(五將山)으로 달아났다가 요장(姚萇)[73]에게 사로잡혔고, 그 장부인(張夫人)도 자살했다.[74] 부등(苻登)의 아내 모(毛)씨는 튼튼하

---

70) 『後漢書』 卷10下 「皇后紀」 「靈思何皇后」, 450~451면, "明年, 山東義兵大起, 討董卓之亂. 卓乃置弘農王於閤上, 使郎中令李儒進酖, 曰: '服此藥, 可以辟惡.' 王曰: '我無疾, 是欲殺我耳!' 不肯飮. 强飮之, 不得已, 乃與妻唐姬及宮人飮讌別. 酒行, 王悲歌曰: '天道易兮我何艱! 棄萬乘兮退守蕃. 逆臣見迫兮命不延, 逝將去汝兮適幽玄!' 因令唐姬起舞, 姬抗袖而歌曰: '皇天崩兮后土頹, 身爲帝兮命夭摧. 死生路異兮從此乖, 柰我煢獨兮心中哀!'" 및 『後漢書』 卷10下 「皇后紀」 「唐姬」, 451면, "唐姬, 潁川人也. 王薨, 歸鄕里. 父會稽太守瑁欲嫁之, 姬誓不許. 及李傕破長安, 遣兵鈔關東, 略得姬. 傕因欲妻之, 固不聽, 而終不自名. 尙書賈詡知之, 以狀白獻帝. 帝聞感愴, 乃下詔迎姬, 置園中, 使侍中持節拜爲弘農王妃."

71) 王衍의 죽기 전 벼슬이 太尉였다.

72) 『晉書』 卷96 「列女」 「愍懷太子妃王氏傳」, 2511면, "愍懷太子妃王氏, 太尉衍女也, 字惠風. 貞婉有志節. 太子旣廢居於金墉, 衍請絶婚, 惠風號哭而歸, 行路爲之流涕. 及劉曜陷洛陽, 以惠風賜其將喬屬, 屬將妻之. 惠風拔劍距屬曰: '吾太尉公女, 皇太子妃, 義不爲逆胡所辱.' 屬遂害之."

73) 姚萇(330~394, 재위 384~394) : 十六國時代 後秦의 창건자이다. 南安郡 赤亭縣(지금의 甘肅省 隴西 서쪽) 사람으로 字는 景茂이며, 姚弋仲의 24子이다. 형 姚襄을 따라 전쟁에 참가하였고, 姚襄이 죽은 후 前秦에 항복하였다. 苻堅 때에 揚武將軍, 左衛將軍, 隴東 등 郡守, 寧·幽·兗州刺史, 步兵校尉 등을 역임했으며 戰功을 쌓았다. 苻堅이 淝水에서 패하고 慕容氏가 반란을 일으키자 渭北의 馬牧으로 도망가 大將軍 大單于 萬年秦王을 자칭하고 白雀이라 建元하였다. 다음에 前秦軍을 대파하고 苻堅을 살해하였다. 후에 長安에서 稱帝하고 國號를 大秦이라 했으며 연호를 建初로 바꾸었는데, 이를 後秦이라 한다. 前秦의 苻登과 싸워 대개 이겼다. 太學과 學官을 세우고 재주와 현명한 이들을 등용하여 後秦의 基業을 닦았다. 謚號는 武昭皇帝, 廟號는 太祖이며, 原陵에 묻혔다.

74) 『晉書』 卷114 「苻堅載記下」, 2928~2929면, "(苻)堅至五將山, 姚萇遣將軍吳忠圍

고 용감하였으며 말 타고 활쏘기에 능하여, 요장의 습격을 받자 진지가 함락된 뒤에도 여전히 활을 당기고 말에 걸터앉아 장사 수백여 명을 거느리고 (요)장과 교전하였으나 힘이 다해 사로잡혔다. (요)장이 그녀를 들이려 하자 모씨는 (요장을) 꾸짖으며 "나는 천자의 황후인데, 어찌 강족(羌族) 도적에게 수치를 당하겠는가, 어찌 빨리 나를 죽이지 않는가!"라고 말했고, (요)장은 노하여 그녀를 죽였다.[75]

여소(呂紹)[76]는 여찬(呂纂)[77]에게 시해되었는데, (여소의) 아내 장(張)씨가 얼굴이 아름다워 여륭(呂隆)[78]이 그녀를 더럽히려고 하자 장씨는 스스

之. 堅衆奔散, 獨侍御十數人而已. 神色自若, 坐而待之, 召宰人進食. 俄而忠至, 執堅以歸新平, 幽之於別室. 萇求傳國璽於堅曰 : '萇次膺符曆, 可以爲惠.' 堅瞋目叱之曰 : '小羌乃敢干逼天子, 豈以傳國璽授汝羌也. 圖緯符命, 何所依據? 五胡次序, 無汝羌名. 違天不祥, 其能久乎! 璽已送晉, 不可得也.' 萇又遣尹緯說堅, 求爲堯舜禪代之事. 堅責緯曰 : '禪代者, 聖賢之事. 姚萇叛賊, 奈何擬之古人!' 堅既不許萇以禪代, 罵而求死, 萇乃縊堅於新平佛寺中, 時年四十八. 中山公詵及張夫人並自殺. 是歲, 太元十年也" 및 『晉書』 卷96 「列女」 「苻堅妾張氏傳」, 2522~2523면.

75) 『晉書』 卷96 「列女」 「苻登妻毛氏傳」, 2523~2524면, "苻登妻毛氏, 不知何許人, 壯勇善騎射. 登爲姚萇所襲, 營壘既陷, 毛氏猶彎弓跨馬, 率壯士數百人, 與萇交戰, 殺傷甚衆. 衆寡不敵, 爲萇所執. 萇欲納之, 毛氏罵曰 : 「'吾天子后, 豈爲賊羌所辱, 何不速殺我!' 因仰天大哭 曰 : '姚萇無道, 前害天子, 今辱皇后, 皇天后土, 寧不鑒照!' 萇怒, 殺之."

76) 呂紹(?~400, 재위 399) : 十六國時代 後涼의 군주로 字는 永業, 呂光의 嫡長子이다. 麟嘉 元年(389) 世子가 되었고, 龍飛 元年(396) 太子로 책립되었다. 承康 元年(399) 呂光의 병이 심하자 天王으로 즉위하였다. 呂光이 죽은 후 庶兄 呂纂에게 죽을까 겁나 양위했으나 呂纂이 받지 않았다. 從弟 呂超가 呂纂을 제거할 것을 권하였으나 듣지 않았다. 呂纂이 呂弘과 起兵하여 공격하자 자살하였다. 5일 동안 재위하였으며 시호는 隱王이다.

77) 呂纂(?~401, 재위 400~401) : 字는 永緒이며, 呂光의 庶長子이다. 呂光 때 虎賁中郎將 太原公에 봉해졌다. 承康 元年(399) 12월 呂光이 太上皇帝를 칭한 후 太尉가 되었다. 呂光이 죽은 후 太子 呂紹가 양위하였으나 받지 않고 起兵하여 제위를 탈취하고 年號를 咸寧이라 하였다. 酒色을 탐닉하고 자주 南涼・北涼과 전쟁하여 國勢가 약해졌다. 후에 呂超에게 살해되었다. 謚號는 靈皇帝이다.

78) 呂隆(?~416, 재위 401~403) : 字는 永基이며, 呂光의 조카이다. 北部護軍, 中領軍을 역임했다. 咸寧 3년(401) 아우 呂超가 呂纂을 살해하고 帝位를 양보하여 天王으로 즉위한 후 神鼎으로 改元하였다. 豪望을 다수 줄여 威名을 세우려 하여 內外가 이반하였다. 後秦 姚興이 이 기회를 노려 공격하자 稱藩하여 涼州刺史 建康公에 봉해졌다. 神鼎 3년(403) 南涼・北涼이 자주 공격하니 內徙를 청하여 長安으로 옮겨 散騎常侍

로 누각 밑으로 뛰어내려 두 정강이가 모두 부러졌고 불경을 암송하면서 죽었다[趙注 : 이상은 모두 『진서(晉書)』 「열녀전(列女傳)」에 있다].[79] 여찬은 찬탈한 뒤 여초(呂超)[80]에게 주살되었는데, 그의 아내 양(楊)씨가 얼굴이 아름다워 (여)초는 그녀를 취하고자 하여 그녀의 아버지를 시켜 말을 하게 했는데, 양씨는 "아버지께서는 딸을 저족(氐族)에게 팔아 부귀를 구하셨으니 한 번도 심한데, 딸을 두 저족에게 욕보이게 하시겠습니까!"라고 말하며 이에 자살했다[趙注 : 『북사(北史)』].[81]

서위(西魏) 폐제(廢帝)의 황후는 우문태(宇文泰)의 딸이었는데, 황제가 (우문)태에게 폐위되자 황후는 (서)위에 충성하다 화를 입었으니[趙注 : 『북사』],[82] 이는 모두 망국의 후비 가운데 현숙한 자로서, 여기에 적어 용재가 아직 언급하지 않은 바를 보충하였다.

로 임명되었으며 後涼은 멸망하였다. 후에 姚興의 병이 심하자 姚愔을 따라 반란을 일으켰으나 姚泓에게 살해되었다. 사서에서는 後主라 칭한다.

79) 『晉書』 卷96 「列女」 「呂紹妻張氏傳」, 2526면, "時呂紹妻張氏亦有操行, 年十四, 紹死, 便請爲尼. 呂隆見而悅之, 欲穢其行, 張氏曰 : '欽樂至道, 誓不受辱.' 遂昇樓自投於地, 二脛俱折, 口誦佛經, 俄然而死."

80) 呂超(?~416) : 十六國時代 略陽 사람으로 小字는 胡奴이다. 後涼主 呂光의 숙부이다. 呂光 때 驃騎將軍이 되었다. 呂光이 죽고 呂紹가 즉위했으나 呂纂의 권한이 무거워 呂紹에게 그를 제거할 것을 권했으나 呂紹가 듣지 않았다. 呂纂이 즉위한 후 番禾太守가 되었다. 呂纂이 마음대로 鮮卑를 공격한 것을 질책하자 呂纂을 죽이고 형 呂隆을 즉위시켰으며, 都督中外諸軍事 錄尙書事 安定公에 제수되었다. 後秦과 南涼·北涼이 자주 공격하자 呂隆과 後秦에 항복하여 安定太守로 임명되었다. 姚興이 죽자 呂隆과 함께 姚愔의 무리가 되어 반란을 일으켰으나 姚愔이 패사한 후 安定에서 피살되었다.

81) 『魏書』 卷95 「略陽氏呂隆傳」, 2086~2087면, "隆, 字永基, 光弟寶之子也. 初, 超讓位於隆, 隆難之, 超曰 : '今猶乘龍上天, 豈得中下!' 乃僭位, 改神鼎元年. 超使纂妻楊氏及侍婢數人殯纂於城西, 超慮楊持珍寶出, 使人搜之. 楊氏責超曰 : '郎君兄弟手刃相圖, 新婦旦夕死人, 用金寶何爲!' 超慚而退. 楊氏國色, 超將妻焉, 謂其父桓曰 : '后若自殺, 禍及卿宗.' 桓以告之, 楊氏曰 : '大人本賣女與氐, 以圖富貴, 一之以甚, 復可使女辱於二氐乎!' 乃自殺."

82) 『北史』 卷13 「后妃傳」 「西魏廢帝皇后宇文氏」, 508면, "廢帝皇后宇文氏, 周文帝女也. …… 帝旣廢崩, 后亦以忠於 魏室罹禍."

186. 남북조에서 우호 관계를 맺으면서 사신의 직책을 무겁게 여기다 南北朝通好以使命爲重

남조(南朝)와 북조(北朝)는 우호 관계를 맺으면서 일찍이 사신의 임무를 이용해 나라의 영광을 더했으므로, 반드시 사신으로 갈 사람을 잘 선발하여 그 용모와 행동거지가 볼 만하고 글재주와 학식이 뛰어난 자를 뽑아서 사신에 충당했다. 예컨대, (북)위(北魏)의 유명근(游明根[83])은 일찍이 세 번이나 송(宋)에 사신으로 갔고,[84] 이표(李彪)는 일찍이 여섯 번 제(齊)에 사신으로 갔으며,[85] 제 무제(武帝)는 배소명(裴昭明)이 명령을 수행할 만한 재주가 있다 하여 특별히 (북)위에 사신으로 가도록 했으니,[86] 모두 그 재능이 사신의 직분을 감당할 수 있었기 때문이다. 그 뒤 더욱 사신의 임무를 중요한 것으로 여겼으니, 「이해전(李諧傳)」에 "남북이 서로 사신을 보냄에 있어 뛰어난 인물을 서로 자랑하기에 힘썼으니, 명령을 받들어 빈객을 접대하는 데에 반드시 당시 최고의 인물을 모두 선발했고, 뛰어난 재능과 (가문의) 지위가 없는 자는 여기에 참여할 수 없었다. 양(梁)의 사신이 들어올 때마다 업(鄴) 일대는 그 때문에 분주히 움직였는데, 신분이 높고 한가

83) 游明根(419~499) : 北魏 廣平郡 任縣(지금의 河北省 任縣 동쪽) 사람으로 字는 志遠이다. 經傳에 정통했으며, 太武帝 때 中書學生, 文成帝 때 都曹主書가 되었다. 3차례 劉宋에 사신으로 다녀와 劉宋 孝武帝에게 존중되었다. 獻文帝初 東青州刺史・兗州刺史를 역임하였고, 新泰侯에 봉해졌다. 孝文帝初 給事中・儀曹長・散騎常侍를 역임하였다. 南齊와 修好할 것을 건의하였다. 나이가 70이 넘은 후 致仕를 청원하여 五更으로 존중되었으며 辟雍의 예를 행하였다.

84) 『魏書』 卷55 「游明根傳」, 1213면, "假員外散騎常侍・冠軍將軍・安樂侯, 使於劉駿, 直使明僧暠相對. 前後三返, 駿稱其長者, 迎送之禮, 有加常使"; 『宋書』 卷6 「孝武帝紀」, 109면, "世祖孝武皇帝諱駿, 字休龍, 小字道民, 文帝第三子也."

85) 『魏書』 卷62 「李彪傳」, 1389~1390면, "其年, 加員外散騎常侍, 使於蕭賾. 賾遣其主客郎劉繪接對, 幷設讌樂. 彪辭樂. …… 賾遂親至琅邪城, 登山臨水, 命羣臣賦詩以送別, 其見重如此. 彪前後六度銜命, 南人奇其謇諤"; 『南齊書』 卷3 「武帝紀」, 43면, "世祖武皇帝諱賾, 字宣遠, 太祖長子也. 小諱龍兒."

86) 『南齊書』 卷53 「裴昭明傳」, 919면, "永明三年, 使虜, 世祖謂之曰 : '以卿有將命之才, 使還, 當以一郡相賞'."

로운 자제들이 성대하게 치장하고 보러 모여드니 객관 문전이 시장을 이루었으며, 위의 사신이 양에 이르러서도 역시 그와 같았다"고 기록되었으니,[87] 당시의 풍습이 이와 같았던 것이다.

무릇 사신으로 충당하는 것과 사신을 맞는 것은 모두 (그 직책을) 가볍게 수여하지 않았다. 형소(邢卲)[88]는 (동)위에서 한 때 문인의 으뜸이었으나, 다만 위엄 있는 풍모를 갖추지 못했으므로 결국 사신으로 나가는 명을 받지 못했다[趙注 : 「형소전(邢卲傳)」].[89] 북제(北齊)의 이위(李緯)는 최섬(崔暹)[90]과 사이가 좋지 않았는데, 일찍이 "비록 높은 분의 뜻을 잃었지만, 양나라에 가는 사신은 나를 빼놓을 수 없다"라고 말했는데, 나중에 과연 양에 사신으로 갔다[趙注 : 「이위전(李緯傳)」].[91] 최첨(崔瞻)[92]은 일찍이 열병을 앓아 얼

87) 『北史』 卷43 「李諧傳」, 1604면, "旣南北通好, 務以俊乂相矜, 銜命接客, 必盡一時之選, 無才地者不得與焉. 梁使每入, 鄴下爲之傾動, 貴勝子弟盛飾聚觀, 禮贈優渥, 館門成市. 宴日, 齊文襄使左右覘之, 賓司一言制勝, 文襄爲之拊掌. 魏使至梁, 亦如梁使至魏, 梁武親與談說, 甚相愛重."

88) 邢卲(496~?) : 北朝 河間郡 鄚縣(지금의 河北省 任丘縣) 사람으로 字는 子才이다. 北魏 宣武帝 挽郎으로 起家했으며, 奉朝請·著作佐郎을 역임하였다. 建義 元年(528) 從兄 邢杲가 河北流民을 이끌고 靑州를 공격하자 옛 친구인 東萊太守 王昕에게 피난갔다. 東魏 孝靜帝 때 丞相 高澄에게 등용되었다. 北齊시대 太常卿·中書監·國子祭酒를 역임하였고 特進에 제수되었다. 書 30卷이 있는데, 明代 사람들이 『邢特進集』으로 輯補하였다.

89) 『北史』 卷43 「邢卲傳」, 1591면, "于時與梁和, 妙簡聘使, 卲與魏收及從子子明被徵入朝. 當時文人, 皆卲之下, 但以不持威儀, 名高難副, 朝廷不令出境."

90) 崔暹(?~559) : 北齊 博陵郡 安平縣 사람으로 字는 季倫이다. 젊어서 書生이었으나 渤海로 피난가서 司空 高乾에게 의탁하였다. 누이를 高乾의 아우 高愼에게 아내로 주었고, 高愼이 丞相 高歡의 아우 高琛과 친교를 맺자 丞相長史가 되었다가 高琛이 죽자 쫓겨났다. 후에 高歡의 아들 高澄의 눈에 들어 鄴都로 갔다. 東魏 興和 3년(541) 吏部郎이 되어 麟趾格을 만드는데 주도하였다. 후에 御史中丞이 되었고, 高澄이 정권을 잡은 후 度支尙書 兼 右僕射가 되었다. 文宣帝 때 鮮卑勳貴들의 반발을 사서 馬城으로 유배되어 服役하였고, 모반으로 고발당해 晉陽으로 압송되었다. 후에 무죄로 판명되어 풀려났고 中書監·尙書右僕射를 역임하였다.

91) 『北史』 卷33 「李緯傳」, 1208~1209면, "藺問安平諸崔, 緯曰 : '子玉以還, 彫龍絶矣.' 崔暹聞之怒, 緯詣門謝之, 暹上馬不顧. 緯語人曰 : '雖失要人意, 聘梁使不得捨我.' 武定五年, 兼散騎常侍, 使梁."

92) 본문에는 이름을 '최첨(崔瞻)'으로 기록하고 있으나, 『北史』 원문에는 '최섬(崔贍)'으로 표기하고 있다. 글자가 유사하여 발생한 오류로 보인다.

굴에 흉터가 많았으나 온화한 용모가 볼 만하고, 글재주가 온화하고 우아하여 마침내 진(陳)에 사신으로 나갔다[趙注:「최첨전(崔瞻傳)」].[93] 이는 사신을 보내는 데에 있어 선택을 정밀하게 한 것이다.

사신으로 갔는데 이웃나라에서 더욱 중요하게 여겨진 경우도 있으니, (북)위의 유명근이 송에 사신으로 가니, 송 효무(제)가 그 뛰어남을 칭찬하여 맞이하고 보내는 예우가 보통 사신들보다 더했다[趙注:「유명근전(游明根傳)」].[94] 고추(高推)가 송에 사신으로 가니 송에서 그 재능과 말솜씨를 칭송했다[趙注:「고윤전(高允傳)」].[95] 이표가 (남)제에 사신으로 갔다가 돌아가려고 하자 제 황제가 직접 낭야산(琅琊山)까지 와서 여러 신하에게 시를 지어 송별하도록 했다[趙注:「이표전(李彪傳)」].[96] 북제의 최전(崔悛)이 장차 양에 사신으로 가게 되었는데, (최)전이 "문채와 식견에서는 제가 이해(李諧)에게 양보하지 않지만, 말솜씨가 좋기로는 (이)해가 곧 크게 앞섭니다"라고 말하니, 이에 이해, 노원명(盧元明),[97] 이업흥(李業興[98])을 사신으로 보냈다. 양 무(제)가

93) 『北史』 卷32 「崔瞻傳」, 876면, "瞻經熱病, 面多瘢痕, 然雍容可觀, 辭韻溫雅, 南人大相欽服. 陳舍人劉師知見而心醉, 乃言: '常侍, 前朝通好之日何意不來? 今日誰相對揚者!' 其見重如此."

94) 『北史』 卷34 「游明根傳」, 1252면, "假員外散騎常侍、安樂侯, 使宋. 宋孝武稱其長者, 迎送禮加常使."

95) 『魏書』 卷48 「高推傳」, 1091면, "太延中, 以前後南使不稱, 妙簡行人. 游雅薦推應選. 詔兼散騎常侍, 使劉義隆, 南人稱其才辯. 遇疾卒於建業. 朝廷悼惜之"; 『北史』 卷31 「高推傳」, 1132면, "太延中, 以前後南使不稱, 妙簡行人, 游雅薦推應選. 詔兼散騎常侍使宋, 南人稱其才辯."

96) 『魏書』 卷62 「李彪傳」, 1389면, "其年, 加員外散騎常侍, 使於蕭賾. ……(蕭)賾遂親至琅邪城, 登山臨水, 命羣臣賦詩以送別, 其見重如此."

97) 盧元明: 北魏 范陽郡 涿縣 사람으로 字는 幼章이다. 어려서 책들을 널리 읽었으며 문장에 뛰어났다. 孝武帝 때 中書侍郎 城陽縣子에 제수되었다. 天平初 兼 吏部郎中이 되어 散騎常侍 李諧의 副使로 梁에 파견되었다. 후에 尙書右丞·散騎常侍·本州大中正을 역임하였다. 玄理를 좋아하고 술과 賦詩를 좋아하였으며, 史子新論 수십篇을 지었고, 따로 文集 17卷이 세상에 전한다.

98) 李業興(484~549): 北魏 上黨郡 長子縣 사람으로 젊어서 학문을 좋아하여 徐遵明을 스승으로 섬겼다. 孝廉으로 천거되어 校書郎이 되었고, 延昌 연간 『壬子曆』을 만들어 바쳤다. 天平 4년(537) 梁에 사신으로 갔다와서 兼 散騎常侍 中軍大將軍이 되었다. 五禮의 제정에 참여하였다. 興和初 『甲子元曆』과 『九宮行棊曆』을 만들었다.

좌우에 "경들이 일찍이 북방에 사람이 없다고 말했는데, 이들은 그럼 어디에서 왔는가"라고 물었다[趙注 : 「이해전」].[99] 이혼(李渾)이 양에 사신으로 가자 양 무(제)가 "백양(伯陽 : 老子의 字)의 후예는 오래도록 더욱 번성하니 조이(趙李, 곧 趙郡李氏) 인물이 이제 실로 뛰어나고 많구나"라고 말했다[趙注 : 「이혼전(李渾傳)」].[100] 위수(魏收)가 왕흔(王昕)[101]과 함께 양에 사신으로 갔는데, (왕)흔은 풍류가 있고 문장과 말솜씨가 뛰어나며 (위)수는 글재주가 풍성하고 돋보이니, 양의 군주와 신하들이 모두 공경하며 예우했다[趙注 : 「위수전(魏收傳)」].[102] 북주(北周)에서 최언목(崔彦穆)을 진에 사신으로 보냈는데, (최)언목은 풍채가 넉넉하고 도량이 방정하고 우아해서 강표(江表)에서 칭송되었다[趙注 : 「최언목전(崔彦穆傳)」.[103] 이상은 모두 『위서(魏書)』에 있다].[104] 이는 모두 사신으로 가서 영예로움이 있었던 경우이다.

그 이웃나라에서 사신을 접대하는 것 역시 반드시 재주가 있는 자를 뽑아서 충당했다. (북)위 사신이 (남)제에 이르자 제나라에서는 종쾌(宗夬)와 임방(任昉)이 함께 (북)위 사신을 접대하도록 했는데, 모두 당시의 일류 선발이었다[趙注 : 「종쾌전(宗夬傳)」].[105] 왕융(王融)[106]은 뛰어난 재능과 말

---

99) 『北史』 卷43 「李諧傳」, 1604면, "天平末, 魏欲與梁和好, 朝議將以崔㥄爲使主. 㥄曰 : '文采與識, 㥄不推李諧; 口頰顧顧, 諧乃大勝.' 於是以諧兼常侍、盧元明兼吏部郎、李業興兼通直常侍聘焉. 梁武使朱异覘客, 异言諧、元明之美. 諧等見, 及出, 梁武目送之, 謂左右曰 : '朕今日遇勍敵, 卿輩常言北間都無人物, 此等何處來?'"

100) 『北史』 卷33 「李渾傳」, 1206면, "武定初, 兼散騎常侍、聘梁使主. 梁武謂曰 : '伯陽之後, 久而彌盛, 趙李人物, 今實居多'." 본문은 마지막 부분이 '今實良多'로 되어 있다.

101) 王昕(?~559) : 北齊 北海郡 劇縣 사람으로 字는 元景이다. 北魏 汝南王 元悅의 騎兵參軍으로 起家하여 東萊太守·常侍·金紫光祿大夫를 역임하였다. 東魏 元象 元年(538) 通直散騎常侍 魏收와 梁에 사신으로 다녀왔다. 北齊 때 七兵尙書가 되어 議禮 제정에 참여하였다. 후에 병을 핑계로 朝廷에 오지 않았다는 죄명으로 피살되었다. 文集 20卷이 있다.

102) 『北史』 卷56 「魏收傳」, 2027면, "收兼通直散騎常侍, 副王昕聘梁. 昕風流文辯, 收辭藻富逸, 梁主及其羣臣加敬異."

103) 『北史』 卷67 「崔彦穆傳」, 2346면, "陳氏請敦隣好, 詔彦穆使焉. 彦穆風韻閑曠, 器度方雅, 善玄言, 解談謔, 甚爲江表所稱."

104) [王注] 『魏書』는 마땅히 『北史』라 써야 한다.

105) 『梁書』 卷19 「宗夬傳」, 299면, "永明中, 與魏和親, 敕夬與尙書殿中郎任昉同接魏

솜씨가 있어 주객(主客)을 겸직하여 (북)위 사신을 접대하도록 명을 받았는데, 방경고(房景高), 송변(宋弁)[107]이 (왕)융의 나이가 (너무) 젊어 "주객은 나이가 몇이오"라고 물으니, (왕)융이 "이미 50년의 반을 넘었습니다"라고 대답했다. (방)경고가 "북쪽에 있으면서 그대의 「곡수시서(曲水詩序)」에 대해 들었는데, 실로 한번 보았으면 합니다"라고 말하자 (왕)융이 곧 그것을 보여 주었다. (송)변은 "예전에 (사마)상여(司馬相如)의 「봉선(封禪)」이란 글을 보고서 한(漢) 무제의 덕을 알았소. 오늘 왕군의 「시서(詩序)」를 보고 제나라 군주의 성대함을 보았소이다"라고 말했다[趙注 : 「왕융전(王融傳)」].[108] 유회(劉繪[109])는 재능과 말재주가 있어 칙명을 받들어 (북)위 사신을 접대했는데, 일이 끝나고 관련 기록을 적게 되자 (유)회가 "윤색하는 것이 쉽지 않은 것은 물론, 다만 내 말을 제대로 적는 것도 역시 어려울 것이다"라고 말했다[趙注 : 「유회전(劉繪傳)」].[110] 이상은 모두 『(남)제서(南齊

使, 皆時選也."

106) 王融(467~493) : 南齊 琅邪郡 臨沂縣 사람으로 字는 元長이다. 秀才로 천거되어 中書郎이 되었다. 永明 9년(491) 武帝가 芳林園에서 朝臣들과 연회를 열 때 『曲水詩序』를 짓게 하였는데, 詞藻가 풍부하여 유명해졌다. '竟陵八友'의 한 사람이다. 鬱林王 때 蕭子良을 옹립하려다가 발각되어 피살되었다. 文才가 있어 沈約·謝朓와 함께 五音·四聲을 사용하여 '永明體'를 만들었다.

107) 宋弁(457 혹은 461~499?) : 北魏 廣平郡 烈人縣 사람으로 字는 義和이다. 祕書丞 李彪의 추천으로 著作佐郎이 되었고, 尙書殿中郎中, 散騎侍郎 兼 司徒左長史 등을 역임하였다. 士族을 정할 때 공정하게 이를 처리하여 신임을 얻었다. 후에 孝文帝가 南朝 원정중 병이 들자 本官에 祠部尙書를 겸하고 七兵尙書의 일도 처리하여 洛陽을 留守하였다. 孝文帝가 죽은 후 遺詔에 의해 吏部尙書로 임명되어 咸陽王 元禧 등과 보정하였다.

108) 『南齊書』 卷47 「王融傳」, 821~822면, "上以融才辯, 十一年, 使兼主客, 接虜使房景高、宋弁. 弁見融年少, 問主客年幾? 融曰 : '五十之年, 久踰其半.' 因問 : '在朝聞主客作曲水詩序.' 景高又云 : '在北聞主客此製, 勝於顔延年, 實願一見.' 融乃示之. 後日, 宋弁於瑤池堂謂融曰 : '昔觀相如封禪, 以知漢武之德; 今覽王生詩序, 用見齊王之盛'."

109) 劉繪(458~502) : 南齊 彭城郡 사람으로 字는 士章이다. 劉宋시대 秘書郎, 蕭道成 太尉府行參軍을 역임하였고, 南齊 武帝 때 中書郎이 되어 詔誥를 지었다. 永明末 文士들이 竟陵王 蕭子良의 西邸에 몰려 後進領袖라 칭해졌다. 南齊末 雍州刺史 蕭衍이 建康을 포위하여 東昏侯가 살해되자 國子博士 范雲과 함께 그 머리를 蕭衍에게 바쳤다. 大司馬從事中郎을 역임하고 죽었다. 隸書에 능하였고, 저서에는 『能書人名』이 있다.

書)」에 있다]. (남)제 영명(永明) 연간(483~493)에 (북)위 사신이 이르자, 조서를 내려 조정 신료 가운데 문장력과 말재주가 있는 사람을 뽑아 국경에서 사신을 맞도록 하니, 마침내 범수(范岫)[111]가 가서 영접하게 되었다[趙注 : 「범수전(范岫傳)」].[112] (북)위 사신 유선명(劉善明)이 양에 사신으로 오자 양에서는 주이(朱异)를 시켜 그를 접대하도록 했는데, 연회에 참여한 사람들이 모두 귀화한 북쪽 사람이었다. (유)선명이 왕석(王錫), 장찬(張纘)을 보고자 하니 이에 (왕)석, (장)찬을 연회에 들어가게 했다. (유)선명이 경사(經史)에 대해 두루 논한 후 (왕)석과 (장)찬이 그에 따라서 대답하자, (유)선명은 그들에게 깊이 탄복했다[趙注 : 「장찬전(張纘傳)」,[113] 이상은 모두 『양서(梁書)』에 있다]. (남)제의 사신 유찬(劉纘)이 (북)위에 이르자 문성제(文成帝)는 이안세(李安世)[114]에게 그를 접대하도록 명했다. (이)안세는 행동거지가 뛰어났는데, (유)찬이 "군자가 있지 않으면 어찌 능히 나라가 되겠는가!"라고

---

110)『南齊書』卷48「劉繪傳」, 842면, "後北虜使來, 繪以辭辯, 敕接虜使. 事畢, 當撰語辭. 繪謂人曰 : '無論潤色未易, 但得我語亦難矣'."

111) 范岫(440~514) : 梁 濟陽郡 考城縣 사람으로 字는 懋濱이다. 劉宋 泰始 연간 奉朝請으로 起家하였고, 南齊시대 太子家令, 國學博士를 역임하였다. 梁에 들어와 벼슬이 金紫光祿大夫가 되었으며 청렴하여 이름을 날렸다. 저서로는 文集과『禮論』『雜儀』『字訓』등이 세상에 전한다.

112)『梁書』卷26「范岫傳」, 391~392면, "永明中, 魏使至, 有詔妙選朝士有詞辯者, 接使於界首, 以岫兼淮陰長史迎焉."

113)『梁書』卷34「張纘傳」, 493면, "普通初, 魏遣彭城人劉善明詣京師請和, 求識纘. 纘時年二十三, 善明見而嗟服";「張纘傳」의 기술은 소략하며, 이 부분의 내용은『梁書』卷21「王錫傳」에서 인용한 것이다.『梁書』卷21「王錫傳」, 326면, "普通初, 魏始連和, 使劉善明來聘, 敕使中書舍人朱异接之, 預讌者皆歸化北人. 善明負其才氣, 酒酣謂异曰 : '南國辯學如中書者幾人?' 异對曰 : '异所以得接賓宴者, 乃分職是司. 二國通和, 所敦親好; 若以才辯相尙, 則不容見使.' 善明乃曰 : '王錫、張纘, 北間所聞, 云何可見?' 异具啓, 敕卽使於南苑設宴, 錫與張纘朱异四人而已. 善明造席, 遍論經史, 兼以嘲謔, 錫、纘隨方酬對, 無所稽疑, 未嘗訪彼一事, 善明甚相歎挹. 佗日謂异曰 : '一日見二賢, 實副所期, 不有君子, 安能爲國!'"

114) 李安世(443~493) : 北魏 趙郡 平棘縣 사람이다. 文成帝 때 中書學生이 되었고, 天安初 主客令이 되었다. 南齊 사신 劉纘과 서로 접대하며 달변으로 감복시켰다. 給事中을 역임하였으며, 均田制 실시를 건의하였다. 후에 相州刺史 趙郡公에 제수되었고, 相州에서 農桑에 힘쓰고 인재를 추천하는 등 선정을 베풀었다.

찬탄하였다[趙注 : 「이안세전(李安世傳)」].115) 이해, 노원명이 양에 사신으로 오자 양무(제)는 소휘(蕭撝)가 문장이 볼 만하다 하여 빈관(賓館)에서 예물을 받도록 했다[趙注 : 「소휘전(蕭撝傳)」].116) 양나라 사신이 (북)위에 이르자 육앙(陸卬)이 매번 연회를 접대할 때마다 즉석에서 시를 지었는데, (육)앙은 반드시 먼저 완성하여 결국 민첩함으로 아름다움을 보였다[趙注 : 「육앙전(陸卬傳)」].117) 유효의(劉孝儀)가 (북)위에 사신으로 가자, (북)위에서는 형흔(邢昕)118)에 조서를 내려 국경에서 맞도록 했다[趙注 : 「형흔전(邢昕傳)」].119) 서군방(徐君房), 유신(庾信)120)이 (북)위에 사신으로 왔는데, 명예가 매우 높아 접대하도록 뽑힌 사람들도 모두 당시의 수재들이었으니, 노원경(盧元景)의 무리는 모두 품계를 낮추어 직무를 겸하면서 돌아가며 빈객을 맞았다[趙注 : 「조정전(祖珽傳)」].121) 양나라 사신이 북제(北齊)에 오자 (북)제에서는 매번 배양지(裴讓之)를 시켜 주객랑(主客郎)을 맡아 그들을 접대하도록 했

115) 『北史』 卷33 「李安世傳」, 1223면, "齊使劉纘朝貢, 安世奉詔勞之. 安世美容貌, 善舉止, 纘等自相謂曰 : '不有君子, 其能國乎!'"

116) 『北史』 卷29 「蕭撝傳」, 1061면, "蕭撝字智遐, 梁武帝弟安成王秀之子也. 性溫裕, 有儀表, 在梁封永豐縣侯. 東魏遣李諧·盧元明使梁, 梁武帝以撝辭令可觀, 令兼中書侍郎, 受幣於賓館."

117) 『北史』 卷28 「陸卬傳」, 1017~1018면, "自梁、魏通和, 歲有交聘, 卬每兼官讌接. 在席賦詩, 卬必先成, 雖 未能盡工, 以敏速見美."

118) 邢昕(?~540?) : 北魏 河間郡 鄚縣 사람으로 字는 子明이다. 車騎大將軍 蕭寶夤의 東閣祭酒로 기가하고 太尉記室參軍, 中書侍郎 등을 역임하였다. 永熙末 侍讀이 되어 溫子昇·魏收와 함께 文詔를 관장하였다. 東魏 興和 연간 中軍將軍이 되어 梁으로 出使하였다. 그 후 尙書令 高澄이 吏部尙書를 겸하고 있었는데, 그를 司徒右長史로 삼으려 했으나 병으로 죽었다.

119) 『北史』 卷43 「邢昕傳」, 1585면, "時梁使兼散騎常侍劉孝儀等來聘, 詔昕兼正員郎, 迎於境上."

120) 庾信(?~581) : 南朝 南陽郡 新野縣 사람으로 字는 子山이다. 어려서 群書를 널리 읽었으며 『春秋左氏傳』에 정통하였다. 文名을 날렸으며, 通直散騎常侍를 역임하고 東魏에 出使하여 文名을 鄴都에 날리고 돌아왔다. 그 후 東宮學士 領建康令이 되었다. 侯景의 난 때 江陵으로 도망갔으며, 梁元帝의 명으로 西魏에 사신으로 갔다가 구류되었다. 北周 孝閔帝 즉위 후 驃騎大將軍·洛州刺史를 역임하였다. 北周에서 고위직에 올랐지만, 향수를 느껴 『哀江南賦』 등을 지었다. 文集 20卷이 현존한다.

121) [王注] 마땅히 "「祖珽傳」 附 弟 「(祖)孝隱傳」"이라 써야 하니, 『北齊書』 卷39 및 『北史』 卷47을 보라.

다[趙注 : 「배양지전(裴讓之傳)」].[122] 진(陳)의 사신 부재(傅縡[123])가 북제에 사신으로 오자 (북)제는 설도형(薛道衡)을 시켜 접대하도록 하였으며, (부)재가 시 오백 운을 선사하자 (설)도형이 그에 화답했는데, 남북에서 모두 아름다움을 칭송했다[趙注 : 「설도형전(薛道衡傳)」].[124] 진의 사신 하철(賀徹), 주분(周濆)이 서로 이어서 수(隋)나라에 사신으로 오자 수나라에서는 매번 노창형(盧昌衡)에게 그들을 접대하도록 했다[趙注 : 「노창형전(盧昌衡傳)」].[125] 수의 육상(陸爽)은 박학하고 말재주가 있어, 진의 사신이 올 때마다 문제는 일찍이 (육)상에게 그들을 맞아 위로하게 했다[趙注 : 「육상전(陸爽傳)」].[126] 이로써 또한 사신을 맞는 사람 역시 반드시 신중하게 선발했음을 볼 수 있다.

이제 살펴보건대, 유찬이 (북)위에 사신으로 가서 방산(方山)을 가리키며 접대하는 이안세에게 "이 산이 연연(燕然)에서 얼마나 멉니까?"라고 물으니, (이)안세가 말하기를 "또한 석두(성)(石頭城)에서 번우(番禺)까지 정도일 뿐입니다"라고 대답했다[趙注 : 「이안세전」].[127] (북)위의 이회가 양에 사신으로 가서 양나라 사람들과 씨족에 관해 두루 이야기하는데, 원압(袁狎)이 스스로 "황제(黃帝)로부터 나와 열네 성씨 안에 있습니다"라고 말하자,

---

122) 『北史』 卷38 「裴讓之傳」, 1384면, "讓之少好學, 有文情, 淸明俊辯, 早得聲譽. 魏天平中, 擧秀才, 對策高第. 累遷屯田・主客郎中, …… 梁使至, 常令讓之攝主客郎."

123) 傅縡(532~586) : 陳 北地郡 靈州縣 사람으로 字는 宜事이다. 학문을 좋아하고 문장에 능하였다. 梁 太淸末 어머니와 함께 남쪽으로 도망가 侯景의 난을 피하였다. 후에 湘州刺史 蕭循에 의탁하였다. 岳陽內史 王琳이 그의 이름을 듣고 불러 記室參軍으로 삼았다. 후에 王琳이 패한 후 建康으로 돌아왔다. 陳文帝의 부름으로 撰史學士가 되었다. 陳末 秘書監 右衛將軍 兼 中書通事舍人이 되어 詔誥를 관장하였다. 至德 3년(585) 高句麗가 사신을 보내 방물을 바치자 中書舍人 施文慶 등이 高句麗 사신에게서 금을 받았다고 무고하여 하옥되었다. 옥중에서 後主의 淫昏을 꾸짖는 상서를 올렸고, 피살되었다.

124) 『北史』 卷36 「薛道衡傳」, 1337면, "陳使傅縡聘齊, 以道衡兼主客郎接對之. 縡贈詩五十韻, 道衡和之, 南北稱美."

125) 『北史』 卷30 「盧昌衡傳」, 1079면, "陳使賀徹、周濆相繼來聘, 朝廷每令昌衡接對之."

126) 『北史』 卷28 「陸爽傳」, 1022면, "朝廷以其博學有口辯, 陳人至境, 常令迎勞."

127) 『北史』 卷33 「李安世傳」, 1223면, "纘又指方山曰 : '此山去燕然遠近?' 安世曰 : '亦石頭之與番禺耳'."

(이)회가 "형의 성씨가 나온 바가 비록 오래되기는 했지만 마땅히 차천추(車千秋)와 더불어 한 글자를 나누었을 뿐입니다"[128]라고 말했다[趙注 : 「이회전(李繪傳)」].[129] 이업흥이 양에 사신으로 갔는데, 양의 주이가 "낙양(洛陽)의 위속산(委粟山)은 남교(南郊)입니까?"라고 물었다. (이)업흥은 "그곳은 원구(圓邱)[130]이지 남교가 아닙니다"라고 대답하자, (주)이가 "북쪽에서는 (남)교와 (원)구의 지점이 다르니 이는 정(현)(鄭玄)의 뜻을 쓴 것인데, 여기서는 왕(숙)(王肅)의 뜻을 씁니다"라고 말했다. (이)업흥이 "강좌(江左)에서 왕(숙)의 뜻을 쓴다면 탈상하고 담제(禫祭)를 지내는 것은 마땅히 스물다섯 달이라야 하는데, 어째서 왕검(王儉)의 상례에는 여전히 정(현)의 뜻인 스물일곱 달[131]을 썼습니까?"라고 응수했다[趙注 : 「이업흥전(李業興傳)」].[132] 양의 서릉(徐陵)[133]이 동위(東魏)에 사신으로 갔는데, 연회가 열리는 날 날씨가 매

---

128) 袁氏는, 五帝의 한사람인 帝舜의 裔인 滿의 자손에 轅濤塗(陳大夫)가 있었는데 그 후 轅字를 袁으로 고쳐 성으로 했다고 한다. 또한, 前漢의 丞相 田千秋가 노령이 되어 차를 타고 衙門을 출입했기 때문에 사람들이 車丞相이라 칭한 데서 비롯되어 나중에 氏를 칭했다고 한다. 轅이 袁과 車로 나누어짐을 빗대 말한 것이라고 하겠다.

129) 『北史』 卷33 「李繪傳」, 1207면, "武定初, 兼散騎常侍, 爲聘梁使主. …… 與梁人汎言氏族, 袁狎曰 : '未若我本 出自黃帝, 姓在十四之限.' 繪曰 : '兄所出雖遠, 當共車千秋分一字耳!'"

130) 圓邱 : 천자가 하늘에 제사지내는 壇.

131) 禫은 大祥을 지낸 다음 달에 지내는 제사이다. 鄭玄은 二十七月禫說을 주장했고, 王肅은 二十五月禫說을 주장했다.

132) 『北史』 卷81 「李業興傳」, 2723면, "天平四年, 與兼散騎常侍李諧、兼吏部郎盧元明使梁. 梁散騎常侍朱异問業興曰 : '魏洛中委粟山是南郊邪? 圓丘邪?' 業興曰 : '委粟是圓丘, 非南郊.' 曰 : '比聞郊、丘異所, 是用鄭義. 我此中用王義.' 業興曰 : '然. 洛京郊丘之處, 用鄭解.' 异曰 : '若然, 女子逆降傍親, 亦從鄭以不?' 業興曰 : '此之一事, 亦不專從. 若卿此間用王義, 除禫應用二十五月, 何以王儉喪禮, 禫用二十七月也?'"

133) 徐陵(507~583) : 陳 東海郡 郯縣 사람으로 字는 孝穆이다. 梁 普通 2년(521) 寧蠻校尉 晉安王 蕭綱의 寧蠻府參軍事가 되었다. 太淸 2년(548) 魏에 사신으로 갔다가 구류되었다. 후에 北齊가 蕭淵明을 보내 梁主로 삼을 때 돌아왔다. 陳文帝 때 御史中丞이 되어 皇帝의 아들 司空 安成王 陳頊을 탄핵하였다. 후에 吏部尙書 領大著作, 尙書左僕射 등을 역임하였다. 宣帝 太建 2년(573) 北齊를 공격할 때 吳明徹을 총사령관으로 추천하여 淮南 수십 州를 회복할 수 있었다. 後主 즉위 후 侍中 太子少傅가 되었다. 詩文이 뛰어나 庾信과 幷稱되어 '徐庾'로 불렸다. 문집 30卷이 있으며 후대 사람들이 『徐孝穆集』으로 輯補하였다.

우 덥자 위수(魏收)가 "오늘 열기는 분명 서상시(徐常侍)께서 가지고 왔기 때문입니다"라고 말하였다. (서)릉이 "예전에 왕숙은 위(魏)나라에 가서 위나라를 위해 의례를 만들었습니다. 오늘 제가 사신으로 오게 되니 경들이 다시 춥고 더운 것을 알게 됐군요"라고 응답했다[趙注:『진서(陳書)』「서릉전(徐陵傳)」].[134] 이러한 예들은 오히려 말솜씨나 문학으로 그 뛰어남을 보인 것에 지나지 않으므로 다른 일에 큰 상관이 없지만, 만약 일이 조정이나 변방 문제와 관련이 있을 것 같으면 몇 마디 말로 국체(國體)를 온전히 하고 적의 계책을 꺾을 수 있었으니, 곧 더욱 칭찬할 만한 경우가 있다. 예컨대, (북)위 태무제(太武帝)가 남쪽을 정벌할 때 송의 태위(太尉) 강하왕(江夏王) (유)의공(劉義恭)과 안북장군(安北將軍) 무릉왕(武陵王) (유)준(劉駿)이 팽성(彭城)을 지키고 있었는데, 태무(제)의 사신 이효백(李孝伯)[135]이 성 아래에 이르러 수고로움을 달래며 "주상께서 조서를 내리셨다. 태위와 안북(장군)에게 고하노니, 잠시 나와 만나 보는 것이 좋을 것이다"라고 외쳤다. 송의 장창(張暢)이 나와 "조서가 있다 말했는데, 어찌 여기서 그렇게 칭할 수 있겠는가?"라고 대답했다. (이)효백은 "이웃나라의 군주가 어째서 이웃나라의 신하에게 조서라 칭할 수 없겠으며, 어째서 문을 닫고 다리를 끊기에 이르렀단 말인가"라고 말하니, (장)창은 "두 왕께서는 위나라 황제의 진지가 아직 세워지지 않았는데 여기에는 정예군사 10만이 있으므로 달려가 짓밟을까 염려하여 그런 것일 뿐이다"라고 대답했다. (이)효백이 "주장(主將)의 명령으로 금지하면 될 것을 어째서 다리를 끊고 문을 닫아야만 하며, 또 어째서 반드시 10만을 가지고 크다고 자랑하는가.

134) 『陳書』 卷26 「徐陵傳」, 326면, "太淸二年, 兼通直散騎常侍. 使魏, 魏人授館宴賓. 是日甚熱, 其主客魏收嘲陵曰 : '今日之熱, 當由徐常侍來.' 陵卽答曰 : '昔王肅至此, 爲魏始制禮儀; 今我來聘, 使卿復知寒暑.' 收大."

135) 李孝伯(?~459) : 北魏 趙郡 사람이다. 太武帝 때 散騎侍郎 光祿大夫가 되어 軍國機密을 관장하였다. 太平眞君 11년(450) 太武帝의 劉宋 親征에 종군하여 彭城에서 江夏王 劉義恭의 長史 張暢과 서로 설전을 벌였으나 應對가 능수능란하였다. 司徒 崔浩가 피살된 후 軍國大事는 그의 지모에서 나왔다. 文成帝 즉위 후 秦州刺史가 되었다.

우리에게도 또한 좋은 말 백만 마리가 있으니 이로써 서로 뽐내 보면 괜찮다고 하겠는가"라고 말했다. (이)효백의 응답이 물 흐르는 것 같고 풍모도 여유 있고 우아하니 (장)창이 매우 감탄했다[趙注 : 『위서』 「이효백전(李孝伯傳)」].[136] 송나라 사람들도 역시 (이)효백이 말솜씨가 넉넉하여 북쪽의 뛰어난 인재라 칭송했다. (장)창도 마땅함에 따라 응답하고 말씨가 자상하고 단아하여, 북쪽 사람들이 그를 훌륭하게 생각했다[趙注 : 『송서(宋書)』 「장창전(張暢傳)」].[137] 유찬(劉纘)이 (북)위에 사신으로 갔는데, 시장 상점에서 교역을 하다 보니 금옥이 매우 쌌다. (유)찬이 "응당 여기 산천에서 나온 바이겠군요"라고 하자, 이안세(李安世)가 "우리 조정은 금옥을 귀하게 여기지 않으므로 기와나 자갈과 같을 뿐입니다"라고 대답했다. (유)찬은 당초 크게 교역을 하려고 했으나 (이)안세의 말을 듣고는 부끄러워 그만두었다[趙注 : 「이안세전」].[138] (남)제 고제(高帝)가 찬탈하고 나서 차승랑(車僧朗)을 (북)위에 사신으로 보냈다. (북)위 임금이 제왕(齊王)은 무슨 까닭으로 송의 천하를 빼앗았는가를 물으니, (차)승랑이 조리 있게 대답하는 것이 매우 분명했다[趙注 : 『제서』 「차승랑전(車僧朗傳)」].[139] (북)위 문명태후(文明太后)가 붕어하자 제나라 사신 배소명(裴昭明)이 와서 조문했는데, 조복(朝服)으로 행사에 임하

---

136) 『北史』 卷33 「李孝伯傳」, 1220~1221면, "眞君末, 宋文帝聞車駕南伐, 遣其弟太尉、江夏義恭率衆赴彭城. 太武至彭城, 登亞父冢以望城內, 遣送其俘蒯應至小市門, 宣詔勞問. …… 孝伯曰 : '主上有詔詔太尉、安北, 可暫出門, 欲與相見.' 暢曰 : '有詔之言, 何得稱之於此?' 孝伯曰 : '卿家太尉、安北是人臣不? 縱爲隣國之君, 何爲不稱詔於隣國之臣? 又何至杜門絶橋?' 暢曰 : '二王以魏帝營壘未立, 此精甲十萬, 恐輕相陵踐, 故且閉城. 待彼休息兵士, 然後共修戰場, 剋日交戲.' 孝伯曰 : '令行禁止, 主將常事, 何用廢橋杜門? 復何以十萬誇大? 我亦有良馬百萬, 復可以此相矜.' …… 孝伯風容閑雅, 應答如流, 暢及左右甚相嗟歎."

137) 『宋書』 卷59 「張暢傳」, 1605면, "孝伯言辭辯贍, 亦北土之美也. 暢隨宜應答, 吐屬如流, 音韻詳雅, 風儀華潤, 孝伯及左右人並相視歎息."

138) 『北史』 卷33 「李安世傳」, 1223면, "時每有江南使至, …… 令使任情交易. 使至金玉肆問價, 纘曰 : '北方金玉 大賤, 當是山川所出?' 安世曰 : '聖朝不貴金玉, 所以同於瓦礫; 又皇上德通神明, 山不愛寶, 故川無金, 山無玉.' 纘初將大市, 得安世言, 慚而罷."

139) [王注] 『南齊書』에는 「車僧朗傳」이 없으며, 이 기사는 『南齊書』 卷57 「魏虜傳」에 보인다.

며 상복을 입으려 하지 않았다. (북)위의 성엄(成淹)이 그것을 따지며 "검은 관을 쓰고 조문하지 않는다는 것은 어린아이도 듣는 바이오. 옛날 계손(季孫)은 출행하여 예상치 않게 문상을 해야할 때 취해야 할 예를 물었소.[140] 어찌 조복을 입고 조문을 할 수 있겠소"라고 따지니, (배)소명이 "우리 고제께서 붕어하시자 (북)위에서 이표를 보내 와서 조문했는데 상복을 입지 않았소"라고 응수했다. (성)엄이 "(이)표는 본래 상복을 청해 조문을 행하려고 했는데, 제나라에 가 보니 제나라에서는 이미 상복을 벗고 임금과 신하가 모두 패옥을 울리면서 조정을 다니니, 사신이 어찌 최복(衰服)을 입을 수 있었겠소? 지금 우리 황제께서는 바야흐로 직접 상복을 입고 계신데, 어찌 이것을 갖고 비교할 수 있겠는가"라고 역공하니, (배)소명은 마침내 상복을 입고 들어갔다[趙注 : 「성엄전(成淹傳)」].[141] (북)위에서 이표를 사신으로 보내 조문에 보답하게 되었는데, (이표는) 연회장에 들어가서 음악을 사양하며 "우리 황제께서는 효성이 하늘로부터 타고나 상복을 벗은 뒤에도 여전히 소복을 입고 일을 보고 계시니, 사신이 감히 음악을 들을 수 없소이다"라고 말했다. 제나라에서는 그를 굴복시킬 수가 없었다[趙注 : 「이표전」].[142] (남)제의 명제(明帝)가 해릉왕(海陵王)을 폐하고 자립하자 (북)위 효문제(孝文帝)가 수춘(壽春)을 정벌하러 왔는데, 성안에서는 최경원(崔慶遠[143])을 보내어 나가서 효문(제)과 이야기를 하게 하여 마

---

140) 『春秋左氏傳』「文公 6年」條. "秋, 季文子將聘於晉, 使求遭喪之禮以行."

141) 『北史』卷46「成淹傳」, 1698면, "太和中, 文明太后崩, 齊遣其散騎常侍裴昭明、散騎侍郎謝竣等來弔, 欲以朝服行事. 主客不許, 昭明等執志不移. …… 昭明言 : '不聽朝服行禮, 義出何典?' 淹言 : '玄冠不弔, 童孺共聞. 昔季孫將行, 請遭喪之禮, 千載之下, 猶共稱之. 卿方謂義出何典, 何其異哉!' 昭明言 : '齊高帝崩, 魏遣李彪通弔, 初不素服, 齊朝亦不爲疑.' 淹言 : '彪通弔之日, 朝命以弔服自隨. 彼不遵高宗追遠之慕, 乃踰月卽吉. 齊之君臣, 皆已鳴玉盈庭, 彪行人, 何容獨以衰服間衣冠之中? 我皇處諒闇以來, 百官聽於冢宰, 卿豈得以此方彼也?'"

142) 『北史』卷40「李彪傳」, 1458~1459면, "其年, 加員外散騎常侍, 使於齊. 齊遣其主客郎劉繪接對, 并設讌樂. 彪辭樂. 及坐, 彪曰 : '向辭樂者, 卿或未相體. 我皇孝性自天, 追慕罔極, 故有今者喪除之議. 去三月晦, 朝臣始除縗裳, 猶以素服從事. 裴、謝在北, 固應具此. 今辭樂, 想卿無怪'."

침내 군사를 물러나게 했다[趙注 : 『제서』 「소요창전(蕭遙昌傳)」].[144] 진 문제(文帝)의 동생인 안성왕(安成王) 진욱(陳頊)[145]은 양나라 때 (서)위가 강릉(江陵)을 점령하자 통례에 따라 장안(長安)으로 옮겨졌다. 우문태(宇文泰)는 그를 귀환시키고자 하여 두고(杜杲)[146]를 파견해 진에 사신으로 보내어 그러한 뜻을 이르도록 하자, 진 문제는 크게 기뻐하며 곧 검중(黔中)과 노산군(魯山郡)을 그 사례로 주었다. 나중에 (두)고가 (진)욱을 호송해서 진으로 돌아오자, 진나라 황제가 "동생이 돌아올 수 있게 된 것은 실로 귀조(貴朝)의 큰 은혜이나, 그렇지만 노산(군)을 돌려주지 않았다면 아마도 이와 같이 될 수 없었을 것이다"라고 말하니, (두)고가 "안성(왕)은 우리 조정에 있어서 함양(咸陽)의 일개 포의일 뿐이지만, 진나라 (황제)의 귀한 동생이니 그 귀한 것이 어찌 성 하나에 그치겠습니까. 우리 조정은 구족(九族)과 친목하니 자신의 경우를 미루어 다른 사람에게 미친 것이 (그를) 돌려보낸 까닭입니다. 이제 땅을 가지고 골육을 바꾸었다 한다면 어찌 그것을 사방에 알리겠습니까?"라고 응답했다. 진나라 황제가 크게 부끄러워하며 "앞에 한 말은 농담이었을 뿐이다"라고 말했다.[147] 나중에 (두)고가 또 진에 사신으로 오자 선제(宣帝)

143) 【王注】 原刻本에는 '王慶遠'으로 되어 있지만 西畲本에서 이미 개정했다.

144) 『南齊書』 卷45 「蕭遙昌傳」, 792면, "二年, 虜主元宏寇壽春, 遣使呼城內人, 遙昌遣參軍崔慶遠、朱選之詣宏."

145) 陳頊(528~582) : 陳 宣帝(568~582)를 가리킨다. 字는 紹世이며, 陳文帝의 아우이다. 梁元帝 때 直閤將軍 中書侍郎이 되었다. 西魏가 江陵을 점령하자 長安으로 끌려갔다. 陳 天嘉 3년(562) 北周로부터 돌아왔다. 벼슬은 司空 尙書令에 이르렀고 安成王에 봉해졌다. 廢帝 때 太傅 領司徒가 되어 軍政을 총괄하였다. 光大 2년(568) 宣太后의 명을 빌어 廢帝 대신 즉위하여 연호를 太建이라 하였다. 北齊에게 빼앗긴 淮南를 수복하였다. 太建 10년(578) 北周와 徐州・兗州를 다투다가 呂梁에서 패하여 淮南까지 빼앗겼다. 諡號는 孝宣帝이며, 廟號는 高宗이다.

146) 杜杲(?~582) : 北朝 京兆郡 杜陵縣 사람으로 字는 子暉이다. 北魏 永熙 3년(534) 奉朝請이 된 후 輔國將軍・漢陽郡守를 역임하였다. 北周 保定 2년(562) 陳文帝의 동생 陳頊을 돌려주는 조건으로 陳으로부터 黔中 數州와 魯山郡을 돌려받았다. 이 공으로 柱國大將軍 大都督에 임명되었다. 天和 4년(569) 다시 陳에 사신으로 나가 北齊를 공격하기 위해 동맹을 맺었다. 大象 元年(579) 御正中大夫가 되었다. 隋 開皇 元年(581) 同州總管이 되었다.

147) 『北史』 卷70 「杜杲傳」, 2428면, "初, 陳文帝弟安成王頊爲質於梁, 及江陵平, 頊隨

가 “만약 합종해서 (북)제를 도모하기를 바란다면 마땅히 번・등(樊・鄧)을 당장 주어야 할 것이다”라고 말하니, (두)고가 “합종해서 (북)제를 도모하여 얻게 되면 어찌 다만 보잘것없는 읍을 차지하는 이익뿐이겠습니까. 반드시 큰 성진(城鎭)을 필요로 할 것이니, 그것은 마땅히 기다렸다가 (북)제에서 얻어야 할 것입니다. 이제 먼저 한남(漢南 : 漢水 南)을 요구하는 것은 사신이 감히 그 명을 들을 수 없습니다”라고 응답했다. 선제는 그를 매우 존경했다[趙注 : 「두고전(杜杲傳)」].[148] 이들 사신은 실로 나라를 위해 연회라는 평화로운 외교 석상에서 절충하여 이웃나라가 감히 가볍게 보지 못하도록 할 수 있었으니, 진정 이른바 ‘사방에 사신으로 가서 임금의 명을 욕되게 하지 않은 사람들’이었고, 또 다만 말재주와 문학으로 뛰어난 바를 보이고 말았던 것은 아니었으니, 마땅히 이때 남북이 모두 사신을 뽑는 것을 중요하게 여겼다.

例遷長安. 陳人請之, 周文帝許而未遣. 至是, 帝欲歸之, 命杲使焉. 陳文帝大悅, 卽遣使報聘, 幷賂黔中數州地, 仍請畫野分疆, 永敦爲好. 以杲奉使稱旨, 進授都督, 行小御伯, 更往分界. 陳於是歸魯山郡. 帝乃拜項柱國大將軍, 詔杲送之還國. 陳文帝謂杲曰 : ‘家弟今蒙禮遣, 實是周朝之惠. 然不還魯山, 亦恐未能及此.’ 杲答曰 : ‘安成之在關中, 乃咸陽一布衣耳. 然是陳之介弟, 其價豈止一城? 本朝親睦九族, 恕己及物, 上遵太祖遺旨, 下思繼好之義, 所以發德音者, 蓋爲此也. 若知止侔魯山, 固當不貪一鎭. 況魯山梁之舊地, 梁卽本朝藩臣, 若以始末言之, 魯山自合歸國. 云以尋常之土, 易己骨肉之親, 使臣猶謂不可, 何以聞諸朝廷!’ 陳文帝慚恧久之, 乃曰 : ‘前言戲之耳!’ 自是接遇有加常禮.”

148) 『北史』 卷70 「杜杲傳」, 2429~2430면, “建德初, 授司城中大夫, 仍使於陳. …… 及杲還, 至石頭, 又遣謂之曰 : ‘若欲合從, 共圖齊氏, 能以樊、鄧見與, 方可表信.’ 杲答曰 : ‘合從圖齊, 豈唯弊邑之利? 必須城鎭, 宜待得之於齊. 先索漢南, 使臣不敢聞命.’ 杲有辭辯, 閑於占對, 前後將命, 陳人不能屈, 陳宣帝甚敬異之.”

187. 북위의 시호 추증 남발後魏追謚之濫

천하를 차지하고서 그 선조를 추존하는 것은 (올바른) 예이다. 그러나 두 대나 세 대를 지나서는 안 되는 것인데, 유독 후위(後魏, 곧 북위)의 경우에는 그 한도가 없었다. 도무제(道武帝)는 나라를 세우고 황제라 칭하고는 이미 그 시조 역미(力微)를 추존하여 신원황제(神元皇帝)라고 한 뒤 신원(제) 이하부터 사막한(沙漠汗)149)은 문제(文帝), 실록(悉鹿)은 장제(章帝), 작(綽)은 평제(平帝), 불(弗)은 사제(思帝), 녹관(祿官)150)은 소제(昭帝), 의이(猗㐌)는 환제(桓帝), 의로(猗盧)151)는 목제(穆帝), 울진(鬱律)는 태조(太祖) 평문제(平文帝), 하녹(賀傉)은 혜제(惠帝), 흘염(紇郍)152)은 양제(煬帝), 예괴(翳槐)는 열제(烈帝), 십익건(什翼犍)153)은 소성제(昭成帝)라고 하여, 모두 열세 명이

---

149) 沙漠汗 : 西晉時代 拓跋部人으로 拓跋力微의 아들이다. 曹魏 景元 2년(261) 洛陽에 質子로 보내졌다. 晉初 아버지가 연로하여 귀향했다가 咸寧 元年(275) 다시 西晉으로 갔다가 咸寧 3년(277) 다시 귀향하였다. 習俗과 의복이 漢化되었고 飛丸을 사용해 새를 잡는 것을 보자 諸部大人들이 舊俗을 바꿀까 두려워하여 살해하였다. 北魏 건국 후 文帝로 추증되었다.

150) 拓跋祿官(?~308) : 拓跋力微의 아들이다. 294년 조카 拓跋弗이 죽자 군주가 되어 國을 三分하여 沙漠汗의 아들 猗㐌 및 猗盧와 공동으로 다스렸다. 304년 劉淵이 漢을 세우고 西晉 并州刺史 司馬騰이 구원병을 요청하자 猗㐌와 함께 군대를 이끌고 劉淵을 河西와 上黨에서 격파하였다. 謚號는 昭帝이다.

151) 拓跋猗盧(?~316, 재위 315~316) : 十六國時代 代國의 창건자이다. 295년 祿官이 國을 三部로 나누어 猗盧에게 西部를 다스리게 했다. 祿官이 죽은 후 三部를 통일하고 控弦騎士 40여 만을 옹유하였다. 西晉의 并州刺史 劉琨이 拓跋部의 힘을 빌어 劉淵·石勒에 대항하려 하여 猗盧와 兄弟의 맹약을 맺었다. 310년 西晉은 猗盧를 代公大單于에 봉하고 陘北의 5縣을 할양하였다. 312년 20만을 이끌고 劉琨을 도와 漢을 격파하고 晉陽을 수복하였다. 313년 盛樂을 北都, 新平城을 南都로 삼았다. 315년 代王으로 봉해졌으며, 관서를 설치하고 형법을 엄하게 적용하였다. 다음 해 아들 六脩의 모반으로 피살되었다. 北魏 건국 후 穆帝로 추증되었다.

152) 『魏書』에는 흘염이 아닌 흘나(紇那)라고 나와 있다. (『魏書』 卷1 「序紀」, 10면, "煬皇帝諱紇那立, 惠帝之弟也. 以五年爲元年.")

153) 拓跋什翼犍(318~376, 338~376) : 十六國時代 拓跋部의 군주이다. 일찍이 後趙의 石虎에게 인질로 가 있었으며, 형 翳槐가 죽자 사직의 안정을 위해 高涼王 孤가 鄴에서 모셔와 옹립하였다. 338년 代王으로 즉위하고 建國으로 建元하였다. 다음 해 百官을 설치하였으며, 340년 雲中의 盛樂宮으로 도읍을 옮겼다. 363년 高車를 대파하여 세력이

황제가 되었다. 또한 신원제로부터 위로도 아주 먼 선조까지 추존하여 모(毛)는 성제(成帝), 대(貸)는 절제(節帝), 관(觀)은 장제(莊帝), 누(樓)는 명제(明帝), 월(越)은 안제(安帝), 추인(推寅)은 선제(宣帝), 이(利)는 경제(景帝), 사(俟)는 원제(元帝), 사(肆)는 화제(和帝), 기(機)는 정제(定帝), 개(蓋)는 희제(僖帝), 쾌(儈)는 위제(威帝), 인(隣)은 헌제(獻帝), 힐분(詰汾)[154]은 성무제(聖武帝)라 하는 등 또한 모두 열네 명이 황제가 되었으며, 시호도 멀리도 덧붙였을 뿐만 아니라 아울러 이름 또한 추존해 만들어 내어 구차스럽게 그 선조를 존숭하려고 하였으니 함부로 하여 무례함이 매우 심하기에 이르렀으므로, 이는 도리에 맞지 않음이 심한 것이다. 생각건대 위담(魏澹)은, 평문(제) 이전은 본래 부락의 군장으로 도무(제)가 멀리 스물여덟 명의 황제를 추존한 것은 실로 전례를 넘어서는 것이라고 말하였다. 지금『위서(魏書)』및『북사(北史)』에서는 스물일곱 명의 황제를 기재하는데 그치니, 특히 위담이 말한 것과 합치하지 않는다. 평문(제) 때를 살펴보면 장손근(長孫斤)이 반란을 일으켜 칼을 빼들고 어전으로 향하자 태자 실(實)이 그에게 대적하다가 겨드랑이에 상처를 입어 죽고 말았는데, 나중에 추존하여 시호를 헌명제(獻明帝)라고 하였다.[155] 소위 스물여덟 명의 황제에 헌명(제)이 마땅히 그 안에 있어야 한다.『위서』『북사』는 헌명(제)이 등극하지 않아 기록할 만한 것이 일이 없었기 때문에 그를 빠뜨렸을 뿐이다.

생각건대 한(漢)나라 제도에서는 나라를 세운 군주를 조(祖)라고 칭하였고 그 이하부터는 모두 종(宗)이라고 칭했다. 조위(曹魏) 때부터 처음으로 삼대에 걸쳐 조라고 칭하여, 무제(武帝)는 태조(太祖)라고 칭하였고 문

강성해졌으나 376년 前秦에게 패하고 諸部가 陰山북쪽으로 도망갔으며 高車가 반란을 일으켰다. 전쟁에서 패하고 前秦의 수도 長安에 끌려갔다가 풀려나 돌아왔으나 아들들의 內訌으로 庶長子 寔君에게 살해되었다. 昭成皇帝로 추증되었으며 廟號는 高祖이다.

154) 拓跋詰汾 : 대략 後漢時代 생존했으며, 拓跋部의 선조이다. 部를 이끌고 匈奴故地로 들어갔으며 天女와 동침하여 아들 力微를 낳았다고 한다. 北魏 건국 후 聖武皇帝로 추증되었다.

155)『魏書』卷1「序紀」, 15면, “三十四年春, 長孫斤謀反, 伏誅. 斤之反也, 拔刃向御座, 太子獻明皇帝諱寔格之, 傷脅. 夏五月, 薨, 後追諡焉.”

제는 고조(高祖)라고 칭하였으며 명제는 열조(烈祖)라고 칭하였다[趙注 : 명제의 묘호는 생전에 정한 바이므로 더욱 도리에 맞지 않는 것에 속하니, 그러므로 손성(孫盛)이 그것을 비난했다].[156] 진(晉)나라 또한 삼대에 걸쳐 조를 칭하여, 사마의(司馬懿)는 고조로 추존해 칭하였고 (사마)소(司馬昭)는 태조라고 추존하여 칭했으며[157] 무제는 세조(世祖)라고 칭하였다.[158] 모용(慕容)씨에서도 또한 삼대에 걸쳐 조라고 칭하여, 모용외(慕容廆)는 추존하여 고조라고 칭하고 (모용)황(慕容皝)은 추존하여 태조라고 칭하였으며[159] (모용)준(慕容儁)은 열조라고 참칭하였다.[160] 요진(姚秦, 곧 후진(後秦))에서도 또한 삼대에 걸쳐 조를 칭하였는데, (요)익중(姚弋仲)은 추존하여 시조(始祖)라고 칭하였고[161] (요)장(姚萇)은 태조라고 칭하였으며[162] (요)흥(姚興)은 고조라고 칭하였다.[163] 원위(元魏, 곧 북위)의 경우는 더욱이 두 명의 태조가 있었는데, 도무(제)가 이미 평문제를 추존하여 태조라고 하였음에도[164] 도무(제)가 죽자 그 묘호도 또한 태조라고 칭하였으니,[165] 이것은 역대 왕조에서 아직 보지 못한 바이다. 그 뒤 태무제(太武帝)는 세조라고 칭하였고[166] 헌문제(獻文帝)는

156)『三國志』卷3「魏書」「明帝紀」, 109면, “有司奏 : 武皇帝撥亂反正, 爲魏太祖, 樂用武始之舞. 文皇帝應天受命, 爲魏高祖, 樂用咸熙之舞. 帝制作興治, 爲魏烈祖, 樂用章斌之舞. 三祖之廟, 萬世不毁.”

157)『晉書』卷3「武帝紀」, 65면, “十二月丁亥, 追尊宣帝廟曰高祖, 景帝曰世宗, 文帝曰太祖.”

158)『晉書』卷3「武帝紀」, 80면, “己酉, 帝崩于含章殿, 時年五十五, 葬峻陽陵, 廟號世祖.”

159)『晉書』卷110「慕容廆載記」, 2834면, “追尊廆爲高祖武宣皇帝, 皝爲太祖文明皇帝.”

160)『晉書』卷110「慕容暐載記」, 2842면, “僞諡景昭皇帝, 廟號烈祖, 墓號龍陵.”

161)『晉書』卷116「姚弋仲載記」, 2961면, “萇僭位, 追諡曰景元皇帝, 廟號始祖, 墓曰高陵, 置園邑五百家.”

162)『晉書』卷116「姚萇載記」, 2973면, “僞諡武昭皇帝, 廟號太祖, 墓稱原陵.”

163)『晉書』卷118「姚興載記下」, 3003면, “僞諡文桓皇帝, 廟號高祖.”

164)『魏書』卷1「平文帝紀」, 10면, “桓帝后以帝得衆心, 恐不利於己子, 害帝, 遂崩, 大人死者數十人. 天興初, 尊曰太祖.”

165)『魏書』卷2「太祖紀」, 19면, “太祖道武皇帝, 諱珪, 昭成皇帝之嫡孫, 獻明皇帝之子也.”

166)『魏書』卷4下「世祖紀」, 106면, “三月辛卯, 上尊諡曰太武皇帝, 葬於雲中金陵, 廟號世祖.”

현조(顯祖)라고 칭하였으며[167] 효문제(孝文帝)는 고조라고 칭하였다.[168] 북제(北齊)의 경우 고환(高歡)은 추존하여 고조라고 칭하였고[169] 문선제(文宣帝)는 현조라고 칭하였으며[170] 무성제(武成帝)를 세조라고 칭했으니,[171] 또한 삼대에 걸쳐 조라고 칭한 것이다. (북)주(北周) 우문태(宇文泰)는 추존하여 태조라고 칭하였고[172] 무제(武帝)는 고조라고 칭하였다.[173] 남조(南朝)의 경우 송(宋) 무제는 고조라고 칭하였고[174] 문제는 태조라고 칭하였으며[175] 효무제(孝武帝)는 세조라고 칭했으니,[176] 또한 삼대에 걸쳐 조를 칭한 것이다. 제(齊) 고제(高帝)는 태조로 칭하였고[177] 무제는 세조로 칭하였다.[178] 양(梁) 무제는 고조로 칭하였으며[179] 원제는 세조로 칭하였다.[180] 진(陳) 무제는 고조라고 칭하였고[181] 문제는 세조로 칭하였다.[182]

---

167) 『魏書』 卷6 「顯祖紀」, 125면, "顯祖獻文皇帝, 諱弘, 高宗文成皇帝之長子也, 母曰李貴人."

168) 『魏書』 卷7上 「高祖紀上」, 135면, "高祖孝文皇帝, 諱宏, 顯祖獻文皇帝之長子, 母曰李夫人."

169) 『北齊書』 卷2 「神武帝紀」, 24면, "天統元年, 改謚神武皇帝, 廟號高祖."

170) 『北齊書』 卷4 「文宣帝紀」, 67면, "乾明元年二月丙申, 葬於武寧陵, 謚曰文宣皇帝, 廟號威宗. 武平初, 又改爲文宣, 廟號顯祖."

171) 『北齊書』 卷7 「武成帝紀」, 95면, "天統四年十二月辛未, 太上皇帝崩於鄴宮乾壽堂, 時年三十二, 謚曰武成皇帝, 廟號世祖. 五年二月甲申, 葬於永平陵."

172) 『周書』 卷1 「文帝紀上」, 1면, "太祖文皇帝姓宇文氏, 諱泰, 字黑獺, 代武川人也."

173) 『周書』 卷5 「武帝紀上」, 63면, "高祖武皇帝諱邕, 字禰羅突, 太祖第四子也."

174) 『宋書』 卷1 「武帝紀」, 1면, "高祖武皇帝諱裕, 字德輿, 小名寄奴, 彭城縣綏輿里人, 漢高帝弟楚元王交之後也."

175) 『宋書』 卷5 「文帝紀」, 71면, "太祖文皇帝諱義隆, 小字車兒, 武帝第三子也."

176) 『宋書』 卷6 「孝武帝紀」, 109면, "世祖孝武皇帝諱駿, 字休龍, 小字道民, 文帝第三子也."

177) 『南齊書』 卷6 「明帝紀」, 38면, "四月庚寅, 上謚曰太祖高皇帝."

178) 『南齊書』 卷3 「武帝紀」, 43면, "世祖武皇帝諱賾, 字宣遠, 太祖長子也."

179) 『梁書』 卷1 「武帝紀上」, 1면, "高祖武皇帝諱衍, 字叔達, 小字練兒, 南蘭陵中都里人, 漢相國何之後也."

180) 『梁書』 卷5 「元帝紀」, 113면, "世祖孝元皇帝諱繹, 字世誠, 小字七符, 高祖第七子也."

181) 『陳書』 卷1 「高祖紀」, 1면, "高祖武皇帝諱霸先, 字興國, 小字法生, 吳興長城下若里人, 漢太丘長陳寔之後也."

182) 『陳書』 卷3 「世祖紀」, 45면, "祖文皇帝諱倩, 字子華, 始興昭烈王長子也."

공적이 있으면 조(祖)를 칭하고 덕이 있으면 종(宗)을 칭하므로 원래 반드시 한 조 이외에 다시 조라고 칭할 수 없는 것은 아니지만, 또한 모름지기 그 공을 헤아려서 그를 조로 삼아야 한다. 창업과 중흥은 세상에 큰 공이 있는 것이므로 그것을 조로 삼는 것은 가능하다. 하지만, 위 명제, 송 문제, 효문제, 후위(後魏) 헌문제, 북제 무성제 같은 여러 군주는 왕업을 받아 몸을 이은 것에 지나지 않았고 재위도 겨우 몇 년 뿐이어서 기록할 만한 공적이 없는데도 또한 조로써 묘호를 삼았으니, 참람되고 거짓된 왕조가 구차스럽게 숭앙하여 받는 것으로 실로 본받을 수가 없다.

188. 보태후保太后

『예기(禮記)』「증자문(曾子問)」편에 보면, 자유(子游)가 "어머니 대신 길러 준 서모[慈母]를 장사지내면서 어머니처럼 하는 것은 예입니까?"라고 물으니 공자(孔子)께서 "예가 아니다. 옛날에 군주의 세자[男子]는 밖으로 사부가 있고 안으로 어머니 대신 길러 주는 서모가 있었으니, 군주가 명하여 그로 하여금 자식을 가르치려는 것인데, 무슨 상복 입을 일이 있겠는가"라고 말했다. 노(魯) 소공(昭公)은 어려서 어머니를 여의었는데, 서모로서 선량한 이가 있었으며, 그가 죽게 되자 (소)공은 그를 장사지내려고 했는데 담당 관리는 예가 아니라 여겼으며, 소공은 이에 명주로 만든 관을 쓰고 서모를 장사지냈다. 서모를 장사지내는 것은 노 소공으로부터 시작한 것이다.183) 그러나 다만 명주로 만든 관을 쓰고 임했을 뿐이지만 공자는

183)『禮記』卷18「曾子問」, "子游問曰, 喪慈母如母禮與 孔子曰, 非禮也 古者男子外有傅, 內有慈母, 君命所使教子也, 何服之有. 昔者魯昭公少喪其母, 有慈母良及其死也. 公弗忍也欲喪之, 有司以聞曰, 古之禮慈母無服. 今也君爲之服是逆古之禮而亂國法也. 若終行之, 則有司將書之以遺後世 無乃不可乎. 公曰, 古者天子練冠以燕居

이미 예가 아니라고 여겼다. 생각건대, 서모에도 또한 같지 않은 바가 있으니, 혹 아들이 어린데 어머니가 죽어 아버지가 첩에게 그를 키울 것을 명한 경우라면, 아버지가 죽고 이 첩의 상례를 당했을 때 오히려 3년간 상복을 입으니, 아버지의 명을 중하게 여기기 때문이다. 만약 단지 아버지가 그 첩에게 안아 키우도록 한 것이라면 보모에 불과할 뿐이다. 『진서(晉書)』「고화전(顧和傳)」을 보면, 성제(成帝)가 보모 주(周)씨에게 보육의 공로가 있다고 하여 명호를 제수하려고 했으나, (고)화가 상주하여 예전에 이러한 예가 없고 오직 (후)한(後漢) 영제(靈帝)가 유모 조뇨(趙嬈)를 평지군(平氏君)으로 삼았으나 이는 말세에 보이는 사사로운 은혜일 뿐 선왕의 훌륭한 법은 아니라고 간언하니, 이에 그만두었다.[184] 이로 보면 예전에는 보모를 받들어 모시는 제도가 없었던 것이다.

그러나 후위(後魏)에서는 도무제(道武帝)가 예를 만들어 태자를 세우면서 먼저 그 어머니를 죽임으로써 모후가 정치에 간여하는 것을 막고자 했는데,[185] 이로부터 결국 법령으로 확립되어 황제가 즉위하면 모두 태후가 없게 되니, 이에 도리어 보모를 받들어 태후로 하였다. 태무제(太武帝)의 보모 두(竇)씨는 본래 남편의 집안이 어떤 사건에 연좌되어 적몰되어 궁으로 들어왔는데, 명원제(明元帝)가 명하여 태무(제)의 보모가 되게 했으며, 태무(제)가 즉위한 뒤 (그녀를) 보태후(保太后)라 높이고 나중에는 또 황태후로 높였다. 태후가 곽산(崞山)에 올랐을 때에 주위 사람들에게 "나는 황제의 몸을 어머니처럼 길렀으니 죽어서도 반드시 천한 귀신이 되지는 않을 것이지만, 그러나 선대에 있어서는 자리 순서가 없으니 예를 어겨 마음대로 원릉에

公弗忍也 遂練冠以喪慈母. 喪慈母自魯昭公始也."

184) 『晉書』卷83「顧和傳」, 2164면, "帝以保母周氏有阿保之勞, 欲假其名號, 內外皆奉詔. 和獨上疏以爲 '周保祐 聖躬, 不遺其勳, 第舍供給擬於戚屬, 恩澤所加已爲過隆. 若假名號, 記籍未見明比. 惟漢靈帝以乳母趙嬈 爲平氏君, 此末代之私恩, 非先代之令典. 且君擧必書, 將軌物垂則. 書而不法, 後嗣何觀!' 帝從之."

185) 이를 가리켜 '子貴母死制'라고 칭하기도 하는데, 도무제 때부터 선무제 때까지 계속 행해졌다.

장사지낼 수가 없는데, 이 산의 흙은 마지막을 의탁할 수 있을 것 같다"[186] 라고 말했다. 따라서 죽은 뒤에 결국 곽산에 장사지내 그 뜻을 따랐다. 문성제(文成帝)의 유모 상(常)씨는 역시 키우느라 수고한 공이 있다 하여 문성(제)이 즉위한 뒤 높여 보태후가 되었고 다시 황태후로 높여졌다. 이때 문성(제)의 비 이(李)씨가 헌문(제)(獻文帝)을 낳았는데, 나중에 헌문(제)을 태자로 책립하려고 하자, 상태후가 고사에 의거하여 이씨에게 명하여 (죽기 전에) 남쪽에 있는 형제[187]와 그 종형(宗兄) (이)홍지(李洪之)에게 가족을 모두 부탁하도록 시키니, (이씨는) 가슴을 부여잡고 아프게 울다가 죽었다.[188] 보모이면서 궁중의 다스림을 주관하고 태자의 어머니에게 죽음을 내릴 수 있었으니, 당시 존귀함이 결국 황태후와 같았음을 알 수 있다. 문성제는 또 높이 받드는 것을 극도로 하여 태후의 오빠 (상)영(常英)을 요서왕(遼西王)에 봉하고 동생 (상)희(常喜)를 대방공(帶方公)에 봉했으며, 세 여동생은 모두 현군(縣君)으로 하고, 매부는 모두 공후(公侯)로 하였으며, 또 태후의 할아버지를 공으로, 아버지를 왕으로, 어머니를 왕태비(王太妃)로 추증하기도 했으니,[189] 가히 지나치다고 말할 수 있다. 친어머니는 반드시 죽음을 내리고 보모는 도리어 높이 받드는 것을 극도로 하니 (북)위의 법 가운데 잘못을 바로잡으려다 올바름을 지나쳐 버린 것으로는 이보다 더 좋지 않은 것이 없다.

---

186) 『魏書』 卷13 「太武惠太后竇氏傳」, 326면, "先是, 世祖保母竇氏, 初以夫家坐事誅, 與二女俱入宮. …… 太宗命爲世祖保母. …… 及卽位, 尊爲保太后, 後尊爲皇太后. …… 初, 后嘗登崞山, 顧謂左右曰: '吾母養帝躬, 敬神而愛人, 若死而不滅, 必不爲賤鬼. 然於先朝本無位次, 不可違禮以從園陵. 此山之上, 可以終託' 故葬焉."

187) 李氏는 본래 梁 蒙縣 사람이므로 남쪽에 형제가 남아 있었다. 李氏는 太武帝가 남정할 때 永昌王 仁에게 붙잡힌 뒤 長安에 있다가, 仁이 사건으로 죽자 平城에 보내져 文成帝의 눈에 들게 되었다(『魏書』 卷13 「文成元皇后李氏傳」, 331면).

188) 『魏書』 卷13 「文成元皇后李氏傳」, 331면, "及生顯祖, 拜貴人. 太安二年, 太后令依故事, 令后具條記在南兄弟及引所結宗兄洪之, 悉以付託. 臨訣, 每一稱兄弟, 輒拊胸慟泣, 遂薨."

189) 『魏書』 卷83上 「常英傳」, 1817면, "太后兄英, 字世華, 自肥如令超爲散騎常侍, 鎭軍大將軍, 賜爵遼西公. 弟喜, 鎭東大將軍, 祠曹尚書, 帶方公. 三妹皆封縣君, 妹夫王睹爲平州刺史, 遼東公, 追贈英祖, 父, 荇堅扶風太守亥爲鎭西將軍, 遼西簡公, 勃海太守澄爲侍中, 征東大將軍, 太宰, 遼西獻王, 英母許氏博陵郡君."

189. 성이 다른 이를 왕으로 봉하는 것은 북위부터 남발되기 시작했다 異姓封王之濫自後魏始

태무제(太武帝)는 제위에 올라 장손숭(長孫嵩)[190]을 북평왕(北平王)에, 해근(奚斤)을 의성왕(宜城王)에, 장손한(長孫翰)을 평양왕(平陽王)에, 숙손건(叔孫建)을 단양왕(丹陽王)에, 사마초지(司馬楚之)[191]를 낭야왕(琅琊王)에, 두초(杜超)를 양평왕(陽平王)에, 목수(穆壽)[192]를 의도왕(宜都王)에, 장손도생(長孫道生)[193]을 상당왕(上黨王)에, 누복련(樓伏連)을 광릉왕(廣陵王)에 봉했다. 이로부터 공신으로 왕이 되지 않은 자가 없었다. 문성제(文成帝)는 주뉴(周忸)를 악릉왕(樂陵王)에 봉하고 두유(杜遺), 여약문(閭若文), 유니(劉尼), 두원보(杜元寶), 원하(源賀),[194] 여무피(閭武皮),[195] 상영(常英), 여비(閭毗), 여흘(閭

---

190) 長孫嵩(358~437) : 北魏 代郡 사람으로 대대로 部落大人이었다. 14세에 아버지를 대신하여 군대를 통솔하였다. 登國 元年(386) 무리를 이끌고 代王 拓跋珪를 복귀시켰고, 皇始 元年(396) 中山공격에 참전하여 冀州刺史 鉅鹿公에 제수되었으며, 후에 侍中·司徒·相州刺史를 역임하였다. 明元帝 때 奚斤·崔宏 등 8人과 함께 '八公'으로 칭해졌으며, 萬機를 처리하였다. 太武帝 즉위 후 北平王에 봉해지고 太尉 柱國大將軍에 제수되었다. 후에 元老로써 平城에 머물며 朝堂에 앉아 刑獄을 처리하였다.

191) 司馬楚之(390~464) : 南北朝時代 河內郡 溫縣 사람으로 字는 德秀이며, 東晉의 宗室이다. 劉裕가 東晉을 찬탈하자 北魏에 항복하여 明元帝가 荊州刺史로 삼았다. 太武帝初 安南大將軍이 되어 劉宋의 장수 到彦之를 長社(지금의 河南省 長葛縣 동쪽)에서 격파하였다. 또 仇池와 柔然정벌에 종군하여 雲中鎭大將 朔州刺史가 되었다.

192) 穆壽(?~447) : 北魏 代郡 사람이다. 어려서 東宮에 시중들었으며, 樂陵公主와 결혼하여 駙馬都尉가 되었다. 太武帝 때 下大夫를 거쳐 侍中, 中書監이 되었으며 宜都王에 봉해졌다. 太延 5년(439) 太武帝가 北涼을 정벌할 때 太子 拓跋晃을 보좌하여 機要를 총괄하고 柔然의 공격을 방어하도록 하였다. 그러나 太武帝의 부탁을 어겨 柔然의 공격을 초래하여 비웃음을 샀다.

193) 長孫道生(370~451) : 北魏 代郡 사람으로 長孫嵩의 從子이다. 道武帝에게 신중함 때문에 총애를 받아 機密을 관장하고 詔命을 出納하였다. 明元帝 즉위 후 南統將軍 冀州刺史에 제수되었고, 太武帝 때 汝陰公 廷尉卿이 되었다. 柔然·赫連昌 정벌에 종군하여 司空 侍中 上黨王이 되었다. 성격이 검약하여 당시 사람들은 그를 晏嬰에 견주었다.

194) 源賀(407~479) : 北魏 西平郡 樂都縣 사람으로 본명은 破羌이며, 太武帝가 源賀라는 이름을 하사하였다. 南涼主 禿髮傉檀의 아들로 樂都에서 北魏로 도망쳐 西平侯에 봉해졌다. 北涼정벌에 종군하여 姑臧城 밖의 四部鮮卑를 초무하였다. 柔然과 蓋吳 토벌에도 종군하여 殿中尙書가 되었으며, 文成帝 즉위에 공을 세워 王으로 봉해

紇), 위권(尉眷), 을혼(乙渾), 이준(李峻)을 모두 작위를 올려 왕으로 삼았다. 또 육려(陸麗)[196]를 봉하여 평원왕으로 했는데, (육)려는 그것을 아버지에게 양보하고자 청했으며, (문성)제가 "내 어찌 두 왕으로 그대 부자를 봉할 수 없겠는가"라고 말하며 이에 그의 아버지인 (육)사(陸俟)[197]를 동평왕(東平王)으로 봉했다.[198] 나중에 (육)려의 아들인 (육)예(陸叡)[199]가 헌문제(獻文帝)를 섬겨 또 동군왕(東郡王)에 봉해지니,[200] 한 가문 안에 마침내 세 왕이 있게 되었다. 헌문제는 또 모용백요(慕容白曜)를 제남왕(濟南王)에,[201] 한퇴(韓頹)를 양성왕(襄城王)에 봉했다.[202] 효문제(孝文帝) 역시 진건(陳建)을

졌다. 後에 冀州刺史 隴西王, 太尉 등을 역임하였다. 獻文帝가 京兆王 子推에게 禪位하려고 하자 이를 간언하여 孝文帝를 즉위시켰다. 後에 古今兵法을 참조하여 『十二陣圖』를 만들었다.

195) 【王注】『魏書』 卷5 「文成帝紀」에서는 '閭虎皮'라고 썼는데, 이는 『北史』 卷2 「文成帝紀」에 근거한 것이며, 唐人들이 (唐 高祖 李淵의 祖父인) 李虎를 피휘하기 위해 고친 것이다.

196) 陸麗(?~465) : 北魏 代郡 사람으로 本姓은 步六狐이다. 太武帝 때 入侍하였으며 南部尙書가 되었다. 太武帝가 죽자 殿中尙書 長孫渴侯 등과 함께 文成帝를 옹립하여 平原王에 봉해졌다. 이어 侍中 撫軍將軍 領太子太傅를 역임하였다. 文成帝 사후 入朝하였으나 太原王 乙渾에게 살해되었다.

197) 陸俟(392~458) : 北魏 代郡 사람으로 本姓은 步六狐이다. 明元帝 때 侍郎・內侍, 太武帝 때 冀州刺史, 平東將軍 懷荒鎭大將, 長安鎭大將를 역임하였다. 太平眞君 7년(446) 高涼王 拓跋那와 함께 杏城에서 盧水胡 蓋吳를 격파하였다. 후에 內都大官・外都大官을 역임하였다. 文成帝 즉위 후 東平王에 봉해졌다.

198) 『魏書』 卷40 「陸麗傳」, 907~908면, "興安初, 封平原王, 加撫軍將軍, 麗辭 曰, '陛下以正統之重, 承其繼業, 至於奉迎守順, 臣職之常, 豈敢昧冒以干大典.' 頻讓再三, 詔不聽. …… 高宗 曰, '朕爲天下主, 豈不能得二王封卿父子也.' 乃以其父俟爲東平王."

199) 陸叡(?~497) : 北魏 代郡 사람으로, 字는 思弼, 일명 伏鹿狐賀鹿渾이라고도 한다. 아버지의 爵位를 계승하여 平原王 撫軍大將軍이 되었다. 東徐州刺史 崔鑒의 딸과 결혼하였다. 柔然을 격파한 공으로 尙書令 恒州刺史에 제수되었다. 太和 20년(496) 定州刺史 穆泰 등과 平城에서 난을 일으켜 洛陽遷都와 개혁을 반대하였으나 任城王 元澄에게 패하였으며, 이듬해 옥중에서 사사되었다.

200) 『魏書』 卷40 「陸定國傳」, 908면, "及顯祖踐阼, 拜散騎常侍, 特賜封東郡王, 加鎭南將軍. 定國以承父爵, 頻辭不許, 又求以父爵讓弟叡, 乃聽之."

201) 『魏書』 卷51 「慕容白曜傳」, 1119면, "以功拜使持節、都督青齊東徐州諸軍事、開府儀同三司、青州刺史、濟南王, 將軍如故."

202) 『魏書』 卷6 「獻文帝紀」, 129면, "襄城公韓頹進爵爲王."

위군왕(魏郡王)에, 구퇴(苟頹)를 하동왕(河東王)에, 왕예(王叡)를 중산왕(中山王)에, 장우(張祐)를 신평왕(新平王)에 봉했다.[203] 태화(太和) 16년(492) 비로소 조서를 내려 여러 먼 일족 가운데 태조의 자손이 아니거나 다른 성씨가 왕으로 봉해진 경우를 모두 내려서 공(公)으로 하고, 공은 후(侯)로 하고, 후는 백(伯)으로 하고 자(子), 남(男)은 예전과 같이 하고 모두 장군의 호칭을 없앴는데,[204] 오직 장손도생(長孫道生)은 큰 공로가 있다 하여 특별히 작위를 깎아 내리지 않으니,[205] 이로부터 작위와 그에 따르는 기물이 점차 중요하게 되었다.

북제(北齊) 무성제(武成帝) 때에 이르러서는 또 추잡함이 심해졌다. 환관 등장옹(鄧長顒), 한보업(韓寶業), 노륵차(盧勒叉), 제소(齊紹), 진자징(秦子徵), 진덕신(陳德信) 등이 모두 왕으로 봉해졌다.[206] 후주(後主) (고)위(高緯) 때에는 서성(庶姓)으로 왕에 봉해진 자가 더욱 많아, 목제파(穆提婆)[207]는 성양군왕(城陽郡王)이 되고, 고아나굉(高阿那肱)[208]은 회양군왕(淮陽郡王)이 되고,

---

203) 『魏書』 卷7上 「高祖紀」, 147면, "九月壬子, 以侍中、司徒、東陽王丕爲太尉; 侍中、尙書右僕射、趙郡公陳建爲司徒, 進爵魏郡王; 侍中、尙書、河南公苟頹爲司空, 進爵河東王; 侍中、尙書、太原公王叡進爵中山王; 侍中、尙書、隴東公張祐進爵新平王."

204) 『魏書』 卷113 「官氏志」, 2976면, "舊制, 諸以勳賜官爵者子孫世襲軍號. 十六年, 改降五等, 始革之, 止襲爵而已."

205) 『魏書』 卷25 「長孫觀傳」, 646면, "抗子觀, 少以壯勇知名, 後襲祖爵上黨王. 時異姓諸王, 襲爵多降爲公, 帝以其祖道生佐命先朝, 故特不降."

206) 『北齊書』 卷50 「韓寶業傳」, 693면, "後寶業、勒叉、齊紹、子徵爲封王, 不過侵暴."

207) 穆提婆(?~577) : 北齊 漢陽郡(지금의 甘肅省 禮縣) 사람으로 本姓은 駱이다. 아버지 超가 西魏에 항복하여 모반으로 사형되었기 때문에 入宮하여 奴가 되었다. 그의 어머니가 後主의 보모였기 때문에 後主의 시중을 들며 친하게 지내어 후에 錄尙書事 城陽王에 제수되었다. 후에 穆妃를 딸로 삼아 穆氏로 바꾸었으며, 후에 穆妃가 皇后가 된 후 그 세력이 內外에 떨쳐 官爵을 매매하여 국정이 문란하였다. 隆化 元年(576) 北齊軍이 晉陽에서 패하자 北周에 항복하였다.

208) 高阿那肱(?~580) : 北齊 善無郡 사람이며, 胡族이다. 처음에 東魏 丞相 高歡을 따라 공을 세워 武衛將軍이 되었다. 武成帝에게 총애를 받았고 佞臣인 侍中 和士開에게 아첨하였다. 後主 때 并州尙書省左僕射 淮陰郡王에 제수되었다. 武平 4년(573) 內外軍政을 총괄하였으며 右丞相에 이르렀다. 武平 7년(576) 北周軍이 平陽을 공격할 때 後主가 游獵을 즐기고 있었는데, 다른 마음을 품고 급한 상황을 고하는 문서를 압

한장란(韓長鸞)[209]은 창려군왕(昌黎郡王)이 되었으니[210] 모두 총애를 받는 신하들이었다. 장경인(張景仁)은 글씨 쓰는 것을 돕는 일을 하다 왕에 봉해지니, 열전에서 이르기를 "창힐(倉頡) 이래 여덟 가지 서체[八體][211]로 작위가 올라간 것은 한 사람뿐이다"[212]라고 했다. 또 하인[蒼頭]인 진산제(陳山提), 개풍락(蓋豐樂), 유욱근(劉郁斤), 조도덕(趙道德), 유도지(劉桃枝), 매승랑(梅勝郎), 신락주(辛洛周), 고사락(高舍洛)[213] 등이 있어, 무평(武平) 연간(570~576)에 이르러 모두 왕으로 봉해졌고,[214] 무평 연간까지 살지 못한 사람에게도 또한 왕의 작위가 추증되었다. 『(북)제서(北齊書)』에서 "여러 하인들은 집안에서 부리는 사람에서 시작했으나 정이 의지한 것이 깊고 밀접하게 되자, 후주 때에 이르러서는 이미 선대 조정의 훈구대신이 되었으므로 이처럼 분에 넘치게 높은 자리를 차지하기에 이르렀다"[215]라고 기록했다. 또한 악사 조승노(曹僧奴) 및 그 아들 (조)묘달(曹妙達)이 있어 비파를 잘 타는 것으로 역시 왕에 봉해졌다.[216] 그밖에 관직에서는 더욱 수를 헤아릴 수도 없었으니, 개부(開府)는 천 명 남짓이었고 의동(儀同)은 수도 없이 많

수하였다. 北齊軍이 패하자 달아나 濟州를 지켰는데, 몰래 北周軍을 불러 後主를 생포하게 했다. 北齊가 망한 후 北周에서 大將軍에 제수하고 郡公으로 봉했으며, 隆州刺史가 되었다. 후에 益州總管 王謙이 丞相 楊堅에 반기를 들 때 이에 참여했으나 패한 후 살해되었다.

209) 韓鳳을 가리킨다. 『北齊書』 卷50補 「韓鳳傳」, 692면, "韓鳳, 字長鸞, 昌黎人也."

210) 『北齊書』 卷50 「韓鳳傳」, 692면, "後主卽位, 累遷侍中、領軍, 總知內省機密. …… 封昌黎郡王. 男寶仁尙公主, ……."

211) 『漢書』 卷30 「藝文志」, 1719면, "八體六技"; 1720면, 注2, "韋昭曰 : '八體, 一曰大篆, 二曰小篆, 三曰刻符, 四曰蟲書, 五曰摹印, 六曰署書, 七曰殳書, 八曰隸書.'

212) 『北齊書』 卷44 「張景仁傳」, 592면, "景仁出自寒微, 本無識見, 一旦開府、侍中、封王. …… 自倉頡以來, 八體取進, 一人而已."

213) [王注] '洛'은 원래 '盛'으로 되어있었으나, 西畲本에서 이미 개정했다.

214) 『北齊書』 卷50 「韓寶業傳」, 694면, "高祖時有蒼頭陳山提、蓋豐樂、劉桃枝等數十人, 俱驅馳便僻, 頗蒙恩遇. 天保、大寧之朝, 漸以貴盛, 至武平時皆以開府、封王, 其不及武平者則追贈王爵."

215) 『北齊書』 卷50 「韓寶業傳」, 694면, "蒼頭始自家人, 情寄深密, 及於後主, 則是先朝舊人, 以勤舊之勞, 致此叨竊."

216) 『北史』 卷92 「齊諸宦者」, 3055면, "其曹僧奴、僧奴子妙達, 以能彈胡琵琶, 甚被寵遇, 俱開府封王."

았다. 여러 총애하는 후궁들에게는 선조를 추증하여 해마다 관직을 하나씩 높여 지위가 최고에 이르고서야 그쳤다. 말과 매, 개에게도 모두 군군(郡君), 의동의 호칭이 있었으니, 예컨대 적표의동(赤彪儀同), 소요군군(逍遙郡君), 능소군군(凌霄郡君)의 부류였으며, 심지어 싸움닭 역시 개부 칭호를 가졌으니 관직의 남발이 이에 이르러 극도에 달했던 것이다.[217] 그러므로 당시 그것(관작)을 받는 사람은 영예로 여기지 않았고, 또한 도리어 치욕으로 여기는 이도 있었다. 양휴지(陽休之)는 중서감(中書監)이 되어 연군왕(燕郡王)에 봉해졌는데, 사람들에게 "나는 노비가 아닌데 어찌 갑자기 이런 것을 받게 되었는가"[218]라고 말했으니, 사람들이 그것을 천하게 여겨 제대로 된 사람의 대열에 나란히 놓지 않기에 이르렀음을 볼 수 있다. 어리석고 어지러운 조정에 어디엔들 이르지 않는 것이 있을 것인가만, 실로 통상적인 이치로 논할 수 없는 것이다.

190. 북위에서는 상을 주조하여 길흉을 점쳤다後魏以鑄像卜休咎

『북사(北史)』「(북)위(北魏) 후비전(后妃傳)」 서문에 의하면, (북)위 고사에 장차 황후를 세우려고 하면 반드시 손수 금으로 된 사람을 주조하게 하여, 완성되면 길한 것으로 여겼고 아니면 책립할 수가 없었다고 한다.[219] 도무제(道武帝)의 비 모용(慕容)씨가 총애를 받고 있었는데, (도무)제가 후에게 명

---

217) 『北齊書』 卷8 「幼主紀」, 113면, "宮掖婢皆封郡君, 宮女寶衣玉食者五百餘人, ……, 馬及鷹犬乃有儀同、郡君之號, 故有赤彪儀同、逍遙郡君、凌霄郡君, 高思好書所謂'駮龍逍遙'者也. 犬於馬上設褥以抱之, 鬪鷄亦號開府, 犬馬鷄鷹多食縣幹."

218) 『北齊書』 卷42 「陽休之傳」, 563면, "後領中書監, …… 封休之燕郡王. 又謂其所親云 : '我非奴, 何意忽有此授.' 凡此諸事, 深爲時論所鄙."

219) 『北史』 卷13 「后妃傳上」, 486면, "又魏故事, 將立皇后, 必令手鑄金人, 以成者爲吉, 不則不得立也."

하여 금으로 된 사람을 주조하게 하고는 완성이 되자 책립하여 황후로 삼았다.[220] 나중에 (모용씨가) 죽자 (도무제는) 또 유(劉)씨를 총애했는데, 금으로 주조하게 한 것이 완성되지 않아 황후 자리에 오르지 못했다.[221] 명원제(明元帝)의 비 요(姚)씨는 금으로 된 사람을 주조하여 완성하지 못했으므로 황후 자리에 오르지 못했지만, (명원)제는 그를 황후처럼 예우했고 죽은 뒤 결국 추증하여 황후로 삼고 시호를 더했다.[222] 그러나 다만 황후를 세울 때에만 이런 방법을 쓴 것은 아니었으니, 이주영(爾朱榮)은 명제(明帝)가 죽고 새 황제를 옹립하려고 할 때 동으로 효문제(孝文帝) 및 함양왕(咸陽王) 원희(元禧)[223] 등 다섯 왕의 자손들의 모습을 주조해서 완성되는 경우 마땅히 군주로 옹립해야 할 것이라고 했는데, 오직 (효)장제(孝莊帝)만이 이루어져 그를 맞아 옹립했다.[224] 하음(河陰)의 사건 때에는 (이주)영이 (정권을) 찬탈하고자 하여 금으로 자신의 상을 주조했는데, 네 번을 시도해도 이루어지지 않자 그만두고 말았다.[225] (북)제(北齊) 고양(高洋)이 찬탈하고자 할 때 여러 신하들이 모두 불가하다고 생각했으나, 상을 주조하여 점을 치는데 한

---

220) 『魏書』 卷13 「道武皇后慕容氏傳」, 325면, "道武皇后慕容氏, 寶之季女也. 中山平, 入充掖庭, 得幸. 左丞相衛王儀等奏請立皇后, 帝從羣臣議, 令后鑄金人, 成, 乃立之, 告於郊廟."

221) 『魏書』 卷13 「道武宣穆皇后劉氏傳」, 325면, "后專理內事, 寵待有加, 以鑄金人不成, 故不得登后位."

222) 『北史』 卷13 「后妃傳上」, 493면, "后以鑄金人不成, 未升尊位, 然帝寵禮如后. …… 泰常五年, 薨, 帝追恨之, 贈皇后璽綬而加諡焉."

223) 元禧(?~501) : 字는 永壽, 혹은 思永이며, 孝文帝의 아우이다. 咸陽王에 봉해졌으며 侍中 驃騎大將軍, 司州牧을 역임하였다. 鮮卑語를 漢語로 대체하는데 찬성하였다. 宣武帝가 즉위한 후 遺詔를 받아 輔政하였는데, 宰輔들의 우두머리가 되었다. 교만하고 탐욕스러웠으며 정무를 친히 처리하지 않았다. 후에 宣武帝가 親政하면서 그의 권력을 빼앗자 宣武帝를 폐하고 자립하려다가 누설되어 주살되었다.

224) 『魏書』 卷74 「尒朱榮傳」, 1647면, "榮抗表之始, 遣從子天光、親信奚毅及倉頭王相入洛, 與從弟世隆密議廢立. 天光乃見莊帝, 具論榮心, 帝許之. 天光等還北, 榮發晉陽. 猶疑所立, 乃以銅鑄高祖及咸陽王禧等六王子孫像, 成者當奉爲主, 惟莊帝獨就."

225) 『魏書』 卷74 「尒朱榮傳」, 1648면, "榮旣有異圖, 遂鑄金爲己像, 數四不成. 時幽州人劉靈助善卜占, 爲榮所信, 言天時人事必不可爾. …… 獻武王等曰 : '未若還奉長樂, 以安天下.' 於是還奉莊帝."

번 쏟아 부어 완성이 되자 결국 찬탈하기로 뜻을 정했다. 아마도 당시 나라 풍습이 그러했을 것이다[趙注 : 『위서(魏書)』『북제서(北齊書)』 및 『북사』에 보인다].

생각건대 『진서(晉書)』 재기(載記)에 보면 염민(冉閔)[226]이 상위(常煒)를 모용준(慕容儁)에게 사신으로 보냈는데, (모용)준이 봉유(封裕)를 시켜 그에게 묻기를, "듣건대 (염)민이 금을 주조하여 자신의 상을 만들었지만 무너져 완성하지 못했다 하니, 어찌 천명이 있다고 말할 수 있겠는가"라고 하니, (상)위는 그 일이 사실이 아니라고 답했다.[227] 이는 또한 원씨의 위나라에 앞선 것인 즉, (이 일이) (북)위에서 비롯한 것은 아니다. 아마도 본래 북쪽 풍속에 따른 고사인데, 탁발(拓跋)씨에 이르러 더욱 그것을 숭상한 것인 듯하다.

191. 북위의 백관은 봉록이 없었다後魏百官無祿

후위(後魏, 北魏)에는 아직 관리의 봉록에 관한 제도가 있지 않아, 청렴한 사람은 가난의 고통이 예사롭지 않았다. 예컨대, 고윤(高允)은 초가집

---

226) 冉閔(?~352) : 十六國時代 魏郡 內黃縣(지금의 河南省 內黃 서북) 사람으로 本姓은 冉, 字는 永曾, 小字는 棘奴이다. 아버지 冉瞻이 石虎의 양자가 되어 石으로 改姓하였다. 무용과 지략을 갖춰 공을 세워 修城侯에 봉해졌다. 石虎 사후 石遵이 즉위하자 都督中外諸軍事 輔國大將軍이 되었다. 후에 石遵과 충돌하여 石遵을 죽이고 石鑒을 즉위시켰다. 石氏宗室大臣들이 반대하여 기병하자 드디어 전국에 胡羯을 제거할 것을 명하여 죽은 이가 20여 만에 달하였다. 後趙 永寧 元年(350) 자립하여 국호를 衛, 姓을 李로 바꾸고 靑龍으로 改元하고 石鑒을 죽여 石氏를 멸했다. 帝位에 오른 후 永興으로 改元하고 國號를 大魏라 칭했으며, 冉氏로 성을 바꾸었다. 후에 後趙의 石祗, 前燕의 慕容儁과 전쟁하여 국력이 쇠퇴해졌다. 前燕과 싸우다 패하여 龍城에서 살해되었다.

227) 『晉書』 卷110 「慕容儁載記」, 2832면, "及冉閔殺石祗, 僭稱大號, 遣其使人常煒聘於鄴. …… 裕曰 : '又聞閔鑄金爲己象, 壞而不成, 奈何言有天命?' 煒曰 : '誅胡之日, 在鄴者略無所遺, 璽何從而向襄國, 此求救之辭耳. 天之神璽, 實在寡君. …… 寡君今已握乾符, 類上帝, 四海懸諸掌, 大業集於身, 何所求慮而取信此乎! 鑄形之事, 所未聞也'."

몇 칸에 베 이불을 덮고 헌 솜옷을 입으며, 부엌에는 오직 소금과 채소만 있고, 항상 여러 자식들에게 땔감을 모아 스스로 충당하게 한 것이 이러한 예이다[趙注 : 「고윤전(高允傳)」].[228] 그렇지 않으면 곧 반드시 부잣집에서 취해 충당했으니, 예컨대 최관(崔寬)은 섬(陜)에 주둔하면서 호족, 도적의 우두머리와 서로 친분을 맺었는데, 그 의기에 감동하지 않는 사람이 없었다. 당시 관료에게는 봉록이 없어 애써 오직 다른 사람에게서 취해 충당했는데, (최)관은 서로 마음이 통해 돕는 데에 뛰어났으므로 받는 것이 많았지만 그에게 주는 사람들은 원망하는 마음이 없었다[趙注 : 「최관전(崔寬傳)」].[229] 문성제(文成帝)는 "여러 자사(刺史)들은 매번 공물을 징발할 때마다 사람들을 핍박하여 재물을 빌리고, 부유한 상인들은 때를 잡아 이익을 노리니, 위아래가 함께 통해서 이익을 나누어 집을 부유하게 꾸미고 있다. 이제부터 모든 것을 금지하니, 위반하는 자는 열 필 이상이면 모두 죽인다"라고 조서를 내렸다.[230] 명원제(明元帝)는 또 조서를 내려 사신이 여러 주를 순행하며 지방관의 재물을 검사해서 자기 집에서 가져온 것이 아니면 모두 뇌물이라고 기록하게 했다.[231] 이렇게 보면 탐욕을 징벌하는 법이 엄격하지 않았던 것은 아니었으나, 조정에서 봉록을 정해 청렴함을 유도하지는 않고 다만 뇌물 받는 것을 허용하지 않으며 책임을 묻기만 했으니, 이는 그 근원을 깨끗이 하지 않고 다만 그 흐름을 막는 것이므로 어찌 성과를 얻을 수 있겠는가.

---

228) 『魏書』 卷48 「高允傳」, 1076면, "是日幸允第, 惟草屋數間, 布被縕袍, 廚中鹽菜而已. …… 時百官無祿, 允常使諸子樵采自給."

229) 『魏書』 卷24 「崔寬傳」, 625면, "…… 拜陝城鎭將. …… 寬性滑稽, 誘接豪右, 宿盜魁帥, 與相交結, 傾衿待遇, 不逆微細. 是以能得民庶忻心, 莫不感其意氣."

230) 『魏書』 卷5 「高宗紀」, 119면, "二年春正月乙酉, 詔曰 : '刺史牧民, 爲萬里之表. 自頃每因發調, 逼民假貸, 大商富賈, 要射時利, 旬日之間, 增贏十倍. 上下通同, 分以潤屋. 故編戶之家, 困於凍餒; 豪富之門, 日有兼積. 爲政之弊, 莫過於此. 其一切禁絶, 犯者十疋以上皆死. 布告天下, 咸令知禁'."

231) 『魏書』 卷3 「太宗紀」, 54면, "冬十一月壬午, 詔使者巡行諸州, 校閱守宰資財, 非自家所齎, 悉簿爲贓. 詔守宰不如法, 聽民詣闕告言之."

효문제(孝文帝) 태화(太和) 8년(484)에 이르러 비로소 "벼슬을 두고 봉록을 주는 것은 오래 전부터 행한 것이다. 중원(中原)이 어지러워진 이후 이러한 제도가 오랫동안 끊겼는데, 선대 조정에서는 이를 그대로 따르며 아직 고칠 경황이 없었다. 이제 마땅히 봉록을 주어 상인에게서 구하는 것을 그만두게 하여 일을 간략히 할 것이다. 각 호마다 비단 두 필, 곡식 두 곡(斛) 아홉 되를 더 내도록 해 관리의 봉록으로 쓰고, 미리 거두어들이는 것[預調]을 균등히 해서 두 필을 바치는 것으로 하여 곧 상용(商用)을 겸하도록 한다. 봉록을 시행한 이후 뇌물로 한 필을 채우는 자는 죽인다"[232]라는 조서를 내렸다. 봉록은 10월을 시작으로 해서 계절마다 한 번씩 청구하도록 했다. 나중에 군사를 일으켜 비용이 부족하게 되자 또 조서를 내려 백관의 봉록을 넷으로 나누어 그 중 하나를 줄여 군용에 충당했다. (효)명제(孝明帝) 때에 이르러 우충(于忠)[233]이 국정을 담당하자 인심을 모으고자 하여 이에 줄였던 액수를 원래대로 되돌렸다.[234] 이것이 (북)위에서 관료의 봉록을 정한 대강의 내용이다.

생각건대 문성(제)이 조서 중에서 상인들이 이익을 구하고 자사가 이윤을 나눈다고 말한 것과 효문(제)이 조서 중에서 상인에게서 구하는 것

---

232) 『魏書』 卷7上 「孝文帝紀」, 153~154면, "六月丁卯, 詔曰 : '置官班祿, 行之尙矣. 周禮有食祿之典, 二漢著受俸之秩. 逮于魏晉, 莫不聿稽往憲, 以經綸治道. 自中原喪亂, 玆制中絶, 先朝因循, 未遑釐改. 朕永鑒四方, 求民之瘼, 夙興昧旦, 至於憂勤. 故憲章舊典, 始班俸祿. 罷諸商人, 以簡民事. 戶增調三匹、穀二斛九斗, 以爲官司之祿. 均預調爲二匹之賦, 卽兼商用. 雖有一時之煩, 終克永逸之益. 祿行之後, 贓滿一匹者死. 變法改度, 宜爲更始, 其大赦天下, 與之惟新'."

233) 于忠(462~518) : 北魏 代郡 사람으로 字는 思賢, 本字는 千年이다. 于烈의 작은 아들로 孝文帝 때 武騎侍郎에 제수되고 登이란 이름을 하사받았다. 宣武帝 때 忠으로 改名되었다. 咸陽王 元禧의 난을 평정한 공으로 魏郡開國公에 봉해졌다. 宣武帝가 죽자 侍中 崔光 등과 함께 孝明帝를 옹립하고 禁衛를 총괄하였으며, 車騎大將軍 常山郡開國公에 제수되었다. 이후 尙書令 領軍將軍이 되어 권력을 장악하였다. 胡太后가 臨朝稱制한 후 冀州刺史가 되었다.

234) 『魏書』 卷31 「于忠傳」, 743면, "忠卽居門下, 又總禁衛, 遂秉朝政, 權傾一時. 初, 太和中軍國多事, 高祖以用度不足, 百官之祿四分減一. 忠旣擅權, 欲以惠澤自固, 乃悉歸所減之祿, 職人進位一級. 舊制 : 天下之民絹布一匹之外, 各輸綿麻八兩. 忠悉以與之."

을 그만두게 하여 일을 간략히 한다고 말한 것은, 대개 이 당시 관리에게 아직 봉록이 없어 오직 상인들이 이익을 취하는 것에 의지해 그것을 거두어 나누었던 것이 조서에 보이기에 이른 것이니, 올바르지 못한 관례가 이미 익숙해져 예사가 되었던 것이다. 최관이 또한 도적 우두머리와 친분을 맺어 재물을 받아들이는 출처로 삼았던 것은 이미 상인으로부터 이익을 취한 뒤에 스스로 또한 도적에까지 미치게 된 것이니, 역시 일이 (형세상) 반드시 도달하게 되는 바였다. 위아래에서 서로 거두어들이는 것이 이와 같았으니, 어찌 나라를 올바로 세우겠는가.

192. 북위에서는 형벌로 죽이는 것이 너무 지나쳤다 後魏刑殺太過

후위(後魏, 北魏)는 북방에서 일어나 오로지 형벌로 죽이는 것을 정령으로 삼았다. (탁발)의로(拓跋猗盧)가 대왕(代王)이 된 때부터 곧 형법을 엄준하게 하니, 여러 부락 사람들이 명을 어겨 죄를 얻는 경우가 많았고 기약을 어긴 경우에는 온 부락을 죽였다. 혹 온 가족이 서로 이끌어 모두 죽을 곳으로 가는 일이 있었는데, 혹자가 어디로 가는지를 물으면 죽으러 가게 되었다고 말했으니, 그 위엄이 이와 같았다.[235] 도무제(道武帝)가 진왕(秦王) (탁발)고(拓跋觚)를 (후)연(後燕)에 사신으로 보냈는데 해를 당하자, 나중에 중산(中山)을 함락하고 (탁발)고에게 해를 가한 부고패(傅高覇), 정동(程同) 등을 체포해서 모두 5족을 멸하고, 큰 칼로 그들을 욕보여 죽였다. 유위진(劉衛辰)[236]을 토벌하고 그 자제와 종당을 체포하여 어른 아이 할 것

---

235) 『魏書』 卷1 「序記」 「穆帝紀」, 9면, “八年, 晉愍帝進帝爲代王, …… 至是, 明刑峻法, 諸部民多以違命得罪. 凡後期者皆擧部戮之, 或有室家相攜而赴死所, 人問 ‘何之’, 答曰 ‘當往就誅.’ 其威嚴伏物, 皆此類也.”

236) 劉衛辰(?~392) : 十六國時代 匈奴 鐵弗部의 君長이다. 처음에 前秦의 苻堅에 붙어

없이 5천여 명을 모두 도륙해 죽였다.237) 말년에는 조정 신하들이 어전에 이를 때마다 그 묵은 잘못을 추궁하여 번번이 그들을 죽였다. 그 나머지는 때로는 안색이 변하거나 혹은 숨이 고르지 못하거나 혹은 행보가 절도에 어긋나거나 혹은 말을 잘못한 경우에도 모두 마음에 품은 악이 밖으로 변하여 드러난 것이라 하여 이내 직접 구타하니, 죽은 자가 모두 천안전(天安殿) 앞에 늘어서 있었다238)[趙注 : 도무(제) 때 일찍이 신령한 무당이 황제에게는 응당 갑작스런 화가 있을 것인데, 오로지 '청하(淸河)'를 없애고, '만인(萬人)'을 죽이면 면할 수 있다고 말했다. (도무)제는 이에 청하군(淸河郡) 하나를 없앴고, 일찍이 손수 사람을 죽여 만 명이라는 수를 채우고자 했으므로, 때로는 가마를 타고 가다 칼을 손으로 잡고 가마를 진 사람의 뇌를 가격해서 한 사람이 죽으면 다른 한 사람이 대신하게 하니 한 번 행차할 때마다 죽는 자가 수십 명이었다. 애첩 가운데 만인(萬人)이라는 이름을 가진 이가 있었는데, (도무)제의 아들 청하왕(淸河王) (탁발)소(拓跋紹)와 사통하여 일이 발각될까 두려워 결국 (도무)제를 시해했다. (도무제는) 죽음에 이르러서야 비로소 '청하'와 '만인'의 참언(讖言)이 이 두 사람에게 있었음을 깨닫게 되었다].239) 태무제(太武帝)는 비록 담당 관리에게 조서를 내려 율령을 살펴 그

部를 거느리고 塞로 들어와 左賢王에 제수되었다. 후에 代國에 붙어 拓跋 什翼犍의 딸을 妻로 삼고 右賢王 曹轂과 함께 前秦을 공격했으나 前秦의 장수 鄧羌에게 사로잡혔다. 苻堅은 夏陽公에 봉하여 그 部를 통솔케 하였다. 376년 代에게 공격을 받자 前秦에 구원을 요청하여 前秦의 향도가 되어 代를 멸하였다. 그 후 前秦이 代를 2部로 나누어 黃河 서쪽의 部民을 통솔케 하였다. 西單于가 되어 河西諸部를 거느리고 代來城에 주둔하였다. 前秦末 나라가 혼란하자 드디어 朔方에 據하였다. 391년 北魏 拓跋珪의 공격에 패해 도망치다 부하에게 살해되었다. 아들 赫連勃勃이 大夏를 건국한 후 太祖 桓皇帝로 추증되었다.

237) 『魏書』 卷2 「太祖紀」, 24면, "己卯, 車駕出討. 壬午, 大破直力鞮軍於鐵岐山南, 獲其器械輜重, 牛羊二十餘萬. 戊子, 自五原金津南渡河. 辛卯, 次其所居悅跋城, 衛辰父子奔遁. 壬辰, 詔諸將追之, 擒直力鞮. 十有二月, 獲衛辰尸, 斬以徇, 遂滅之. …… 收衛辰子弟宗黨無少長五千餘人, 盡殺之."

238) 『魏書』 卷2 「太祖紀」, 24면, "朝臣至前, 追其舊惡皆見殺害, 其餘或以顔色變動, 或以喘息不調, 或以行步乖節, 或以言辭失措, 帝皆以爲懷惡在心, 變見於外, 乃手自毆擊, 死者皆陳天安殿前."

239) [王注] 이 일은 『宋書』 卷95 「索虜傳」에 보인다. 『宋書』 卷95 「索虜傳」, 2322면, "先是, 有神巫誡開當有暴禍, 唯誅淸河殺萬民, 乃可以免. 開乃滅淸河一郡, 常手自殺人, 欲令其數滿萬. 或乘小輦, 手自執劍擊檐輦人腦, 一人死, 一人代, 每一行, 死者數十. 夜恒變易寢處, 人莫得知, 唯愛妾名萬人知其處. 萬人與開子淸河王私通, 慮事覺, 欲殺開, 令萬人爲內應. 夜伺開獨處, 殺之. 開臨死, 曰 : '淸河, 萬人之言, 乃汝等也'."

가운데에서 힘써 구하도록 했지만[趙注 : 모두 본기에 있다],[240] 그러나 예컨대 최호(崔浩)를 주살한 경우 청하 최(崔)씨는 (혈연 관계의) 멀고 가까움에 관계없이, 그리고 범양(范陽) 노(盧)씨, 태원(太原) 곽(郭)씨, 하동(河東) 유(柳)씨에 이르기까지 모두 (최)호의 친당이라 하여 그 일족을 다 주멸하고, 심지어 하인과 속리들 또한 오족(五族)을 죽였으며, 함께 사서를 편찬한 사람들 역시 일족을 주살했다[趙注 : 「최호전(崔浩傳)」].[241] 사신(史臣)이 '태무(제)는 형벌로 살육하는 데에 과감했는데, 나중에는 그것을 후회하는 경우도 많았지만, 역시 그 선조들의 옛 법식을 그대로 따랐다'고 평했다.

효문제(孝文帝)에 이르러서야 비로소 조서를 내려 "한 사람이 죄악을 저질렀다 하여 재앙이 모든 가문에 미치는 것은 짐이 차마 하지 못하는 바이니, 지금부터 모반, 대역 및 국외로 달아난 경우가 아니면 죄가 그 자신에만 미치게 한다"[242]라고 했다. 이어 또 조서를 내려 "오족을 주살하는 경우는 낮춰서 할아버지가 같은 일족에 한정하고, 삼족(三族)은 한 가족에 한정하고, 한 가족을 주살하는 경우는 그 자신에 한정한다"라고 정하니, 이에 형벌로 살육하는 것이 점차 감소했다.[243] 그러나 선대 이래 원통하게 죽은 사람은 이미 그 수를 헤아릴 수 없었던 것이다. 생각건대, (탁발)의로가 그 아들 (탁발)육수(拓跋六修)[244]에게 시해되고,

240) 『魏書』 卷4下 「世祖紀」, 105면, "詔曰 : '刑網太密, 犯者更衆, 朕甚愍之. 有司其案律令, 務求厥中. 自餘有不便於民者, 依比增損'."

241) 『魏書』 卷35 「崔浩傳」, 826면, "眞君十一年六月誅浩, 淸河崔氏無遠近, 范陽盧氏、太原郭氏、河東柳氏, 皆浩之姻親, 盡夷其族. …… 其祕書郎吏已下盡死."

242) 『魏書』 卷7上 「高祖紀」, 140면, "(延興 4年 6月 乙卯) …… 一人爲惡, 殃及合門. 朕爲民父母, 深所愍悼. 自今已後, 非謀反, 大逆, 干紀, 外奔, 罪止其身而已."

243) 『魏書』 卷7上 「高祖紀」, 150면, "(太和 5年 3月 己巳) 其五族者, 降止同祖, 三族, 止一門, 門誅, 止身."

244) 拓跋六脩(?~316) : 十六國時代 拓跋部人이며, 代公 拓跋猗盧의 맏아들이다. 拓跋猗盧가 少子 比延을 총애하여 그를 후계자로 삼고자, 六脩를 新平城에 출진시켜 南部를 統領케 하였다. 比延에게 절하도록 명하자 이를 듣지 않았다. 이에 猗盧가 군대를 이끌고 공격하였으나 도리어 六脩가 이겨 猗盧를 죽였다. 후에 拓跋普根에게 패하여 죽었다.

도무(제)가 그 아들 (탁발)소에게 시해되었으니 자신에게 미친 되갚음이 이미 훤히 드러난 것에 속한다. 그 뒤 나라가 망할 때 북제(北齊) 문선제(文宣帝)가 원소(元韶)[245]에게 "광무제(光武帝)는 무슨 까닭에 중흥할 수 있었는가?"라고 물으니, (원)소가 "왕망(王莽)이 여러 유(劉)씨들을 죽인 것이 철저하지 않았기 때문입니다"라고 대답했다. 문선제는 이에 원세철(元世哲), (원)경무(元景武) 등 스물다섯 집안을 주살하여 남자는 어른, 아이를 가리지 않고 모두 참수해 죽인 자가 3천 명이었으며, 나머지 열아홉 집안은 모두 옥에 가두었으니, (원)소 역시 땅속 감옥에 들어가 음식을 끊고 옷소매를 입에 문 채 죽었다. 이어 또 크게 원(元)씨를 주살하여 어른들은 동쪽 시장에서 참수하고 아이들은 공중에 던진 뒤 창으로 받아 죽이고 시체를 모두 장수(漳水)에 던져 버렸는데, 물고기 배를 갈랐을 때 손톱을 얻는 경우가 많아 도성 부근에서는 그 때문에 오래도록 물고기를 먹지 않았다. 문선(제)은 일찍이 여러 죄수들에게 금봉대(金鳳臺)로부터 각각 종이연[紙鳶]을 타고 날게 하여 가장 멀리 나는 자는 죽음을 면하게 했는데, 원황두(元黃頭)가 혼자 자계(紫階)에 이를 수 있었으므로 의당 죄를 면할 수 있어야 했지만, 그대로 어사(御史)에게 보내 옥에 가두어 굶어 죽게 했다.[246] 무릇 소성(제)(昭成帝) 이후로 아울러 남은

245) 元韶(?~559) : 字는 世胄이며, 孝莊帝의 조카이다. 大都督 尒朱榮이 洛陽에 들어오자 民間에 피난갔다가 孝文帝를 만나 彭城王에 봉해졌다. 孝武帝가 關中으로 달아난 후 丞相 高歡이 그를 사위로 삼아 총애하였으며, 벼슬은 侍中 太尉에 이르렀다. 文成帝가 그를 욕보이고자 수염을 깎고 분을 바르고 여자의 옷을 입혀 元氏가 유약함을 풍자하였다. 天保 10년(559) 北齊에 있던 元氏 후예가 모두 주살될 때 감옥에서 굶어죽었다.

246) 【王注】 이 일은 『北史』 卷19 「彭城王勰傳」에 부기된 「元韶傳」에 보인다. 原文은 '紙鳶'를 '紙鴟'라 했는데, 鳶와 鴟는 뜻이 같다. '紫階'는 '紫陌'이라 했는데, 마땅히 근거에 따라 고쳐야 한다. 『北史』 卷19 「元韶傳」, 709면, "文宣謂韶曰 : '漢光武何故中興?' 韶曰 : '爲誅諸劉不盡.' 於是乃誅諸元以厭之. 遂以五月誅元世哲、景式等二十五家, 餘十九家並禁止之. 韶幽於京畿地牢, 絶食, 啗衣袖而死. 及七月, 大誅元氏, 自昭成已下並無遺焉. 或父祖爲王, 或身常貴顯, 或兄弟强壯, 皆斬東市. 其嬰兒投於空中, 承之以矟. 前後死者凡七百二十一人, 悉投屍漳水. 剖魚者多得爪甲, 都下爲之久不食魚. 世哲從弟黃頭, 使與諸囚自金鳳臺各乘紙鴟以飛, 黃頭獨能至紫陌乃墜, 仍付御史獄, 畢義雲餓殺之."

자가 없었다. 그런 즉, 원씨의 위나라 후예들은 마침내 남은 자가 없게 되었는데, 실로 죽이기를 좋아한 것의 되갚음이었던 것이다. 고윤(高允)이 "고요(皐陶)[247]는 지극히 덕이 있었으나 그 후손인 영(英), 요(蓼)(의 나라)는 먼저 망했고,[248] 유(방)(劉邦), 항(우)(項羽)이 겨룰 무렵 영포(英布)는 묵형[黥, 墨刑]을 받고서야 왕이 되었으니, 세대를 지난 것이 비록 오래되었으나 오히려 형벌에 관계한 남은 죄가 있었던 것인데, 하물며 보통 사람들에 있어서랴"[249]라고 말했다. 후주(後周) 우문(宇文)씨의 후예들은 수(隋)나라에 주살되어 거의 다 없어졌는데, 사신(史臣)이 또한 "저궁(渚宮)은 눌러 이기고서 온 성안 사람들은 처자식까지 살륙되었고,[250] 여여(茹茹)[251]는 귀순했다가 모든 종족이 주살되었으니, 주(周)의 국운이 오래 가지 않은 것이 어쩌면 여기에서 비롯한 것인가"[252]라고 기록했다. 이는 즉 하늘의 도가 되갚고 베푸는 것에 본디 분명히 어긋나지 않는 바가 있다는 것이다.

생각하건대 일족을 주살하는 법은 본래 진(秦)나라에서 시작되었다. 한(漢) 고조(高祖)가 관중(關中) 땅에 들어갔을 때 이른바 부로(父老)들이 진나라의 가혹한 법에 고통을 받고 있었는데, 비방하는 사람은 일족을 주

---

247) 皐陶 : 전설상 舜임금의 신하로 전해지는 인물로서, 九官의 한 사람이다. 법을 세우고 형벌을 제정하였으며, 獄을 만들었다고 한다.

248) 『史記』 卷2 「夏本紀」, 83면, "帝禹立而擧皐陶薦之, 且授政焉, 而皐陶卒. 封皐陶之後於英、六, 或在許." 아울러, 그 注2에 "集解徐廣曰 : '史記皆作'英'字, 而以英布是此苗裔.' 索隱地理志六安國六縣, 咎繇後偃姓所封國. 英地闕, 不知所在, 以爲黥布是其後也. 正義英蓋蓼也. …… 括地志云 : '故六城在壽州安豐縣南一百三十二里. 春秋文五年秋, 楚成大心滅之'"라 하였다.

249) 『魏書』 卷48 「高允傳」, 1089면, "常歎曰, '皐陶至德也, 其後英蓼先亡, 劉項之際, 英布墨而王. 經世雖久, 猶有刑之餘? 況凡人能無咨乎?'"

250) 渚宮은 春秋 楚의 別宮(『名勝志』 「渚宮, 楚之別宮, 梁元帝於渚宮修造臺榭」)이니 西魏 때(550) 梁 元帝를 멸망시킨 것을 의미한다.

251) 茹茹 : 柔然을 지칭한다.

252) **[王注]** 이 일은 『周書』 卷2 「文帝紀」 論에 보인다; 『周書』 卷2 「文帝紀下」, 38면, "至於渚宮制勝, 闔城孥戮; 茹茹歸命, 盡種誅夷 : 雖事出於權道, 而用乖於德教. 周祚之不永, 或此之由乎."

살한다고 한 것이 그것이다. 『후한서(後漢書)』를 보면 양종(楊終)이 상소문에서 "진나라의 정치는 매우 가혹하여 한 사람에게 죄가 있으면 삼족(三族)[趙注 : 여순(如淳)은 (삼족을) 부족(父族), 모족(母族), 처족(妻族)이라 했다. 장안(張晏)은 부모, 처자, 형제라 했다][253]에게 미쳤습니다"라고 지적했다.[254] 이는 일족을 주살하는 것은 진나라의 혹정에 비롯되었다는 것이며, 한 고조가 여러 가지 법을 세 가지 조항으로 묶음[約法三章]으로써 이미 그것을 없앴던 것이다.[255] 그러나 한(신)(韓信)과 팽(월)(彭越)을 주살할 때는 모두 삼족을 멸했고,[256] 계포(季布)를 잡으려고 현상금을 내걸었을 때 그를 감히 숨겨준 자는 삼족을 처벌했고,[257] 관고(貫高) 등을 체포할 때 감히 그들을 따르는 자가 있으면 삼족을 처벌했으니,[258] 이는 여전히 아직 없애지 않았다는 것이 된다. 그러므로 최식(崔寔)은 『정론(政論)』에서 "고조가 소하(蕭何)에게 형률을 정하게 하여 삼족을 주살하는 법령이 있었는데, 문제(文帝) 때에 이르러 비로소 그것을 없앴다"라고 말했던 것이다.[259] 양종(楊

253) 『漢書』 卷1下 「高帝紀」下, 67면, 注2 "張晏曰 : '父母兄弟妻子也.' 如淳曰 : '父族·母族·妻族也.' 師古曰 : '如說是也.'"

254) 『後漢書』 卷48 「楊終傳」, 1597면, "乃上疏曰 : '…… 秦政酷烈, 違牾天心, 一人有罪, 延及三族."

255) 『漢書』 卷23 「刑法志」, 1096면, "漢興, 高祖初入關, 約法三章曰 : '殺人者死, 傷人及盜抵罪.' 蠲削煩苛, 兆民大說."

256) 『史記』 卷92 「淮陰侯列傳」, 2628~2629면, "信入, 呂后使武士縛信, 斬之長樂鍾室. 信方斬, 曰 : '吾悔不用蒯通之計, 乃爲兒女子所詐, 豈非天哉!' 遂夷信三族"; 『史記』 卷90 「彭越列傳」, 2594면, "於是呂后乃令其舍人告彭越復謀反. 廷尉王恬開奏請族之. 上乃可, 遂夷越宗族, 國除."

257) 『史記』 卷100 「季布傳」, 2729면, "及項羽滅, 高祖購求布千金, 敢有舍匿, 罪及三族."

258) 貫高는 본래 張耳의 客으로 趙相으로 있었는데, 고조가 사위인 趙王 張敖에게 거만하게 굴자 趙午 등과 함께 柏人에서 劉邦을 암살하려 했으나 실패하였다. 후에 일이 누설되어 趙王 張敖가 長安으로 압송되어 처벌될 위기에 처하자 貫高는 趙王을 따라 長安에 가서 趙王의 억울함을 구명하고 대신 자신이 처벌받겠다고 주청하여 趙王의 목숨을 건졌다(『史記』 卷89 「張耳·陳餘傳」, 2584면, "上乃詔趙羣臣賓客有敢從王皆族. 貫高與客孟舒等十餘人, 皆自髡鉗, 爲王家奴, 從來. 貫高至, 對獄, 曰 : '獨吾屬爲之, 王實不知.' …… 上乃赦趙王").

259) 『後漢書』 卷52 「崔寔傳」, 1729면, "昔高祖令蕭何作九章之律, 有夷三族之令, 黥·劓·斬趾·斷舌·梟首, 故謂之具五刑. 文帝雖除肉刑, 當劓者笞三百, 當斬左趾者笞

終)의 상소에서 이른바, 문제가 지극히 인자하여 처자식을 잡아들이는 것을 없앴다고 한 것이 이것이다.[260] 그러나 문제가 비록 없앴다고는 하지만, 그 뒤로도 이릉(李陵)이나 왕온서(王溫舒) 등은 여전히 죄에 연좌되어 일족이 주살되었으니,[261] 이러한 형벌이 확실히 있었던 것이다.

위진(魏晉) 무렵에 이르면 더욱 참혹하여 사람의 도리조차 없어졌다. 사마의(司馬懿)는 조상(曹爽)을 주살하면서 그 일당 모두 삼족을 멸했는데[262] 남녀노소를 가리지 않고 고모, 자매, 딸 등 이미 시집간 자도 모두 죽였다[趙注 : 「조상전(曹爽傳)」]. 왕릉(王淩)[263]의 누이동생은 곽회(郭淮)의 아내였는데, (왕)릉이 주살되자 (곽)회의 다섯 아들은 (어머니를 구하기 위해) (곽)회에게 머리를 땅에 쳐서 피를 흘리니 곽회는 차마 그대로 둘 수 없어 (사마)의에게 편지를 보내 주살을 면하도록 했다[趙注 : 「곽회전(郭淮傳)」].[264] 관구검(毌丘儉)이 주살될 때,[265] 그 아들 (관구)전(毌丘甸)의 아내 순(荀)씨도 연좌되

五百, 當斬右趾者棄市, 右趾者旣殞其命, 笞撻者往往至死, 雖有輕刑之名, 其實殺也. 當此之時, 民皆思復肉刑."

260) 『後漢書』 卷48 「楊終傳」, 1597면, "建初元年, 大旱穀貴, 終以爲廣陵·楚·淮陽·濟南之獄, 徙者萬數, 又遠屯絶域, 吏民怨曠, 乃上疏曰 : '…… 太宗至仁. 除去收孥. 萬姓廓然, 蒙被更生, 澤及昆蟲, 功垂萬世 ……'."

261) 『史記』 卷109 「李將軍列傳」, 2878면, "單于旣得陵, 素聞其家聲, 及戰又壯, 又以其女妻陵而貴之. 漢聞, 族陵母妻子"; 『史記』 卷122 「酷吏列傳」, 3150면, "歲餘, 會宛軍發, 詔徵豪吏, 溫舒匿其吏華成, 及人有變告溫舒受員騎錢, 他姦利事, 罪至族, 自殺. 其時兩弟及兩婚家亦各自坐他罪而族."

262) 『三國志』 「魏書」 卷9 「曹爽傳」, 288면, "於是收(曹)爽·羲·訓·(何)晏·(鄧)颺·(丁)謐·(畢)軌·(李)勝·(桓)範·當等, 皆伏誅, 夷三族."

263) 王淩 : 太原 祁縣 사람. 漢司徒 王允이 그의 叔父이다. 正始初 征東將軍 假節 都督揚州諸軍事가 되어 줄곧 淮南의 병권을 장악하고 있었다. 司馬懿가 曹爽을 주살하자, 外甥 令狐愚와 모의하여 宗室인 楚王彪를 許昌에서 황제로 세우고 司馬氏에 대항하려 했으나 발각되어 자살하였다.

264) 『三國志』 「魏書」 卷26 「郭淮傳」, 736면, 注1 "世語曰 : 淮妻, 王淩之妹. 淩誅, 妹當從坐, 御史往收. 督將及羌胡渠帥數千人叩頭請淮表留妻, 淮不從. 妻上道, 莫不流涕, 人人扼腕, 欲劫留之. 淮五子叩頭流血請淮, 淮不忍視, 乃命左右追妻. 於是追者數千騎, 數日而還. 淮以書白司馬宣王曰 : '五子哀母, 不惜其身; 若無其母, 是無五子; 無五子, 亦無淮也. 今輒追還, 若於法未通, 當受罪於主者, 覲展在近.' 書至, 宣王亦宥之."

265) 王淩이 난을 일으키다 죽자 毌丘儉이 그를 대신해 淮南의 군권을 장악하였다. 본래 夏侯玄, 李豊과 친했는데, 司馬氏가 그들을 주살하자 文欽과 함께 司馬氏 토벌을 명

어 죽어야 했으나, 오빠인 (순)의(荀顗)가 목숨을 살려달라고 청하니 이에 조서를 내려 이혼하게 했다. 그런데 순씨가 낳은 딸은 이미 유자원(劉子元)에게 시집을 갔지만 역시 연좌되어 죽어야 했는데, 임신을 했기 때문에 옥에 갇혀 있었고, 순씨는 노비가 되기를 청하여 그로써 딸의 목숨과 바꾸었다[趙注 : 생각건대, 순씨의 딸은 (관구)검의 손녀인데 역시 처벌을 면하지 못했으니, 이는 일족을 주살하는 것이 사족(四族)에 미친 것이며, 사마(司馬)씨의 잔혹함이 이와 같았다].[266] 정위(程威)[267]가 이에 "이미 출가한 딸은 부모에게 죄가 있으면 모름지기 형벌을 따라야 하고, 지아비의 일족이 주살되면 또한 모름지기 따라서 죽어야 하니, 이는 한 사람의 몸이 안팎으로 죄를 받는 것입니다. 남자는 다른 일족에서 죄를 받지 않는데, 여자만 두 가문에서 화에 저촉되니, 일이 공평하지 않은 경우에 속합니다. 청컨대 결혼하지 않아 자기 집에 있는 여자는 부모가 주살되는 데에 따르게 하고, 출가한 여자는 지아비 집안의 처벌에 따르도록 하십시오"라는 의론을 올리니 이에 이 제도를 고쳤다[趙注 : 『진서(晉書)』「형법지(刑法志)」].[268] 그 뒤 해결(解結)이 주살될 때에는 그 딸이 배(裴)씨에게 다음날 시집가야 할 참에 화가 생겼는데, 배씨는 그녀를 인정하여 살리고자 했으나 (해결의) 딸이 "집안이 이미 이처럼 되었으니 제가 어찌 살겠습니까"라고 말하며 역시 연좌되어 죽었다.[269] 무릇 시집을 가려고 하는데 지

분으로 군대를 일으켰으나 司馬師에게 패해 죽게 되었다.

266)『晉書』卷30「刑法志」, 926면, "丘儉之誅, 其子甸妻荀氏應坐死, 其族兄顗與景帝姻, 通表魏帝, 以爲其命. 詔聽離婚. 荀氏所生女芝, 爲潁川太守劉子元妻, 亦坐死, 以懷ㅃ繫獄. 荀氏辭詣司隸校尉何曾乞恩, 求沒爲官婢, 以贖芝命."

267)『晉書』卷30「刑法志」, 926면에는 '程咸'이라고 표기되었다.

268)『晉書』卷30「刑法志」, 926면, "使主簿程咸上議曰 : '夫司寇作典, 建三等之制; 甫侯修刑, 通輕重之法. 叔世多變, 秦立重辟, 漢又修之. 大魏承秦漢之弊, 未及革制, 所以追戮已出之女, 誠欲殄醜類之族也. 然則法貴得中, 刑愼過制. 臣以爲女人有三從之義, 無自專之道, 出適他族, 還喪父母, 降其服紀, 所以明外成之節, 異在室之恩. 而父母有罪, 追刑已出之女; 夫黨見誅, 又有隨姓之戮. 一人之身, 內外受辟. 今女旣嫁, 則爲異姓之妻; 如或産育, 則爲他族之母, 此爲元惡之所忽, 戮無辜之所重. 於防則不足懲姦亂之源, 於情則傷孝子之心. 男不得罪於他族, 而女獨嬰戮於二門, 非所以哀矜女弱, 蠲明法制之本分也. 臣以爲在室之女, 從父母之誅; 旣醮之婦, 從夫家之罰. 宜改舊科, 以爲永制.' 於是有詔改定律令."

아비의 집안에서 인정을 하면 죽지 않을 수 있었으니, 이미 관구검의 경우보다는 처벌이 조금 가벼워졌던 것이다. 그러나 한 사람에게 죄가 있다 하여 피해가 허물없는 사람에게 미쳤으니, 진한(秦漢) 이래 이 법 때문에 억울하게 죽은 사람이 모두 얼마인지 알 수가 없으며, 또한 하물며 북위에서 일족을 주살하는 것이 오족에 미친 데 있어서랴[趙注 : 『이아(爾雅)』에서는 내종(內宗)을 족(族)이라 하고 어머니나 아내 쪽 친척은 당(黨)이라 했다.[270] 이는 예전에 이른바 족이라는 것은 오로지 같은 성만을 가리켜 말했다는 것이다. 그러므로 공안국(孔安國)은 『상서(尙書)』에 나오는 구족(九族)을 일러 고조할아버지부터 현손까지라고 했으니, 곧 (『禮記』) 「상복소기(喪服小記)」에서 이른바 3을 5로 하고 5를 9로 한 것이다.[271] 후세에는 곧 아버지, 어머니, 아내를 삼족이라 오해하여 함부로 죽이는 것이 더욱 많아지기에 이르렀다. 고녕인(顧寧人)이 말하기를, 두예(杜預)로부터 비롯하여 외조부모, 작은 어머니의 자식, 아내의 부모, 고모의 자식, 누이들의 자식, 딸의 자식이 그것에 해당하게 되었다고 한다. 그러나 『한서(漢書)』에 있는 장안(張晏)의 삼족에 관한 주석을 보면, 부모, 형제, 처자라고 하고 있고, 여순(如淳)의 주석에서는 부족, 모족, 처족이라 했으니, 이러한 오류는 두예로부터 시작된 것이 아니다. 이제 생각건대, 사마씨가 조상, 왕릉, 관구검을 주살한 것은 비록 극히 참혹하기는 하지만 오히려 고모, 누이와 딸로서 다른 사람에게 시집간 이에 그쳤을 뿐이나, (북)위 태무(제)가 최호를 주살한 경우에는 노씨, 곽씨, 유씨에게 두루 미쳐 모두 그 일족이 주살되었으니,[272] 본족 이외에 어머니 일가, 아내 일가, 출가한 딸의 집안에까지 미친 것으로서, 어찌 여순, 두예의 주석이 남긴 해악이 아님을 알겠는가? 그러므로 붓으로 글을 쓰는 것은 신중하지 않을 수 없는 것이다].

---

269) 『晉書』 卷60 「解結傳」, 1633면, "時孫秀亂關中, 結在都, 坐議秀罪應誅, 秀由是致憾. 及系被害, 結亦同戮. 女適裴氏, 明日當嫁, 而禍起, 裴氏欲認活之, 女曰 : '家旣若此, 我何活爲!' 亦坐死. 朝廷遂議革舊制, 女不從坐, 由結女始也."

270) 『爾雅注疏』 卷4 「釋親」, 62~63면, 疏 "父爲至宗族. …… 母之至母黨. …… 妻之至妻黨."

271) 『禮記注疏』 卷32 「喪服小記」, 591면, "親親以三爲五以五爲九上殺下殺旁殺而親畢矣."

272) 『魏書』 卷35 「崔浩傳」, 826면, "眞君十一年六月誅浩, 淸河崔氏無遠近, 范陽盧氏 · 太原郭氏 · 河東柳氏, 皆浩之姻親, 盡夷其族."

193. 북위는 환관을 지방관으로 썼다魏以奄人爲外吏

후위(後魏)에서는 환관을 지방관[外吏]으로 많이 썼다. 「양범전(楊範傳)」에, 영태후(靈太后)가 임조하고서 환관 가운데 지위가 높은 자는 모두 중요한 지방관[方岳]273)으로 쓰기를 허락하였다고 했으니,274) 그러므로 환관이 많이 지방관이 되었다. 그런데 지금 『위서(魏書)』를 살펴보면, 영태후로부터 비롯된 것은 아니다. 무릇 북위는 적몰(籍沒)하는 제도가 매우 엄격하여 관리로서 죄가 있는 자가 한번 적몰되면 부녀자는 액정궁(掖廷宮)으로 들어가고 남자 가운데 어린 이는 환관이 되었으므로 그 가운데 종종 사인(士人)의 자손으로서 의리를 알고 재능을 갖춘 자가 있었다. 예를 들어 구락제(仇洛齊)275)는 그 아버지가 본래 전중시어사(殿中侍御史)였는데,276) (구)락제는 태무제(太武帝) 때 환관이 되었으며, 능라호(綾羅戶)277)가 지방장관에 속하지 않고 숨거나 이탈하는 경우가 많자 이내 모두 군현으로 돌려보내 줄 것을 주청하였다.278) 나중에 기주자사(冀州刺史)가 되어

---

273) 方岳 : 四方의 岳. 東岳은 岱宗, 南岳은 衡山, 西岳은 華山, 北岳은 恒山을 가리키며, 方嶽 혹은 四岳이라고도 한다(『書經』「周官」"王乃時巡考制度于四岳, 諸侯各朝于方岳, 大明黜陟(傳 : 觀四方諸侯 各朝于方岳之下)").

274) 『魏書』卷94「閹宦」「楊範傳」, 2030면, "中官內侍貴者, 靈太后皆許其方岳, 以範年長, 拜跪爲難, 所司非要, 故得早遂其請."

275) 仇洛齊(?~453) : 北魏 中山郡(지금의 河北省 定州) 사람으로 本姓은 侯이며, 외삼촌 仇嵩에게 양육되어 姓을 바꾸었다. 조카인 魯元의 덕으로 太武帝를 入侍하게 되었다. 給事黃門侍郎으로 起家하였다. 始光 3년(426) 太武帝에게 사적으로 점유한 營戶와 雜戶를 罷하여 郡縣에 속하게 하여 賦役을 통일할 것을 상소하였다. 神䴥 3년(430) 北涼 평정에 종군하여 散騎常侍 中書令이 되었다. 후에 侍中 內都大官을 역임하였다.

276) [王注]『魏書』卷94「閹宦」「仇洛齊傳」, 2013면에는 그 (아버지가 아니라) 養父가 慕容垂의 殿中侍御史였다고 했으니, 本篇에서는 '其祖'라고 칭하면서 또 어느 朝의 官인지 말하지 않았으며, 西畲本에는 '祖'字를 '父'로 바꾸었지만, 문장의 뜻은 역시 완전하지 않다.

277) 綾羅戶 : 北魏의 伎作戶의 일종으로 官府作坊이 점유한 人戶이며, 綾羅를 만들기 때문에 붙여진 이름이다. 州縣에 속하지 않고 雜戶帥, 혹은 營戶帥가 관리하였다. 후에 罷하여 州縣에 속하게 했다.

278) 『魏書』卷94「閹宦」「仇洛齊傳」, 2013면, "…… 於是雜, 營戶帥遍於天下, 不屬守

나가니 유능하다는 명성이 있었다. 왕거(王琚)의 선조는 진(晉) 예주자사(豫州刺史)였는데, (왕)거는 형벌을 당해 입궁하게 되어 여러 황제를 거치며 섬겼고 뜻이 공정함에 있었다. 기주자사가 되어 나갔고 나이가 들어 벼슬을 그만두었다. 효문제(孝文帝) 때 낙양(洛陽) 천도에 따라갔는데 집이 가난하여 특별히 비단을 하사받았다.[279] 조흑(趙黑[280])의 선조는 본래 진(晉) 평원장군(平遠將軍)이었는데, (조)흑은 적몰되어 환관이 되었으나 선부상서(選部尙書) 벼슬을 하며 능히 스스로 삼가며 힘썼고, 관직에 맞게 임명하고 천거하니 자못 인재를 얻을 수 있었다. 헌문(제)(獻文帝)이 제위를 경조왕(京兆王) (탁발)자추(拓跋子推)에게 물려주려고 하였으나 (조)흑이 죽음으로써 태자를 받들기를 원하여 효문(제)이 이 때문에 책립될 수 있었다. 나중에 정주자사(定州刺史)가 되어 나가서는 스스로를 억제하며 청렴하게 지냈고 공과 사를 걱정하며 공평하게 하였는데, 어떤 이가 뇌물을 주려고 하자 (조)흑은 "고관은 봉록이 후하여 충분히 자급할 수 있는데, 감히 공을 팔아 사를 영위하겠는가!"라고 말했다. 효문(제)이 이를 듣고 특별히 비단과 곡식을 하사했다.[281] 손소(孫小)의 아버지는 본래 요씨의 진나라(姚秦,

---

宰, 發賦輕易, 民多私附, 戶口錯亂, 不可檢括. 洛齊奏請罷之. 一屬郡縣."

279)『魏書』卷94「閹宦」「王琚傳」, 2015면, "王琚, 高平人, 自云本太原人. 高祖始, 晉豫州刺史. 琚以泰常中被刑入宮禁, …… 高祖以琚歷奉先朝, 志在公正, 授散騎常侍. 後爲侍中、征南將軍、冀州刺史, 假廣平王. 還京, 以其年老, 拜散騎常侍, 養老於家. 前後賜以車馬衣服雜物不可稱計. 高祖以其朝舊, 遣左右勞問之. 琚附表自陳初至家多乏, 蒙賜帛二百匹."

280) 趙黑(?~482) : 北魏 酒泉郡 安彌縣 사람으로 初名은 海, 字는 文靜이다. 본래 涼州의 隸戶였으나 太武帝가 北涼을 멸한 후 적몰되어 閹人이 되었다. 近侍가 되어 選部尙書가 되어 사람을 평가하여 추천하는데 능했다. 獻文帝가 숙부 京兆王 子推에게 양위하려 하자 홀로 죽음으로써 반대하였다. 孝文帝가 즉위한 후 馮太后와 孝文帝의 총애를 얻었다. 尙書 李訢과 殿庭에서 다투다가 참소당하여 門士가 되었다. 다시 복직하여 尙書右僕射가 되어 選部를 관장하였다. 후에 王으로 봉해졌으며 冀州刺史로 재직중에 죽었다.

281)『魏書』卷94「閹宦」「趙黑傳」, 2017면, "轉選部尙書, 能自謹厲, 當官任舉, 頗得其人. …… 顯祖將傳位京兆王子推, 訪諸羣臣, 百官唯唯, 莫敢先言者, 唯源賀等詞義正直, 不肯奉詔. 顯祖怒, 變色, 復以問黑. 黑曰 : '臣愚無識, 信情率意. 伏惟陛下春秋始富, 如日方中, 天下說其盛明, 萬物懷其光景, 元元之心, 願終萬歲. 若聖性淵遠, 欲頤神味道者, 臣黑以死奉戴皇太子, 不知其他.' 顯祖默然良久, 遂傳祚于高祖. …… 出

곧 후진]의 호군(護軍)으로 성을 지키다 순절했고, (손)소는 적몰되어 궁형(宮刑)에 처해졌다. 나중에 병주자사(幷州刺史)가 되어 나갔는데, 주에 속한 네 군의 사람 백여 명이 궁궐에 이르러서 그의 정치와 교화를 칭송하였다. 나중에 기주자사로 옮겨서도 청렴 절약하고 스스로 단속하여 당시 지방관 가운데 그에게 미칠 수 있는 사람이 없었다.[282] 그밖에도 포억(抱嶷)은 충성과 근실함으로 발탁되었다가 나중에 늙고 병들었다 하여 외직을 구해 이내 나아가 경주자사(涇州刺史)가 되었는데, 스스로 늙은 환관 사람이라 하며 정치를 하면서 법을 제대로 지키는 경우가 많았다.[283] 왕질(王質)은 글씨와 학문에 능하여 영주자사(瀛州刺史)가 되었는데, 10년 동안 주에 있으면서 조야한 행동을 교화시키고 간악함을 살펴 규찰하고 그 실제 사정을 궁구하니 백성들이 그를 경외하면서도 복종했다.[284] 이는 모두 영태후 이전에 환관이 지방관리가 되어 역시 그 벼슬에 근면할 수 있었던 자들인 것이다. 영태후 이후로 양범(楊範)이 백수태수(白水太守)가 되었고[285] 왕온(王溫)이 거록태수(鉅鹿太守), 영주자사(瀛州刺史)가 되었으나[286]

爲假節、鎭南大將軍、儀同三司、定州刺史, 進爵爲王. 克己淸儉, 憂濟公私. 時有人欲行私賂, 黑曰 : '高官祿厚, 足以自給, 賣公營私, 本非情願.' 終無所納. 高祖、文明太后幸中山, 聞之, 賜帛五百匹、穀一千五百石. 轉冀州刺史."

282) 『魏書』 卷94 「閹宦」 「孫小傳」, 2018면, "孫小, 字茂翹, 咸陽石安人. 父瓚, 姚泓安定護軍. 爲赫連屈丐所侵, …… 見殺. 小沒入宮刑. …… 出爲冠軍將軍、幷州刺史, 進爵中都侯, 州內四郡百餘人詣闕頌其政化. 後遷冀州刺史, 聲稱微少於前. 然所在淸約, 當時牧伯無能及也."

283) 『魏書』 卷94 「閹宦」 「抱嶷傳」, 2022면, "小心愼密, 恭以奉上, 沉跡冗散, 經十九年. 後以忠謹被擢, 累遷爲中常侍, 安西將軍, 中曹侍御、尙書, 賜爵安定公. …… 嶷老疾, 請乞外祿, 乃以爲鎭西將軍、涇州刺史, 特加右光祿大夫. 將之州, 高祖餞於西郊樂陽殿, 以御白羽扇賜之. 十九年, 被詔赴洛, 以刺史從駕南征, 常參侍左右. 以嶷耆舊, 每見勞問, 數追稱嶷之正直. 命乘馬出入行禁之間, 與司徒馮誕同例. 軍回還州. 自以故老前宦, 爲政多守往法, 不能遵用新制."

284) 『魏書』 卷94 「閹宦」 「王質傳」, 2025면, "頗解書學, …… 出爲鎭遠將軍、瀛州刺史. 質在州十年, 風化粗行, 察姦糾慝, 究其情狀, 民庶畏服之."

285) 『魏書』 卷94 「閹宦」 「楊範傳」, 2029면, "世宗崩, 高陽王雍總政, 出爲白水太守, 加龍驤將軍."

286) 『魏書』 卷94 「閹宦」 「王溫傳」, 2031면, "溫於臥中起肅宗, 與保母扶抱肅宗, 入踐帝位. 高陽王雍旣居冢宰, 慮中人朋黨, 出爲鉅鹿太守, 加龍驤將軍. …… 靈太后臨朝,

모두 칭찬할 만한 것이 없다.[287] 대저 조정의 성쇠를 또한 살펴보면 현명하기도 하고 아니기도 하니, 조정이 정숙하다면 환관[刑餘]이 관리가 되더라도 또한 절조를 닦고 공정함을 받들지만, 조정이 이완되면 사대부 역시 욕심을 부리며 함부로 행동하는 경우가 많으니, 하물며 이들 무리에 있어서라[趙注 : 『위서』 「엄환전(奄宦傳)」을 함께 보라].

194. 북위 효문제의 낙양 천도魏孝文遷洛

(북)위(北魏) 효문제(孝文帝)는 나라 풍속이 전대의 비루함을 잇고 있다고 여겨 낙양(洛陽)으로 옮김으로써[288] 옛 풍습을 변화시키려고 하였다. 대신들이 그것을 바라지 않을 것을 염려하여 곧 경사(京師)의 보병과 기병 백여 만을 출동시켜 남쪽을 정벌한다 하면서 낙양에 이르렀는데, (효문)제가 군복을 입은 채 채찍을 잡고 나가서니 여러 신하들이 말 앞에서 이마를 땅에 닿도록 조아리며 남벌을 정지할 것을 청하였고, (효문)제가 "오늘날 거사로 일으킨 것이 적지 않으니, 움직여서 이룬 것이 없으면 무엇을 후세에 보이겠는가? 만약 남벌하지 않는다면 곧 도읍이라도 낙양으로 옮겨야 할 것이다"라고 말하였다. 이에 천도의 계획을 논의하였다.[289] 이듬

徵還爲中常侍、光祿大夫, 賜爵欒城伯, 安東將軍, 領崇訓太僕少卿. 特除使持節、散騎常侍、撫軍將軍、瀛州刺史."

287) 楊範과 王溫의 列傳을 유능한 환관인 仇洛齊, 趙黑 등의 列傳과 비교해 보면 그 外吏로서 칭송한 서술이 전혀 없다.

288) 효문제의 낙양 천도와 관련한 국내 논문으로는, 박한제, 「魏晉-隋唐時代 胡族君主의 中華帝王으로의 變身過程과 그 論理-'다민족국가'형성의 계기에 대한 탐색」, 『중앙아시아연구』 9집, 2004와 박한제, 「魏晉南北朝時代 각 왕조의 首都 선정과 그 의미-洛陽과 鄴都」, 『歷史學報』 168집, 2000을 참고하라.

289) 『魏書』 卷7下 「高祖紀下」, 172~173면, "己丑, 車駕發京師, 南伐, 步騎百餘萬. …… 丙子, 詔六軍發軫. 丁丑, 戎服執鞭, 御馬而出, 羣臣稽顙於馬前, 請停南伐, 帝乃

해 평성궁(平城宮)에 이르러 옮길 부류와 남길 부류를 나누었다. 또 태극전(太極殿)에 임하여 대(代)의 여러 신하에게 천도의 대략을 밝혔다[趙注 : 본기].[290] 이때 옛 신하의 대부분이 옮기는 것을 바라지 않았으므로, (효문)제는 먼저 임성왕(任城王) 탁발징(拓跋澄[291])과 그것을 논의하여 "평성(平城)은 무예를 쓰는 땅이라 문화를 일으킬 수 있는 곳이 아니니, 마땅히 중원에서 천하를 밝게 다스려야 한다"라고 말하였고, (탁발)징이 힘써 찬성하니 이에 결정하였다[趙注 : 「탁발징전(拓跋澄傳)」].[292] (효문)제는 또 원찬(元贊) 등에게 "짐이 천자가 되었는데 어찌 중원(의 권위)을 빌리려 하겠는가. 그대 등의 자제에게 널리 견식을 갖고 지혜를 많게 하고자 할 따름이다. 만약 영구히 항북(恒北)에 거처한다면 그대들의 자제는 담벼락을 마주한 것과 같음을 면하지 못할 것이다"라고 말하였다[趙注 : 「광릉왕(廣陵王) 탁발우전(拓跋羽傳)」].[293] 또 일찍이 우렬(于烈[294])에게 "옮기는 것과 머무르는 것 가운데

止. 仍定遷都之計."

290) 『魏書』 卷7下 「高祖紀下」 174면, "(太和 18年 2月)壬辰, 帝臨太極殿, 諭在代羣臣以遷移之略."

291) 拓跋澄(?~519) : 元澄이라고도 하며 字는 道鏡이다. 孝文帝의 당숙으로 任城王을 襲封하였다. 征北將軍이 되어 柔然을 토벌하였고, 梁州刺史가 되어 氐·羌을 귀순시켰다. 徐州刺史·中書令·尙書令을 역임하였다. 孝文帝가 洛陽으로 遷都하려 하자 兼右僕射로써 平城에 留守하여 恒州刺史 穆泰의 난을 진압하였다. 宣武帝 때 顧命大臣이 되었으며, 尙書令 高肇가 전권을 휘두를 때 해를 입을까 두려워하여 하루 종일 술을 마셨다. 孝明帝가 즉위하자 利國濟民事 10條와 墾田授受의 제도 8條를 상주하였다. 시호는 文宣王이다.

292) 『魏書』 卷19下 「任城王澄傳」, 464면, "乃獨謂澄曰 : '今日之行, 誠知不易. 但國家興自北土, 徙居平城, 雖富有四海, 文軌未一, 此間用武之地, 非可文治, 移風易俗, 信爲甚難. 崤函帝宅, 河洛王里, 因茲大擧, 光宅中原, 任城意以爲何如?' 澄曰 : '伊洛中區, 均天下所據, 陛下制御華夏, 輯平九服, 蒼生聞此, 應當大慶.' …… 高祖大悅曰 : '若非任城, 朕事業不得就也.' 從幸鄴宮, 除吏部尙書."

293) 『魏書』 卷21上 「廣陵王羽傳」, 550면, "朕自行禮九年, 置官三載, 正欲開導兆人, 致之禮教. 朕爲天子, 何假中原, 欲令卿等子孫, 博見多知. 若永居恒北, 値不好文主, 卿等子孫, 不免面牆也"; 『北史』 卷19 「廣陵王羽傳」, 698면, "初孝文引陸叡、元贊等前, 曰 : '朕爲天子, 何假中原? 欲令卿等子孫博見多知. 若永居恒北, 遇不好文王, 卿等子弟不免面牆也.' 陸叡對曰 : '實如明詔. 金氏若不入仕漢朝, 七葉知名, 亦不可得也.' 帝大悅."

294) 于烈(437~501) : 北魏 代郡 사람이다. 羽林中郎·殿中尙書를 역임하였다. 孝文帝가

어느 쪽이 편한가”라고 물으니, (우)렬이 “성명(聖明)하신 책략이 심원하니 어리석은 제 생각이 미칠 바가 아닙니다. 만약 (본)마음을 숨겨서 말하자면 옮기기를 좋아하는 것과 옛 것을 아끼는 것이 반반일 뿐입니다”라고 대답하였다. (효문)제가 “경은 같고 다름을 드러내 말하지 않는데, 짐은 말하지 않음의 이로움을 깊이 느낀다”라고 말했다[趙注 : 「우열전(于烈傳)」].[295] 그때 목태(穆泰), 육예(陸叡)가 천도를 두려워하여 반란을 도모하였는데, (목)태는 양평왕(陽平王) (탁발)신(拓跋頣)을 추대하여 임금으로 삼고자 했으나 일이 실패하여 사사되었다[趙注 : 「목태전(穆泰傳)」].[296] 낙양에 천도한 뒤에 태자 탁발순(拓跋恂)[297]이 금용(성)(金墉城[298])을 지켰는데, 하남(河南)의 더위를 두려워하여 목마(牧馬)를 불러 간단한 기병 차림으로 대로 도망가고자 하였으나, 원휘(元徽)가 문을 막고 그를 저지하자 이에 그쳤다.[299] (효

洛陽으로 遷都할 때 명을 받들어 平城을 지켰다. 領軍將軍에 제수되었고, 宣武帝가 즉위한 후 조서를 받들어 咸陽王 元禧의 권력을 빼앗고 元禧의 반란을 진압하였다. 散騎常侍 車騎大將軍 領軍將軍에 제수되었으며 禁中을 숙직하며 機密에 參預하였다.

295) 『魏書』 卷31 「于烈傳」, 738면, “及遷洛陽, 人情戀本, 多有異議, 高祖問烈曰 : ‘卿意云何?’ 烈曰 : ‘陛下聖略淵遠, 非愚管所測. 若隱心而言, 樂遷之與戀舊, 唯中半耳.’ 高祖曰 : ‘卿旣不唱異, 卽是同, 深感不言之益’.”

296) 『魏書』 卷27 「穆泰傳」, 663면, “泰不願遷都, 叡未及發而泰已至, 遂潛相扇誘, 圖爲叛. 乃與叡及安樂侯元隆, …… 鎭北將軍、樂陵王思譽等謀推朔州刺史陽平王頣爲主. 頣不從, 僞許以安之, 密表其事. …… 不克, 單馬走出城西, 爲人擒送. …… 高祖幸代, 親見罪人, 問其反狀, 泰等伏誅.”

297) 拓跋恂(483~497) : 字는 元道이며, 후에 宣道로 바꾸었다. 孝文帝의 아들로 太和 17년(493) 皇太子로 봉해졌다. 孝文帝가 南征할 때 洛陽을 지켰다. 체구가 비대하여 河南의 더위를 이기지 못하여 북쪽으로 돌아가려고 하였다. 또 사사로이 胡服을 입었는데, 中庶子 高道悅이 간언하자 이를 원망하였다. 太和 20년(496) 좌우와 모의하여 平城으로 달아나려 하였으나 高道悅에게 잡혔다. 孝文帝는 그를 때린 후 庶人으로 폐하여 河陽 無鼻城에 가두었다. 후에 御史中尉 李彪가 그가 謀逆을 꾀한다고 상주하여 賜死되었다.

298) 金墉城 : 曹魏의 明帝 때 축조되었다. 故址는 지금의 河南省 洛陽市 동쪽에 있는 白馬寺의 동쪽 漢魏洛陽故城 서북쪽 모퉁이에 있다. 城內에 西宮(西晉 때 永昌宮으로 개명)을 만들었다. 魏晉時代 폐위된 皇帝와 后妃들이 이곳에 유폐되었다. 성이 작으나 견고하여 공격과 수비의 요지였다. 東晉 太寧 3년(325) 後趙의 石生이 金墉城을 지키며 前趙의 군대를 포위공격을 막아냈다. 北魏初 金墉은 ‘河南四鎭’의 하나였다. 唐 貞觀 연간 성이 폐쇄되었다. 지금은 故址를 阿斗城이라 칭한다.

문)제는 마침내 (탁발)순을 폐위해서 서인으로 삼았다가 이어 역시 죽음을 내렸다[趙注 : 「탁발순전(拓跋恂傳)」].[300] (효문)제는 조정 신료를 불러 모아서 조서를 내려 북방의 말[北語]을 끊고 하나같이 중국어[正音]를 따르도록 하였는데, 나이 서른 이상은 습성이 이미 오래되어 혹 바꾸는 것이 불가하더라도, 서른 이하로 현재 조정에 있는 자는 말을 예전 그대로 쓰는 것을 허락하지 않았고, 어기는 사람은 맡고 있는 벼슬을 면직했다. 또 조서를 내려 의복 제도를 혁신하도록 했다. 일찍이 외출했다가 부녀자들이 여전히 옷깃이 좁고 소매가 작은 것을 보고는 곧 함양왕(咸陽王) (탁발)희(拓跋禧) 등을 질책했다[趙注 : 「탁발희전(拓跋禧傳)」].[301] 또 조서를 내려 낙양으로 옮긴 사람이 죽었을 때는 하남(河南)에 묻고 북으로 돌아가지 못하도록 했다. 이에 낙양으로 옮긴 대(代)사람들(곧, 대천호(代遷戶)이다)은 모두 낙양 사람이 되었다. 또 조서를 내려 황실의 성을 원(元)씨로 고쳤다[趙注 : 본기].[302] 대개 (효문)제는 문학에 뛰어나 (선비족의) 본래 풍속이 누추한 것을 싫어하고 중국 풍습으로 그것을 변화시키려고 하였으므로 이런 거사를 일으키

---

299) 【王注】 이것은 『北史』 卷19 「元恂傳」, 713~714면에 의거하였고, 『魏書』 卷22 「元恂傳」에는 '元徽'를 '元儼'으로 쓰고 있다.

300) 『魏書』 卷22 「廢太子恂傳」, 588면, "恂不好書學, 體貌肥大, 深忌河洛暑熱, 意每追樂北方. …… 高祖幸崧岳, 恂留守金墉, 於西掖門內與左右謀, 欲召牧馬輕騎奔代, …… 領軍元儼勒門防遏, 夜得寧靜. …… 乃廢爲庶人, 置之河陽, 以兵守之, 服食所供, 粗免飢寒而已. …… 賜恂死, 時年十五."

301) 『魏書』 卷21上 「咸陽王禧傳」, 536면, "高祖曰 : '自上古以來及諸經籍, 焉有不先正名, 而得行禮乎? 今欲斷諸北語, 一從正音. 年三十以上, 習性已久, 容或不可卒革; 三十以下, 見在朝廷之人, 語音不聽仍舊. 若有故爲, 當降爵黜官. 各宜深戒. 如此漸習, 風化可新. 若仍舊俗, 恐數世之後, 伊洛之下復成被髮之人. 王公卿士, 咸以然不?' 禧對曰 : '實如聖旨, 宜應改易.' 高祖曰 : '朕嘗與李沖論此, 沖言 : '四方之語, 竟知誰是? 帝者言之, 卽爲正矣, 何必改舊從新.' 沖之此言, 應合死罪.' 乃謂沖曰 : '卿實負社稷, 合令御史牽下.' 沖免冠陳謝. 又引見王公卿士, 責留京之官曰 : '昨望見婦女之服, 仍爲夾領小袖. 我徂東山, 雖不三年, 旣離寒暑, 卿等何爲而違前詔?' 禧對曰 : '陛下聖過堯舜, 光化中原, 臣雖仰稟明規, 每事乖互, 將何以宣布皇經, 敷贊帝則. 舛違之罪, 實合刑憲' 高祖曰 : '若朕言非, 卿等當須庭論, 如何入則順旨, 退有不從. 昔舜語禹, 汝無面從, 退有後言, 其卿等之謂乎?'"

302) 『魏書』 卷7下 「高祖紀」下, 178~179면, "(太和 19年)丙辰, 詔遷洛之民, 死葬河南, 不得還北. 於是代人南遷者, 悉爲河南洛陽人. …… 二十年春正月丁卯, 詔改姓爲元氏."

는 것을 꺼리지 않았던 것이다. 그러나 국세가 쇠퇴하는 것은 실로 여기에서 비롯되었으니, 제위를 한 번 전해서 선무제(宣武帝)로, 다시 전해서 효명제(孝明帝)로 이어진 후 나라의 운명은 옮아가게 되었던 것이다. 대개 오로지 문화를 일으킴으로써 옛 제왕에 견주기만을 바랐을 뿐 군사적인 부분이 이미 점차 이완되었음을 알지 못했던 것이다. 앞서 도무제(道武帝)는 하적간(賀狄干)을 파견해 (후)진(後秦)으로 가게 했는데, 요흥(姚興)에게 억류되고 말았으며, 그에 따라 (하적간은) 장안(長安)에 있으면서 책을 읽어 『상서(尙書)』『논어(論語)』에 통달하고 행동거지가 유학자와 비슷하게 되었다. 나중에 돌아왔지만, 도무(제)는 그가 중국 사람과 비슷한 것을 보고 마침내 그를 살해했다[趙注 : 「하적간전(賀狄干傳)」].303) 명원제(明元帝) 때에 어떤 사람이 "나라가 마땅히 업(鄴)으로 도읍을 옮겨야 합니다"라고 말했는데, 최호(崔浩)가 "올바른 계책이 아닙니다. 지금은 북방에 자리 잡고 있어, 만약 산동(山東)에 일이 있으면 곧 날쌘 기병을 남쪽으로 나아가게 하면, 누구라도 많고 적음을 알 것이며, 백성들은 우러러보고 멀리서 복종하게 되니, 이것이 나라의 위엄이 사방 이민족들을 제압하는 좋은 계책입니다. 만약 남쪽으로 옮기면 곧 종인(種人 : 여기서는 鮮卑族)들은 몇 주의 땅을 채우지 못할 것이며 수풀 아래에 섞여 살면서 물과 토질에 익숙하지 않아 질병으로 죽거나 상할 것이고, 실정이 보이고 사실이 드러나게 되면 사방에서 그것을 듣고는 가벼이 업신여기는 뜻을 가지게 될 것이므로, 곧 명성과 실제 모두가 손해일 것입니다"라고 답했다[趙注 : 「최호전(崔浩傳)」].304) 이

303) 『魏書』 卷28 「賀狄干傳」, 686면, "狄干在長安幽閉, 因習讀書史, 通論語、尙書諸經, 擧止風流, 有似儒者. 初, 太祖普封功臣, 狄干雖爲姚興所留, 遙賜爵襄武侯, 加秦兵將軍. 及狄干至, 太祖見其言語衣服, 有類羌俗, 以爲慕而習之, 故忿焉, 旣而殺之."

304) 『魏書』 卷35 「崔浩傳」, 808면, "神瑞二年, 秋穀不登, 太史令王亮, 蘇垣因華陰公主等言讖書國家當治鄴, 應大樂五十年, 勸太宗遷都. 浩與特進周澹言於太宗曰 : '今國家遷都於鄴, 可救今年之飢, 非長久之策也. 東州之人, 常謂國家居廣漠之地, 民畜無算, 號稱牛毛之衆. 今留守舊都, 分家南徙, 恐不滿諸州之地. 參居郡縣, 處榛林之間, 不便水土, 疾疫死傷, 情見事露, 則百姓意沮. 四方聞之, 有輕侮之意, 屈丐, 蠕蠕必提挈而來, 雲中, 平城則有危殆之慮, 阻隔恒代千里之險, 雖欲救援, 赴之甚難, 如此則

는 또한 나라를 세운 군신의 깊고도 먼 생각이었던 것이다.

고녕인(顧寧人, 顧炎武)이 말하길,[305] "중국(中國)의 풍속은 바깥 이민족[外番]만 같지 않은 것이 많이 있다. 『요사(遼史)』에서 '거란(契丹)의 생계는 목축에서 공급을 바라는데, 털을 잇고 우유를 마시는 것을 입고 먹는 것으로 한다. (평상시의) 수고로운 일을 익숙하게 익히고 복잡하고 화려한 것을 보려 하지 않으므로 집안은 넉넉하고 사람은 풍족하며 군사 준비가 완전히 정돈된다'라고 말했다.[306] 『금사(金史)』에서 세종(世宗)이 '여진(女眞)의 옛 풍속은 비록 글을 알지는 못하지만, 천지에 제사하고 친척을 공경하고 늙은이를 모시고 손님을 접대하는 것 모두가 자연스럽게 나온다'라고 말했다.[307] 이에 여진족이 한족 성으로 고쳐 칭하거나 남쪽 사람의 옷차림을 배울 수 없도록 금지했고, 이를 범하는 자는 죄에 이르게 했다. 또 '요(遼)나라는 옛 풍습을 잃지 않았는데, 짐은 이것을 옳다고 생각한다. 해릉(왕)(海陵王)[308]이 한족을 따라 배운 것은 근본을 잊어버린 것이다. 만약 나라의 옛 풍습에 의거하면 오래가는 계책이 될 것이다'라고 말했다.[309] 『금사』「식화지(食貨志)」에서도 역시 '금(金)나라 중엽 이후로는 요나라의 검박함을 업신여기고 송(宋)나라의 번잡하게 화려한 문화를 이었으며, 또 송나라의 관대하고 부드러움을 경계하고 요나라의 엄격함을 쓰는 정치였으니, 이것은 두 나라의 장점을 버리고 오로지 그 단점만을 쓴

聲實俱損矣'."

305) [王注]『日知錄』卷29「外國風俗」條를 보라.

306)『遼史』卷32「營衛志中」「序言」, 377면, "舊志曰 : '…… 仰給畜牧, 績毛飮湩, 以爲衣食. 各安舊風, 狃習勞事, 不見紛華異物而遷. 故家給人足, 戎備整完. ……'."

307)『金史』卷7「世宗紀」, 164면, "(大定 16年)丙寅, 上與親王、宰執、從官從容論古今興廢事, 曰 : '…… 女直舊風最爲純直, 雖不知書, 然其祭天地, 敬親戚, 尊耆老, 接賓客, 信朋友, 禮意款曲, 皆出自然, 其善與古書所載無異. 汝輩當習學之, 舊風不可忘也.'"

308)『金史』卷5「海陵本紀」91면, "廢帝海陵庶人亮, 字元功, 本諱迪古乃, 遼王宗幹第二子也. 母大氏. 天輔六年壬寅歲生."

309)『金史』卷89「移剌子敬傳」, 1989면, "子敬與同簽宣徽院事移剌神獨斡侍, 上曰 : '亡遼不忘舊俗, 朕以爲是. 海陵習學漢人風俗, 是忘本也. 若依國家舊風, 四境可以無虞, 此長久之計也.'"

것이다. 금나라 말기에 이르러 국가재정이 쉽게 고갈하고 민심이 쉽게 이반한 것은 실로 여기서 연유한다. 법을 만든 것을 (애당초) 신중하게 하지 않고[310] 법을 고쳐 그 폐단을 구제하려고 하면 오로지 더욱 심각한 사태가 일어나게 된다'라고 말하였다.[311] 이는 또한 백성들을 다스리는 권세를 쥔 사람이 마땅히 주의를 더해야 하는 바이다"라고 했다.

195. 북위 효문제의 학문魏孝文帝文學

고금의 제왕 가운데 재주와 학식으로 저명한 이로는 조위(曹魏) 부자와 소량(蕭梁) 부자가 으뜸이지만,[312] 그러나 이들은 모두 중국 사람으로 어려서부터 학문을 쌓았다. 오직 (북)위(北魏) 효문제(孝文帝)만은 본래 북방 풍속 가운데서 났고 다섯 살에 제위에 올랐으니, 이 어찌 유학을 하는 스승의 훈도가 있어 경전을 들고 수업을 청함이 경전을 배우는 서생의 집안에서 하는 바와 같았겠는가만, 그 총명함이 일찍 성숙하여 보통 이치로는 논할 수 없는 바가 있었다. 사서에서는 그가 책 읽기를 좋아하여 손에서 책을 놓지 않았다고 기술하였고, 오경(五經)의 뜻은 보면 바로 강론할 수 있었으며, 역사와 백가의 학문은 널리 읽지 않음이 없었다고 했다. 장(莊), 노(老)에 대한 이야기를 잘 한 것은 물론 불교의 뜻에 대해서는 더욱 정통

---

310) **[王注]**『日知錄』(卷29「外國風俗」條) 원문에 의거하면, '不愼' 밑에 '厥初' 두 글자를 응당 보충해 넣어야 한다.

311)『金史』卷46「食貨志」「序言」, 1030~1031면, "及其中葉, 鄙遼儉朴, 襲宋繁縟之文; 懲宋寬柔, 加遼操切之政. 是棄二國之所長, 而襲用其所短也. 繁縟勝必至於傷財, 操切勝必至於害民. 訖金之世, 國用易匱, 民心易離, 豈不由是歟. 作法不愼厥初, 變法以捄其弊, 秪益甚焉耳."

312) 曹魏시대의 曹操, 曹丕, 曹植 등 소위 '三曹'와 梁의 武帝(蕭衍) 昭明太子(蕭統), 簡文帝(蕭綱) 元帝(蕭繹)이 이들이다.

하였고, 글재주가 풍부하여 문장을 잘 지었으니, 시부(詩賦)나 명송(銘頌)은 흥에 따라 바로 지었다. 훌륭한 문장력이 있어, 말에 탄 채 입에서 나오면 완성할 때까지 한 글자도 고치지 않았다. 태화(太和) 10년(486) 이후로 나온 조책(詔冊)은 모두 (효문)제가 지은 글이고, 다른 문장으로도 오히려 백여 편이나 되었다고 했다.[313] 사론(史論)에서도 또한 (효문)제는 몸을 삼가고 도리에 밝아 옛 도를 헤아리며 빛나는 글재주가 있었으니, 천지를 다스린 것으로 시호를 올림이 실로 헛되지 않다고 논했다.[314]

이제 각 열전에서 산견되는 바를 모아 적어 본다. (효문)제가 황신당(皇信堂)에서 종실들에게 연회를 베풀었을 때 임성왕(任城王) (탁발)징(拓跋澄)에게 7언 연운시(連韻詩)를 짓도록 하여 (효문)제가 번갈아하며 즐거움을 다한 다음에야 그만두었다[趙注 : 「탁발징전(拓跋澄傳)」].[315] (효문)제가 현호(懸瓠)를 정벌하면서 연회를 베풀었는데, 수행한 신하들과 함께 싯구를 이어갔다. (효문)제가 "밝은 태양 하늘에 빛나며 비추지 않는 곳 없건만, 강 동쪽 한 모퉁이만 홀로 아직 비추이지 않았네"라고 노래하자, 팽성왕(彭城王) 탁발협(拓跋勰)[316]은 "성군의 명철함을 따라 형(산)(衡山)과 회(계산)(會稽山)에 올라, 온 나라 정성을 다해 일외(日外)를 하나로 하기 바라오니"라고 화답

---

313) 『魏書』 卷7下 「高祖紀」, 187면, "雅好讀書, 手不釋卷. 五經之義, 覽之便講, 學不師受, 探其精奧. 史傳百家, 無不該涉. 善談莊老, 尤精釋義. 才藻富贍, 好爲文章, 詩賦銘頌, 任興而作. 有大文筆, 馬上口授, 及其成也, 不改一字. 自太和十年已後詔冊, 皆帝之文也. 自餘文章, 百有餘篇."

314) 『魏書』 卷7下 「高祖紀」, 187면, "史臣曰 : '…… 若乃欽明稽古, 協御天人, 帝王制作, 朝野軌度, 斟酌用捨, 煥乎其有文章, 海內生民咸受耳目之賜. 加以雄才大略, 愛奇好士, 視下如傷, 役己利物, 亦無得而稱之. 其經緯天地, 豈虛謚也'."

315) 『魏書』 卷19中 「任城王澄傳」, 464면, "時詔延四廟之子, 下逮玄孫之胄, 申宗宴於皇信堂, 不以爵秩爲列, 悉序昭穆爲次, 用家人之禮. 高祖曰 : '行禮已畢, 欲令宗室各言其志, 可率賦詩.' 特令澄爲七言連韻, 與高祖往復賭賽, 遂至極歡, 際夜乃罷."

316) 拓跋勰(?~508) : 字는 彦和이며, 孝文帝의 여섯째 아우이다. 太和 9년(485) 始平王에 봉해졌다가 후에 彭城王으로 改封되었다. 孝文帝의 南齊 親征에 종군하여 都督南討諸軍事가 되어 新野・南陽에서 南齊軍을 대파하였다. 孝文帝의 병이 중하자 안으로는 병수발하고, 밖으로는 軍國사무를 총괄하였다. 宣武帝 즉위 후 司徒 錄尙書事가 되었다. 外戚 高肇가 정권을 장악한 뒤, 그와 京兆王 元愉가 모반한다고 모함을 받아 독살되었다. 『要略』 30卷 등을 편찬하였다.

했다.[317] (이어) 정의(鄭懿)는 "구름 속 천둥이 크게 울려 하늘 문이 열리니, 모든 땅에서 찾아오는 손님 바른 역법 하나로 (통일)되었네"라 했고, 형만(邢巒)은 "순(舜)께서 방패와 도끼[干戚][318]로 춤추시니 천하가 귀의하였고, 아름다운 덕 멀리 미쳐 사모하지 않는 이 없었네"라고 했다. 정도소(鄭道昭)[319]가 "폐하의 교화가 한번 울려 천하에 두루 미치니, 해를 이고 하늘에 기대어 세상을 맑게 했네"라 하니, (효문)제가 다시 "저 여수(汝水)의 물가를 따르려 하니[320] 옛적의 교화 바르기도 하다만, 오늘날 도의 교화 밝음만 못하네"라 노래하였다. (효문)제는 곧 형만에게 명하여 지어 쓴 것을 모두 모으도록 했다[趙注 : 「정도소전(鄭道昭傳)」].[321] 풍희(馮熙)[322]가 북망산(北邙山)에 절을 지으니 가원수(賈元壽)가 비문을 지었는데, (효)문제가 절에 놀러

---

317) 【王注】 이는 『北史』 卷35 「鄭道昭傳」에 의거한 것이다. 『魏書』 卷56 「鄭道昭傳」, 1240면에는 '混江外'라고 했는데, ('日'보다는) '江'字가 의미가 더 낫다.

318) 干戚 : 干은 방패, 戚은 도끼를 이르며 武舞를 출 때 사용하는 소품이다.

319) 鄭道昭(?~516) : 北魏 滎陽郡 開封縣 사람으로 字는 僖伯이며, 中岳先生을 자칭하였다. 어려서 학문을 좋아하여 群書를 두루 읽었다. 中書學生·秘書郎·秘書監·兼中書侍郎을 역임하였다. 孝文帝의 南齊 親征에 종군하여 中書郎 國子祭酒에 제수되었다. 후에 光州와 青州刺史를 역임하였다. 詩賦를 좋아하고 서예에 능하였다. 그가 쓴 碑文이 많으며, 그 중 雲峰山(지금의 山東省 萊州)의 『鄭羲下碑』 「石刻」이 후세 魏의 碑를 배우는 사람들에게 귀감이 된다.

320) 『詩經』 卷113 「國風」 「周南」 「汝墳」에 나오는 구절이다. 전통적으로 周 文王의 교화가 남쪽 汝水 일대에까지 미친 것을 노래한 작품으로 해석해 왔다. '墳'은 '濆'과 古音이 같으며 물가라는 뜻이다.

321) 『魏書』 卷56 「鄭道昭傳」, 1240면, "從征沔漢, 高祖饗侍臣於懸瓠方丈竹堂, 道昭與兄懿俱侍坐焉. 樂作酒酣, 高祖乃歌曰 : '白日光天無不曜, 江左一隅獨未照.' 彭城王勰續歌曰 : '願從聖明兮登衡會, 萬國馳誠混江外.' 鄭懿歌曰 : '雲雷大振兮天門闢, 率土來賓一正歷.' 邢巒歌曰 : '舜舞干戚兮天下歸, 文德遠被莫不思.' 道昭歌曰 : '皇風一鼓兮九地匝, 戴日依天清六合.' 高祖又歌曰 : '遵彼汝墳兮昔化貞, 未若今日道風明.' 宋弁歌曰 : '文王政教兮暉江沼, 寧如大化光四表.' 高祖謂道昭曰 : '自比遷務雖猥, 與諸才儁不廢詠綴, 遂命邢巒總集敘記. 當爾之年, 卿頻丁艱禍, 每眷文席, 常用慨然'."

322) 馮熙(?~495) : 北魏 長樂郡 信都縣 사람으로 字는 晉昌이며, 馮太后의 오빠이다. 文成帝 때 冠軍將軍 駙馬都尉, 定州刺史를 역임하였으며 昌黎王으로 봉해졌다. 獻文帝 때 太傅·內都大官을 역임하였다. 馮太后가 臨朝稱制한 후 侍中 太師 中書監 領祕書事에 제수되었다. 佛法을 숭상하여 家財를 털어 설립한 佛寺가 72곳에 이르렀다. 세 딸이 모두 孝文帝의 皇后와 後宮이 되어 寵貴가 나날이 융성하였다.

갔다가 그것을 보고 좋은 작품이라고 칭했다. (풍)희가 죽은 뒤 (효문)제는 몸소 (묘)지명을 지어 주었다[趙注 : 「풍희전(馮熙傳)」].[323] (효문)제는 풍탄(馮誕)을 사도(司徒)로 삼았는데 세 번 사양하는 표문과 장계를 몸소 지어 주었고, 벼슬을 내릴 때 또 대신 감사의 뜻을 표하는 글을 지어 주었다. (풍)탄이 죽자 또한 몸소 비문과 만가를 지었는데, 모두 아름다움을 다하고 슬픔을 극진히 하였다[趙注 : 「풍탄전(馮誕傳)」].[324] 또한 평상시 행차하여 노닐다가 큰 소나무 아래에서 쉴 때 팽성왕 (탁발)협에게 "너는 시를 지을 수 있으니 내가 있는 곳에 이를 동안 잘 완성해 보라"고 말하니, (탁발)협이 (효문)제로부터 열 발자국 떨어져 있었는데, 걸어오면서 시를 지어 "솔숲에 묻노니, 솔숲은 겨울을 몇 번이나 겪었나. 산천이야 어찌 예전 같으리오만, 바람과 구름은 예전과 같네"라고 지었는데, 아직 (효문)제가 있는 곳에 이르기 전에 이미 완성하였다. (효문)제는 또 일찍이 청휘당(清徽堂)에 행차하여 여러 신하들과 상복(喪服)에 관해 강론하였다. 이표(李彪)가 "예전에는 군주가 몸소 상례를 강론하는 일이 없었으니, 신이 직접 이렇게 말씀을 받들 수 있게 된 것은 천 년에 한 번 있는 때(기회)입니다"라고 말했다[趙注 : 「탁발협전(拓跋勰傳)」].[325] 유창(劉昶)[326]이 팽성(彭城)에 출진하고 있었는데 (효문)제가 직접

323) 『魏書』 卷83上 「馮熙傳」, 1819면, "其北邙寺碑文, 中書侍郎賈元壽之詞. 高祖頻登北邙寺, 親讀碑文, 稱爲佳作. …… 葬日, 送臨墓所, 親作誌銘."

324) 『魏書』 卷83上 「馮誕傳」, 1821면에는 '謝章'이 아니라 '章謝'로 되어 있다. 관직을 임명되었을 때에 삼가 받는다는 뜻을 아뢰는 拜章을 이르는 듯하다.

325) 『魏書』 卷21下 「彭城王勰傳」, 572면, "路旁有大松樹十數根. 時高祖進傘, 遂行而賦詩, 令人示勰曰 : '吾始作此詩, 雖不七步, 亦不言遠. 汝可作之, 比至吾所, 令就之也.' 時勰去帝十餘步, 遂且行且作, 未至帝所而就. 詩曰 : '問松林, 松林經幾冬? 山川何如昔, 風雲與古同.' …… 高祖親講喪服於清徽堂, 御史中尉李彪對曰 : '自古及今, 未有天子講禮. 陛下聖叡淵明, 事超百代, 臣得親承音旨, 千載一時'."

326) 劉昶(436~497) : 字는 休道이며, 劉宋 文帝의 아홉째 아들이다. 元嘉 22년(445) 義陽王에 봉해졌다. 前廢帝 때 벼슬이 徐州刺史에 이르렀으나 江夏王 劉義恭이 피살된 후 使者를 보내 入朝를 청하자 前廢帝가 反意가 있는 것으로 의심하여 친히 군대를 이끌고 토벌하였다. 무리를 모아 起兵하였으나 통할하던 諸郡에서 명을 받들지 않자 北魏로 달아났다. 北魏에서 侍中 丹陽王에 제수되고 여러 차례 公主를 아내로 맞았다. 孝文帝 太和 연간 儀曹尙書가 되어 李沖과 衣冠을 정하였다. 후에 中書監 宋王으로 승진하였다. 太和 18년(494) 大將軍이 되어 彭城에 주둔하다가 임지에서 죽었다.

지은 문집을 하사하며 "비록 글재주는 없으나[327] 그만두려고 해도 할 수가 없으므로 보여 주는 것이니, 그저 한 번 웃음거리로 여기라"고 말했다[趙注 : 탁발협, 유창의 두 열전].[328] 최정(崔挺)이 행재(소)에 이르자 (효문)제가 "경과 헤어진 이래 금방 2년이 되었군. 내 지은 글이 이미 문집 하나를 이루었으니, 이제 응당 경에게 부본을 주어야겠지"라고 말했다[趙注 : 「최정전(崔挺傳)」].[329] (이러한 기록에서) (효문)제가 문학에 심취하고 글재주가 천부적으로 이루어져 그것을 스스로 숨길 수 없는 바가 있었음을 볼 수 있으니, 비록 역시 재주 있는 사람이 습관적으로 몸에 밴 기질이라 하더라도 그 총명함은 확실히 미칠 수 없는 것이다. 그가 낙양으로 천도하는 데에 급했던 것도 나라의 습속을 바꾸어 중화의 문풍을 익히려고 한 것이니, 아마도 성령(性靈)에서 비롯되어 스스로도 그만두지 못했기 때문일 것이다.

327) 『魏書』 卷59 「劉昶傳」, 1310면에는 '不文'이 아니라 '不學'으로 되어 있다.

328) [王注] '勰昶二傳'은 살펴보면, '勰'字와 '二'字가 모두 衍文이다. 『魏書』 卷21下 「彭城王勰傳」에서는 이러한 내용을 찾아 볼 수 없고 「劉昶傳」에 실려 있다. 『魏書』 卷59 「劉昶傳」, 1310면, "十八年, 除使持節、都督吳越楚彭城諸軍事、大將軍, 固辭, 詔不許, 又賜布千匹. 及發, 高祖親餞之, 命百僚賦詩贈昶, 又以其文集一部賜昶. 高祖因以所製文筆示之, 謂昶曰 : '時契勝殘, 事鍾文業, 雖則不學, 欲罷不能. 脫思一見, 故以相示. 雖無足味, 聊復爲笑耳.' 其重昶如是."

329) 『魏書』 卷57 「崔挺傳」, 1264면, "十九年, 車駕幸兗州, 召挺赴行在所. 及見, 引諭優厚. 又問挺治邊之略, 因及文章. 高祖甚悅, 謂挺曰 : '別卿已來, 倏焉二載, 吾所綴文, 已成一集, 今當給卿副本, 時可觀之'."

권15

196. 북조의 경학北朝經學

육조(六朝)시대 사람들은 비록 문학[詞藻]을 서로 숭상했으나, 북조(北朝)에서 경전을 익힌 사람들 중에 오히려 (그것을) 전문으로 이름이 난 학자가 많았다. 대개 한(漢)나라 말엽 정강성(鄭康成 : 鄭玄)[1]이 경학을 가르쳐 문하에 제자로 이름을 기록한 사람이 만 명이나 되고 유풍이 널리 유포된 이래로, 선비들은 모두 경전에 통달하고 학문을 쌓는 것으로 전업을 삼았고, 위에서 효렴(孝廉)을 선발하고 수재(秀才)를 선발하는 데에도 또한 그 가운데에서 취하는 경우가 많았으므로, 비록 유(劉)씨와 석(石)씨 등 여러 (이민족)왕조[2]의 혼란을 거치면서도 선비들의 그러한 관습은 서로 이어

1) 鄭康成 : 鄭玄을 지칭한다. 趙翼이 淸 康熙帝의 이름 玄燁을 피휘하기 위해 鄭玄의 字로 호칭한 것이다.

져 아직 모두 변하거나 파괴되지 않았다. 대개 원위(元魏, 곧 北魏) 때의 경학은 서준명(徐遵明[3])을 으뜸[大宗]으로 삼았고, (북)주(北周)와 수(隋)나라 사이에는 유현(劉炫),[4] 유작(劉焯[5])을 으뜸으로 삼았다. 『북사(北史)』「유림전(儒林傳)」을 살펴보면, (서)준명은 정강성이 저술한 『(주)역(周易)』을 풀이하여 노경유(盧景裕), 최근(崔瑾)에게 전했는데, 이는 (서)준명이 『(주)역』에 조예가 깊었다는 것이다.[6] 『상서(尚書)』에 관한 학문에서 (서)준명이 능통했던 것은 정(현)(鄭玄)이 주석을 단 금문(今文)으로, 나중에 이주인(李周仁) 등에게 가르쳤는데,[7] 이는 (서)준명이 『상서』에 조예가 깊었다는 것이다. 삼례(三禮[8])도 모두 (서)준명의 문하에서 나와서 이현(李鉉),[9] 조준(祖雋),

---

2) 劉氏는 劉淵 이하 漢·前趙 왕조를 가리키며, 石氏는 石勒 이하 後趙 왕조를 가리킨다.

3) 徐遵明(475~529) : 北魏 華陰郡(지금의 陝西省 華陰 동남) 사람으로 字는 子判이다. 王聰·張吾貴 등을 스승으로 섬겼다. 후에 문을 닫고 『孝經』과 『論語』를 6년간 읽었으며 손수 『春秋義章』 30卷을 편찬하였다. 20여 년 동안 講學하여 海內에서 그를 존경하지 않는 사람이 없었다. 永安 2년(529) 北海王 元顥가 洛陽에 쳐들어왔을 때 任城太守 李湛과 元顥에게 저항하려고 모의하였으나 亂軍에게 살해되었다.

4) 劉炫 : 隋 河間郡 景城縣(지금의 河北省 獻縣 동북) 사람으로 字는 光伯이다. 太學博士를 역임했으며 信都 劉焯과 교제하여 '二劉'라 칭해졌다. 隋 開皇 연간 國史와 五禮, 天文曆律의 편찬에 관여하였으며, 大業初 律令 제정에 참여하였다. 『春秋』의 規過之論을 제출하여 후세에 큰 영향을 남겼다. 隋末 河間으로 돌아와 난중에 굶주려 凍死하였다. 저서에는 『論語述議』 『春秋攻昧』 『五經正名』 『孝經述議』 『春秋述議』 『尚書述議』 『毛詩述議』 『注詩序』 『算術』 등이 있으며, 『連山易』과 『魯史記』를 위조하였다. 저술은 다수 亡佚되었으나 孔穎達이 『五經正義』를 편찬할 때 그의 주장을 다수 채용하였다.

5) 劉焯(544~610) : 隋 信都郡(지금의 河北省 冀縣) 昌亭縣 사람으로 字는 士元이다. 儒學으로 州博士가 되었다. 隋初 王劭 등과 함께 國史를 편찬하고 律曆을 參議하였다. 煬帝 때 太學博士가 되었다가 除名되어 鄕里를 돌아다니며 교육과 저술로 평생을 보냈다. 『皇極曆』을 만들었으며, 저서에는 『稽極』 10卷, 『曆書』 10卷, 『五經述義』 『渾天論』 등이 있으나 亡佚되었다. 『皇極曆』은 중시되어 『隋書』「律曆志」에 포함되었다.

6) 『北史』 卷81 「儒林上」「序言」, 2708면, "自魏末, 大儒徐遵明門下講鄭玄所注周易. 遵明以傳盧景裕及淸河崔瑾. 景裕傳權會、郭茂. 權會早入鄴都, 郭茂恒在門下敎授, 其後能言易者, 多出郭茂之門."

7) 『北史』 卷81 「儒林上」「序言」, 2708면, "齊時, 儒士罕傳尚書之業, 徐遵明兼通之. 遵明受業於屯留王聰, 傳授浮陽李周仁及勃海張文敬、李鉉、河間權會, 並鄭康成所注, 非古文也. 下里諸生, 略不見孔氏注解."

웅안생(熊安生)[10]에게 전했으니,[11] 이는 (서)준명이 예에 조예가 깊었다는 것이다. 관도(館陶)에 있던 조세업(趙世業)의 집에는 복(服)씨 『춘추(春秋)』가 있었는데, 진(晉)나라 영가(永嘉) 연간의 구본이었다. (서)준명은 그것을 읽고는 손수 『춘추의장(春秋義章)』 30권을 지었는데,[12] 하북(河北)의 여러 유생들 가운데 복씨 『춘추』에 능통한 자는 모두 서생(徐生 : 서준명) 문하에서 나왔으니[趙注 : 「서준명전(徐遵明傳)」],[13] 이는 (서)준명이 또한 『춘추』에 조예가 깊었다는 것을 말하는 것이다.

수나라에 이르러 유작은 가(규)(賈逵), 왕(필)(王必), 마(융)(馬融), 정(강성)의 장구에 대해 시비를 가리는 바가 많아, 저서에 『오경술의(五經述議)』가 있어서 세상에 유행했으며, 유현과 명성을 나란히 하여 당시에 두 유(劉)씨[二劉]라고 일컬어졌다.[14] (유)현은 더욱 박학다식하여, 위세강(韋世康)이 그 능통

---

8) 三禮 : 『禮記』 『周禮』 『儀禮』를 가리킨다.

9) 李鉉 : 北齊 勃海郡 南皮縣(지금의 河北省 南皮 북쪽) 사람으로 字는 寶鼎이다. 徐遵明에게 배웠으며 저술에 힘쓰고 鄕里에서 가르치는 生徒가 늘 수백 명이었다. 燕趙지역에서 經書에 능하다는 자는 다 그의 문하에서 나왔다. 州에서 秀才로 천거하였고 太學博士에 제수되었다. 저서에는 『字辨』이 있다. 天保初 殿中尙書 邢邵, 中書令 魏收 등과 함께 禮律의 제정에 참여하였으며 新曆을 考正하였다. 國子學士가 되어 太子 殷에게 經學을 가르쳐 優禮로 대우되었다.

10) 熊安生(?~578?) : 北朝 長樂郡 阜城縣(지금의 河北省 阜城 동쪽) 사람으로 字는 植之이다. 학문을 좋아하고 五經에 정통하였다. 三禮를 가르쳐 제자가 천여 명이나 되었다. 北齊 河淸 연간 國子博士가 되었으며, 北周 武帝가 鄴에 이르러 그의 집에서 時政을 함께 논하였다. 宣政 6년(578) 露門學博士가 되었다가 致仕하고 집에서 죽었다. 저서에는 『周禮義疏』 『禮記義疏』 『孝經義疏』가 세상에 전한다.

11) 『北史』 卷81 「儒林上」 「序言」, 2708면, "三禮並出遵明之門. 徐傳業於李鉉、祖儁、田元鳳、馮偉、紀顯敬、呂黃龍、夏懷敬. 李鉉又傳授刁柔、張買奴、鮑季詳、邢峙、劉晝、熊安生. 安生又傳孫靈暉、郭仲堅、丁恃德. 其後生能通禮經者, 多是安生門人. 諸生盡通小戴禮. 於周儀禮兼通者, 十二三焉."

12) 『北史』 卷81 「儒林上」 「徐遵明傳」, 2720면, "又知陽平館陶趙世業家有服氏春秋, 是晉世永嘉舊寫. 遵明乃往讀之, 復經數載. 因手撰春秋義章爲三十卷."

13) 『北史』 卷81 「儒林上」 「序言」, 2709면, "河北諸儒能通春秋者, 並服子愼所注, 亦出徐生之門"; 趙翼의 注에는 「徐遵明傳」만을 언급하였지만, 이 부분은 『北史』 卷81 「儒林上」 「序言」 부분과 「徐遵明傳」을 인용한 것이다.

14) 『北史』 卷82 「儒林下」 「劉焯傳」, 2762면, "賈, 馬, 王, 鄭所傳章句, 多所是非. …… 著稽極十卷, 曆書十卷, 五經述議, 竝行於世. 劉炫聰明博學, 名亞於焯, 故時人稱二劉焉."

한 바를 묻자 (유)현이 "『주례(周禮)』『예기(禮記)』『모시(毛詩)』『상서』『공양(전)(公羊傳)』『좌전(左傳)』『효경(孝經)』『논어(論語)』의 공(안국)(孔安國), 정(현), 왕(숙)(王肅), 하(안)(何晏),[15] 복(건)(服虔), 두(예)(杜預) 등 주석 모두 13가(家)는 다 풀이해 가르칠 수 있지만, 『주역』『의례(儀禮)』『곡량(전)(穀梁傳)』은 공을 들인(공부한) 것이 조금 적습니다"라고 답했다. 조정에서 이름이 널리 알려져 있는 선비 70여 명[16]이 모두 (유)현이 말한 바가 틀리지 않다고 했으니,[17] 이는 (유)현이 여러 경전에 조예가 깊었다는 것을 의미하는 것이다. 그 당시 경전을 익히는 사람들은 각각 스승으로부터 이어받는 경우가 있었다. 예컨대 이현은 이주인에게서 『모시』를 배웠고, 유자맹(劉子猛)에게서 『예기』를 배웠으며, 방규(房虯)에게서 『주관(周官)』과 『의례』를 배웠고, 선우영복(鮮于靈馥)에게서 『좌씨춘추』를 배웠으며, 또 서준명에게 수업한 것이 5년이었다.[18] 양왕(楊汪)은 심중(沈重)에게서 『예』를 배웠고, 유진(劉臻)에게서 『한서(漢書)』를 배웠다.[19] 유작 역시 유궤사(劉軌思)에게서 『시경(詩經)』을 배웠고, 곽무(郭懋)에게서 『좌전』을 배웠으며, 웅안생에게 『예』에 대해 물었고, 또 유지해(劉智海)의 집에 옛 서적이 많다 하여 가서

---

15) 後漢代의 주석가로 何休도 있으나, 그의 주석은 『春秋公養傳』에 대한 것이 유명하며, 魏 때 사람 何晏은 『論語集解』의 대표 편집자로 잘 알려졌다. 따라서 이 문장이 『論語』에 대한 주석가를 설명한 것이라고 할 때 '何'는 何晏을 가리키는 것으로 보는 것이 옳을 것이다.

16) **[王注]** 『隋書』 卷75와 『北史』 卷82 「劉炫傳」에는 모두 "知名之士十餘人"으로 되어 있으니, '七'字가 아마도 '士'字와 모양이 비슷하여 잘못 늘렸던 듯하다.

17) 『北史』 卷82 「儒林下」 「劉炫傳」, 2763~2764면, "尙書韋世康問其所能, 炫自爲狀曰: '周禮、禮記、毛詩、尙書、公羊、左傳、孝經、論語, 孔、鄭、王、何、服、杜等注, 凡十三家, 雖義有精粗, 並堪講授; 周易、儀禮、穀梁用功差少; 史子文集, 嘉言故事, 咸誦於心; 天文、律曆, 窮覈微妙. 至於公私文翰, 未嘗假手.' 吏部竟不詳試. 然在朝知名之士十餘人, 保明炫所陳不謬, 於是除殿內將軍."

18) 『北史』 卷81 「儒林上」 「李鉉傳」, 2726면, "李鉉字寶鼎, 勃海南皮人也. …… 年十六, 從浮陽李周仁受毛詩、尙書, 章武劉子猛受禮記, 常山房虯受周官、儀禮, 漁陽鮮于靈馥受左氏春秋. 鉉以鄉里無可師者, 遂與州里楊元懿、河間宗惠振等結友, 詣大儒徐遵明受業. 居徐門下五年, 常稱高第."

19) 『北史』 卷74 「楊汪傳」, 2550면, "後問禮於沈重, 受漢書於劉臻, 二人曰: '吾弗如也.' 由是知名."

10년 동안 책을 읽었다.[20] 이로써 당시 여러 유생들이 스승으로부터의 도움에 있어서 유래가 있었으므로 자질구레한 것을 듣고 시장판에서 본 것에 근거한 후세의 학문과 같지 않았음을 볼 수 있다.

그 학업이 이루어진 뒤에는 각자 저술한 것이 있어 후학들에게 가르침을 열었다. 예컨대 유방(劉芳)은 정현이 주석을 단 『주관(음)』 『의례음(儀禮音)』, 간보(干寶)가 주석을 단 『주관음(周官音)』, 왕숙이 주석을 단 『상서음(尙書音)』, 하휴가 주석을 단 『공양음(公羊音)』, 범녕(范寧)이 주석을 단 『곡량음(穀梁音)』, 위소(韋昭)의 『국어음(國語音)』을 각 1권씩 지었다.[21] 위기륭(衛冀隆)은 복씨의 『좌전』에 정통하여 두예가 주석을 단 『춘추』의 예순세 가지 일에 대해 따졌고, 가사동(賈思同)은 또 (위)기륭이 틀린 10여 가지 조항을 반박했다.[22] 요문안(姚文安)은 복건의 『좌전해(左傳解)』에 관해 일흔일곱 가지 조항를 따져 『망녕된 것에 대한 반박[駁妄]』이라 이름했고, 이숭조(李崇祖)는 복씨의 견해를 해명하여 『오류에 관한 해석[釋謬]』이라 이름했다.[23] 유헌지(劉獻之)는 『삼례대의(三禮大義)』 4권, 『삼전약례(三傳略例)』 3권, 『모시서의(毛詩序義)』 1권을 지었다.[24] 이현은 『효경』 『논어』

---

20) 『北史』 卷82 「儒林下」 「劉焯傳」, 2762면, “劉焯字士元, 信都昌亭人也. …… 少與河間劉炫結盟爲友, 同受詩於同郡劉軌思, 受左傳於廣平郭懋, 嘗問禮於阜城熊安生, 皆不卒業而去. 武强交津橋劉智海家, 素多墳籍, 焯就之讀書, 向經十載, 雖衣食不繼, 晏如也. 遂以儒學知名, 爲州博士.”

21) 『北史』 卷42 「劉芳傳」, 1549~1550면, “芳撰鄭玄所注周官儀禮音、干寶所注周官音、王肅所注尙書音、何休所注公羊音、范甯所注穀梁音、韋昭所注國語音、范曄後漢書音各一卷, 辯類三卷, 徐州人地錄二十卷, 急就篇續注音義證三卷, 毛詩箋音義證十卷, 禮記義證十卷, 周官儀禮義證各五卷.”

22) 『北史』 卷47 「賈思同傳」, 1733~1734면, “思同之侍講也, 國子博士遼西衛冀隆精服氏學, 上書難杜氏春秋六十三事, 思同復駁冀隆乖錯者一十餘條, 互相是非, 積成十卷. 詔下國學, 集諸儒考之, 事未竟而思同卒. 後魏郡姚文安、樂陵秦道靜復述思同意. 冀隆亦尋物故, 浮陽劉休和又持冀隆說. 竟未能裁正.”

23) 『北史』 卷81 「儒林上」 「李崇祖傳」, 2725~2726면, “姚文安難服虔左傳解七十七條, 名曰駁妄. 崇祖甲明服氏, 名曰釋謬.”

24) 『北史』 卷81 「儒林上」 「劉獻之傳」, 2714면, “魏承喪亂之後, 五經大義, 雖有師說, 而海內諸生, 多有疑滯, 咸決於獻之. 六藝之文, 雖不悉注, 所標宗旨, 頗異舊義. 撰三禮大義四卷, 三傳略例三卷, 注毛詩序義一卷, 行於世. 幷立章句疏二卷.”

『모시』『삼례의소(三禮義疏)』 및 『삼전이동(三傳異同)』『주역의례(周易義例)』를 지어 모두 30여 권이었다.[25] 심중은 『주례의(周禮義)』 31권, 『의례의(儀禮義)』 35권, 『예기의(禮記義)』 30권, 『모시의(毛詩義)』 28권, 『상복경의(喪服經義)』 5권, 『주례음(周禮音)』『의례음』 각 1권, 『예기음(禮記音)』『모시음(毛詩音)』 각 2권을 지었다.[26] 번심(樊深)은 『효경(문의)(孝經問疑)』『상복문의(喪服問疑)』 각 1권, 『칠경이동(七經異同)』 3권을 지었다.[27] 웅안생은 『주례(의소)(周禮義疏)』『예기의소(禮記義疏)』 각 30권을 지었다.[28] 악손(樂遜)은 『효경』『논어』『모시』『좌씨춘추(左氏春秋)』의 「서론(序論)」 십여 편을 지었다. 또 『춘추서의(春秋序義)』를 지었는데, 가(규)와 복(건)의 학설에 능통했고 두씨(곧, 두예)의 잘못을 밝히기도 했다.[29] 유현은 『춘추공매(春秋攻昧)』 10권, 『오경정명(五經正名)』 12권, 『효경술의(孝經述議)』 5권, 『춘추술의(春秋述議)』 20권,[30] 『모시술의(毛詩述議)』 40권을 지었다.[31] 노세달

---

25) 『北史』 卷81 「儒林上」「李鉉傳」, 2726면, "撰定孝經、論語、毛詩、三禮義疏及三傳異同、周易義例合三十餘卷."

26) 『北史』 卷82 「儒林下」「沈重傳」, 2742면, "著周禮義三十一卷、儀禮義三十五卷、禮記義三十卷、毛詩義二十八卷、喪服經義五卷、周禮音一卷、儀禮音一卷、禮記音二卷、毛詩音二卷."

27) 『北史』 卷82 「儒林下」「樊深傳」, 2743면, "撰孝經、喪服問疑各一卷. 又撰七經異同三卷."

28) 【王注】『周禮義疏』는 『周書』 卷45와 『北史』 卷82 本傳에는 모두 '二十卷'으로 썼다. 『禮記義疏』는 『周書』 本傳에는 '四十卷'이라 했고, 『北史』 本傳에는 '三十卷'이라 했다; 『周書』 卷45 「熊安生傳」, 813면, "所撰周禮義疏二十卷、禮記義疏四十卷、孝經義疏一卷, 竝行於世." 『北史』 卷82 「熊安生傳」, 2745면, "所撰周禮義疏二十卷, 禮記義疏三十卷、孝經義一卷, 並行於世."

29) 『北史』 卷82 「儒林下」「樂遜傳」, 2747면, "所著孝經、論語、毛詩、左氏春秋序論十餘篇. 又著春秋序義, 通賈、服說, 發杜氏違, 辭理並可觀."

30) 【王注】『隋書』와 『北史』 「劉炫傳」에 의거하면, 이 글은 마땅히 '『春秋述議』 四十卷, 『尙書述議』 二十卷'이라고 해야 하는데, 本篇 가운데에 7字를 빠뜨린 것을 西畬本에서는 '二十卷'을 '四十卷'으로 고쳤으나 역시 완전하지는 않은 것이다. 또한, 劉炫은 『論語述議』 10卷, 『注詩序』 1卷 등이 있으니 모두 응당 보충해 넣어야한다.

31) 『北史』 卷82 「儒林下」「劉炫傳」, 2767면, "著論語述議十卷、春秋攻昧十卷、五經正名十二卷、孝經述議五卷、春秋述議四十卷、尙書述議二十卷、毛詩述議四十卷, 注詩序一卷、算術一卷, 幷所著文集, 並行於世."

(魯世達)은 『모시장구의소(毛詩章句義疏)』 42권을 지었다.[32] 장충(張沖)은 『춘추의략(春秋義略)』을 지었는데, 두씨와 다른 부분이 70여 가지였으며, 『상복의(喪服義)』 3권, 『효경의(孝經義)』 3권, 『논어의(論語義)』 10권을 지었다.[33] 이로써 또한 당시 경전을 익힌 사람들은 각각 마음으로 얻은 바[心得]를 책에다 썼고, 남에게 물은 것을 기록해 주워 모은 후세의 학문과 같지 않았음을 볼 수 있다.

실질적인 학문[實學]에 힘쓴 경우가 많았던 까닭은 본디 선비들의 옛것을 익히는 습관에서 말미암은 것이지만, 또한 위에 있는 사람들도 그것을 분발시키는 바가 있었다. 양월(梁越)은 경서에 통달하였는데, 도무제(道武帝)는 여러 황자들에게 경서를 가르치도록 (그에게) 명했고, (그는) 벼슬이 상대부(上大夫)에 이르렀다.[34] 노추(盧醜)는 태무제(太武帝)가 감국(監國)할 때 궁궐에 들어와 경전을 가르쳤는데, 나중에 스승으로서 은혜가 있다 하여 제음공(濟陰公)의 작위를 받았다.[35] 장위(張偉)[36]는 태무제 때 경전에

---

32) [王注] '四十二'의 '二'는 原刻本에는 '三'이었는데, 西畲本에서 이미 고쳤다. 또 이는 『北史』 卷82 本傳에 의거한 것인데, 『隋書』 卷75 本傳에는 '四十一卷'이라 했고, 『隋書』 「經籍志」에는 '四十卷'이라고 했다. 『北史』 卷82 「儒林下」 「魯世達傳」, 2768면, "魯世達, 餘杭人. 煬帝時, 爲國子助敎. 撰毛詩章句義疏四十二卷, 行於世." 『隋書』 卷32 「經籍志」, 917면, "毛詩章句義疏四十卷(魯世達撰)." 그런데, 찾아보면, 이 [王注]와 달리 『隋書』 卷75 「魯世達傳」, 1724면에는 "餘杭魯世達, 煬帝時爲國子助敎, 撰毛詩章句義疏四十二卷, 行於世"라고 '四十二卷'으로 기록하였다.

33) [王注] '張沖'은 原刻本에는 '張仲'이었고, 『論語義』 十卷은 '三卷'이었는데, 이제 西畲本을 따라 개정했다. 『隋書』 卷75 「儒林傳」에는 '張仲'이라 했으나, 『北史』 卷82 「儒林傳」에는 '張沖'이라 했는데, 두 책이 모두 그 字 '叔玄'이라 칭했으니, 그러므로 '沖'이라 이름 하는 것이 옳을 것이며, 또 두 책에는 모두 '十卷'이라고 썼다. 이상 기록한 것은 모두 각 史 「儒林傳」에 의거한 것인데, 이 밖에도 「儒林傳」에 넣지 않은 것들이 있으니, 가령, 劉芳이 지은 『周官音』 『儀禮音』 『尙書音』 『公羊音』 『穀梁音』 等 및 『毛詩箋音義證』 10卷, 『禮記義證』 10卷, 『周官義證』 『儀禮義證』 各 5卷 등이 있는데, 『魏書』 卷55와 『北史』 卷42 「劉芳傳」에 보이니, 곧 그 한 예가 된다.

34) 『魏書』 卷84 「儒林」 「梁越傳」, 1843면, "少而好學, 博綜經傳, 無所不通. 性純和篤信, 行無擇善. 國初爲禮經博士. 太祖以其謹厚, 擧動可則, 拜上大夫, 命授諸皇子經書."

35) 『魏書』 卷84 「儒林」 「盧醜傳」, 1843면, "世祖之爲監國, 醜以篤學博聞入授世祖經. 後以師傅舊恩賜爵濟陰公."

36) 張偉(?~460?) : 北魏 太原郡 中都縣 사람으로 字는 仲業이다. 經書에 통달하였으며

통달한 것으로 중서시랑(中書侍郎)이 되었다.[37] 손령휘(孫靈暉[38])는 경전에 통달했는데, 남양왕(南陽王) (탁발)작(拓跋綽)이 상주하여 왕사(王師)로 삼았으며 벼슬은 3품이었다.[39] 효문제(孝文帝)는 더욱 유학을 중히 여겨 삼로(三老)와 오경(五更[40])을 존중했고, 또 황자들을 위한 학교를 여니 유방과 이표(李彪) 등 여러 사람이 경서로 등용됐다. 동징(董徵)은 경전에 통달하였는데, 선무제(宣武帝)가 선화궁(璇華宮)으로 불러들여 여러 왕들의 스승으로 삼았다.[41] 이는 북위[元魏]에서 경학을 숭상한 것이다.

이현과 형치(邢峙)는 모두 경서에 통달하여, (북)제(北齊) 문선제(文宣帝)가 태자에게 경서를 가르치도록 조서를 내렸다.[42] 마경덕(馬敬德[43])은 박학하여, 무성제(武成帝)가 후주(後主)를 위해 스승으로 뽑아서 시강(侍講)이 되도록 명했다.[44] 그 아들 (마)원희(馬元熙[45]) 역시 『효경』을 (후주 고)위(高

집에서 교육하였다. 神麚 4년(431) 太武帝의 초빙으로 平城에 가서 中書博士에 제수되었다. 散騎常侍가 되어 司徒 崔浩 등과 함께 國史를 편찬하였다. 北涼과 劉宋에 사신으로 파견되었다. 平東將軍 營州刺史 建安公을 역임하였다.

37) 『魏書』 卷84 「儒林」 「張偉傳」, 1844면, “世祖時, 與高允等俱被辟命, 拜中書博士. 轉侍郎・大將軍樂安王範從事中郎・馮翊太守.”

38) [王注] ‘孫靈暉’는 原刻本에는 ‘張靈暉’라 되어 있었는데, 西畲本에서 이미 개정했다.

39) 『北齊書』 卷44 「儒林」 「孫靈暉傳」, 596면, “天統中, 敕令朝臣推擧可爲南陽王綽師者, 吏部尙書尉瑾表薦之, 徵爲國子博士, 授南陽王經. …… 綽欲以管記馬子結爲諮議參軍, 乃表請轉靈暉爲王師, 以子結爲諮議. 朝廷以王師三品, 啓奏不合. 後主於啓下手答, 云‘但用之’, 仍手報南陽書, 並依所奏. 儒者甚以爲榮. 綽除大將軍, 靈暉以王師領大將軍司馬.”

40) 五更 : 사전상의 의미로는 경험을 많이 쌓은 장로. 後漢의 경우 皇帝의 스승에게 五更의 칭호를 주었다.

41) 『魏書』 卷84 「儒林」 「董徵傳」, 1857면, “後世宗詔徵入琁華宮, 令孫惠蔚問以六經, 仍詔徵教授京兆・清河・廣平・汝南四王, 後特除員外散騎侍郎.”

42) 『北齊書』 卷5 「廢帝紀」, 73면, “文宣每言太子得漢家性質, 不似我, 欲廢之, 立太原王. 初詔國子博士李寶鼎傳之, 寶鼎卒, 復詔國子博士邢峙侍講”; 『北齊書』 卷44 「儒林」 「李鉉傳」, 584면, “李鉉, 字寶鼎, 渤海南皮人也.”

43) 馬敬德 : 北齊 河間郡 사람으로 젊어서 儒術을 좋아하여 大儒 徐遵明에게서 『詩經』 『禮』를 배웠고 『春秋左氏』에 정통했다. 燕趙 지역에서 가르쳤으며, 生徒가 많았다. 州에서 秀才로 추천하여 鄴都로 가서 國子助教, 太學博士, 國子博士를 역임하고 後主의 侍講이 되었다. 武平初 國子祭酒 領瀛州大中正이 되었다.

44) 『北齊書』 卷44 「儒林」 「馬敬德傳」, 590면, “世祖爲後主擇師傅, 趙彥深進之, 入爲

緯)의 태자에게 가르쳤다.[46] 이는 고제(高齊 : 北齊)가 비록 거칠고 혼란스러웠다고는 해도 또한 오히려 경학으로 자식을 가르칠 줄 알았던 것이다.

(북)주(北周) 무제(武帝)는 심중(沈重)이 경학에 밝다하여 표기대장군(驃騎大將軍) 개부의동삼사(開府儀同三司)를 제수했다.[47] 웅안생은 (북)제에 있을 때 삼례에 정통했는데,[48] (북)주 무제가 (북)제를 멸망시키자 (웅)안생은 갑자기 문 앞을 청소하라고 시켰으며, 집안사람들이 그것을 괴이하게 여기자 (웅)안생은 "(북)주 (황)제가 유학을 숭상하고 도를 중히 여기니 반드시 나를 보러 올 것이다"라고 했다. 얼마가 지나니 과연 (무제가) 이르렀다.[49] 악손은 경서에 통달했는데, 절민제(節閔帝)는 그를 소사씨(小師氏)로 삼고 초왕(譙王) (우문)검(宇文儉) 이하로 모두 육포 한 묶음[束脩[50]]으로 제자의 예를 행하도록 했다.[51] 이는 우문씨의 주나라(곧, 북주)에서 경학을 숭상한 것이다[趙注 : 이상은 모두 각 열전에서 보인다].

아래에서 제멋대로 제위에 오른 여러 나라[僭僞諸國]에서도 역시 유학을 중시한 예를 살펴보자. 요흥(姚興) 때 원로 유학자인 강감(姜龕), 순우기(淳于岐) 등은 경서에 밝고 행실을 올바로 닦아 장안(長安)에서 가르쳤는데 학

侍講. …… 後主既不好學, 敬德侍講甚疏, 時時以春秋入授."

45) 馬元熙 : 北齊 河間郡 사람으로 字는 長明이다. 젊어서 經學과 문학에 정통하였다. 武平 연간 太子의 스승이 되어 『孝經』을 가르쳐 명성을 떨쳤다.

46) 『北齊書』 卷44 「儒林」 「馬元熙傳」, 590면, "於是以孝經入授皇太子, 儒者榮其世載. 性和厚, 在內甚得名譽, 皇太子亦親敬之."

47) 『北史』 卷82 「儒林下」 「沈重傳」, 2742면, "武帝以重經明行修, 乃遣宣納上士柳裘致書禮聘, 又敕襄州總管衛公直敦喻遣之. …… 重辭義優洽, 樞機明辯, 凡所解釋, 咸爲諸儒所推. 六年, 授驃騎大將軍、開府儀同三司、露門博士, 仍於露門館爲皇太子講論語."

48) 『周書』 卷45 「儒林」 「熊安生傳」, 812면, "東魏天平中, 受禮於李寶鼎. 遂博通五經. 然專以三禮教授."

49) 『周書』 卷45 「儒林」 「熊安生傳」, 813면, "及高祖入鄴, 安生遽令掃門. 家人怪而問之, 安生曰 : '周帝重道尊儒, 必將見我矣.' 俄而高祖幸其第, 詔不聽拜, 親執其手, 引與同坐."

50) 束修 : 束脩는 한 묶음의 포육. 脩는 옛날에 제자가 될 때 스승에게 올리던 재물.

51) 『周書』 卷45 「儒林」 「樂遜傳」, 814면, "孝閔帝踐阼, 以遜有理務材, 除秋官府上士. 其年, 治太學博士, 轉治小師氏下大夫. 自譙王儉以下, 並束脩行弟子之禮. 遜以經術教授, 甚有訓導之方."

생들이 모두 먼 곳에서 왔고, (요)흥은 매번 (강)감 등을 불러다 도와 육예(六藝)에 관해 강론했다. 호변(胡辯)은 낙양(洛陽)에서 가르쳤는데, 관중(關中)의 학생들이 그에게 가려고 하자 (요)흥은 관문을 지키는 위(尉)에게 칙명을 내려 그 출입을 조사하지 말라고 했다. 이에 학자들이 모두 학문에 힘쓰고 유학의 기풍이 떨쳤다.[52] 유연명(劉延明)은 경학에 조예가 깊었는데, (서)량(西涼)의 무소왕(武昭王)[53]은 (그를) 유림좨주(儒林祭酒)로 삼았다.[54] 저거몽손(沮渠蒙遜)은 주천(酒泉)을 평정하자 또한 몸소 그를 찾아가 예를 다하였다. (저거)목건(沮渠牧犍) 때에는 또 (그를) 높여 국사(國師)로 삼았으며 직접 스스로 절을 드렸다.[55] (저거)몽손은 주천을 평정할 때 또한 송요(宋繇)가 널리 경서에 통달했다 하여 특별히 그를 발탁하고 "이씨(李氏, 곧 西涼)를 이긴 것은 기쁘지 않지만, 송요를 얻은 것은 기쁠 따름이다"라고 말했다.[56] (저거)몽손은 또 감인(闞駰)이 경전에 통달했다 하여 그를 매우 중히 여겼으며, 그에게 늘 옆에 있으라 명하여 정사에 관해 물었고, (저거)목건은 그를 대우하는 것이 더욱 무거웠다.[57] 또 정준(程駿)이 글재

52) 『晉書』 卷117 「姚興載記上」, 2979면, "天水姜龕、東平淳于岐、馮翊郭高等皆耆儒碩德, 經明行修, 各門徒數百, 教授長安, 諸生自遠而至者萬數千人. 興每於聽政之暇, 引龕等于東堂, 講論道藝, 錯綜名理. 涼州胡辯, 苻堅之末, 東徙洛陽, 講授弟子千有餘人, 關中後進多赴之請業, 興敕關尉曰 : '諸生諮訪道藝, 修己厲身, 往來出入, 勿拘常限'."

53) 본문의 '涼武昭王'은 西涼의 李暠을 가리킨다. 唐皇室은 隴西 李氏를 자처했기 때문에 五胡十六國의 할거정권을 세운 李暠을 자신의 선조라 하여 『晉書』를 편찬할 때, 載記가 아닌 列傳에 편입하였으며, 이름 대신 시호나 자를 적는 등 祖先으로 깍듯이 예우하였다(『晉書』 卷87 「涼武昭王李玄盛傳」, 2257면, "武昭王諱暠, 字玄盛, 小字長生, 隴西成紀人, 姓李氏, 漢前將軍廣之十六世孫也").

54) 『北史』 卷34 「劉延明傳」, 1268면, "涼武昭王徵爲儒林祭酒、從事中郎"; 『魏書』 卷52 「劉昞傳」, 1160면, "李暠私署, 徵昞儒林祭酒、從事中郎."

55) 『北史』 卷34 「劉延明傳」, 1268면, "蒙遜平酒泉, 拜祕書郎, 專管注記. 築陸沈觀於西苑, 躬往禮焉, 號玄處先生. 學徒數百, 月致羊酒. 牧犍尊爲國師, 親自致拜, 命官屬以下, 皆北面受業."

56) 『魏書』 卷52 「宋繇傳」, 1153면, "沮渠蒙遜平酒泉, 於繇室得書數千卷, 鹽米數十斛而已. 蒙遜歎曰 : '孤不喜克李歆, 欣得宋繇耳'."

57) 『魏書』 卷52 「闞駰傳」, 1159면, "闞駰, 字玄陰, 敦煌人也. …… 蒙遜甚重之, 常侍左右, 訪以政治損益. 拜祕書考課郎中, 給文吏三十人, 典校經籍, 刊定諸子三千餘卷.

주가 있다 하여 (저거)목건은 그를 발탁해서 동궁시강(東宮侍講)으로 삼았다[58][趙注 : 모두 『진서(晉書)』 재기(載記)에 보인다].[59]

북조가 한쪽 땅을 차지하고 제위를 훔친 나라이긴 하였지만 또한 경학이 중요함을 알았음을 볼 수 있다. 위에 있는 사람이 이미 이로써(경학으로) 선비를 취했고 선비들 역시 다투어 이에(경학에) 힘써 윗사람이 구하는 바에 부응했으니, 그러므로 북조의 경학은 남조(南朝)와 비교해 좀 더 번성하게 되었으며, (이는) 실로 위에 있는 사람이 경학을 진작시키는 바가 있었기 때문이다.

197. 남조의 경학南朝經學

남조(南朝)의 경학은 본래 북조(北朝)만 못했고 아울러 위에 있는 사람들도 이를 중요하게 여기지 않았으므로, 학업을 익히는 것이 더욱 적었다. 몇 왕조를 모두 따져 보아도 오직 소제(蕭齊 : 南齊) 초기 및 양(梁) 무제(武帝) 40여 년 동안만 유학이 조금 성행했다. 『(남)제서(南齊書)』 「유환전(劉瓛傳)」에서, "진(晉)은 현학(玄學)에 관한 담론을 숭상했고 송(宋)은 문장을 숭상했으므로 경학이 순수하지 못했다. (남)제(南齊) 고제(高帝)는 어려서 제생(諸生)이 되었고, 즉위한 뒤에는 왕검(王儉)을 재상으로 삼았는데, 또한 경전과 예법에 능했으므로 이로써 유학이 크게 진작되었다. 그러나 (남제

加奉車都尉. 牧犍待之彌重, 拜大行, 遷尙書."

58) 『魏書』 卷60 「程駿傳」, 1345면, "由是聲譽益播, 沮渠牧犍擢爲東宮侍講."

59) [王注] 이상의 각 내용은 『晉書』 載記에 나오는 것이 아니라 『魏書』와 『北史』에 보인다. 「劉延明傳」은 『北史』 卷34에 있고, 『魏書』 卷52에는 劉昞이라 했는데, 字가 延明이라 했으니, 唐人이 '丙'을 피휘하였으므로 『北史』에서 그 字를 칭한 것이다. 宋繇, 闞駰과 劉延明은 『魏書』 『北史』에서 모두 같은 卷에 있다. 程駿은 『魏書』 卷60, 『北史』 卷40에 있다.

명제) 건무(建武) 연간(494~497) 이후로는 날로 점차 쇠퇴했다"라고 기록했다.[60] 『양서(梁書)』에 있는 요찰(姚察)의 논(論)[61]에서 "최(령은)(崔靈恩),[62] 복(만용)(伏曼容), 하(동지)(何佟之),[63] 엄(식지)(嚴植之) 등은 양나라에서 유학을 숭상하고 도를 중시하던 때를 만나 모두 높은 벼슬에 이르렀으며, 옛일을 살피는 힘을 여러 유생들이 친히 다했다"[64]라고 기록했다. 『진서(陳書)』 「유림전(儒林傳)」 서(序)에도 역시 "양 무제는 다섯 학관을 열고, 국학(國學)을 세우고, 박사(博士)를 두어 오경(五經)을 가르쳤는데, 황제가 매번 행차할 때마다 직접 스스로 자손들을 시험하였으므로, 한 때의 번성함을 다했다. 진(陳) 초기에는 아직 과업에 힘쓸 만한[勸課] 겨를이 없어, 간간이 경학으로 이름난 자들이 있기는 했으나 역시 모두 양나라 때 유생이었다"[65]라고 말했다. 경학의 성쇠가 모두 위에 있는 사람이 경시하는가 중

---

60) 『南齊書』 卷39 「劉瓛傳」, 686~687면, "史臣曰 : 儒風在世, 立人之正道; 聖哲微言, 百代之通訓. …… 晉世以玄言方道, 宋氏以文章閒業, 服膺典藝, 斯風不純, 二代以來, 爲教衰矣. 建元肇運, 戎警未夷, 天子少爲諸生, 端拱以思儒業, 載戢干戈, 遽詔庠序. 永明纂襲, 克隆均校, 王儉爲輔, 長於經禮, 朝廷仰其風, 胄子觀其則, 由是家尋孔教, 人誦儒書, 執卷欣欣, 此焉彌盛. 建武繼立, 因循舊緒, 時不好文, 輔相無術, 學校雖設, 前軌難追."

61) 『梁書』는 본래 姚察이 지었으며, 그 아들 姚思廉이 이어서 완성한 것이다. 때문에 『梁書』에는 '史臣曰'에 해당하는 '陳吏部尚書姚察曰'이 있다.

62) 崔靈恩 : 梁 清河郡 東武城縣 사람. 五經에 두루 통했으며, 三禮와 三傳에 더욱 정통했다. 北魏에서 벼슬하여 太常博士가 되었으며, 天監 13년(514) 梁으로 귀부하였다. 國子博士를 두 차례 역임하여 무리를 모아 講學하였다. 일찍이 『左氏條義』를 지어 服虔을 현창하고 杜預를 비난하였다. 助教 虞僧誕이 杜學에 능하여 『申杜難服』을 저술하여 이에 답하였다. 桂州刺史로 재임중 사망하였다. 저서에는 『集注毛詩』와 『集注周禮』 등이 있다.

63) 何佟之(449~503) : 梁 廬江郡 灊縣(지금의 安徽省 霍山 동쪽) 사람으로 字는 士威이다. 젊어서 三禮를 좋아하였다. 南齊 揚州從事로 起家했으며, 建武 연간 국가의 吉凶禮儀를 처리하여 명성이 세상에 알려졌다. 梁武帝 때 尚書左丞이 되어 儀禮 제정에 공헌하였다.

64) 『梁書』 卷48 「儒林傳」, 681면, "陳吏部尚書姚察曰 : 昔叔孫通講論馬上, 桓榮精力凶荒, 既逢平定, 自致光寵, 若夫崔·伏·何·嚴互有焉. 曼容·佟之講道於齊季, 不爲時改, 賀瑒·嚴植之之徒, 遭梁之崇儒重道, 咸至高官, 稽古之力, 諸子各盡之矣. 范縝墨絰僥倖, 不遂其志, 宜哉."

65) 『陳書』 卷33 「儒林傳」, 433~434면, "梁武帝開五館, 建國學, 總以五經教授, 經各

요시하는가에서 비롯되었음을 더욱 볼 수 있다.

이제 아울러 남조에서 경학을 한 여러 유학자들이 저술한 바를 여기에 적어 보겠다. 복만용은 『주역집해(周易集解)』 『모시집해(毛詩集解)』 『상복집해(喪服集解)』 『논어의(論語義)』를 지었다.[66] 하동지는 『예의(禮義)』 백여 편을 지었다.[67] 엄식지는 『흉례의주(凶禮儀注)』 479권을 찬하였다.[68] 하창(賀瑒)은 『빈례의주(賓禮儀注)』 145권을 지었고,[69] 그 아들 (하)혁(賀革) 역시 삼례(三禮)에 달통했으며, 또한 『효경(孝經)』 『논어(論語)』 『모시』 『좌전(左傳)』을 겸해 익혔다.[70] 최령은은 『모시(毛詩)』를 집주(集註)한 것이 22권, 『주례周禮)』를 집주한 것이 40권, 『삼례의종(三禮義宗)』 47권, 『좌씨경전의(左氏經傳義)』 22권, 『좌씨조례(左氏條例)』 10권, 『공양」 「곡량문구의(公洋·穀梁文句義)』 10권이 있다.[71] 공자거(孔子袪)[72]는 『상서의(尙書義)』 20권을 지었고, 『상서(尙書)』를 집주한 것이 30권이며, 주이(朱异)가 집주한 『주역(周易)』을 이어 저술한 것이 100권, 하승천(何承天)이 모은 『예론(禮論)』를 이은 것이 150권이었다.[73] 황간(皇侃)은 『논어의(論語義)』 10권을 찬하였다.[74]

置助教云. 武帝或紆鑾駕, 臨幸庠序, 釋奠先師, 躬親試胄, 申之醲語, 勞之束帛. 濟焉斯蓋一代之盛矣. 高祖創業開基, 承前代離亂, 衣冠殄盡, 寇賊未寧, 既日不暇給, 弗遑勸課. 世祖以降, 稍置學官, 雖博延生徒, 成業蓋寡. 今之採綴, 蓋亦梁之遺儒云."

66) 『南史』 卷71 「儒林」 「伏曼容傳」, 1731면, "爲周易·毛詩·喪服集解, 老·莊·論語義."

67) 『梁書』 卷48 「儒林」 「何佟之傳」, 664면, "所著文章·禮義百許篇."

68) 『梁書』 卷48 「儒林」 「嚴植之傳」, 672면, "撰凶禮儀注四百七十九卷."

69) 『梁書』 卷48 「儒林」 「賀瑒傳」, 672~673면, "所著禮、易、老、莊講疏, 朝廷博議數百篇, 賓禮儀注一百四十五卷. 瑒於禮尤精, 館中生徒常百數, 弟子明經對策至數十人."

70) 『梁書』 卷48 「儒林」 「賀革傳」, 673면, "革字文明. 少通三禮, 及長, 徧治孝經、論語、毛詩、左傳."

71) 『梁書』 卷48 「儒林」 「崔靈恩傳」, 677면, "靈恩集注毛詩二十二卷, 集注周禮四十卷, 制三禮義宗四十七卷, 左氏經傳義二十二卷, 左氏條例十卷, 公羊穀梁文句義十卷."

72) 孔子袪(496~546) : 梁 會稽郡 山陰縣 사람이다. 어려서 고아가 되어 가난했으나 학문을 좋아하고 經術에 능통했으며, 특히 古文 『尙書』에 능하였다. 長沙嗣王侍郎 兼國子助教가 되어 『尙書』를 강의하였다. 후에 中書舍人 賀琛의 추천으로 西省學士가 되어 『梁官』의 편찬을 도왔다. 武帝가 찬한 『五經講疏』와 『孔子正言』을 검열하였다. 저서에는 『尙書義』와 『集注尙書』가 있다.

하윤(何胤)은 『주역(周易)』에 주를 단 것[75]이 10권, 『모시총집(毛詩總集)』 6권, 『모시은의(毛詩隱義)』 10권, 『예기은의(禮記隱義)』 20권, 『예답문(禮答問)』 55권이 있었다.[76] 왕원규(王元規)는 『춘추발제사(春秋發題辭)』 및 『의기(義記)』 11권, 『속경전대의(續經典大義)』 14권, 『효경의(孝經義)』 2권, 『좌전음(左傳音)』 3권, 『예기음(禮記音)』 2권을 지었다.[77] 장기(張譏)는 『주역의(周易義)』 30권, 『상서의』 15권, 『모시의(毛詩義)』 20권, 『효경의』 8권, 『논어의』 20권을 지었다.[78] 고월(顧越)은 『상복(喪服)』 『모시』 『효경』 『논어』 등에 관한 의소(義疏) 40권을 지었다.[79] 심불해(沈不害)는 『오례의(五禮儀)』 100권을 지었다.[80] 그리고 송회방(宋懷方)과 척곤(戚衮)은 함께 (북)위(北魏)에서 양으로 들어와[81] 그 집안을 이름냈다. (송)회방은 (북)위에서 『의례(소)(儀禮疏)』 『예기소(禮記疏)』를 가지고 왔으나 감춰두었다가 아까워 전하지 않았는데, 죽음에 임하여 식구들에게 "척곤이 만약 온다면 이것을 그에게 주고, 그렇

---

73) 『梁書』 卷48 「儒林」 「孔子袪傳」, 680면, "子袪凡著尙書義二十卷, 集注尙書三十卷, 續朱异集注周易一百卷, 續何承天集禮論一百五十卷."

74) 【王注】 『論語義』의 '義'字 뒤에는 '疏'字가 빠져 있으며, 또한 皇侃에게는 또 『禮記講疏』 50卷이 있는데, 『梁書』 卷48과 『南史』 卷71 「儒林傳」에 보인다. 『梁書』 卷48 「儒林」 「皇侃傳」, 681면, "所撰論語義十卷, 與禮記義並見重於世, 學者傳焉."

75) 【王注】 '注'는 原刻本에는 '著'로 되어 있는데, 소리가 같이 잘못에 이른 것으로 西畬本에서 이미 개정했다.

76) 『梁書』 卷51 「何胤傳」, 739면, "胤注百法論、十二門論各一卷, 注周易十卷, 毛詩總集六卷, 毛詩隱義十卷, 禮記隱義二十卷, 禮答問五十五卷."

77) 【王注】 『春秋發題辭』의 '辭'字는 原刻本에는 빠져 있고, 또 『禮記音』 二卷에서 '二'는 '三'으로 되어 있는데, 西畬本에서 이미 개정했다. 『陳書』 卷33 「王元規傳」, 449면, "元規著春秋發題辭及義記十一卷, 續經典大義十四卷, 孝經義記兩卷, 左傳音三卷, 禮記音兩卷."

78) 『陳書』 卷33 「儒林」 「張譏傳」, 445면, "譏所撰周易義三十卷, 尙書義十五卷, 毛詩義二十卷, 孝經義八卷, 論語義二十卷, 老子義十一卷, 莊子內篇義十二卷, 外篇義二十卷, 雜篇義十卷, 玄部通義十二卷, 又撰遊玄桂林二十四卷, 後主嘗俾人就其家寫入秘閣."

79) 『南史』 卷71 「儒林」 「顧越傳」, 1754면, "所著喪服、毛詩、老子、孝經、論語等義疏四十餘卷, 詩頌碑誌牋表凡二百餘篇."

80) 『陳書』 卷33 「儒林」 「沈不害傳」, 448면, "著治五禮儀一百卷, 文集十四卷."

81) 【王注】 戚衮은 吳郡 鹽官人으로 南方에서 자랐는데, 梁末 혼란 때 압박을 받아 齊로 갔다가 周로 갔고, 후에 다시 陳으로 돌아왔으니, 宋懷方이 北方에서 자란 것과는 다르므로 응당 같이 논할 수 없다.

지 않으면 순장해라"라고 유언했다. 척곤은 양에 있으면서 역시 『삼례의기(三禮義記)』를 지었는데, 난리를 당해 사라져 버렸고 다만 『예기의(禮記義)』 40권만이 세상에 돌아다녔다.[82] 그 당시 북쪽에서 온 이들로는 최령은,[83] 송회방, 척곤 외에 또한 손상(孫詳), 장현(蔣顯) 등이 있어 모두 강학을 하기는 했으나 말솜씨와 문장이 천하고 서툴렀고, 오직 노광(盧廣)만은 말솜씨가 맑고 우아하여 북쪽 사람과 같은 부류가 아니었다.[84] 이로써 양 무제의 치세에 강남의 뭇 유생들이 경학을 숭상해 익혔을 뿐만 아니라 경학에 조예가 깊은 북쪽 사람들도 또한 소식을 듣고 찾아왔음을 볼 수 있으니, 이는 남조 경학이 극히 성했던 것이다.

198. 북위에서는 집안에서 일어난 변란이 많았다 後魏多家庭之變

목제(穆帝)는 그 아들 육수(六修)에게 시해되었고,[85] 소성제(昭成帝)는 그 아들 실군(實君)에게 시해되었으며,[86] 도무제(道武帝)는 그 아들 청하왕(淸河王) (탁발)소(拓跋紹)에게 시해되었고,[87] 태무제(太武帝)는 중상시(中常侍) 종애(宗愛)에게 시해되었다.[88] 헌문제(獻文帝)는 그 어머니 문명태후

---

82) 『陳書』 卷33 「儒林」 「戚袞傳」, 440면, "就國子博士宋懷方質儀禮義, 懷方北人, 自魏攜儀禮、禮記疏, 秘惜不傳, 及將亡, 謂家人曰 '吾死後, 戚生若赴, 便以儀禮、禮記義本付之, 若其不來, 卽宜隨屍而殯'. …… 袞於梁代撰三禮義記, 値亂亡失, 禮記義四十卷行於世."

83) **[王注]** '靈'은 原刻本에는 '君'으로 되어 있는데, 西畲本에서 이미 개정했다.

84) 『梁書』 卷48 「儒林」 「盧廣傳」, 678면, "時北來人儒學者有崔靈恩、孫詳、蔣顯, 並聚徒講說, 而音辭鄙拙; 惟廣言論淸雅, 不類北人."

85) 『魏書』 卷1 「序紀」 「穆帝猗盧」, 9면, "九年, 帝召六脩, 六脩不至. 帝怒, 討之, 失利, 乃微服民間, 遂崩. 普根先守外境, 聞難來赴, 攻六脩, 滅之."

86) 『北史』 卷1 「魏本紀」 「序紀」 「昭成帝紀」, 9면, "旬有二日, 皇子寔君作亂, 帝暴崩, 時年五十七." 『北史』에는 '實君'이 아니라 '寔君'으로 표기되어 있다.

87) 『魏書』 卷3 「太宗紀」, 49면, "天賜六年冬十月, 淸河王紹作逆, 太祖崩. 帝入誅紹."

(文明太后)에게 해를 당했고,[89] 효명제(孝明帝)도 또한 그 어머니 호태후(胡太后)에게 해를 당했다.[90] 북위(北魏)의 황제들을 통계내보면 죽음을 제대로 맞지 못한 자가 모두 여섯 명인데, 화가 모두 집안에서 나왔으니, 억세고 사나운 성격이 드러나는 것으로 아마도 그 풍속이 본래 그랬기 때문일 것이다.

199. 북위와 북제의 황제들은 모두 일찍 아들을 낳았다 魏齊諸帝皆早生子

(북)위(北魏) 도무제(道武帝)는 열다섯 살에 명원제(明元帝)를 낳았고[91] 경목태자(景穆太子)는 열세 살에 문성제(文成帝)를 낳았으며, 문성제는 열다섯 살에 헌문제(獻文帝)를 낳았고, 헌문제는 열세 살에 효문제(孝文帝)를 낳았다. 북제(北齊) 후주(後主) (고)위(高緯)는 열네 살에 아들 (고)항(高恒)을 낳았고, (고)위의 동생 (고)엄(儼[92])은 주살되었을 때 나이가 열네 살이었으나

88) 『北史』 卷2 「魏高宗文成帝紀」, 65면, "正平二年三月, 中常侍宗愛弑逆, 立南安王余. 十月丙午朔, 又賊余."

89) 『魏書』 卷13 「文成文明皇后馮氏傳」, 328면, "顯祖卽位, 尊爲皇太后. 丞相乙渾謀逆, 顯祖年十二, 居于諒闇, 太后密定大策, 誅渾, 遂臨朝聽政. 及高祖生, 太后躬親撫養. 是後罷令, 不聽政事. 太后行不正, 內寵李弈, 顯祖因事誅之, 太后不得意. 顯祖暴崩, 時言太后爲之也."

90) 『北史』 卷13 「魏宣武靈皇后胡氏傳」, 505면, "武泰元年, 復陰行鴆毒. 其年二月, 明帝暴崩, 乃奉潘嬪女, 言太子復位. 經數日, 見人心已安, 始言潘嬪本實生女, 今宜更擇嗣君, 遂立臨洮王子釗爲主, 年始二・三歲, 天下愕然."

91) 【王注】 明元帝가 登國 7年(392)에 태어났고 道武帝가 즉위했을 때 나이가 6살이므로(386) 明元帝를 낳은 것은 응당 13세 때이다.

92) 高儼(558~571) : 字는 仁威이며, 武成帝의 셋째 아들이다. 東平王에 봉해졌으며, 侍中 京畿大都督, 大司徒 大司馬를 역임하였다. 큰 형 高緯보다도 총애를 받았다. 高緯가 즉위한 후 琅邪王으로 改封되었다. 佞臣 和士開의 질시로 폄하되어 北宮에 居하게 되었다. 武平 2년(571) 詔書를 위조하여 和士開를 죽이고 권세가 陸令萱 등을 주살하려 했으나 後主에게 저지당하고, 후에 陸令萱 등에게 살해되었다.

이미 유복자가 네 명이나 있었다.[93)]

생각건대 고징(高澄)은 열두 살에 (동)위(東魏) 효정제(孝靜帝)의 누이동생 풍익장공주(馮翊長公主)에게 장가들었으니,[94)] 대개 (북)위, (북)제 무렵에는 황자들이 모두 일찍 장가갔기에 자식을 낳는 것도 또한 빨랐다.

200. 북위 황제들은 어린 나이에 즉위하는 경우가 많았다 魏諸帝多幼年卽位

(북)위(北魏) 도무제(道武帝)는 여섯 살에 즉위했고, 태무제(太武帝)는 열여섯 살에 즉위했으며, 문성제(文成帝)는 열세 살에 즉위했다. 헌문제(獻文帝)는 열한 살에 즉위했고 효문제(孝文帝)는 다섯 살에 즉위했다. 선무제(宣武帝)는 열일곱 살에 즉위했고 효명제(孝明帝)는 여섯 살에 즉위했다.

201. 북위 때 사람들은 신장을 이름으로 쓰는 경우가 많았다 元魏時人多以神將爲名

북조(北朝) 때 사람들은 신장(神將)[95)]을 이름으로 하는 경우가 많았다. (북)위(北魏) 북지왕(北地王)의 세자(世子) 이름은 종규(鍾葵)[96)]였고,[97)] 원차(元

93) 『北齊書』 卷12 「琅玡王儼傳」, 163면, "儼呼曰 : '乞見家家・尊兄!' 桃枝以袂塞其口, 反袍蒙頭負出, 至大明宮, 鼻血滿面, 立殺之, 時年十四. 不脫靴, 裹以席, 埋於室內. 帝使啓太后, 臨哭十餘聲, 便擁入 殿. 明年三月, 葬於鄴西, 贈諡曰楚恭哀帝, 以慰太后. 有遺腹四男, 生數月皆幽死."

94) 『北齊書』 卷3 「文襄帝紀」, 31면, "宗文襄皇帝諱澄, …… 尙孝靜帝妹馮翊長公主, 時年十二."

95) 神將 : 神兵을 거느리는 장수.

96) 鍾葵 : 역병의 신을 몰아낸다는 귀신. 唐 玄宗 때 꿈에 본 것을 吳子道를 시켜 그림

叉)[98]의 본래 이름은 야차(夜叉)[99]였으며 그 동생 (원)라(元羅)의 본래 이름도 나찰(羅刹)[100]이었는데, 효문제(孝文帝) 때 또한 환관 고보살(高菩薩)이라는 자가 있었고, 이주영(爾朱榮)의 아들 중 한 명은 이름이 차라(叉羅), 한 명은 이름이 문수(文殊)[101]였다. 양(梁) 소연조(蕭淵藻)의 어릴 때 이름은 가섭(迦葉)[102]이었다. 수(隋) 때에는 한왕(漢王) (양)량(楊諒)[103]이 반란이 일으켰을 때 그 장군 가운데 교종규(喬鍾葵)라는 자가 있었다.[104] 수말(隋末)에는 반란장수(賊帥) 가운데 송금강(宋金剛)이라는 자가 있었다.[105] 당(唐) 무후(武后) 때에는 영남토격사(嶺南討擊使)가 거세한 아이 둘을 바쳤는데, 한

으로 나타내어 그리게 했다고도 한다. 鍾馗라고도 한다.

97) 【王注】 北地王의 이름은 精으로 곧 後燕의 왕인데, 參合陂의 전투에서 後燕이 大敗한 후, 그 世子 鐘葵가 北魏에 포로가 되었고 이어 北魏에 항복하여 뒤에 賜姓으로 豆盧氏가 되었으니, 『北史』 卷68 「豆盧寧傳」과 『魏書』 卷2 「道武帝紀」에 보인다.

98) 元叉(486~526) : 元乂라고도 하며, 字는 伯儁, 小字는 夜叉이며, 京兆王(江陽王) 元繼의 큰아들이다. 胡太后의 妹夫였기 때문에 벼슬이 侍中 領軍將軍에 이르렀다. 孝明帝가 親政할 때 淸河王 元懌이 輔政하고 있었는데, 胡太后의 詔書를 빌어 淸河王 元懌을 제거하고 高陽王 元雍과 정권을 잡았다. 늘 禁中에 숙직하며 대소사를 처리했다. 정권을 잡은 후 酒色에 탐닉하고 政事를 게을리하다가 孝明帝와 胡太后가 兵權을 해제하고 賜死하였다.

99) 夜叉 : 梵語의 yaksa의 音譯. 사람을 해치는 무서운 귀신.

100) 羅刹 : 사람을 잡아먹는 악귀.

101) 文殊 : 梵語 manjusri의 音譯. 妙德·妙吉祥이란 뜻. 如來의 왼쪽에 있는 지혜를 맡은 보살. 오른손에 智劍을, 왼손에 靑蓮花를 가졌다. 佛性을 밝혀 보이고 法身·般若·解脫의 三德을 갖추며 불가사의한 지혜를 가진 보살.

102) 迦葉 : 釋迦의 10대 제자 중의 한 사람. 또는 十六羅漢 중의 하나. 석가여래가 죽은 뒤 王舍城에서 열린 經典結集에서 주임을 맡아 이룬 사람.

103) 楊諒(?~604) : 字는 德章, 小字는 益錢이며, 隋文帝의 아들이다. 開皇 元年(581) 漢王으로 봉해지고 開皇 17년(597) 幷州總管에 임명되었으며 文帝의 총애를 받았다. 부임지가 天下의 精兵이 있는 곳이고 太子 楊勇과 蜀王 楊秀가 폐위되어 화가 자기에게 미칠 것을 두려워하여 突厥 방어를 명목으로 대규모 工役을 일으키고 器械를 수리하고 亡命을 招納하는 등 반란을 꾀하였다. 仁壽 4년(604) 文帝가 죽고 煬帝가 즉위하자 해를 당할까 두려워하여 난을 일으켰으나 楊素에게 사로잡혔다. 庶民으로 폐위되어 유폐되어 죽었다.

104) 『隋書』 卷63 「楊義臣傳」, 1499면, "煬帝嗣位, 漢王諒作亂幷州. 時代州總管李景爲漢王將喬鍾葵所圍, 詔義臣救之."

105) 『舊唐書』 卷1 「高祖紀」, 9면, "(武德 2年)裴寂與劉武周將宋金剛戰於介州, 我師敗績, 右武衛大將軍姜寶誼死之."

명은 금강(金剛)[106]이라고 했고 한 명은 역사(力士)라 했으니, 바로 고력사(高力士)였다.[107]

202. 재물로 하는 결혼財婚

(북)위, (북)제 무렵에는 혼인을 하면서 재화를 서로 많이 내는 경우가 많았으니, 대저 처음에는 고문(高門)이 천한 집안[卑族]과 혼인하면서 그 소유한 재물이 넉넉하게 남는 것에서 이익을 취한 것인데, 그 뒤에는 결국 풍속이 되어 무릇 혼인에서 재화와 폐물로 일을 삼지 않음이 없게 되었고, 재물이 많고 적음을 다투는 것을 예사로 생각하여 괴이한 일로 여기지 않았다. (북)위(北魏) 문성제(文成帝)는 일찍이 조서를 내려 "귀족 집안에서 법을 받들지 않는 경우가 많아, 간혹은 재물을 탐하고 이익을 취하기 위해 가려서 택하는 바가 없고, 높은 신분을 미천한 신분과 구분하지 않아 인륜을 훼손하니, 무엇으로 후손에게 보일 것인가"라고 말했다.[108] 이로써 재물로 하는 결혼이 유래가 오래 되었음을 볼 수 있다. 「봉술전(封述傳)」을 보면, (봉)술[109]은 아들을 위해 이사원(李士元)의 딸을 맞아들이면서

---

106) 金剛 : 불법을 수호하는 神. 寺門의 양쪽에 안치되어 각각 密迹金剛 · 那羅延金剛이 있다.

107) 『舊唐書』 卷184 「高力士傳」, 4757면, "高力士, 潘州人, 本姓馮. 少閹, 與同類金剛二人, 聖曆元年嶺南討擊使李千里進入宮."

108) 『魏書』 卷5 「文成帝紀」 「十二月壬寅」條, 122면, "詔曰 : '夫婚姻者, 人道之始. 是以夫婦之義, 三綱之首, 禮之重者, 莫過於斯. 尊卑高下, 宜令區別. 然中代以來, 貴族之門多不率法, 或貪利財賄, 或因緣私好, 在於苟合, 無所選擇, 令貴賤不分, 巨細同貫, 塵穢淸化, 虧損人倫, 將何以宣示典謨, 垂之來裔. 今制皇族 · 師傅 · 王公侯伯及士民之家, 不得與百工 · 伎巧 · 卑姓爲婚, 犯者加罪'." 文成帝는 이 조칙에서 혼인에는 禮에 따라 신분 구별이 중요하다는 것을 명시하고서 皇族 · 師傅 · 王公侯伯 및 士民之家가 百工 · 伎巧 · 卑姓 등과 결혼할 수 없게 했으며 이를 어길 경우 처벌한다고 하였다.

재물을 큰 수레로 많이 보냈는데, 혼례를 하게 되자 오히려 재물이 약속한 것과 많이 차이가 나는 것 때문에 다투게 되었다. (봉)술이 갑자기 예물로 갖다 준 상(供像)을 가져다가 (이)사원 앞에서 깨부수며 서약을 하자, (이)사원은 웃으며 "봉옹(封翁)은 어디서나 항상 이처럼 급한 상황에서 상을 만들어 맹세가 필요할 때 바로 사용하는가"라고 말했다. (봉)술은 또한 둘째 아들을 위해 노장(盧莊)의 딸을 맞아들였는데, (봉)술이 관부에 호소하며 "암말을 보내면 다리가 절름발이라고 꺼리고, 땅을 평가하면서는 소금기 있고 척박하다 하고, 동기(銅器)에 대해서는 또한 오래되어 못 쓰게 되었다고 꺼립니다"라고 말하였다.110) 모두 재물로 맞아들이다가 분란을 초래했으니, 이로써 당시 풍속을 볼 수 있다.

203. 지체 높은 가문의 아녀자들高門士女

『북제서(北齊書)』을 보면, 곽경(郭瓊)이 죄로 사형에 처해지자 그 며느리인 범양(范陽) 노도우(盧道虞)의 딸은 관부에 적몰되었는데, (북)제 신무제(神武帝)가 진원강(陳元康)111)에게 아내로 주었다. (진)원강은 신분이 미천

---

109) 封述 : 北齊 勃海郡 蓨縣 사람으로 字는 君義이다. 北魏 때 濟州征東府鎧曹參軍으로 起家하였다. 東魏初 『麟趾格』 제정에 참여하였다. 河淸 3년(564) 趙彦深 · 魏收 등과 함께 律令(齊律)을 제정하였다. 度支尙書 · 南兗州刺史 · 殿中尙書를 역임하였다. 律令에 밝고 재판이 공정하여 당시 존경을 받았다. 당시 高門인 隴西李氏, 范陽盧氏와 통혼하였다. 그러나 성격이 인색하여 매번 분규를 일으켰다.

110) 『北齊書』 卷43 「封述傳」, 573면, "一息, 爲娶隴西李士元女, 大輸財娉, 及將成禮, 猶競懸違. 述忽取供養像對士元打像作誓, 士元笑曰 : '封公何處常得應急像, 須誓便用.' 一息娶范陽盧莊之女. 述又逕府訴云 : '送贏乃嫌脚跛, 評田則云鹹薄, 銅器又嫌古廢.' 皆爲吝嗇所及, 每致紛紜."

111) 陳元康(507~549) : 東魏 廣宗郡 사람으로 字는 長猷이다. 北魏 正光 5년(524) 尙書令 李崇을 따라 北伐에 종군하여 軍功을 세워 臨淸縣男에 봉해졌다. 東魏初 司徒 高昂의 記室參軍과 高歡의 相府 功曹參軍을 역임하여 機密을 담당하였다. 侯景의 난

하였기에 당시 사람들은 특별한 상이라고 생각했다[趙注 : 「진원강전(陳元康傳)」].[112] 손건(孫搴)은 신무제의 총애를 받아 위(韋)씨를 아내로 하사받았는데, 사인(士人)의 딸인 데에다 아울러 아름다운 용모도 갖추고 있어 당시 사람들은 그것을 영예라고 여겼다[趙注 : 「손건전(孫搴傳)」].[113] (북)위(北魏) 태상(太常) 유방(劉芳)의 손녀와 중서랑(中書郎) 최조사(崔肇師)의 딸은 그 남편 집안이 모두 사건에 연좌되었는데, (북)제(北齊) 문선제(文宣帝)는 (그들을) 모두 위수(魏收)에게 주어 아내로 삼게 하니, 사람들은 그것을 가충(賈充)이 좌우부인(左右夫人)을 둔 것에[114] 비유했다[趙注 : 「위수전(魏收傳)」].[115]

204. 북위, 북제 당시의 도량형魏齊斗秤

『한서(漢書)』「흉노전(匈奴傳)」을 보면, 엄우(嚴尤)가 왕망(王莽)에게 흉노 정벌을 간하면서 "군대를 갖추어 국경 밖으로 나가면 한 사람이 3백 일 동안 먹을 것을 계산해야 하니, 소모하는 양식이 열여덟 곡(斛)[116]입니

이 발생하자 徐州刺史 慕容紹宗을 천거하여 난을 평정하였다. 高澄이 北魏를 대신해 稱帝하려 하였을 때 혼자 반대하여 미움을 샀다. 후에 高澄이 家奴에게 살해되었을 때 역시 죽임을 당했다.

112) 『北齊書』 卷24 「陳元康傳」, 343면, "魏尙書僕射范陽盧道虔女爲右衛將軍郭瓊子婦, 瓊以死罪沒官, 高祖啓以賜元康爲妻." 여기에서는 陳元康의 처로 보낸 여자가 范陽 盧道虞의 딸이 아니라 盧道虔의 딸로 되어 있다.

113) 『北齊書』 卷24 「孫搴傳」, 341면, "搴援筆立成, 其文甚美. 高祖大悅, …… 又能通鮮卑語, 兼宣傳號令, 當煩劇之任, 大見賞重. 賜妻韋氏, 旣士人子女, 又兼色貌, 時人榮之." 孫搴이 神武帝에게 총애받은 것은 문장이 뛰어났고 鮮卑語에 능통했기 때문이다.

114) 『晉書』 卷40 「賈充傳」, 1171면, "初, 充前妻李氏淑美有才行, 生二女褒・裕, 褒一名荃, 裕一名濬. 父豐誅, 李氏坐流徙. 後娶城陽太守郭配女, 卽廣城君也. 武帝踐阼, 李以大赦得還, 帝特詔充置左右夫人, 充母亦敕充迎李氏. 郭槐怒, 攘袂數充曰 : '刊定律令, 爲佐命之功, 我有其分. 李那得與我並!'"

115) 『北齊書』 卷37 「魏收傳」, 489면, "魏太常劉芳孫女, 中書郎崔肇師女, 夫家坐事, 帝並賜收爲妻, 時人比之賈充置左右夫人."

다"라고 말했다.[117] 『진서(晉書)』 「부현전(傅玄傳)」을 보면, 위(魏)나라 초기에 과전(課田)을 실시한 효과로 밭에서는 십여 곡을 거두고 논에서는 거두는 것이 수십 곡에 이른다 했다.[118] 『송서(宋書)』 「유면전(劉勔傳)」을 보면, 2만 명의 사람이 매해 쌀 48만 곡을 먹는다고 했다.[119] 이는 옛 사람들이 먹는 바가 많아서도 아니며, 밭에서 거두는 바가 많아서도 아니고, 그저 옛 말과 곡의 용량이 작았기 때문일 뿐이다. 또 『진서』 「지우전(摯虞傳)」을 보면, 진협(陳勰)이 땅을 파다가 옛 자를 얻자, 상서(尙書)에서 지금 사용되는 자가 옛 자보다 기니 마땅히 옛 자를 기준으로 해야 한다고 상주했다.[120] 이렇게 보면 예전에는 자 역시 짧았던 것이다. 큰 말과 긴 자 및 무거운 저울은 (북)위(北魏), (북)제(北齊), (북)주(北周), 수(隋) 사이에 생겨난 것이다. 공영달(孔穎達)은 『(오경)정의(五經正義)』에서 (북)위와 (북)제의 말과 저울은 예전 것 두 개에 대해 하나가 되고, (북)주와 수의 말과 저울은 예전 것 세 개에 대해 하나가 되었다고 했으니,[121] 고녕인(顧寧人, 곧 顧炎武)이 말한 바 고금 간에 도량형 상의 일대 변국이었다.[122]

그런데 곧 (북)위의 경우를 두고 따져 본다면 그 제도가 또한 앞뒤로 같지가 않았다. (북)위 초에는 말과 저울이 역시 컸지만, 효문제(孝文帝)가 낙양(洛陽)으로 천도한 이후로는 긴 자와 큰 말을 고쳐 『주례(周禮)』 제도에 따르도록 조서를 내려 고친 것을 천하에 반포했다【趙注 : 본기】.[123]

---

116) 1斛은 10말이다.

117) 『漢書』 卷94下 「匈奴傳下」, 3824면, "…… 計其道里, 一年尙未集合, 兵先至者聚居暴露, 師老械弊, 勢不可用, 此一難也. 邊旣空虛, 不能奉軍糧, 內調郡國, 不相及屬, 此二難也. 計一人三百日食, 用糒十八斛."

118) 『晉書』 卷47 「傅玄傳」, 1321면, "近魏初課田, 不務多其頃畝, 但務修其功力, 故白田收至十餘斛, 水田收數十斛."

119) 『宋書』 卷86 「劉勔傳」, 2193면, "臣又以爲二萬人歲食米四十八萬斛."

120) 『晉書』 卷51 「摯虞傳」, 1425면, "將作大匠陳勰掘地得古尺, 尙書奏: '今尺長於古尺, 宜以古爲正'."

121) 【王注】 『正義』는 孔穎達이 撰한 『(春秋)左傳正義』를 이르며, 글은 「定公 8年」條(卷55)에 보인다.

122) 【王注】 『日知錄』 卷11 「權量」」條에 나온다.

이는 말과 저울을 모두 옛 제도로써 기준을 삼은 것이니, 이른바 두 개로 하나가 되었다는 것은 전혀 아니다. 효문제 이후로는 또다시 날로 점차 크기가 증가했다. 「장보혜전(張普惠傳)」을 보면 효명제(孝明帝) 때에 상서에서 무명[綿]과 삼[麻]의 징수를 다시 하려고 하자 (장)보혜가 상소를 올려 "고조(高祖)께서 큰 말을 없애고 긴 자를 버리고 무거운 저울을 고친 것은 본래 백성을 아꼈기 때문입니다. 군사와 국정에서 무명과 삼이 필요하였으므로, 명주[絹]에 더하여 무명 여덟 냥(兩)을 징수했고 베(布)에 더하여 삼 열다섯 근(斤)을 징수했지만, 그 당시 백성들은 긴 자와 큰 말, 무거운 저울로 인한 고통을 면하였으므로 그것을 바치는 것을 즐거이 했습니다. 그 뒤 자가 점차 길고 넓어진 데에다 무명과 삼을 또 징수하여 백성들의 탄식과 원망을 초래하였습니다. 이후 대신들은 폭이 넓고 길이가 길고 저울이 무겁고 말이 큰 것을 없애야 하는 것을 알지 못하고 다만 무명과 삼의 징수를 면하게 하여 구차하게 천하 사람들의 마음을 기쁘게 하려고 했으니, 이른바 기쁘게 하는 것을 올바른 도로서 하지 않은 것입니다"라고 말했다.[124] 이러한 즉 (북)위의 말과 저울은 효문제 때부터 고쳐 주(周)나라 제도를 따르다가 오래지 않아 변한 것이니, (공)영달이 둘이 하나가 됐다고 말한 것은 아마도 선무제(宣武帝), 효명제 때에 이미 변한 제도일 것이다. 나머지는 『해여총고(陔餘叢考)』를 보라.[125]

---

123) 『魏書』 卷7下 「高祖紀」, 178면, "(太和 19年 6月)戊午, 詔改長尺大斗, 依周禮制度, 班之天下."

124) 『魏書』 卷78 「張普惠傳」, 1736면, "普惠以天下民調, 幅度長廣, 尙書計奏, 復徵綿麻, 恐其勞民不堪命, 上疏曰 : '…… 仰惟高祖廢大斗, 去長尺, 改重秤, 所以愛萬姓, 從薄賦. 知軍國須綿麻之用, 故云幅度之間, 億兆應有綿麻之利, 故絹上稅綿八兩, 布上稅麻十五斤. 萬姓得廢大斗, 去長尺, 改重秤, 荷輕賦之饒, 不適於綿麻而已, 故歌舞以供其賦, 奔走以役其勤, 天子信於上, 億兆樂於下. 故易曰 : 悅以使民, 民忘其勞. 此之謂也. 自茲以降, 漸漸長闊, 百姓嗟怨, 聞於朝野. 伏惟皇太后未臨朝之前, 陛下居諒闇之日, 宰輔不尋其本, 知天下之怨綿麻, 不察其幅廣 · 度長 · 秤重 · 斗大, 革其所弊, 存其可存, 而特放綿麻之調, 以悅天下之心, 此所謂悅之不以道, 愚臣所以未悅者也'."

125) **[王注]** 『陔餘叢考』 卷30 「斗稱古今不同」과 「丈尺古今不同」 等의 條를 보라.

205. 가짜관리[假官]

북위[後魏] 효정제(孝靜帝) 때에 이부영사(吏部令史)[126] 장영화(張永和), 최활(崔闊) 등이 거짓으로 다른 사람의 관직을 빌렸다가 일이 발각되었는데, 일을 들추어 단속하니 자수한 자가 6만여 명이었다[趙注 : 본기].[127] 이 일은 어지러운 조정에 있었던 관리의 그릇된 폐단이므로 본디 이상하게 여길 만한 [王注]것이 없다. 수(隋) 문제(文帝) 때에 이르면 일을 종합하고 밝혀서 정치를 행했으니 마땅히 감히 거짓을 일삼는 자가 없어야 했다. 하지만, 상도력(向道力)이란 자는 거짓으로 고평군수(高平郡守)가 되어 관직에 부임하려고 가는데, 설주(薛冑)[128]가 길에서 그를 만나고는 의심하여 주부(主簿)를 시켜 조사하게 했다. 이때 서구라(徐俱羅)라는 자가 있어 앞서 해릉군수(海陵郡守)였는데, (상)도력이 이미 그를 대신하여 (군수의) 임기를 다 채웠는데도 조정이나 민간에서 깨닫지를 못했다. (서)구라가 또한 "(상)도력은 이미 나를 대신해 한번 관직을 맡았는데, 나리께서는 어찌 그를 의심하십니까"라고 변호했지만, (설)주는 그 말을 듣지 않고 갑자기 (상)도력을 잡아들이니 (상)도력은 마침내 죄를 자백하였다[趙注 : 「설주전(薛冑傳)」].[129] 군수(郡守)는 낮은 관직이 아니고 임기도 잠시가 아닌데 거짓을 일삼아도

---

126) 吏部令史 : 吏部에서 문서를 처리하는 하급관리.

127) 『魏書』 卷12 「孝靜帝紀」, 311면, "(武定 6年 4月)夏四月甲子, 吏部令史張永和, 青州人崔闊等僞假人官, 事覺, 糾檢, 首者六萬餘人."

128) 薛冑 : 隋 河東郡 汾陰縣 사람으로 字는 紹玄이다. 北周에 출사하여 文城郡公에 봉해지고 上儀同, 開府를 역임하였다. 隋初 兗州刺史가 되어 열흘 동안 수백 건의 재판안건을 잘 처리하고 沂水·泗水의 수리시설을 복구하여 漕運과 개간 확충에 공헌하였다. 大理卿·刑部尙書를 역임하였으나 高熲의 재판 때 皇帝의 뜻에 거슬려 檢校相州事로 좌천되었다. 仁壽 4년(604) 漢王 楊諒이 기병했을 때 相州를 固守하였으나, 조정에서는 그가 다른 마음을 품고 있다고 생각하여 嶺南으로 귀양보냈는데 도중에 죽었다.

129) 『隋書』 卷56 「薛冑傳」, 1387~1388면, "有陳州人向道力者, 僞作高平郡守, 將之官, 冑遇諸塗, 察其有異, 將留詰之. …… 旣而悔之, 卽遣主簿追禁道力. 有部人徐俱羅者, 嘗任海陵郡守, 先是已爲道力僞代之. 比至 秩滿, 公私不悟. 俱羅遂語君馥曰 : '向道力以經代俱羅爲郡, 使君豈容疑之?' …… 遂往收之, 道力懼而引僞. 其發姦擿伏, 皆此類也, 時人謂爲神明."

그것을 깨닫는 사람이 없었다니, 또한 법망이 성긴 것을 볼 수 있는 것이다. 그러나 역시 믿을 수 없는 바가 있으니, 그 어떤 사람이 가짜 군수였다면 진짜 군수는 어디에 있었길래, 어찌 기꺼이 다른 사람이 몇 년 동안 자신의 이름을 빌리는 것을 용납하고도 나와 다스리지 않았단 말인가. 아마도 사서를 짓는 이가 들었던 세간에 떠도는 작은 소문일 것이다.

206. 북주, 수, 당은 모두 무천에서 나왔다周隋唐皆出自武川

하늘과 땅 사이[兩間] 제왕의 기운은 흘러 다니는 것이 무상하나, 때로 한 곳에 그 힘을 두텁게 모아 거기서 제왕이 나오기도 한다. 예컨대 남북조(南北朝) 분열기에 그 기운이 또한 각각 모이는 곳이 있었다. (동)진(東晉)이 망하자 유유(劉裕)는 경구(京口)[130]에서 태어났고,[131] 소도성(蕭道成)과 소연(蕭衍)은 무진(武進)의 남난릉(南蘭陵)[132]에서 출생했으며,[133] 진패선(陳霸先)은 오흥(吳興)에서 났으니,[134] 그 땅이 모두 수백 리 안에 있었다. (북)위(北魏)가 망한 뒤 (북)주(北周), 수(隋), 당(唐) 세 왕조의 시조는 모두 무천

---

130) 京口 : 지금의 江蘇省 鎭江市이다. 秦漢時代에는 丹徒로 불렸다. 後漢 建安 13년(208) 孫權이 吳郡으로부터 이곳으로 治所를 옮기면서 京城, 혹은 丹徒로 칭해졌다. 建安 16년(211) 孫權이 建業으로 천도하면서 丹徒城이 背山臨水의 지형이며 江南의 운하가 長江으로 들어가는 입구라 하여 京口鎭이라 칭하였다. 六朝시대 軍事重鎭이며 州郡의 治所였다. 永嘉의 난 이후 幽州·冀州·青州·幷州·兗州 4州의 流民이 이 곳에 僑居하였다.

131) 『宋書』 卷1 「武帝紀」, 1면, "高祖武皇帝諱裕, 字德輿, 小名寄奴, 彭城縣綏輿里人, 漢高帝弟楚元王交之後也."

132) 南蘭陵 : 蘭陵은 본래 東海郡 蘭陵縣이었으나 뒤에 蘭陵郡이 되었고, 東晉 때에는 晉陵郡 武進縣에 南蘭陵郡을 僑置했다.

133) 『梁書』 卷1 「武帝紀」, 1면, "高祖武皇帝諱衍, 字叔達, 小字練兒, 南蘭陵中都里人, 漢相國何之後也."

134) 『陳書』 卷1 「高祖紀」, 1면, "高祖武皇帝諱霸先, 字興國, 小字法生, 吳興長城下若里人, 漢太丘長陳寔之後也."

(진)(武川鎭)[135]에서 났다. 우문태(宇文泰)의 사대조인 (우문)릉(宇文陵)은 선비(鮮卑) 사람으로 무천에 옮겨왔는데, (우문)릉이 (우문)계(宇文系)를 낳고 (우문)계가 (우문)도(宇文韜)를 낳고 (우문)도가 (우문)굉(宇文肱)을 낳았으며 (우문)굉이 (우문)태를 낳았으니, 이가 바로 (북)주 문제(文帝)이다.[136] 양견(楊堅)의 오대조인 (양)원수(楊元壽)는 무천에서 집안을 이루었는데, (양)원수가 (양)혜하(楊惠嘏)를 낳고 (양)혜하가 (양)렬(楊烈)을 낳고 (양)렬이 (양)정(楊禎)을 낳고 (양)정이 (양)충(楊忠)을 낳았으며 (양)충이 (양)견을 낳았으니, 이가 바로 수 문제(文帝)이다.[137] 이연(李淵)의 사대조인 (이)희(李熙)는 무천(武川)에서 집안을 이루었는데, (이)희가 (이)천석(李天錫)을 낳고 이천석이 (이)호(李虎)를 낳고 (이)호가 (이)병(李昞)을 낳았으며 (이)병이 (이)연을 낳았으니, 이가 바로 당 고조(高祖)이다.[138] 탄환 같이 작은 땅에서 세 왕조의 제왕이 난 것인데, (북)주는 넓이가 오히려 (북제보다) 작았으나 수와 당은 통일을 이룬 경우로 합쳐서 삼백여 년이나 존속했으니, 어찌 제왕의 기운이 모인 바가 크고 많은 것이 아니겠는가.

---

135) 武川鎭 : 北魏初 柔然을 방어하기 위해 陰山 이남에 설치한 六鎭의 하나이다. 故址는 지금의 내몽고 武川縣 서쪽의 烏蘭不浪 동족 土城子이다. 孝昌 4년(528) 神武郡으로 改稱하여 朔州에 예속되었다.

136) 『北史』 卷9上 「周本紀」, 311면, "周太祖文皇帝姓宇文氏, 諱泰, 字黑獺, 代郡武川人也. …… 天興初, 魏遷豪傑於代郡, 陵隨例徙居武川, 卽爲其郡縣人焉. 陵生系, 系生韜, 韜生皇考肱, 竝以武略稱."

137) 『北史』 卷11上 「隋本紀」, 395면, "隋高祖文皇帝楊氏, 諱堅, …… 鉉子元壽, 魏初爲武川鎭司馬, 因家于神武樹頹焉. 元壽生太原太守惠嘏, 嘏生平原太守烈, 烈生寧遠將軍禎, 禎生皇考忠."

138) 『舊唐書』 卷1 「高祖紀」, 1면, "高祖神堯大聖大光孝皇帝姓李氏, 諱淵. 其先隴西狄道人, 涼武昭王暠七代孫也. 暠生歆. 歆生重耳, 仕魏爲弘農太守. 重耳生熙, 爲金門鎭將, 領豪傑鎭武川, 因家焉. 儀鳳中, 追尊宣皇帝. 熙生天錫, 仕魏爲幢主. 大統中, 贈司空. 儀鳳中, 追尊光皇帝. 皇祖諱虎, 後魏左僕射, 封隴西郡公, 與周文帝及太保李弼·大司馬獨孤信等以功參佐命, 當時稱爲'八柱國家', 仍賜姓大野氏. 周受禪, 追封唐國公, 諡曰襄. 至隋文帝作相, 還復本姓. 武德初, 追尊景皇帝, 廟號太祖, 陵曰永康. 皇考諱昞, 周安州總管·柱國大將軍, 襲唐國公, 諡曰仁. 武德初, 追尊元皇帝, 廟號世祖, 陵曰興寧."

207. 북제에서는 하인을 현령으로 삼았다北齊以厮役爲縣令

북위[後魏]는 중원(中原)에서 천하를 다스리며 자못 관료로써 다스리는 것[吏治]을 목표로 했다. 가령 명원제(明元帝)는 신서(神瑞) 원년(414)에 조서를 내려 사자(使者)에게 여러 주(州)를 순행하며 수령(守令 : 郡守와 縣令)의 재산을 검열해 자기 집에서 가져온 것이 아니면 모두 뇌물이라 장부에 기재하도록 했다. (신서) 2년(415)에 또 조서를 내려 자사(刺史), 수령 가운데 그 해 조세를 태만히 체납한 이는 처벌하여 집안 재산을 내어 충당하도록 하고, 백성에게 징발할 수 없도록 했다.[139] 태무제(太武帝)는 중산(中山)에 행행(行幸)해서 지방관 가운데 탐욕스럽고 부정한 자 수십 명을 면직시켰다. 신가(神麚) 원년(428)에는 천하에 지방관들이 법을 어기는 경우가 많다고 여겨 충성스럽고 올바른 사람을 엄선하여 모두 그들을 대신하도록 했다. 태연(太延) 3년(437)에는 또 조서를 내려 천하의 관리와 백성들에게 수령의 불법을 고발할 수 있게 했다.[140] 이는 모두 관리를 정돈해 삼가도록 해서 외람된 행동에 이르지 않도록 한 것이다.

그러나 (북위) 말엽에 이르러서는 나라와 정치가 어지러워지고 권세가 아래로 옮아가 드디어 현(縣)을 맡아 다스리는 자 가운데 하인[厮役]이 많아지게 되었으며, 선비들은 모두 현령이 되는 것을 부끄러워하기에 이르렀다. 북제(北齊)에 들어서면 그 풍조가 더욱 심해졌다. 복야(僕射) 원문요(元文遙)[141]는 그 폐해를 심각하게 보고 상주하여, 현령은 곧 백성을 직접

---

139) 『魏書』 卷3 「太宗紀」, 54~55면, "(神瑞 元年)冬十一月壬午, 詔使者巡行諸州, 校閱守宰資財, 非自家所齎, 悉簿爲贓. 詔守宰不如法, 聽民詣闕告言之. ……(二年)三月, 詔曰 : '刺史守宰, 率多逋慢, 前後怠惰, 數加督罰, 猶不悛改. 今年貲調懸違者, 謫出家財充之, 不聽徵發於民'."

140) 『魏書』 卷4上 「世祖紀上」, 73면, "神麚元年春正月, 以天下守令多行非法, 精選忠良悉代之"; 『魏書』 卷4上 「世祖紀上」, 88면, "夏五月己丑, 詔曰 : '方今寇逆消殄, 天下漸晏. 比年以來, 屢詔有司, 班宣惠政, 與民寧息. 而內外羣官及牧守令長, 不能憂勤所司, 糾察非法, 廢公帶私, 更相隱置, 濁貨爲官, 政存苟且. 夫法之不用, 自上犯之, 其令天下吏民, 得擧告守令不如法者'."

다스리는 관직이니 그 선발을 혁신할 것을 주청하였다. 이에 몰래 명령을 내려 신분이 높은 집안 자제들을 가려 올려 칙명을 내어 그들을 등용하였는데, 오히려 그들이 사실을 들추어내 항의할까 염려하여, 이에 신무문(神武門) 밖에서 불러모으고 조군왕(趙郡王) (고)예(高叡)를 시켜 어명에 따라 이름을 부르고 후히 위로하고 타일러 그들을 파견하게 했으니, 사인(士人)이 현령이 된 것은 이로부터 시작되었다[趙注 : 「원문요전(元文遙傳)」].[142] 이로부터 이중거(李仲擧), 노창형(盧昌衡) 등 여덟 명이 가문의 지위에 따라 함께 뽑혀 등용되었다. (이)중거는 수무령(修武令)이 되었는데, 사람들이 이르기를 관대하고 명철하다 했고, (노)창형은 평은령(平恩令)이 되었는데, 사람들이 이르기를 은혜롭고 명철하다 했으며, 당시에 '노씨와 이씨의 정치[盧李之政]'라고 칭송했다[趙注 : 「이중거전(李仲擧傳)」].[143] 백성과 가까운 관직을 하인에게 맡겼으니, 쇠퇴하고 어지러운 조정에 무슨 일인들 있지 않겠는가, 이로써 역시 세태의 변화를 볼 수 있다.

『진서(晉書)』를 보면, 조왕(趙王) (사마)륜(司馬倫)이 찬탈했을 때 병졸과 하인들에게 역시 작위를 더하여 매번 조회를 할 때마다 초선(관)(貂蟬冠)[144]이 자리에 가득하니, 당시 사람들이 "담비가 부족하니 개꼬리가 뒤를 잇네[貂不足, 狗尾續]"라고 풍자했다.[145] 또 「회계왕(會稽王) (사마)도자(司

---

141) 元文遙 : 字는 德遠이며, 北魏宗室이다. 젊어서 재주와 이름이 있었다. 林慮山에 은거하다 東魏大將軍府 功曹로 출사하고 齊初 中書舍人이 되었으나 몇 년간 유폐되었다가 다시 祠部郎中이 되었다. 文宣帝 등 3朝를 섬기며 벼슬이 中書監에 이르렀다. 天統 2년(566) 高氏로 賜姓되었고 尙書左僕射 寧都郡公에 제수되었다. 일찍이 士人을 縣令으로 임명하는 제도를 만들었다. 권신 和士開와 불화하여 兗州刺史가 되었다가 다시 入朝했으나 기용되지 않았다.

142) 『北齊書』 卷38 「元文遙傳」, 504면, "齊因魏朝, 宰縣多用厮濫, 至於士流恥居百里. 文遙以縣令爲字人之切, 遂請革選. 於是密令搜揚貴游子弟, 發敕用之. 猶恐其披訴, 總召集神武門, 令趙郡王叡宣旨唱名, 厚加慰喩. 士人爲縣, 自此始也."

143) 【王注】 李仲擧는 곧 李超이니, 그 傳이 『北史』 「序傳」에 부가되어 있다. 『北史』 卷100 「李仲擧傳」, 3339~3340면, "仲擧與范陽盧昌衡等八人, 同見徵用. 以仲擧爲司州脩武令. 仲擧莅以寬簡, 吏人號曰寬明. 于時昌衡爲平恩令, 百姓號曰恩明. 故時稱盧·李恩寬之政."

144) 貂蟬(冠) : 貂蟬은 담비의 꼬리와 매미의 날개라는 뜻인데, 貂蟬冠은 高官들의 冠으로 사용되었다.

馬道子傳)」을 보면, 효무제(孝武帝)가 제왕의 정무에 친숙하지 않아 (사마)도자와 술 마시기만 즐기고, 유모와 비구니들은 더욱 친하게 되어 몰래 그 권세를 마음대로 했다. 허영(許榮)이 상소를 올려 "지금 관부의 벼슬아치와 숙직을 서며 궁궐을 지키는 무관들은 모두 미천한 하인들로 어미의 성을 따른 자들이니, 본래 노비[臧獲][146]의 무리들로서 향리에서 평가하는 등급[鄕邑品第, 곧 鄕品]도 없으면서 모두 등용되어 군수, 현령이 될 수 있었습니다"라고 말했다.[147] 총애를 받았던 조아(趙牙)는 배우 출신이었는데, (사마)도자가 (그를) 위군태수(魏郡太守)로 삼았고, 여천추(茹千秋)는 본래 도적을 포박하는 관리였는데 자의참군(諮議參軍)[148]이 되었다.[149] 이는 또한 북제 이전에 있었던 고사이다.

208. 북제 문선제는 앞날을 미리 알 수 있었다齊文宣帝能預知

(북)제(北齊) 문선제(文宣帝)는 술에 깊이 빠져 혼미하게 취한 것이 미치광이 같았고, 그렇게 술을 즐기는 것에 빠져 오래 되다 보니 결국 본성을 상하고 말았지만, 그러나 때로 말한 것이 자주 적중하였으므로 당시

---

145) 『晉書』 卷59 「趙王倫傳」, 1602면, "其餘同謀者咸超階越次, 不可勝紀, 至於奴卒厮役亦加以爵位. 每朝會, 貂蟬盈坐, 時人諺之諺曰: '貂不足, 狗尾續'."

146) 臧獲: 종. 남자 종과 여자 종을 통틀어 칭한다.

147) 『晉書』 卷64 「會稽王道子傳」, 1733면, "于時朝政既紊, 左衛領營將軍會稽許榮上疏曰: '今臺府局吏·直衛武官及僕隸婢兒取母之姓者, 本臧獲之徒, 無鄕邑品第, 皆得命議, 用衛郡守縣令……'."

148) 諮議參軍: 諮議參軍事라고도 하며, 府의 屬僚의 하나이다. 兩晉시대 公府에 모두 諮議參軍을 설치하여 軍事의 자문과 모의업무를 관장하였고, 지위는 諸參軍의 위에 있었다. 南朝와 北朝 모두 官名으로 존재했다. 西魏 宇文泰가 丞相일 때 丞相府에도 諮議參軍을 설치했으며, 北周 靜帝 大象 2년(580) 楊堅이 左大丞相이 되어 正陽宮을 丞相府로 삼을 때 僚佐를 설치하면서 역시 諮議參軍을 두었다.

149) 『晉書』 卷64 「會稽王道子傳」, 1734면, "嬖人趙牙出自優倡, 茹千秋本錢塘捕賊吏, 因賂諂進, 道子以牙爲魏郡太守, 千秋驃騎諮議參軍."

사람들은 그가 신령하다고 말했다. 일찍이 태산도사(泰山道士)에게 "나는 몇 년 동안 천자를 할 수 있겠는가"라고 물으니, "30년을 할 수 있을 것입니다"라고 답했다. (문선)제가 이후(李后)에게 "10년 10월 10일은 30이 아니겠는가. 나는 그것이 매우 두렵다"라고 말했다. 과연 천보(天保) 10년(559) 10월 10일에 붕어했다.[150] 이에 앞서 (문선)제가 형소(邢卲)에게 명하여 태자를 위해 이름을 짓도록 하니, 이름은 은(殷), 자(字)는 정도(正道)라 했는데, 문선제는 그를 원망하며 "은(殷)나라는 형이 죽으면 동생이 뒤를 이었고, 정(正)자는 한 번에 그치는 것(一止)이 되니, 내가 죽은 뒤 이 아이가 무사히 계승할 수 없겠구나"라고 말했다. (형)소가 두려워하며 이름을 고칠 것을 청하였으나, (문선)제는 허락하지 않고 "하늘(의 뜻)이로다"라고 말했다. 이어 (효)소제(孝昭帝)[趙注 : 곧 문선제의 동생 (고)연(高演)]에게 "빼앗을 때는 다만 빼앗기만 하고 삼가 죽이지는 말아라"라고 말했다.[151] 후에 (고)은(高殷)[152]이 즉위하였으나 1년이 되지 않아 효소제(孝昭帝)에 의해 폐위되었고, 이어 또 살해되고 말았다[趙注 : 모두 「제기(齊紀)」에 있다]. 정주성(定州城) 서문은 오래 동안 닫혀 열리지 않았는데, 문선제가 그곳을 지날 때 어떤 이가 문을 열 것을 청하자, 문선제는 허락하지 않고 "마땅히 성인이 그것을 열 것이다"라고 말했다. 나중에 수(隋) 문제(文帝)가

---

150) 『北史』 卷7 「齊顯祖文宣皇帝紀」, 262면, "又帝曾問太山道士曰 : '吾得幾年乎?' 答曰 : '得三十年' 道士出後, 帝謂李后曰 : '十年十月十日, 得非三十也? 吾甚畏之, 過此無慮. 人生有死, 何得致惜, 但憐正道尙幼, 人將奪之耳.' 帝及期而崩. 濟南更不終位, 時以爲知命."

151) 『北齊書』 卷5 「廢帝紀」, 76면, "初文宣命邢卲制帝名殷字正道, 帝從而尤之曰 : '殷家弟及, '正'字一止, 吾身後兒不得也.' 卲懼, 請改焉. 文宣不許曰 : '天也.' 因謂孝昭帝曰 : '奪但奪, 愼勿殺也.'"

152) 高殷(545~561) : 北齊의 廢帝(재위 559~561)로 字는 正道, 小名은 道人이며, 文宣帝의 큰아들이다. 天保 元年(550) 太子가 되었다. 학문을 좋아했으며 國子博士 李寶鼎과 邢峙 등에게 학문을 배웠다. 文宣帝가 자기와 다르다 하여 폐위하여 太原王으로 삼았다. 天保 10년(559) 文宣帝가 죽자 尙書令 楊愔이 옹립하여 즉위하였으며, 乾明으로 改元하였다. 조서를 내려 토목공사를 파하고 徭賦를 관대하게 했으며 숙부인 常山王 高演과 長廣王 高湛의 권력을 삭감하려 하였다. 다음 해 高演과 高湛이 胡將들과 결탁하여 太皇太后 婁氏의 명으로 楊愔을 살해하고 8월 廢帝를 濟南王으로 봉하였다. 太寧 元年(561) 晉陽에서 살해되었다.

(북)주(北周) 무제(武帝)를 따라 (북)제를 평정하고 정주총관(定州總管)을 제수받아 정주에 이르러 이 문을 열고 들어가니 사람들이 경이로워하지 않는 이가 없었으며, 뒤에 과연 제위에 올랐다[趙注 : 『수서(隋書)』 본기].[153]

209. 북제 황실의 추태北齊宮闈之醜

고래로 궁궐이 어지럽기로 북제(北齊)[154]와 같은 경우가 없었다. 신무제(神武帝)는 일개 도적[草竊]으로서 기병하였으니, 원래 윤리가 있다는 것을 알지 못했던 것이다. (북)위(北魏) (효)장제(孝莊帝)의 황후는 이주(爾朱)씨로 (이주)영(爾朱榮)의 딸이고 건명제(建明帝)[155]의 황후인 작은 이주씨는 (이주)조(爾朱兆)의 딸이었으며,[156] (북)위 광평왕(廣平王)의 비 정(鄭)씨는 이름이 대거(大車)였고,[157] 임성왕(任城王)의 비 풍(馮)씨, 성양왕(城陽王)의 비 이

153) 『隋書』 卷1 「高祖紀」, 2면, "明年, 從帝平齊, 進位柱國. 與宇文憲破齊任城王高湝於冀州, 除定州總管. 先是, 定州城西門久閉不行. 齊文宣帝時, 或請開之, 以便行路. 帝不許, 曰 : '當有聖人來啓之.' 及高祖至而開焉, 莫不驚異."

154) 표3 〈北齊(550~577년) 世系表(6대 28년)〉

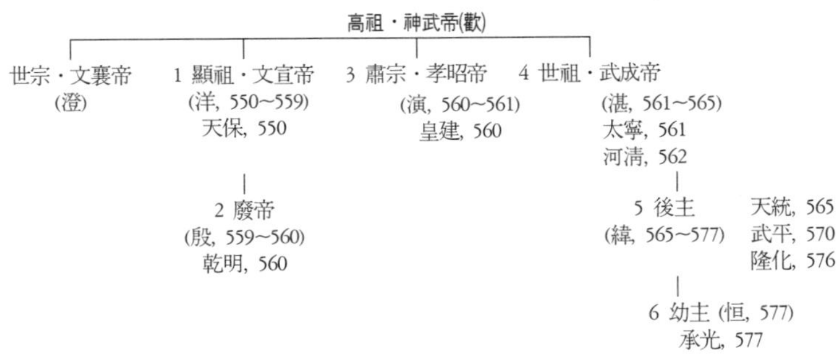

155) 建明帝 : 효장제 다음으로 일시 옹립되었다가 폐위된 東海王 元曄를 가리킨다.

156) 『北史』 卷14 「齊彭城太妃尒朱氏傳」, 518면, "小尒朱者, 兆之女也. 初爲建明皇后. 神武納之, 生任城王. 未幾, 與趙郡公琛私通, 徙於靈州. 後適范陽盧景璋."

(李)씨는 모두 (북)위 종실의 비였는데,[158] (북)위가 망한 뒤 신무제가 일일이 그들을 다 받아들였다. 이는 나라를 연 초기에 이미 욕정을 마음대로 하여 스스로 단속하지 않았던 것이다.

큰아들인 문양제(文襄帝)【趙注 : 고징(高澄)】는 그 음란한 기풍을 이어받아, 설치서(薛寘書)의 아내 원(元)씨가 아름답다 하여 그녀를 맞아들여 관계를 가지려고 했다. 원씨가 말을 바르게 하고 울면서 거절하자, 문양(제)는 최계서(崔季舒)[159]를 시켜 그녀를 정위(廷尉)에게 보내 죄를 주려고 했다. 육조(陸操)가 "정위는 법을 지키는 것이니 그 죄상을 반드시 알아야 합니다"라고 말하자, 문양(제)가 노하여 칼자루 끝으로 (육)조를 쳐서 짓이겼다(築).[160] 또 고신(高愼)[161]의 아내가 아름다웠는데, 문양(제)가 그녀를 집적거렸으나 따르지 않고 옷이 모두 찢어진 채 달아나 이를 (고)신에게 알리자, (고)신은 결국 서위(西魏)에 항복했다. (고)신의 아내는 미처 따라가지 못하여, 거꾸로 그의 손아귀에 들어가게 되었는데 문양제가 옷을 차려입

---

157) 『北史』 卷14 「齊馮翊太妃鄭氏傳」, 519면, "馮翊太妃鄭氏, 名大車, 嚴祖妹也. 初爲魏廣平王妃. 遷鄴後, 神武納之, 寵冠後庭, 生馮翊王潤."

158) 『北史』 卷14 「齊馮娘·李娘傳」, 519~520면, "馮娘者, 子昻妹也, 初爲魏任城王妃, 適尒朱世隆. 神武納之, 生浮陽公主. 李娘者, 延寔從妹也, 初爲魏城陽王妃. 又王娘生永安王浚, 穆娘生平陽王淹. 並早卒. 不爲太妃."

159) 崔季舒(?~573) : 北齊 博陵郡 安平縣 사람으로 字는 叔正이다. 17세에 州主簿가 되었으며, 丞相 高歡의 천거로 大行臺都官郎中에 임명되었다. 高澄이 정권을 잡은 후 심복을 孝靜帝의 좌우에 두려고, 그를 黃門侍郎 領主衣都統으로 임명하였다. 齊初 侍中 兼 尙書左僕射에 제수되었고, 濟州·西兗州·膠州 刺史를 역임하였다. 武平 3년(572) 다시 侍中 待詔文林館 特進 監國史로 임명되었다. 다음 해 侍中 韓長鸞과 僕射 祖珽의 권력다툼 와중에 피살되었다.

160) 『北史』 卷28 「陸操傳」, 1022면, "高貴子操, 字仲志, 高簡有風格, 早以學業知名, 雅好文. 操仕魏, 兼散騎常侍聘梁, 使還, 魏廷尉卿. 齊文襄爲世子, 甚好色, 崔季舒爲掌媒焉. 薛氏寘書妻元氏有色, 迎入欲通之. 元氏正辭, 且哭. 世子使季舒送付廷尉罪之. 操曰 : '廷尉守天子法, 須知罪狀.' 世子怒, 召操, 命刀環築之, 更令科罪. 操終不撓, 乃口責之."

161) 高愼 : 東魏 勃海郡 蓚縣 사람으로 字는 仲密이며, 北魏 司空 高乾의 아우이다. 北魏末 滄州刺史, 光州刺史 驃騎大將軍을 역임하였다. 형 高乾이 孝武帝에게 살해당한 후 高歡에게 투신하여 大行臺左丞·御史中尉를 역임하였다. 후에 高澄이 그의 妻를 범하려 하자 武定 元年(543) 北豫州刺史가 되어 지방으로 부임할 때 西魏에 투항하여 關中에 들어갔다. 이후 侍中 司徒, 太尉를 역임하였다.

고 맞이하니 마침내 그를 따랐다.[162] 또 손등(孫騰)[163]의 기녀인 원옥의(元玉儀)를 맞아들여 낭야공주(琅琊公主)로 봉했다. (원)옥의의 언니인 (원)정의(元靜儀)는 황문랑(黃門郎) 최괄(崔括)의 아내였는데, 문양(제)는 그녀를 빼앗아 역시 공주로 봉했으며 최괄은 이로 말미암아 발탁되었다.[164] 문양제는 또 신무제의 비인 정씨[趙注 : 즉 대거]와 사통했다가 여종에 의해 고발되었는데, 사마자여(司馬子如)가 감추어 덮어 주어 일이 잠잠해졌다.[165] 문양(제)는 또 신무(제)의 아내인 연연공주(蠕蠕公主)와 사통해서 딸 하나를 낳았다.[166] 이는 문양(제)가 저지른 바이다.

---

162)『北史』卷31「高愼傳」, 1144면, "愼前妻, 吏部郎中崔暹妹, 爲愼棄. 暹時爲文襄委任, 乃爲暹高嫁其妹, 禮夕, 親臨之. 愼後妻趙郡李徽伯女也, 豔且慧, 兼善書記, 工騎乘. 愼之爲滄州, 甚重沙門顯公, 夜常語, 久不寢. 李氏患之, 構之於愼, 遂被拉殺. 文襄聞其美, 挑之, 不從, 衣盡破裂. 李以告愼, 愼由是積憾, 且謂暹構己, 遂罕所糾劾, 多行縱捨. 神武嫌責之, 彌不自安. 出爲北豫州刺史, 遂據武牢降西魏. 愼先入關, 周文率衆東出, 敗於芒山, 愼妻子盡見禽. 神武以其家勳, 啓愼一房配沒而已. 仲密(高愼之字也)妻逆口行中, 文襄盛服見之, 乃從焉. 西魏以愼爲侍中·司徒, 遷太尉."

163) 孫騰(481~548) : 東魏 咸陽郡 石安縣 사람으로 字는 龍雀이다. 北魏 正光 연간 大都督 爾朱榮을 따라 洛陽에 들어와 冗從僕射가 되었다. 후에 高歡의 都督府長史가 되었다. 高歡이 起兵할 때 모의에 참여하여 獻策하였으며, 侍中 兼 尙書左僕射에 임명되었다. 孝武帝 즉위 후 侍中 斛斯椿과 함께 機要를 장악하였다. 그러나 斛斯椿에게 미움을 사 晉陽으로 달아났다. 東魏初 尙書令 司空이 되었으며, 侍中 高岳, 尙書右僕射 高隆之, 大行臺尙書 司馬子如와 함께 '四貴'라 불렸다. 재물에 탐욕이 많아 高歡의 질책을 받고도 고치지 않았다.

164)『北史』卷14「齊琅邪公主傳」, 520면, "琅邪公主名玉儀, 魏高陽王斌庶生妹也. 初不見齒, 爲孫騰妓, 騰又放棄. 文襄遇諸途, 悅而納之, 遂被殊寵, 奏魏帝封焉. …… 玉儀同産姊靜儀, 先適黃門郎崔括, 文襄亦幸之, 皆封公主. 括父子由是超授, 賞賜甚厚焉."

165)『北史』卷14「齊馮翊太妃鄭氏傳」, 519면, "馮翊太妃鄭氏, 名大車, 嚴祖妹也. …… 神武之征劉蠡升, 文襄蒸於大車. 神武還, 一婢告之, 二婢爲證. 神武杖文襄一百而幽之, 武明后亦見隔絶. 時彭城尒朱太妃有寵, 生王子浟, 神武將有廢立意. 文襄求救於司馬子如. 子如來朝, 僞僞不知者, 請武明后. 神武告其故. 子如曰 : '消難亦姦子如妾, 如此事, 正可覆蓋. 妃是王結髮婦, 常以父母家財奉王, 王在懷朔被杖, 背無完皮, 妃晝夜供給看瘡. 後避葛賊, 同走幷州. 貧困, 然馬屎, 自作靴, 恩義何可忘? 夫婦相宜, 女配至尊, 男承大業, 又婁領軍勳, 何宜搖動? 一女子如草芥, 況婢言不必信.' 神武因使子如鞫之. 子如見文襄, 尤之曰 : '男兒何意畏威自誣?' 因敎二婢反辭, 脅告者自縊, 乃啓神武曰 : '果虛言.' 神武大悅, 召后及文襄. 武明后遙見神武, 一步一叩頭, 文襄且拜且進, 父子夫妻相泣, 乃如初. 神武乃置酒曰 : '全我父子者, 司馬子如.' 賜之黃金百三十斤, 文襄贈良馬五十疋."

문선제(文宣帝)[趙注 : 고양(高洋)]가 동위(東魏)를 찬탈한 뒤 문양(제)의 황후인 원씨는 정덕궁(靜德宮)에 거처했는데, 문선(제)가 "형이 예전에 내 아내를 강간했으니, 나도 이제 갚아주겠다"라고 하고는 마침내 그녀와 간음했다.[167] 최수(崔修)의 아내 왕(王)씨는 문선(제)가 그녀를 총애하여 (궁으로) 들여서 빈(嬪)으로 삼았다.[168] 기생[娼女] 설(薛)씨는 예전에 청하왕(淸河王) (고)악(高岳)[169]에게 사랑받다가 얼마 후 궁에 들어와 빈이 되었고, 또 그 언니도 맞아들였지만, 나중에 문선(제)는 그녀가 일찍이 (고)악과 사통했다는 것을 알게 되었고 자매가 함께 살해되었다.[170] 영안왕(永安王) (고)준(高浚)과 상당왕(上黨王) (고)환(高渙)은 (문선)제의 친동생이었는데, 하인[蒼頭] 유욱첩(劉郁捷)에게 (고)준을 살해하게 하고 곧 (고)준의 비를 아내로 삼게 하고,[171] 풍문락(馮文洛)에게 (고)환을 죽이게 하고 곧 (고)환의 비를 아내로 삼게 했다.[172] 무릇 고(高)씨의 아녀자들이라면 관계가 멀고 가까

---

166)『北史』卷14「齊蠕蠕公主郁久閭氏傳」, 518면, "神武崩, 文襄從蠕蠕國法, 蒸公主, 産一女焉."

167)『北齊書』卷9「文襄元后傳」, 125면, "文宣受禪, 尊爲文襄皇后, 居靜德宮. 及天保六年, 文宣漸致昏狂, 乃移居於高陽之宅, 而取其府庫, 曰 : '吾兄昔姦我婦, 我今須報.' 乃淫於后."

168)『北史』卷14「齊王嬪傳」, 521면, "王嬪者, 琅邪人也. 嬪姊先適崔脩, 文宣並幸之, 數數降其夫家, 超用脩爲尙書郎."

169) 高岳(512~555) : 北齊 勃海郡 蓨縣 사람으로 字는 洪略이며, 高歡의 堂弟이다. 高歡의 尒朱氏 토벌에 참가하여 戰功을 세워 衛將軍 淸河郡公에 제수되었다. 東魏 天平 2년(535) 侍中 京畿大都督이 되었고, 興和初 冀州와 晉州刺史에 임명되었다. 후에 侯景을 토벌하여 太尉에 제수되었다. 武定 6년(548) 西魏 荊州刺史 王思政을 潁川에서 공격하여 항복시켰다. 天保 5년(554) 太保 淸河王에 제수되었고, 西南道大行臺가 되어 梁元帝를 구원하였으나 실패하였다. 다음 해 郢州를 취하고 梁將 陸法和를 사로잡았다. 공이 높아 文宣帝의 시기를 받다가 독살되었다.

170)『北史』卷14「齊薛嬪傳」, 521~522면, "薛嬪者, 本倡家女也. 年十四五時, 爲淸河王岳所好. 其父求內宮中, 大被嬖寵. 其姊亦俱進御. 文宣後知先與岳通, 又爲其父乞司徒公, 帝大怒, 先鋸殺其姊. 薛嬪當時有娠, 過産亦從戮."

171)『北齊書』卷10「永安王浚傳」, 133면, "後帝以其妃陸氏配儀同劉郁捷, 舊帝蒼頭也, 以軍功見用, 時令郁捷害浚, 故以配焉."

172)『北齊書』卷10「上黨王渙傳」, 136면, "歲餘, 與浚同見殺, 時年二十六. 以其妃李氏配馮文洛, 是帝家舊奴, 積勞位至刺史, 帝令文洛等殺渙, 故以其妻妻焉."

움을 막론하고 모두 측근들에게 명하여 난잡하게 관계를 가지도록 했다. (문선)제는 또 그런 일들을 스스로 드러내어 여러 신하들에게 보였다.[173)] 이것은 문선(제)가 저지른 바이다.[174)]

무성제(武成帝)[趙注 : 고담(高湛)]는 제위에 오르고 문선(제)의 황후인 이씨에게 아름다운 용모와 덕이 있다 하여 그녀를 핍박해 음란한 관계를 가지려고 하면서 "만약 나를 허락하지 않으면 반드시 너의 아이 소덕(紹德)을 죽이겠다"라고 협박하니, 이씨는 두려워하며 그 말을 따랐다. 나중에 임신을 하였는데, (그 아들) (고)소덕(高紹德)은 전각에 이르러서도 (어머니를) 만나볼 수 없자 원망하며 "자자(姊姊)는 배가 커서 나를 보지 않는다"라고 말했다[趙注 : (북)제 궁중에서는 어머니를 자자라고 불렀다]. 이씨는 부끄럽게 여겨 그 때문에 딸을 낳았어도 거두지 않았다(不擧). 무성(제)가 노하여 "네가 내 딸을 죽였으니, 내가 어찌 네 아이를 죽이지 않겠는가"라고 말하고는 마침내 이씨 앞에서 (고)소덕을 짓이겨 죽이고[築殺], 아울러서 이씨를 발가벗겨 매질을 하고 묘승사(妙勝寺)로 보내어 비구니로 삼았다.[175)] 무성(제)는 또 (동)위 (효)정제(孝靜帝)의 빈 이씨와 문선(제)의 빈 왕씨 및 문선(제)가 총애했던 팽락(彭樂)의 딸과 임상(任祥)의 딸을 들여서 모두 부인(夫人)으로 삼았다.[176)] 이는 무성(제)가 저지른 바이다.

---

173) 『北齊書』 卷9 「文襄敬皇后元氏傳」, 125면, "文襄敬皇后元氏, 魏孝靜帝之女也. 孝武帝時, 封馮翊公主而歸於文襄. …… 文宣受禪, 尊爲文襄皇后, 居靜德宮. 及天保六年, 文宣漸致昏狂, 乃移居於高陽之宅, 而取其府庫, 曰 : '吾兄昔姦我婦, 我今須報.' 乃淫於后. 其高氏女婦無親疏, 皆使左右亂交之於前. 以葛爲絙, 令魏安德主騎上, 使人推引之, 又命胡人苦辱之. 帝又自呈露, 以示羣下."

174) 『北齊書』 卷4 「文宣帝紀」, 67~68면, "旣征伐四克, 威振戎夏, 六七年後, 以功業自矜, 遂留連耽湎, 肆行淫暴. …… 徵集淫嫗, 分付從官, 朝夕臨視, 以爲娛樂."

175) 『北齊書』 卷9 「文宣李后傳」, 125면, "孝昭卽位, 降居昭信宮, 號昭信皇后. 武成踐祚, 逼后淫亂, 云 : '若不許, 我當殺爾兒.' 后懼, 從之. 後有娠, 太原王紹德至閤, 不得見, 慍曰 : '兒豈不知耶, 姊姊腹大, 故不見兒.' 后聞之, 大慚, 由是生女不擧. 帝橫刀詬曰 : '爾殺我女, 我何不殺爾兒!' 對后前築殺紹德. 后大哭, 帝愈怒, 裸后亂撾撻之, 號天不已. 盛以絹囊, 流血淋漉, 投諸渠水, 良久乃蘇, 犢車載送妙勝尼寺."

176) 『北史』 卷14 「齊弘德李夫人傳」, 523면, "弘德夫人李氏, 趙郡李叔讓女也. 初爲魏靜帝嬪, 武成納焉. 生南陽王仁盛, 爲太妃. …… 文宣王嬪及中人盧勒叉妹, 武成並以

한 가문 안에서 부자형제가 함께 여색에 빠진 것이 이와 같았으니, 무엇으로 모범을 보이겠으며, 그러니 궁중에서 서로 익혀 풍습이 된 것도 당연한 일일 것이다. 예를 들어, 신무(제)가 살아 있을 때 정비(鄭妃)는 이미 문양(제)과 사통했고, (신무제가) 죽은 뒤에는 연연공주 역시 문양(제)가 범하고 말았으며, 그리고 문양(제)의 황후는 다시 문선(제)에게 몸을 더럽혔고, 문선(제)의 황후 또한 무성(제)에게 몸을 더럽혔다. 심지어 무성(제)의 황후 호(胡)씨는 무성(제)가 살아 있을 때 이미 환관과 가까이 지냈고, 또 화사개(和士開)[177]와 더불어 악삭(握槊)[178] 놀이를 하다가 마침내 (화)사개와 사통했다. 무성(제)가 죽은 뒤에 황후는 자주 절에 들려 승려 담헌(曇獻)과 사통하니, 다른 승려들이 담헌을 태상(太上)이라 놀리기에 이르렀으며, 후주(後主)는 태후가 몸가짐을 삼가지 않는다는 말을 들었어도 그것을 믿지 않았으나, 태후에게 시중을 드는 두 니승(尼僧)이 있는 것을 보고, 그들을 불렀더니 곧 남자였던지라, 이에 그 니승 및 담헌을 모두 법에 따라 처벌했다. (북)제가 망한 뒤 호후(胡后)는 (북)주(北周)로 들어가 마음대로 지저분하게 간통을 행했다.[179]

爲嬪. …… 彭樂·任祥並有女, 因坐父兄事, 皆入宮, 爲文宣所幸. 武成以彭爲夫人, 養齊安王, 任生丹楊王, 並爲太妃."

177) 和士開(524~571): 北齊 清都 臨漳縣 사람으로 字는 彦通이다. 선조는 西域 胡商이었으며, 本姓은 素和氏이다. 國子學生이 되었고, 握槊을 좋아하며 琵琶를 잘 타서 長廣王 高湛의 총애를 받아 府行參軍으로 벽소되었다. 文宣帝가 長城으로 귀양보냈으나, 乾明 元年(560) 常山王 高演이 尙書令 楊愔을 살해하고 廢帝 高殷을 폐한 후 京師로 불러들였다. 高湛이 즉위한 후 黃門侍郎·侍中으로 승진하였다. 行樂을 권하여 後主의 輔政을 맡게 되고, 胡太后의 총애도 얻었다. 武平 元年(570) 淮陰王에 봉해지고 尙書令에 제수되었다. 다음 해 琅邪王 高儼에게 살해되었다.

178) 握槊: 博戲, 즉 도박을 말한다.

179)『北齊書』卷9「武成胡后傳」, 126~127면, "初武成時, 后與諸閹人褻狎. 武成寵幸和士開, 每與后握槊, 因此與后姦通. 自武成崩後, 數出詣佛寺, 又與沙門曇獻通. 布金錢於獻席下, 又挂寶裝胡於獻屋壁, 武成平生之所御也. 乃置百僧於內殿, 託以聽講, 日夜與曇獻寢處. 以獻爲昭玄統. 僧徒遙指太后以弄曇獻, 乃至謂之爲太上者. 帝聞太后不謹而未之信, 後朝太后, 見二少尼, 悅而召之, 乃男子也. 於是曇獻事亦發, 皆伏法, 並殺元·山·王三郡君, 皆太后之所昵也. …… 齊亡入周, 恣行姦穢. 隋開皇中殂."

효소제(孝昭帝)[趙注 : 고연(高演)]가 재위하고 있을 때에는 오히려 (궁중에) 아직 지저분한 행동이 없었다. 그 황후 왕씨는 (북)제가 망한 뒤 역시 (북)주 궁중에 들어갔다가 수(隋) 문제(文帝)가 재상이 되어서야 비로소 풀려나 산동(山東)으로 돌아갔다.[180] 후주 (고)위(高緯)는 일족 가운데에서 아직 궁중의 휘장과 발 안에서 벌어지는 추태가 없었으므로, 사서에서는 그가 무성(제)보다 조금 낫다고 말하고 있다.[181] 그러나 나라가 망한 뒤 그 황후 곡률(斛律)씨는 앞서 폐위되어 비구니가 되었다가 원인(元仁)에게 개가해 그 아내가 되었다.[182] 계후(繼后)인 호씨도 역시 개가했다.[183] (후주가) 총애하던 궁중의 여종 풍소련(馮小憐)은 일찍이 황후로 책립되었는데, 후주가 (북)주 무제(武帝)에게 그녀를 달라고 구하니 무제는 이에 그녀를 후주에게 내려주었다.[184] 후주가 해를 당하자 (풍)소련은 대왕(代王) (우문)달(宇文達)[185]에게 하사되었는데, (우문)달의 비를 참소해서 몇 번이나 죽이려고 했다. 수 문제는 그녀를 (우문)달 비의 오빠인 이순(李詢)에게 주고는 베로 만든 치마를 입혀 절구질하는 노역을 시켰으며, (이)순의 어머니가

---

180) 『北史』 卷14 「齊孝昭皇后元氏傳」, 522면, "孝昭皇后元氏, 開府元蠻女也. 初爲常山王妃. 天保末, 賜姓步六孤. 孝昭卽位, 立爲皇后. 帝崩, 從梓宮之鄴. …… 后以齊亡, 入周氏宮中. 隋文帝作相, 放還山東."

181) 『北齊書』 卷8 「幼主紀」, 114면, "凡此諸役, 皆漸於武成, 至帝而增廣焉. 然未嘗有帷薄淫穢, 唯此事優於武成云."

182) 『北齊書』 卷9 「後主斛律后傳」, 127면, "後主皇后斛律氏, 左丞相光之女也. …… 光誅, 后廢在別宮, 後令爲尼. 齊滅, 嫁爲開府元仁妻."

183) 『北史』 卷14 「齊後主皇后胡氏傳」, 524면, "後主皇后胡氏, 隴東王長仁女也. …… 後與斛律廢后俱召入內. 數日而鄴不守, 後亦改嫁云."

184) 『北史』 卷14 「齊馮淑妃傳」, 525~526면, "馮淑妃名小憐, 大穆后從婢也. …… 後主惑之, 坐則同席, 出則並馬, 願得生死一處. …… 稱妃有功勳, 將立爲左皇后, 卽令使馳取褘翟等皇后服御. …… 後主至長安, 請周武帝乞淑妃, 帝曰 : '朕視天下如脫屣, 一老嫗豈與公惜也!' 仍以賜之."

185) 宇文達(?~580) : 北周 代郡 武川 사람으로 字는 度斤突이며, 宇文泰의 열한번째 아들이다. 北周 武成初 代國公에 봉해졌고, 建德初 柱國, 淮南十四州十防諸軍事 荊州刺史가 되었다. 州에서 선정을 베풀어 北周 武帝가 친히 조칙을 써서 칭찬하였다. 建德 3년(574) 代王에 봉해지고 益州總管이 되었으며 武帝를 따라 北齊를 벌하여 右軍總管이 되었다. 大象 元年(579) 大右弼이 되었다. 다음 해 長安에 입조했다가 楊堅에게 피살되었다.

(그녀를) 핍박하여 자살하게 했다.[186] 이는 후와 비들의 욕된 모습이다.

또 후주의 이복형인 남양왕(南陽王) (고)작(高綽)의 비인 정(鄭)씨는 (북)주 궁궐로 들어가 무제의 총애를 받았다.[187] 후주와 어머니가 같은 동생인 (고)엄(高儼)의 비 이씨는 일찍이 초제후(楚帝后)로 봉해졌다가, 이에 이르러 역시 개가했다.[188] 그밖에 (고)준, (고)환의 비와 같은 이는 하인들에게 욕보이는 바가 되었다.[189] 신무(제)에게 또 아들 화산왕(華山王) (고)응(高凝)이 있어 가장 몸이 약했으며, 그 비 왕씨는 역시 하인과 간통했는데 (고)응은 알면서도 이를 막을 수가 없었고, 나중에 일이 발각되어서야 왕씨에게 죽음이 내려졌다.[190] 북제 궁중의 추태가 본래 익숙해져서 예사가 되어 덤덤하게 생각될 뿐, 괴이함을 알지 못했음을 볼 수 있다. 그리고 하늘의 도는 갚아 주는 것으로, 이른바 다른 사람의 아내와 딸을 간음하면 자기 아내와 딸도 다른 사람과 간음한다는 것을 또한 분명히 볼 수 있다.

북주[後周][191] 여러 황제의 황후들을 보면, 수나라가 혁명을 한 뒤에도 모두 절개를 잃은 자가 없었다. 효민제(孝閔帝)의 황후 원씨는 향리에 있는 집에 나가 살았다.[192] 무제의 황후 아사나(阿史那) 씨는 개황(開皇) 연간에 이르러 죽었다.[193] 또 다른 황후 이씨는 출가해서 비구니가 되어 이름을 상비(常悲)라고 고쳤다.[194] 선제(宣帝)의 양후(楊后)는 수 문제의 딸이었는데, (문)제가 그 (수절의) 뜻을 빼앗고자 했으나 허락하지 않았다.[195] 또

---

186) 『北史』 卷14 「齊馮淑妃傳」, 526면, "及帝遇害, 以淑妃賜代王達, 甚嬖之. …… 達妃爲淑妃所譖, 幾致於死. 隋文帝將賜達妃兄李詢, 令著布裙配舂. 詢母逼令自殺."

187) 『北齊書』 卷12 「南陽王綽傳」, 160면, "齊望, 妃鄭氏爲周武帝所幸, 請葬綽."

188) 『北齊書』 卷12 「琅邪王儼傳」, 164면, "儼妃, 李祖欽女也, 進爲楚帝后, 居宣則宮. 齊亡, 乃嫁焉."

189) 『北齊書』 卷10 「永安簡平王浚傳」, 133면, "後帝以其妃陸氏配儀同劉郁捷, 舊帝蒼頭也, 以軍功見用, 時令郁捷害浚, 故以配焉"; 『北齊書』 卷10 「上黨剛肅王渙傳」, 136면, "歲餘, 與浚同見殺, 時年二十六. 以其妃李氏配馮文洛, 是帝家舊奴, 積勞位至刺史, 帝令文洛等殺渙, 故以其妻妻焉."

190) 『北齊書』 卷10 「華山王凝傳」, 139면, "凝諸王中最爲孱弱, 妃王氏, 太子洗馬王洽女也, 與蒼頭姦, 凝知而不能限禁. 後事發, 王氏賜死, 詔杖凝一百. 其愚如此."

191) 표4 〈北周(556~581) 世系表(5대 26년)〉

다른 황후 네 명으로 주(朱)씨, 진(陳)씨, 원(元)씨, 울지(尉遲)씨가 있었지만 모두 출가해서 비구니가 되어, 주씨는 이름을 법정(法淨)이라 하고[196] 진씨는 화광(華光)이라 하고[197] 위지씨는 화수(華首)라 하여[198] 모두 절개를 지키며 죽음을 맞아 절대 추한 소문이 없었다. 실로 우문태(宇文泰)가 나라를 세울 때 일찍부터 주(周)나라 예법을 존중해 쓸 수 있었기에 가정 안에서도 스스로를 단속하는 경계를 넘지 않았던 데에서 비롯한 것이었으며, 그러므로 비록 나라가 망했어도 그렇게 남는 흠이 없었던 것이다. 그러니 다른 사람들을 바로잡아 단속하는 군주가 사물을 바로잡는 법도에다 자신을 넣어보지 않을 수 있겠는가.

192) 『北史』 卷14 「孝閔皇后元氏傳」, 527~528면, “孝閔皇后元氏 …… 魏文帝五女也. 初封晉安公主. 帝之爲略陽公也, 尙焉. 及踐阼, 立爲皇后. 帝被廢, 后出俗爲尼. 建德初, 武帝誅晉公護, 以后爲孝閔皇后, 居崇義宮. 隋革命, 后出居里第. 大業十二年, 殂.”

193) 『北史』 卷14 「武成皇后阿史那氏傳」, 528면, “武成皇后阿史那氏, 突厥木杆可汗俟斤之女也. …… 武帝接以親迎之禮. 后有姿貌, 善容止, 帝深敬禮焉. 宣帝卽位, 尊后爲皇太后. …… 宣帝崩, 靜帝尊后爲太皇太后. 開皇二年, 殂, 年三十二.”

194) 『周書』 卷9 「李皇后傳」, 145면, “宣帝崩, 靜帝尊爲太帝太后. 隋開皇元年三月, 出俗爲尼, 改名常悲.”

195) 『北史』 卷14 「宣皇后楊氏傳」, 529~530면, “名麗華, 隋文帝之長女也. …… 開皇初, 封后爲樂平公主. 後又議奪其志, 后誓不許, 乃止.”

196) 『周書』 卷9 「朱皇后傳」, 146면, “宣帝崩, 靜帝尊爲帝太后. 隋開皇元年, 出俗爲尼, 名法淨.”

197) 『周書』 卷9 「陳皇后傳」, 147면, “於是以后爲天中大皇后. 帝崩, 后出家爲尼, 改名華光.”

198) 『周書』 卷9 「尉遲皇后傳」, 148면, “宣帝尉遲皇后名熾繁, 蜀國公迥之孫女. …… 帝崩, 后出俗爲尼, 改名華首.”

210. 북제 관료들에게는 첩이 없었다北齊百官無妾

「원효우전(元孝友傳)」을 보면 상소에서 "장상(將相)들은 공주에게 장가드는 경우가 많고 왕후(王侯)들은 대개 황후 일족에서 아내를 맞으니, 첩이 없는 것이 익숙해져 예사가 되었고, 온 조정이 대략 이처럼 첩이 없으니 천하가 거의 모두 아내 하나만 있게 되었습니다. 부모들은 딸을 시집보내면서 반드시 질투를 가르치고, 시어머니와 손윗동서들은 신부를 맞으면서 반드시 시기를 권합니다. (지아비를) 협박하여 복종시키는 것을 아낙의 덕으로 여기고, 질투를 잘 하는 것을 여자의 재주로 여기니, 스스로 말하기를 사람(부인)에게 업신여김을 당하면 다른 사람들이 나를 비웃을까 두렵다고 합니다"[199]라고 말했다.[200] 이 당시 풍속이 이와 같았음을 볼 수 있다.

생각건대, 서한(西漢) 때에 왕길(王吉)이 상소를 올려 "한(漢)나라 고사에 열후는 공주에게 장가들고 제후의 경우는 봉국 사람이 옹주에게 장가드니, 남자에게 여자를 섬기게 하고 남편이 아내에게 굽히게[201] 되어 음양의 자리를 바꾸는 고로 여자로 인한 어지러움이 많았습니다"라고 말했으니,[202] 이렇게 보면 한대(漢代)에 이미 이러한 좋지 않은 관습이 있었던 것이다.

---

199) 『北齊書』 卷28 「元孝友傳」, 385면, "將相多尙公主, 王侯娶后族, 故無妾媵, 習以爲常. 婦人不幸, 生逢今世, 擧朝旣是無妾, 天下殆皆一妻. 設令人强志廣娶, 則家道離索, 身事迍邅, 內外親知, 共相嗤怪. 凡今之人, 通無準節. 父母嫁女, 則敎以妬, 姑姊逢迎, 必相勸以忌. 以制夫爲婦德, 以能妬爲女工. 自云不受人欺, 畏他笑我"; 『北史』 卷16 「元孝友傳」, 609~610면, "將相多尙公主, 王侯娶后族, 故無妾媵, 習以爲常. 婦人多幸, 生逢今世, 擧朝略是無妾, 天下殆皆一妻. 設令人强志廣娶, 則家道離索, 身事迍邅, 內外親知共相嗤怪. 凡今之人, 通無準節. 父母嫁女, 則敎之以妬; 姑姊逢迎, 必相勸以忌. 持制夫爲婦德, 以能妬爲女工. 自云受人欺, 畏他笑我."

200) 【王注】 이("自云受人欺")는 『北史』 卷16 「元孝友傳」의 문장이고, 『北齊書』 卷28 「孝友傳」에는 "自云不受人欺"라고 되어 있으니, 『北史』에는 아마도 '不'字가 빠진 것 같다.

201) 본문은 '夫拙於婦'로 되어 있으나, 『漢書』 卷72 「王吉傳」에는 '拙'이 아니라 '詘'로 되어 있다.

202) 『漢書』 卷72 「王吉傳」, 3064~3065면, "吉意以爲'夫婦, 人倫大綱, 夭壽之萌也. …… 又漢家列侯尙公主, 諸侯則國人承翁主, 使男事女, 夫詘於婦, 逆陰陽之位, 故多女亂. ……'"

211. 북제에는 어진 환관이 있었다北齊有賢閹

북제(北齊)에는 환관 전경선(田敬宣)이란 사람이 있었는데,[203] 열너댓 살에 책읽기를 좋아하였다. 환관이 된 뒤에도 틈만 나면 바로 문림관(文林館)[204]으로 가서 책에 대해 묻는 것 외에는 다른 말이 없었다. (또) 옛 사람들의 절개 있고 의로운 일을 볼 때마다 감격하여 깊이 탄식하지 않은 적이 없었다. 후주(後主) (고)위(高緯)가 (북)주(北周) 군사들이 닥쳐오는 것을 두려워하여 청주(青州)로 도망간 뒤 그를 시켜 정탐하게 했는데, (북)주 군사들에게 잡히고 말았다. 후주의 소재를 물으매 이미 떠나 버렸다고 속여 말하였다. 그를 매질하며 매번 팔다리를 하나씩 부러뜨렸지만 말과 얼굴빛이 더욱 매서웠고 결국 사지가 절단 나 죽고 말았다.[205] 환관 가운데 어진 이로 세상에서 전하는 바가 여강(呂强),[206] 장승업(張承業)[207]에 불과할 뿐 또한 이 사람이 있다는 것을 모르므로 특별히 그를 드러내 보이는 것이다.

203) [王注] 일은『顔氏家訓』「勉學」篇에 보이는데, 田敬宣의 本名은 田鵬鸞이었고, 齊의 황제가 敬宣이란 이름을 내려주었다.

204) 文林館 : 北齊 後主 武平 4년(580)에 설치한 기관으로 학자들을 모아 서적을 관장케 했다.

205)『北齊書』卷41「傅伏傳」, 547면, "又有開府、中侍中宦者田敬宣, 本字鵬, 蠻人也. 年十四五, 便好讀書. 既爲閽寺, 伺隙便周章詢請, 每至文林館, 氣喘汗流, 問書之外, 不暇他語. 及視古人節義事, 未嘗不感激沉吟. …… 後主之奔青州, 遣其西出, 參伺動靜, 爲周軍所獲. 問齊主何在, 紿云已去. 毆捶服之, 每折一支, 辭色愈厲, 竟斷四體而卒."

206) 呂强 : 後漢 靈帝 때의 환관.『後漢書』卷78「宦者」「呂强傳」참조.

207) 張承業 : 五代 後唐 僖宗 때의 환관. 後唐 莊宗을 도와 後唐이 後梁을 멸하고 華北 지역을 지배하는 데 공헌하였다(『舊五代史』卷72「唐書」「張承業傳」과『新五代史』卷38「宦者」「張承業傳」참조).

212. 불경을 외어 보답을 얻다誦經獲報

불교는 육조(六朝)시대에 가장 사람들이 믿고 의지하는 바였다. 각 정사에서 기록한 바는 비록 괴이하고 허망한 것에 가까운 듯하지만, 그 가르침은 일단 중국(中國)에 들어오자 곧 천하가 바람에 쏠리듯 그것을 따르게 할 수 있었다. 이는 반드시 실제로 사람들을 놀라게 해서 그것을 따르게 할 수 있었기 때문이지, 공적(空寂)과 같이 심오한 것에 의지했기 때문만이 아니었으므로, 이제 다음에 간략하게 추려서 적는다.

서의(徐義)[208]는 모용영(慕容永)에게 붙잡혔는데, 그의 발을 흙 속에 묻고 죽이려 하였다. (서)의가 『관세음경(觀世音經)』을 암송하니, 밤이 되자 흙이 파헤쳐지고 형틀이 풀어져 마치 어떤 사람이 그를 이끌어 준 것 같았고, 결국 양전기(楊佺期[209])에게 달아났다[趙注 : 『진서(晉書)』 재기].[210] 송(宋) 왕현모(王玄謨)는 활대(滑臺)를 (지키지 못하고) 버려 장차 소빈(蕭斌)에게 죽임을 당하게 되었는데, 꿈속에서 어떤 사람이 '『관음경(觀音經)』을 천 번 암송하면 죽음을 면할 수 있다' 고 했다. 꿈에서 깬 뒤 경전을 암송했는데, 이튿날 죽으러 가려고 할 때 갑자기 형을 멈추라는 명령이 전해졌다[趙注 : 『송서(宋書)』 「왕현모전(王玄謨傳)」].[211] 북위[後魏] 최호(崔浩)는 불법을 비난

---

208) 徐義 : 十六國時代 사람이다. 前秦 苻堅 때 征東參軍을 역임하였고, 苻丕 때 吏部尙書・尙書令・司空・右丞相을 역임하였다. 苻丕가 晉將 馮該에게 살해되자 그는 慕容永에게 사로잡혔는데, 밤중에 도망가 晉將 楊佺期에게 투항하여 洛陽令에 제수되었다.

209) 楊佺期(?~399) : 東晉 弘農郡 華陰縣 사람으로 漢 太尉 楊震의 후예이다. 스스로 門第가 높다고 자부하였으나, 당시에는 晩渡하여 배척되니 불만이 많았다. 젊어서 軍府에 투신하여 永康中 成固에서 前秦의 장수 潘猛을 격파하여 河南太守가 되어 洛陽을 지켰다. 潼關에 들어가 前秦軍을 누차 격파하여 龍驤將軍으로 승진하고 新野・堂邑太守를 역임하였다. 荊州刺史 殷仲堪이 荊州司馬 南郡相으로 삼았다. 隆安 元年(397) 王恭의 기병에 호응하였다가 王恭 사후 梁雍秦三州都督 雍州刺史가 되었다. 후에 桓玄과 사이가 좋지 않아 누차 공격하려 하였으나 殷仲堪에게 저지당하였다. 桓玄이 殷仲堪을 공격하자 殷仲堪을 구원하였으나 桓玄에게 패하여 도중에 사로잡혀 살해되었다.

210) 『晉書』 卷115 「苻丕載記」, 2947면, "徐義爲慕容永所獲, 械埋其足, 將殺之. 義誦觀世音經, 至夜中, 土開械脫, 於重禁之中若有人導之者, 遂奔楊佺期, 佺期以爲洛陽令."

하고 훼손했는데, 그 아내 곽(郭)씨가 불경을 받들고 좋아하자 (최)호가 노하여 불경을 태우고 재를 변소 안에 던져버렸다. 나중에 (최)호가 국사(國史) 사건으로 일족이 주살되자 사람들은 불법을 비방한 대가라고 여겼다[趙注 : 『위서(魏書)』「최호전(崔浩傳)」].[212] (후)한(後漢) 명제(明帝) 때 서역(西域)에서 흰 말에 불경을 실어 낙양(洛陽)으로 보내오자, 그에 따라 백마사(白馬寺)를 세웠는데, 그 불경을 담은 함이 형태가 예스럽고 질박하여 세상에서 오래 된 물건이라 생각하며 역대로 그것을 보물로 여겼다. 한현(韓賢)이 고의로 그것을 쳐서 깨뜨렸는데, 얼마되지 않아 전쟁이 났고 (적군을 격파한 후) 패잔병에게 정강이를 잘려 죽게 되니, 논자들은 경을 담은 함을 깨뜨렸기 때문에 화를 초래한 것이라고 했다[趙注 : 『북제서(北齊書)』「한현전(韓賢傳)」].[213] (북)위 효문제(孝文帝)는 도인 법수(法秀)를 가두어 도롱이를 머리에 씌우고 쇠사슬로 묶었는데, 아무 까닭 없이 저절로 벗겨졌다[趙注 : 『남제서(南齊書)』「위로전(魏虜傳)」].[214] 노경유(盧景裕)[215]는 옥에 묶여 있었는데,

---

211) 『宋書』 卷76 「王玄謨傳」, 1974면, "及託跋燾軍至, 乃奔退, 麾下散亡略盡. 蕭斌將斬之, 沈慶之固諫曰 : '佛狸威震天下, 控弦百萬, 豈玄謨所能當. 且殺戰將以自弱, 非良計也.' 斌乃止. 初, 玄謨始將見殺, 夢人告曰 : '誦觀音經千遍, 則免.' 旣覺, 誦之得千遍, 明日將刑, 誦之不輟, 忽傳呼停刑."

212) 『魏書』 卷35 「崔浩傳」, 826면, "浩非毁佛法, 而妻郭氏敬好釋典, 時時讀誦. 浩怒, 取而焚之, 捐灰於厠中. 及浩幽執, 置之檻內, 送於城南, 使衛士數十人溲其上, 呼聲嗷嗷, 聞于行路. 自宰司之被戮辱, 未有如浩者, 世皆以爲報應之驗也."

213) 『北齊書』 卷19 「韓賢傳」, 248면, "天平初, 爲洛州刺史. 民韓木蘭等率土民作逆, 賢擊破之, 親自按檢, 欲收甲仗. 有一賊窘迫, 藏於死屍之間, 見賢將至, 忽起斫之, 斷其脛而卒. 賢雖武將, 性和直, 不甚貪暴, 所歷雖無善政, 不爲吏民所苦. 昔漢明帝時, 西域以白馬負佛經送洛, 因立白馬寺, 其經函傳在此寺, 形制淳朴, 世以爲古物, 歷代藏寶. 賢無故斫破之, 未幾而死, 論者或謂賢因此致禍."

214) 『南齊書』 卷57 「魏虜傳」, 990면, "宏太和三年, 道人法秀與苟兒王阿辱瑰王等謀反, 事覺, 囚法秀, 加以籠頭鐵鏁, 無故自解脫, 虜穿其頸骨, 使呪之曰 : '若復有神, 當令穿肉不入.' 遂穿而殉之, 三日乃死."

215) 盧景裕(?~540?) : 北魏 范陽郡 涿縣 사람으로 字는 仲儒, 小字는 白頭이다. 經學에 정통했으며 佛學을 좋아하였다. 大寧山에 피난하였으며 세상에서 居士라 불렀다. 節閔帝 때 國子博士가 되었다가 東魏 天平 연간 鄕里로 돌아와 『周易』『尙書』『易經』 등을 주석하였다. 高歡이 그의 학식과 덕망을 듣고 불러다가 아들들을 가르치게 했다. 興和 연간 晉陽에서 죽었다.

지극한 마음으로 경전을 암송하자 칼과 사슬이 저절로 벗겨졌다. 당시에 또 어떤 문인이 죄를 지어 죽임을 당하게 됐는데, 꿈에서 어떤 승려가 경전을 암송하라고 가르쳐 주어 깨어난 다음에 꿈꾼 내용대로 천 번을 암송했더니, 처형하려고 할 때 칼이 부러지고 말았으며, 형을 주관하는 자는 그 말을 듣고는 그를 풀어 주었다. 이 경전은 결국 널리 퍼져서 『고왕관세음경(高王觀世音經)』이라고 불렸다[趙注 : 『북제서(北齊書)』 「노경유전(盧景裕傳)」][216] 장원(張元)은 할아버지가 실명하자 『약사경(藥師經)』을 암송하다가 맹인도 볼 수 있다는 말을 보고는 곧 승려 일곱 명에게 부탁해서 등불 일곱 개를 밝히고 『약사경』을 독송하면서 등불의 빛으로 법계(法界)에 공덕을 널리 베풀겠다고 맹세했다. 이처럼 한 지 7일째 되던 밤에 꿈에서 어떤 노인이 금비녀로 할아버지의 눈을 치료하니, 사흘 뒤 할아버지의 눈이 과연 밝아졌다[趙注 : 『북사(北史)』 「효행전(孝行傳)」].[217] 노광(盧光)은 (북)주(北周) 문제(文帝)를 따라 단대(檀臺)에서 사냥을 하고 있었는데, (문)제가 멀리 산 정상을 가리키며 여러 신하들에게 "보이는 것이 있는가?"라고 물으니 모두 보이는 것이 없다고 말했지만, (노)광만이 유독 "승려 한 사람이 보입니다"라고 대답했다. (문)제가 "그렇다"라고 말을 하고는 노광에게 명하여 승려가 서 있던 곳에 부도(浮圖)[218]를 조성하도록 했는데, 터를 한 길 정도 파다가 질그릇 바리 때[瓦鉢]와 석장(錫杖) 하나씩을 얻게 되니, (문)제는 그에 따라 그곳에 절을 세웠다[趙注 : 『주서(周書)』 「노광전(盧光傳)」].[219] 후량(後梁)의 견현성(甄玄成)은 죄가 있어 주살당하게 되었는데,

---

216) 『魏書』 卷84 「盧景裕傳」, 1860면, "繫晉陽獄, 至心誦經, 枷鎖自脫. 是時又有人負罪當死, 夢沙門教講經, 覺時如所夢, 默誦千遍, 臨刑刀折, 主者以聞, 赦之. 此經遂行於世, 號曰高王觀世音."

217) 『北史』 卷84 「孝行」 「張元傳」, 2834면, "及元十六, 其祖喪明三年. …… 後讀藥師經, 見'盲者得視'之言. 遂請七僧, 然七燈, 七日七夜轉藥師經行道. 每言, '天人師乎! 元爲孫不孝, 使祖喪明. 今以燈光普施法界, 願祖目見明, 元求代闇.' 如此經七日, 其夜夢見一老翁, 以金鎞療其祖目, 於夢中喜, 遂卽驚覺. 乃偏告家人. 三日, 祖目果明."

218) 浮圖 : 고승의 사리나 유골을 넣고 쌓은 탑. 부처.

219) 『周書』 卷45 「盧光傳」, 808면, "嘗從太祖狩於檀臺山. 時獵圍旣合, 太祖遙指山上謂

소찰(蕭察)이 『법화경(法華經)』을 암송하는 사람은 죽이지 않겠다고 약속하자, (견)현성은 평소 이 경을 암송했으므로 결국 죄를 면할 수 있었다. (소)찰이 나중에 그를 보고 "견공은 다행스럽게도 『법화경』의 힘을 얻었다"라고 말했다[趙注 : 「견현성전(甄玄成傳)」].[220] 이는 모두 정사에 기록된 것이니 반드시 모두 꾸며낸 것만은 아니다. 대개 한 종교가 흥성하게 되어 후세에 천하를 유도해 움직일 수 있는 것은, 그 처음에 또한 반드시 기이한 사람과 기이한 술법이 있어 신기한 일이 영험하기 때문이다. 예컨대 불도징(佛圖澄),[221] 구마라집(鳩摩羅什)[222] 같은 사람들은 능히 군주에게 그를 믿게 할 수 있었고 사대부들 역시 그를 따랐으므로 광채를 떨쳐 천하에 두루 퍼졌고 끝없이 널리 유포되었던 것이니, 그렇지 않았다면 어떻게 사람들을 일으켜 귀의하게 할 수 있었겠는가. 그러므로 사서에 불경을 암송해서 보답을 얻은 것으로 기록된 여러 일들은 어쩌면 당시에 실제로 있었던 것이며, 모두 꾸며낸 것만은 아닐 것이다. 이제 「구마라집(전)」 및 「불도징(전)」 두 열전에 있는 내용을 뒤에다 적어 본다.

구마라집이 아직 어머니 뱃속에 있을 때 그 어머니는 민첩하고 총명한 것이 보통 사람과 달랐으며, (그가) 일곱 살 때 어머니는 드디어 그와 함께 출가했다.[223] (구마)라집은 하루에 게(偈)[224] 천 편을 암송했는데, 게

羣公等曰 : '公等有所見不?' 咸曰 : '無所見.' 光獨曰 : '見一桑門.' 太祖曰 : '是也.' 卽解圍而還. 令光於桑門立處造浮圖, 掘基一丈, 得瓦鉢・錫杖各一. 太祖稱歎, 因立寺焉."

220) 『周書』 卷48 「甄玄成傳」, 872면, "甄深信佛法, 常願不殺誦法華經人. 玄成素誦法華經, 遂以此獲免. 甄後見之, 常曰 : 「甄公好得法華經力."

221) 佛圖澄(232~348) : 중앙아시아 쿠차 출신의 승려로 洛陽에 불교 중심지를 건설하고자 310년 무렵 북중국에 왔다. 마술을 써서 後趙 石勒과 신임을 얻었으며 20년 이상 그의 고문으로 활동하였으며, 石虎에게도 신임을 얻었다. 북방민족을 불교문화와 신통력있는 영험으로 교화하여, 불교가 민중 속으로 퍼지는데 크게 공헌하였다.

222) 鳩摩羅什(344~413) : 쿠차 사람으로 바라문인 아버지와 쿠차의 공주인 어머니에서 태어났다. 7살 때 어머니를 따라 승단에 들어갔으며 함께 카슈미르로 가서 반두달다(Bandhudatta) 법사 밑에서 3년 동안 불경을 공부했다. 이후 카슈가르 등을 돌아다닌 뒤 쿠차로 돌아가 20살 때 궁중에서 구족계를 받았다. 이후 呂光에 의해 중국으로 온 鳩摩羅什은 姚興의 후원 아래 譯經작업을 계속하였다. 鳩摩羅什은 大乘宗派인 三論宗을 주창했으며, 그의 학파를 中觀學派라고 한다.

한 편이 서른두 글자이므로 모두 3만 2천 글자나 되었고, 그 의미 역시 스스로 통달하였다. 나중에 오로지 대승(大乘)을 교화의 도로 삼았으며 배우는 이들이 모두 그를 스승으로 삼았다. 스무 살에 쿠차[龜玆] 왕이 그들을 맞이하려고 했지만, 그의 어머니는 사양하고 떠나면서 (구마)라집에게 "방등(方等)[225]은 심오한 가르침이므로 보통 생각으로는 헤아려 알 수 없다. 이것을 동쪽 땅에 전하는 것은 오직 너의 힘이어야 한다"라고 말했다. 어머니는 천축(天竺)으로 가서 도를 이루어 삼과(三果)[226]에 나아가 올랐다. 부견(苻堅)은 (구마)라집의 명성을 듣고 몰래 그를 맞아들이려는 뜻을 가지고 있었다. 태사(太史)가 외국에 별이 보이고 있으니 마땅히 큰 지혜를 가진 자가 중국에 들어와 도울 것이라고 상주했다.[227] (부)견은 여광(呂光)[228]을 보내 쿠차를 정벌하게 하면서 (여)광에게 "만약 (구마)라집을 얻으면 바로 수레에 태워 보내라"라고 말했다. (여)광의 군대는 쿠차성을 격파하고 (구마)라집을 사로잡아 함께 양주(涼州)로 돌아왔다[趙注 : (여)광이 쿠차를 공격하면서 밤에 금색 갑옷을 입은 사람이 성 밖으로 날아 나가는 꿈을 꾸었는데, (여)광은 "이것이 이른바 부처인데, 오랑캐의 신이 성을 나갔으니 성은 반드시 함락될 것이다"라고 말했고, 마침내 (성을) 공격하여 함락시켰다].[229] (여)광 부자는 그 도를 믿지 않았지만 요흥(姚興)은 그

223) 『晉書』 卷95 「鳩摩羅什傳」, 2499면, "鳩摩羅什, 天竺人也. 世爲國相. 父鳩摩羅炎, 聰懿有大節, 將嗣相位, 乃辭避出家, 東渡蔥嶺. 龜玆王聞其名, 郊迎之, 請爲國師. 王有妹, 年二十, 才悟明敏, 諸國交聘, 並不許, 及見炎, 心欲當之, 王乃逼以妻焉. 旣而羅什在胎, 其母慧解倍常. 及年七歲, 母遂與俱出家."

224) 偈 : 頌. 부처를 기리는 글. 5자 또는 7자 一句.

225) 方等 : 大乘을 달리 이르는 말. 또는, 부처가 사람들에게 이익을 고루 주는 일로, 대승 불교에서는 方正하고 廣大하며 평등한 도리를 설법한 것이라고 한다.

226) 果 : 三世를 통한 선악의 응보.

227) 『晉書』 卷95 「鳩摩羅什傳」, 2500면, "苻堅聞之, 密有迎羅什之意. 會太史奏云 : '有星見外國分野, 當有大智入輔中國'."

228) 呂光 : 氐族 장군. 苻堅의 명으로 서역을 평정했으나 苻堅이 淝水의 전쟁에서 진 후 姚興에게 잡혀 죽인 뒤 西涼을 세웠다.

229) 『晉書』 卷95 「鳩摩羅什傳」, 2500면, "乃遣驍騎將軍呂光等率兵七萬, 西伐龜玆, 謂光曰 : '若獲羅什, 卽馳驛送之.' …… 光遂破之, 乃獲羅什. 光見其年齒尙少, 以凡人戲之, 强妻以龜玆王女, 羅什距而不受, 辭甚苦至."

(구마라집)를 진(秦)으로 맞아 들였다. (구마)라집이 중국에서 예전에 번역한 경전을 보니 오류가 많았으므로, (요)흥은 이에 승려 승예(僧叡) 등을 시켜 번역하여 베껴 쓰도록 했다.[230] (구마)라집은 대승을 좋아하여 알기 쉽게 자세히 설명하는 데에 뜻을 두었으나 매번 깊이 아는 자가 적음을 한탄하다가 오직 (요)흥을 위해 「실상(實相)」 두 권[231]을 지었다. (요)흥이 그에게 궁녀를 주었는데, 한번 관계를 가지고서 아들 둘을 낳았다. 여러 승려들 가운데 그를 본받아 아내를 두려는 자가 많아지자 (구마)라집은 바늘을 모아 바리때에 채우고 여러 승려들에게 "만약 나를 본받아 이것을 먹을 수 있는 자라면 아내를 두어도 좋을 따름이다"라고 말했다. 이어 (구마라집이) 바늘을 다 먹어치우자 승려들은 부끄러워 복종하며 이내 그만두었다[232]【趙注 : 여찬(呂纂)은 일찍이 (구마)라집과 바둑을 두었는데 그 바둑알을 잡으면서 "호노(胡奴)의 머리를 베었구나"라고 했다. (구마)라집은 "호노(胡奴)의 머리를 벤 것이 아니라, 호노가 다른 이의 머리를 베겠구나"라고 말했다. 나중에 (여)찬은 여초(呂超)에게 살해되었는데, 호노는 (여)초의 어릴 적 이름이었다.[233] 이러한 일은 『진서』 재기에 보인다】.

불도징은 신을 부르는 주문을 암송하여 귀신을 부릴 수 있었다. 배 옆에 구멍이 하나 있어 늘 솜으로 그곳을 막아 두었다가 밤이 되면 솜을

---

230) 『晉書 卷117 「姚興載記上」, 2984~2985면, "興如逍遙園, 引諸沙門于澄玄堂聽鳩摩羅什演說佛經. 羅什通辯夏言, 尋覽舊經, 多有乖謬, 不與胡本相應. 興與羅什及沙門僧略 · 僧遷 · 道樹 · 僧叡 · 道坦 · 僧肇 · 曇順等八百餘人, 更出大品, 羅什持胡本, 興執舊經, 以相考校, 其新文異舊者皆會於理義. 續出諸經并諸論三百餘卷."

231) 【王注】 (본문의) '「實相」二論'은 마땅히 '「實相論」二卷'이라고 해야 하며, 『晉書』 卷95 「藝術傳」에 보인다.

232) 『晉書』 卷95 「鳩摩羅什傳」, 2501~2502면, "嘗講經於草堂寺, 興及朝臣、大德沙門千有餘人肅容觀聽, 羅什忽下高坐, 謂興曰 : '有二小兒登吾肩, 慾鄣須婦人.' 興乃召宮女進之, 一交而生二子焉. 興嘗謂羅什曰 : '大師聰明超悟, 天下莫二, 何可使法種少嗣.' 遂以伎女十人, 逼令受之. 爾後不住僧坊, 別立解舍, 諸僧多效之. 什乃聚針盈鉢, 引諸僧謂之曰 : '若能見效食此者, 乃可畜室耳.' 因舉匕進針, 與常食不別, 諸僧愧服乃止."

233) 『晉書』 卷122 「呂纂載記」, 3069면, "初, 纂嘗與鳩摩羅什, 殺羅什子, 曰 : '斫胡奴頭.' 羅什曰 : '不斫胡奴頭 胡奴斫人頭.' 超小字胡奴, 竟以殺纂. 纂在位三年, 以元興元年死."

뽑았는데, 구멍 가운데에서 빛이 나와 방을 비췄다. 또 늘 흐르는 물에 이르면 배에 난 구멍을 통해 오장육부를 꺼내 씻은 뒤에 배 속으로 다시 그대로 집어넣었다. 또 방울소리를 듣고 길흉을 점칠 수 있었는데 맞지 않는 것이 없었다.[234] 석륵(石勒)이 그를 불러 도술을 시험하자, (불도징은) 곧 바리때를 가져다 물을 채운 후 주문을 외웠는데, 바리때 속에서 푸른 연꽃이 나와 빛과 색깔이 눈부셨으며, (석)륵은 이를 보고 그를 믿게 되었다.[235] (석)륵이 일찍이 (불도)징을 해치려는 생각이 있었는데, (불도)징은 곧 (이를 알고) 피해 달아나면서 제자들에게 "만약 장군이 부르러 오면 어디에 있는지 모르겠다고 답하거라"라고 분부했다. 사자가 과연 (왔다가) 돌아가 보고하니 (석)륵은 놀라서 "내가 나쁜 뜻을 가지고 있으면 (불도)징이 곧 그것을 아는구나"라고 말하고는 후회하며 (불도)징을 보고 싶다고 생각했다. (불도)징이 다음날 아침 (석)륵을 찾아가니, (석)륵은 지난밤에 왜 피했냐고 물었으며, (불도)징은 "어제는 공이 나쁜 마음을 가지고 있어서 피했고, 오늘은 착한 뜻이 있어 왔습니다"라고 대답했다.[236] 양국성(襄國城)[237] 밖에 물줄기가 마르자 (석)륵은 어떻게 물을 구할 수 있겠냐고 물었다. (불도)징은 "이제 마땅히 용에게 이야기하여 물을 얻어야겠습니다"라고 말하고 묵은 샘터에 가서 향을 사르며 수

---

234) 『晉書』 卷95 「佛圖澄傳」, 2485면, "佛圖澄, 天竺人也. 本姓帛氏. 少學道, 妙通玄術. 永嘉四年, 來適洛陽, 自云百有餘歲, 常服氣自養, 能積日不食. 善誦神呪, 能役使鬼神. 腹旁有一孔, 常以絮塞之, 每夜讀書, 則拔絮, 孔中出光, 照于一室. 又嘗齋時, 平旦至流水側, 從腹旁孔中引出五藏六府洗之, 訖, 還內腹中. 又能聽鈴音以言吉凶, 莫不懸驗."

235) 『晉書』 卷95 「佛圖澄傳」, 2485면, "勒召澄, 試以道術. 澄卽取鉢盛水, 燒香呪之, 須臾鉢中生青蓮花, 光色曜日, 勒由此信之."

236) 『晉書』 卷95 「佛圖澄傳」, 2485~2486면, "勒後因忿, 欲害諸道士, 幷欲苦澄. 澄迺潛避至黑略舍, 語弟子曰 : '若將軍信至, 問吾所在者, 報云不知所之.' 旣而勒使至, 覓澄不得. 使還報勒, 勒驚曰 : '吾有惡意向澄, 澄捨我去矣.' 通夜不寢, 思欲見澄. 澄知勒意悔, 明旦造勒. 勒曰 : '昨夜何行?' 澄曰 : '公有怒心, 昨故權避公. 今改意, 是以敢來.' 勒大笑曰 : '道人謬矣.'"

237) 襄國城 : 後趙 石勒 재위시 수도.

백 마디 말로 주문을 외자 물이 졸졸 조금씩 흐르면서 작은 용이 물을 따라 나왔으며, 잠시 뒤 물이 많이 나와 해자가 모두 가득 찼다.[238] 단말파(段末波)[239]가 (석륵을) 공격하러 왔는데, 그 기세가 매우 강성하여 (석)륵이 자못 두려워했다. (불도)징은 "방울이 소리를 내어 내일 (단)말파를 잡을 수 있다고 말합니다"라고 했는데 나중에 과연 그렇게 되었다.[240] 유악(劉岳)이 공격하러 오자 석호(石虎)가 이를 막았는데, (유)악은 석량오(石梁塢)를 지키고 있었고 (불도)징은 양국(성)에 있었는데, 갑자기 "어제 해(亥)시에 (유)악이 이미 잡혔습니다"라고 말했다. 나중에 보니 과연 그러했다.[241] 유요(劉曜)가 낙양(洛陽)을 공격하자 석륵이 낙양을 구하려고 했는데, (불도)징은 "상륜(相輪)[242]의 방울소리가 이르기를 '수지체려강(秀支替戾岡) 복곡구독당(僕谷劬禿當)'[243]이라 했으니 이번에 가면 (유)요를 잡을 수 있음을 말하는 것입니다"라고 말했다. (석)륵은 과연 (유)요를 잡

---

238) 『晉書』 卷95 「佛圖澄傳」, 2486면, "襄國城塹水源在城西北五里, 其水源暴竭, 勒問澄何以致水. 澄曰 : '今當敕龍取水.' 迺與弟子法首等數人至故泉源上, 坐繩牀, 燒安息香, 呪願數百言. 如此三日, 水泫然微流, 有一小龍長五六寸許, 隨水而來, 諸道士競往視之. 有頃, 水大至, 隍塹皆滿."

239) 段末波(?~325) : 段末杯라고도 하며 西晉 東部鮮卑로 대대로 渠帥였다. 劉曜가 洛陽을 공격하자 從兄을 따라 石勒을 공격하였으나 패하였다. 石勒이 鮮卑와 원한 관계를 맺기 싫어하여 사신을 보내 화평을 구하자 遼西로 돌아와 石勒에 심복하였다. 建武初 段匹磾가 劉琨을 大都督으로 추대하여 연합하여 石勒을 토벌하려 하자, 도리어 石勒의 후한 뇌물을 받고 段匹磾를 습격하러 갔다. 段匹磾와 涉復辰 등을 대파하고 자립하여 單于가 되고 幽州刺史를 칭하여 遼西에 주둔하였다.

240) 『晉書』 卷95 「佛圖澄傳」, 2486면, "鮮卑段末波攻勒, 衆甚盛. 勒懼, 問澄. 澄曰 : '昨日寺鈴鳴云, 明旦食時, 當擒段末波.' 勒登城望末波軍, 不見前後, 失色曰 : '末波如此, 豈可獲乎!' 更遣夔安問澄. 澄曰 : '已獲末波矣.' 時城北伏兵出, 遇末波, 執之. 澄勸勒宥末波, 遣還本國, 勒從之, 卒獲其用."

241) 『晉書』 卷95 「佛圖澄傳」, 2486면, "劉曜遣從弟岳攻勒, 勒遣石季龍距之. 岳敗, 退保石梁塢, 季龍堅柵守之. 澄在襄國, 忽歎曰 : '劉岳可憫!' 弟子法祚問其故, 澄曰 : '昨日亥時, 岳已敗被執.' 果如所言."

242) 相輪 : 탑의 정상 水煙 아래에 있는 청동으로 만든 9층의 圖輪. 九輪.

243) 佛圖澄에 따르면, 이는 羯族의 말인데, '秀支'는 軍이고, '替戾岡'은 出이며, '僕谷'은 '劉曜胡位', '劬禿當'은 '捉'이라고 해석하면서 결국 '군대가 나아가면 (유)요를 잡을 수 있다[軍出捉得曜]'라는 뜻이라고 하였다.

았다.[244] (석)륵의 사랑하는 아들 (석)빈(石斌)이 갑자기 죽자 (석)륵은 (불도)징을 불렀으며, (불도)징이 버드나무 가지를 잡고 물에 적셔 뿌리며 (석)빈의 손을 잡고 "일어날 수 있다"라고 말하니 (석)빈이 드디어 깨어났다.[245] (불도)징이 업(鄴)에 있을 때 일찍이 제자 법상(法常)을 양국(성)에 보냈는데, 길에서 제자 법좌(法佐)를 만나 밤에 이야기를 나누다가 말이 화상(和尙 : 불도징)에 이르렀다. 법좌가 돌아오자 (불도)징이 웃으면서 "어제 저녁 법상과 함께 네 스승 이야기를 했느냐?"라고 말하자 (법)좌는 놀라 부끄러워하며 뉘우쳤다. 이 때문에 나라 안 사람들은 서로 말하기를 "나쁜 마음을 일으키지 마라. 화상이 너의 마음을 안다"라고 했고, (불도)징이 있는 곳으로는 감히 그 방향을 향해 눈물을 흘리거나 침을 뱉는 자가 없었다.[246] (불도)징이 죽을 때 제자 법조(法祚)에게 "무신(戊申)년에 화란이 일어나고 기유(己酉)년에 석(石)씨가 멸망할 것이니, 나는 난리가 미치기 전에 먼저 갈 것이다"라고 말하고 마침내 죽었다. 나중에 어떤 이가 (불도)징이 관중(關中) 땅에 들어가는 것을 보아, 석호(石虎)가 그 무덤을 파서 보니 오직 돌 하나가 있었으며, (석호는) 이를 미워하며 말하길 "돌[石]은 바로 짐인데, 나를 장사지내고 갔으니 내가 장차 죽겠구나"라고 했다. 이어 병에 걸려 죽었으며, 과연 대란이 일어났다.[247]

---

244) 『晉書』 卷95 「佛圖澄傳」, 2486면, "及曜自攻洛陽, 勒將救之, 其羣下咸諫以爲不可. 勒以訪澄, 澄曰 : '相輪鈴音云 : '秀支替戾岡, 僕谷劬禿當.' 此羯語也. 秀支, 軍也. 替戾岡, 出也. 僕谷, 劉曜胡位也. 劬禿當, 捉也. 此言軍出捉得曜也.' …… 勒甚悅, 遂赴洛距曜, 生擒之."

245) 『晉書』 卷95 「佛圖澄傳」, 2487면, "勒愛子斌暴病死, 將殯, 勒歎曰 : '朕聞虢太子死, 扁鵲能生之, 今可得效乎?' 乃令告澄. 澄取楊枝沾水, 灑而呪之, 就執斌手曰 : '可起矣!' 因此遂蘇, 有頃, 平復. 自是勒諸子多在澄寺中養之."

246) 『晉書』 卷95 「佛圖澄傳」, 2488면, "澄時止鄴城寺中, 弟子偏於郡國. 嘗遣弟子法常北至襄國, 弟子法佐從襄國還, 相遇於梁基城下, 對車夜談, 言及和尙, 比旦各去. 佐始入, 澄逆笑曰 : '昨夜爾與法常交車共說汝師邪?' 佐愕然愧懺. 於是國人每相語 : '莫起惡心, 和尙知汝.' 及澄之所在, 無敢向其方面涕唾者."

247) 『晉書』 卷95 「佛圖澄傳」, 2490면, "謂弟子法祚曰 : '戊申歲禍亂漸萌, 己酉石氏當滅. 吾及其未亂, 先從化矣.' 卒於鄴宮寺. 後有沙門從雍州來, 稱見澄西入關, 季龍掘而視之, 惟有一石而無尸. 季龍惡之曰 : '石者, 朕也, 葬我而去, 吾將死矣.' 因而遇疾.

213. 북주에서는 조서에 『상서』 문체를 썼다 後周詔誥用尙書體[248)]

한(漢) 무제(武帝)가 세 왕을 책봉하는 조서는 본래 『상서(尙書)』 문체[249)]를 모방했는데, 저소손(褚少孫)이 보충한[250)] 『사기(史記)』 및 『한서(漢書)』 「무오왕자전(武五王子傳)」에 보인다. 왕망(王莽)은 『상서』를 모방해 조고(詔誥) 짓기를 좋아했는데, 현재 『한서』 「적의전(翟義傳)」에 보인다. 거섭(居攝, 6~8) 때, (왕)망은 적의 등이 군사를 일으켜 한나라 황실을 바로잡아 회복시키려 하자 크게 놀라 곧 『주서(周書)』에 따라 대고(大誥)를 지었다.[251)]

"거섭 2년(7) 10월 갑자(甲子)일에 섭황제 폐하께서 말씀한다. 너희 제후왕, 삼공(三公), 열후와 너희 경대부(卿大夫), 원사(元士),[252)] 어사(御事)[253)]에게 크게 알리노라. 하늘의 가엽게 여김을 받지 못해(不弔) (하늘이) 조(비연)(趙飛燕), 부(태후)(傅太后), 정(태후)(丁太后), 동(현)(董賢)에게 죽음을 내리셨다.[254)] 크게 생각건대 우리 어린 유자(孺子)가 계사(繼嗣)로서 무궁한 대업인 천자의 자리를 이어 정사에 전념해야 하는 것은 당연하다.[255)] 내[予][256)] 아직 백성들을 평안함으로 이끌 수 있는 명석함이 없는데,[257)] 하

明年, 季龍死, 遂大亂."

248) 【王注】 本篇은 王莽의 「大誥」에서 全文을 취하였으나 글자가 생략된 것이 많으며, 後周의 「大誥」에서는 그 앞 구절의 全文을 취하였지만, 앞머리 부분이 조금 간략하게 되어 있다. 王莽의 「大誥」는 『漢書』 卷84 「翟義傳」에 보이며, 周의 「大誥」는 『周書』 卷23과 『北史』 卷63 「蘇綽傳」에 보인다.

249) 『尙書』, 즉 『書經』의 문체는 典 · 謨 · 訓 · 誥 · 誓 · 命 등으로 구성되어 있다.

250) 이와 관련한 것은 이 책의 卷1 중 5. 「저소손이 『사기』를 보충한 것은 10편만이 아니었다[褚少孫補史記不止十篇]」를 참고하라.

251) 『漢書』 卷84 「翟方進傳」, 3428~3434면. 본문에서는 원문의 일부 구절이 삭제되어 있다.

252) 元士 : 天子의 善良한 士.

253) 『漢書』 卷84 「翟義傳」, 3428면, 注1, "應劭曰 : '言以大道告於諸侯以下也. 御事, 主事也.'"

254) 『漢書』 卷84 「翟義傳」, 3429면, 注2, "應劭曰 : '趙飛燕 · 傅太后 · 丁太后 · 董賢也.' 師古曰 : '不弔, 言不爲天所弔閔. 降, 下也.'"

255) 『漢書』 卷84 「翟義傳」, 3429면, 注3, "師古曰 : '洪, 大也. 惟, 思也. 沖, 稚也. 大思幼稚孺子, 當承繼漢家無竟之歷, 服行政事.'"

물며 옛 성인이 천명을 알 수 있었던 것에 있어서랴. 아, 나는 유자가 마치 깊은 물을 건너는 것과 같이 위험한 지경에 있음을 근심하노라. 나는 유자가 위험에서 벗어나도록 도와 줄 것만을 생각하노니, 힘을 다해 바삐 달려서 고황제(高皇帝)께서 받으신 천명에 가까이 하여 (그것을) 받들어 이으려고 할 뿐이다. 내 어찌 감히 스스로 예전 사람[258]에 견주겠는가만은 하늘이 밝은 위엄을 내리시어 황실을 편안케 하고자 나에게 섭위에 오르도록 보배로운 거북이[259]를 주셨고, 태황태후(太皇太后)께서는 단석(丹石)의 상서로운 조짐에 따라 하늘의 밝은 뜻을 이어, 나에게 조서를 내리어 섭위에 있으면서 천자의 자리에 오를 것을[260] 명하셨으니, (이것은) 주공의 고사와 같은 것이다.

반란을 일으킨 놈 적의는[261] 멋대로 군사를 일으키고 무리를 움직여 '서쪽 땅에 커다란 재난이 있으니 서쪽 사람들 또한 편안하지 못할 것이다'라고 말하고, 이에 엄향후(嚴鄕侯) (유)신(劉信)을 움직여 크게 감히 조종(祖宗)의 질서를 범하고 어지럽혔다. 하늘이 위엄을 내리고, 내게 보배로운 거북이를 주신 것은 처음부터 우리나라에 병폐와 재난이 있어 백성을 불안케 할 것을 알고 있었던 것이니, 이는 하늘이 도리어 우리 한나라를 도우심이다. 그(적의의 반란) 소식을 들은 날, 뛰어난 종실이 400명이고 백성의 표의인 현자[民獻儀[262]]가 9만 명이 있어, 나는 삼가 그들을 써서 후

---

256) 이 문장에서의 '予'는 王莽의 自稱으로 사용되고 있다.

257) '그 때문에 스스로 보좌하고 있는 것이지만, 백성을 편안하게 하는 어려운 것이기 때문에'라는 뜻이 생략되어 있음.

258) 예전 사람이란 곧 周公을 가리키는 것으로 볼 수 있다(『漢書』 卷84 「翟義傳」, 3429면, 注8, "師古曰 : '前人謂周公.'").

259) 寶龜에 관해서는 『書經』 「周書」 「大誥」篇에 寧王, 즉 武王이 周公에게 큰 보배인 거북을 물려주어 천명을 소개한 구절('寧王, 遺我大寶龜, 紹天命')을 인용한 것이다.

260) 踐阼는 宗廟의 東階에 오르는 것의 의미로, 천자의 位에 즉위하는 것. 여기서는 攝皇帝가 되는 것을 말한다.

261) 『漢書』의 원문(3429면)에는 "反虜故東郡太守翟義"라 되어 있으나, 여기서는 '反虜翟義'로만 표현하였다.

262) 『漢書』 卷84 「翟義傳」, 3430면, 注7, "孟康曰, '民之表儀, 謂賢者'."

사를 잇는 등 공업을 도모하여 성공할 수 있었다.[263] 내게 큰 일(곧, 전쟁)이 있지만 상황이 좋고, 내 점을 친 것이 또한 길하므로, 나는 대장(大將)을 내보내어 군 태수(太守), 제후의 상(相), (현의) 영장(令長)에게 알려 '내 상서로운 점괘를 얻었다. 나는 너희들을 데리고 전 동군(東郡) (태수 적의), 엄향후 (유신) 등 도망가 흩어진 신하들을 정벌할 것이다'라고 말했다. 너희 제후국 군주들 가운데 어떤 이는 모두 이것에 반대하면서 '재난이 크고 백성들 또한 안정되지 못했으며, 그들은 제궁(帝宮)에 있어서 종실의 지위에 있고, (유신은) 유자[小子]에게는 아저씨뻘이 되니 공경해야 하며 정벌할 수는 없습니다'라고 말했다. 황제는 점괘를 어겨서는 아니 되니, 따라서 나는 어린아이[沖人]를 위해 그 어려움을 오래도록 생각하고 '오호라! (적)의와 (유)신이 범한 바는 진실로 홀아비나 과부까지도 그 해를 미쳤으니, 슬프도다!'라고 말했다. 나는 하늘의 (나에게 준) 역사(役事)를 만나 내 스스로 어려움을 크게 해결하고자 하니, 그것은 유자(孺子)를 위하는 것일 뿐, 내 자신의 고난을 근심하는 것은 아니다.

나는 저 제후국 군주 천릉후(泉陵侯)가 올린 글[264]을 의롭다고 생각한다. (그 글에서) '성왕(成王)이 어리고 약해 주공(周公)이 천자의 자리에 올라 천하를 다스리기를 6년, 제후들이 명당(明堂)에서 조회하고, 예악을 제정하고, 도량형을 반포하니 천하가 크게 복속하였던 것입니다. 태황태후께서는 하늘의 마음을 받들고 따라 거섭의 대의를 성취하였습니다. 황태자[265]를 효평황제(孝平皇帝)의 아들로 하였는데, 나이가 강보에 쌓여 있는 정도이니 마땅히 또 사람의 자식으로 자식 된 도리를 알게 하고, 황태후께서는 자애로운 어머니의 은혜를 더할 수 있도록 하여, 잘 길러 자라난 뒤 원복(元服)[266]을 더하고 나서 유자에게 명철한 군주의 일을 다시 돌려

263) 『漢書』 卷84 「翟義傳」, 3430면, 注8, "師古曰, '我用此宗室之雋及獻儀者共謀圖國事, 從成其功'."

264) 泉陵侯는 劉慶이며 上書의 내용은 王莽이 天子의 일을 맡도록 하는 것이었다.

265) 『漢書』 卷84 「翟義傳」, 3431면, 注3, "師古曰, '皇太子卽謂孺子'."

266) 元服 : 관례 때 입는 의관. 남자가 스무 살에 어른의 衣冠을 입는 의식.

주어야 합니다'라고 말했다. 아! 우리 유자를 위하는 까닭인데, 나는 조(비연), 부(태후), 정(태후), 동(현)으로 인한 어지러움이 후사를 잇는 것을 막아 끊고, 적자(嫡子)와 서자(庶子)를 바꾸어 상처를 냈으며, 한나라 조정을 위태롭게 어지럽히는 세 가지 재앙을 만들었으니, 그 천명을 다 떨어뜨렸다고 생각한다. 오호라, 어찌 힘을 펼쳐 한 마음으로 그것을 경계하지 않을 수 있겠는가! 내가 감히 상제(上帝)의 명에 어긋날 수 있겠는가,[267] 하늘은 황실을 안정시키고 우리 한나라를 흥성케 하는 것을 아름답게 여기시니 점괘에 따라 그 명을 편안하게 받을 수 있었던 것이다. 이제 하늘이 백성을 도우시는데, 하물며 또한 점괘로도 하심에랴.

태황태후께서는 처음에 원성(元城) 사록(沙鹿)의 도움[268]과 음정여주(陰精女主)의 성스럽고 밝은 상서로움[269]이 있어, 원(제)(元帝)의 배필이 되고 성(제)(成帝)를 낳아 우리 황실을 도우셨고 우리 대종(大宗)을 안정시키셨으며, 우리 후사를 이으셨고 우리 한나라의 공적을 유지하셨다. 저 적통을 해치고 으뜸이 되는 계승자를 받들지 않는 자는 죄는 친족이라도 피할 수 없으며, 허물은 인척이라도 피할 수 없으니, 대저 어찌 아끼지 않겠는가. 역시 황실을 생각한다. 이러한 까닭에 널리 왕후들을 세우고 증손, 현손들도 세워 그들을 시켜 우리 서울을 병풍처럼 지키게 해 천하를 편안히 위무했다.

하늘이 우리 국가가 성공을 이룬 바를 신중히 위로하시니[天毖勞我成功

267) 『漢書』 卷84 「翟義傳」, 3431면, 注5, "師古曰, '僭, 不信也. 言順天命而征討'."

268) 『漢書』 卷84 「翟義傳」, 3432면, 注1, "張晏曰 : '沙鹿在元城縣. 春秋時沙鹿崩, 王莽以爲元后之祥, 語在元后傳.' 師古曰 : '右讀曰祐'"; 『漢書』 卷98 「元后傳」, 4014면, "元城建公曰 : '昔春秋沙麓崩, 晉史卜之, 曰 : '陰爲陽雄, 土火相乘, 故有沙麓崩. 後六百四十五年, 宜有聖女興.' 其齊田乎! 今王翁孺徙, 正直其地, 日月當之. 元城郭東有五鹿之虛, 卽沙鹿地也. 後八十年, 當有貴女興天下'云." 春秋시대에 발생한 山崩에 대한 卜에 의해 645년 후 聖女가 출현할 것이라는 예언을 지칭한다.

269) 『漢書』 卷84 「翟義傳」, 3432면, 注2, "李奇曰 : '李親懷元后, 夢月入懷, 陰精女主之祥'"; 陰精은 太陰의 精으로서 月이다. 元后의 母 李親이 元后를 懷姙했을 때 달이 품으로 들어오는 것을 꿈에 보았다고 한다.

所],[270] 나는 감히 그 일을 모두 다 하여 조종의 대업을 끝내 완성하고, 황제가 도모하는 바의 일을 평안하게 하지 않을 수 없는 것이다. (그런 까닭에) 그 도리를 진술하여 내가 우리 제후왕, 열후, 경대부, 원사, 어사들에게 고하노라. 하늘은 정성스런 이 말을 (갖고) 도와주시고, 하늘이 나에게 백성을 맡기셨으니, 내 어찌 감히 조종이 백성들을 안정시키고자 도모했던 공업을 마치지 않을 수 있겠는가. 하늘이 또한 우리 백성을 위로하시니, 만약 고난이 있더라도, 내 어찌 감히 조종들께서 아름답게 여김과 도움을 받으신 바를 하지 않겠는가. 누가 만약 집을 지으려고 생각한다면 그 아들은 땅을 평평하게 다져 집을 지어야 한다. 그 아비가 흙을 갈면 그 아들은 씨를 뿌려 거두어야 한다. 내 어찌 감히 조종들께서 받으신 큰 명을 직접 몸소 따르지 않겠는가. 내가 오래 생각하여 '하늘이 적의, 유신을 망하게 하려 하심이 색부(嗇夫)(가 잡초를 제거하려는 것)[271]와 같으니, 내 어찌 감히 내 밭일을 마치지 않겠는가'라고 말했다. 하늘이 또한 우리 조종을 아름답게 여기시니, 내 어찌 그 점괘대로 다하여 감히 점괘를 따르지 않겠는가. 사람들을 편안하게 하고 이 땅을 아름답게 하기에 앞장설 것인데, 하물며 이제 점괘도 또한 상서로우니, 그러므로 나는 너희들을 이끌고 동쪽을 정벌할 것이다. 하늘의 명은 믿지 못할 것이 아니고, 점괘가 나온 것도 이와 같도다"라고 했다.

문구가 모두 『상서』를 이용한 것으로, 이는 아마 유흠(劉歆) 등이 그(왕망)를 위해 붓을 놀린 것이다.

우문태(宇文泰)는 서위(西魏)에서 권력을 잡고 있을 때 소작(蘇綽)의 말에 따라 관제는 『주례(周禮)』를 모방하고 조고(詔誥)는 또한 『상서』를 모방했으니, 관제는 (서)위 공제(恭帝) 때에 이르러 비로소 상주하여 시행했으나,

270) 『漢書』 卷84 「翟義傳」, 3434면, 注1, "孟康曰 : '天愼勞我國家成功之所在'."

271) 『漢書』 卷84 「翟義傳」, 3435면, 注16 "師古曰 : '嗇夫治田, 志除草穢. 天之欲喪義、信, 事亦如之. 我當順天以終竟田晦之事." 하늘도 잡초와 같은 무리인 翟義・劉信을 제거하는 것에 뜻이 있다는 것을 비유적으로 표현한 것이다.

조고는 (서위 문제) 대통(大統, 535~551) 연간에 이미 변려문을 쓰는 습속을 크게 바꾸었다. (서)위 황제가 종묘에 제사를 지낼 적에 여러 신하들이 모두 이르자 소작에게 명하여 대고를 지어 반포하게 하니, 이후로 짓는 글은 모두 이 문체를 따랐다. 그 문장은 아래와 같다.

"중흥(中興) 11년 한여름에 온 나라의 많은 제후들이 모두 왕의 조정에 모였노라. 6월 정사(丁巳)일에 황제께서 태묘에 찾아가 이르셨으니, 무릇 모든 관료들은 그 자리에 있지 않은 이가 없었노라. 황제께서 이처럼 '아, 나의 이 으뜸가는 재상[元輔] 및 여러 재상[羣公]과 장군들[列將], 많은 제후[百辟]와 경사(卿士)들, 많은 관료[庶尹]와 근시[御事]들아, 짐은 조종의 신령스러운 명을 널리 펴고 선왕의 법도와 가르침을 헤아려 벼슬자리에 있는 너희들에게 알리노라. 옛날 우리 태조(太祖) 신황제(神皇帝)께서는 일찍이 밝으신 천명에 응하시어 우리 황실의 기틀을 창건하셨노라. 열조(烈祖) 경종(景宗)께서는 사방을 널리 개척하시고 무공을 바로잡아 이루셨노라. 문조(文祖)에 이르러서는 문덕을 크게 펼치시고, 무고(武考)의 공을 받들어 옛 업적을 떨어뜨리지 않으셨노라. 이때 이후로 점차로 쇠퇴하는 폐해가 있어 저 동구(東邱)272)에서 큰 어려움을 일으키게 되었으니 우리 백성들은 모두 도탄에 빠지게 되었노라. 오직 나 한 사람은 전쟁을 계속하고 무력을 행사함에 있어 밤낮으로 공경하고 두려워하여, 마치 큰 내를 건너면서 건널 바를 모르는 듯하였노라. 이리하여 천제의 법도를 참고하고 제왕의 조정을 살펴서 우리 백성들의 병을 건졌노라. 저 현명하신 왕께서 나에게 항상 지켜야 할 가르침을 보이시며 말씀하시길 '하늘이 백성을 낳으셨으되 스스로 다스리지 못하셨노라. 상제께서 지혜로운 성인을 굽어 살피시다 천자를 우두머리로 두어 다스리게 하셨으나, 그때에 천자가 홀로 다스리지 못하여 널리 밝은 덕을 가진 이를 구하여 여러 제후와 관리들에게 명하여 돕게 하셨노라'라고 하셨다. 하늘이 임금에게 명한 바와 임금이 관료들에게 명한 바

272) 『周書』 卷23 「蘇綽傳」에는 '東丘'로 되어 있다.

는 오직 백성을 가엾이 여겨 돕는 것이니 방자한 생각을 하지 말지어다. 임금은 으뜸인 머리요, 백성들은 발과 같으니 팔다리는 바로 보필하는 신하로다. 위아래가 한 몸이 되어 각각 맡은 바에 부지런하면, 이로써 능히 치우치지 않는 올바른 도에 이르리로다. 언제나 지켜야 할 그 가르침에 '임금이 능히 임금 노릇 하기를 어려워하고 신하가 능히 신하 노릇 하기를 어려워하면, 정치는 곧 다스려지리라'라고 했노라. 이제 나 한 사람은 하늘이 주신 복에 응하여 천자의 자리에 올랐으니, 팔다리 같은 신하와 여러 제후들은 우리나라의 천명을 태평스럽게 따라[273] 모두 그 직책을 지키지 않는 바가 없을지어다. 아아! 임금이 그 임금 됨을 근심하여 어려워하고, 신하가 그 신하 됨을 근심하여 어려워하면, 정치에 있어 무엇이 번성하지 않겠는가[于政何弗斁].[274] 오호 어렵도다, 벼슬자리에 있는 너희 모두는 짐의 명령을 공경하여 들을 지어다!"[趙注 : 「소작전(蘇綽傳)」].[275]

고환(高歡)을 토벌할 때에는 군사들에게 맹세하여 "너희들 무리와 함께 하늘의 위엄을 받들어 포악하고 어지러운 무리를 주멸하고자 하노라. 너희 군사들은 너희들의 무기를 정돈하고 너희들이 할 전쟁을 경계

---

273) [王注] '乂'은 『北史』의 글이고, 『周書』에는 '又'로 되어 있으며, 原刻本은 『周書』를 따랐고, 廣雅本은 『北史』를 따라 고쳤으니, 지금은 이를 따른다.

274) [王注] '于政何弗斁' 이 부분은 『周書』의 글이며, 『北史』에는 '政于何弗斁'이라 했으니 마땅히 근거하여 고쳐야한다.

275) 『周書』 卷23 「蘇綽傳」, 391~392면, "皇帝若曰 : '咨我元輔 · 羣公 · 列將 · 百辟 · 卿士 · 庶尹 · 御事, 朕惟寅敷祖宗之靈命, 稽于先王之典訓, 以大誥于爾在位. 昔我太祖神皇, 肇膺明命, 以創我皇基. 烈祖景宗, 廓開四表, 底定武功. 暨乎文祖, 誕敷文德, 龔惟武考, 不賈其舊. 自時厥後, 陵夷之弊, 用興大難于彼東丘, 則我黎人, 咸墜塗炭. 惟台一人, 纘戎下武, 夙夜祗畏, 若涉大川, 罔識攸濟. 是用稽於帝典, 揆於王廷, 我民瘼. 惟彼哲王, 示我彝訓, 曰天生蒸民, 罔克自乂, 上帝降鑒叡聖, 植元后以乂之. 惟時元后弗克獨乂, 博求明德, 命百辟羣吏以佐之. 肆天之命辟, 辟之命官, 惟以卹民, 弗惟逸念. 辟惟元首, 庶黎惟趾, 股肱惟弼. 上下一體, 各勤攸司, 茲用克臻於皇極. 故其彝訓曰 : '后克艱厥后, 臣克艱厥臣, 政迺乂.' 今台一人, 膺天之嘏, 旣陟元后. 股肱百辟又服我國家之命, 罔不咸守厥職. 嗟夫, 后弗艱厥后, 臣弗艱厥臣, 於政何弗斁, 嗚呼艱哉! 凡爾在位, 其敬聽命'"; 『北史』 卷63 「蘇綽傳」, 2239~2240면, "股肱百辟, 乂服我國家之命, 罔不咸守厥職. 嗟! 后弗艱厥后, 臣弗艱厥臣, 政於何弗斁? 呼艱哉! 凡爾在位, 其敬聽命."

하여 재물을 탐하고 적을 가벼이 보지 말 것이며 백성들에게 포악하게 굴며 위협을 가하지 말 것이로다. 명령을 따르면 상이 있을 것이나 명령을 따르지 않으면 죽음이 있을 것이다. 너희 군사들은 힘쓸지어다"라고 말했다. 폐제(廢帝)를 폐출하고 공제를 옹립할 때에는 또한 노변(盧辯)에게 고(誥)를 짓게 하여 여러 신하들에게 밝히길 "오호! 우리 여러 제후 및 너희 군사들아, 문황제(文皇帝)께서 강보에 쌓인 후계자를 나에게 맡기셨으니 내 그를 가르쳐 이루어짐이 있기를 바랐노라. 그러나 내 그의 마음을 바꾸지 못하고 폐출하기에 이르러 우리 문황제의 뜻을 잃게 되었노라. 아아, 이에 나를 탓하노니, 그 무엇을 피하겠는가. 내 실로 그것을 아노니, 하물며 너희 여러 사람들의 마음임에랴. 내 얼굴이 어찌 지금 두껍기만 하겠는가만은, 장차 후세 나로써 구실을 삼을까 두려워하노라"라고 말했다[276]【趙注 : 모두 본기에 실려 있다】.

우문태가 죽은 뒤에 (서)위 공제가 (북)주(北周) 효민제(孝閔帝)[277]에게 선양하면서 조서를 내려 "내가 듣건대 하늘의 명은 보통 사람에게 있지 않고 오직 덕이 있는 사람에게 돌아간다고 한다. 그러므로 요(堯)는 순(舜)에게 물려주고 순은 우(禹)에게 물려주었으니, 당시의 마땅함이었다. 하늘이 우리 위나라를 싫어하여 변고를 내려 알렸으니, 내가 알지 못하는 것이 아니다. 내 비록 밝지 못하여 감히 하늘의 명을 받들 수 없으니, 덕이 있는 이에게 가서 바로잡고자 한다. 내가 지금 당우(唐虞 : 堯舜)의 옛 법도를 따라 주나라에 선양을 하며, 이로써 너희들에게 널리 알리노라"[278]라

---

276)『周書』卷2「文帝紀下」, 35면, "太祖乃令太常盧辯作誥諭公卿曰 : '嗚呼! 我羣后暨衆士, 維文皇帝以襁褓之嗣託於予, 訓之誨之, 庶厥有成. 而予罔能革變厥心, 庸暨乎廢, 墜我文皇帝之志. 嗚呼! 茲咎予其焉避. 予實知之, 矧爾衆人之心哉. 惟予之顔, 豈惟今厚, 將恐來世以予爲口實'."

277) 孝閔帝(542~557) : 이름은 宇文覺, 字는 陁羅尼이며, 宇文泰의 셋째 아들이다. 西魏 恭帝 3년(556) 安定公 世子가 되었다. 같은 해 宇文泰가 죽자 太師 大冢宰를 세습하였으며, 다음해 정월 天王位에 올라 國號를 周라 하고 天王 元年이라 칭했다. 中山公 大司馬 宇文護의 전횡을 꺼려하여 대신 李植, 孫恒 등과 모의하여 주살하려 하였으나 일이 누설되어 피살되었다. 諡號가 孝閔帝이다.

고 말했다. 또한 대종백(大宗伯)[279] 조귀(趙貴)에게 조책을 받들게 하며 "아, 그대 주공(周公)이여, 제왕의 자리는 무상하여 덕이 있는 사람이 명을 받는 것이니, 이것이 곧 하늘의 도이다. 나는 이를 본받아 멀리 당우가 남긴 자취를 구하노라. 우리 위나라의 덕이 끝난 것이 오래 되었다 말하는데, 우리 크고 작은 봉후들은 그것을 알지 못함이 없으니, 이제 하늘의 도에 대적하며 덕이 있는 이에게 돌리지 않을 수 있겠는가. 이리하여 도모할 바를 물었더니, 모두가 함께 '공은 문공(文公)의 자취를 밝게 살펴 공훈과 덕을 천지에 비겨 바로잡고, 백성들을 크게 구제하셨습니다'라고 말했다. 공이 몸소 행하게 되자 또한 해와 달의 빛이 펼쳐졌다. 그러므로 오묘한 모습은 위에서 나타났고, 노래하고 칭송하는 사람들은 아래에서 분주했으니, 하늘이 정한 운명이 실로 거기에 있는 것이다. 내 어찌 감히 이와 같이 하지 않겠는가. 이러한 까닭에 성인의 법도를 편안히 공경하여 공에게 제위를 양보하노라. 공은 이 하늘의 명을 누릴 것이고 모든 나라를 지켜 가질 것이니, 삼가지 않을 수 있겠는가"라고 말했다[趙注 : 본기].[280]

이때 우문태는 이미 죽었지만 조서나 깨우쳐 알리는 글은 이와 같았으니, 대개 조정에서 위에 있는 사람들이 『상서』를 써서 알리는 글을 짓는 것이 오래 되어 이미 익숙해지고 예사가 되었기 때문이다.

육조(六朝) 때에는 변려체가 성행했지만, 소작 등은 유독 예전 것을 회

---

278) 【王注】 이는 『北史』 卷9 「周本紀上」 「孝閔帝紀」의 문장이고, 『周書』 卷3 「孝閔帝紀」에는 '爾'를 '遐邇(먼 곳과 가까운 곳)'라고 했으니 응당 補正해야 한다.

279) 大宗伯 : 周代의 벼슬 이름. 祭祀와 典禮를 맡았다.

280) 『周書』 卷3 「孝閔帝紀」, 45~46면, "十二月丁亥, 魏帝詔以岐陽之地封帝爲周公. 庚子, 禪位於帝. 詔曰 : '予聞皇天之命不於常, 惟歸於德. 故堯授舜, 舜授禹, 時其宜也. 天厭我魏邦, 垂變以告, 惟爾罔弗知. 予雖不明, 敢弗龔天命, 格有德哉. 今踵唐虞舊典, 禪位於周, 庸布告遐邇焉.' 使大宗伯趙貴持節奉冊書曰 : '咨爾周公, 帝王之位弗有常, 有德者受命, 時乃天道. 予式時庸, 荒求於唐虞之彝踵. 曰我魏德之終舊矣, 我邦小大罔弗知, 今其可久怫於天道而不歸有德歟. 時用詢謀. 僉曰公昭考文公, 格勳德於天地, 丕濟生民. 洎公躬, 又宣重光. 故玄象徵見於上, 謳訟奔走於下, 天之歷數, 用實在焉. 予安敢弗若. 是以欽祗聖典, 遜位於公. 公其享茲大命, 保有萬國, 可不愼歟'."

복할 수 있었으니, 한 때의 기풍을 바꾼 것이라 말할 수 있다. 그러나 시대의 기운이 모이는 바가 향하는 바는 쌓여서 돌이키기 어려웠으니, 선제(宣帝)가 즉위하게 되자 낙양(洛陽)을 수리하라는 조서, 태자에게 제위를 물리는 조서는 이미 당시의 문체를 사용하게 되었다. 수(隋)나라 문제(文帝) 때에 이르면 (북)주에서 불과 일이십 년이 지났지만, 이악(李諤)은 문체가 비루하고 경박함을 상주하여 "한 글자의 뛰어남을 다투고 한 글자의 기교를 겨루면서, 여러 편이 이어져 문장이 쌓여도 달이나 이슬의 형용에서 벗어나지 못하고, 책상에 쌓이고 상자에 가득 차도 모두 바람과 구름의 형상일 뿐인데, 세속에서는 이러한 것을 서로 높이고 조정에서는 이에 따라 선비를 발탁합니다. 희황(羲皇), 순, 우의 가르침이나 이(윤)(伊尹),[281] 부(열)(傅說),[282] 주(공)(周公), 공(자)(孔子)의 말에 관해서도 다시 관심을 두지 않으니, 무엇이 일찍이 귀에 들어오겠습니까"라고 말했다.[283] 그러니 (북)주 때에는 비록 잠시 옛 문체를 사용했으나, 글을 짓는 세상 사람들은 여전히 변려체를 사용했던 것으로, 한 때의 풍습이 열린 이후 총명함이 날로 계발되니 새로운 것을 다투고 교묘한 것을 겨루어 결국 세상이 돌아가는 운세를 이루었으니, 진실로 공령(功令)[284]으로 금지할 수 있는 바가 아니었던 것이다.

---

281) 伊尹 : 殷의 名相.

282) 傅說 : 殷 高宗 때의 賢相. 고종이 어느 날 꿈을 깨고 꿈에 본 人相을 그리게 하여 이를 찾았던 바 마침내 傅巖의 들에서 부열을 찾았다 함.

283) 『隋書』 卷66 「李諤傳」, 1544면, " 江左齊、梁, 其弊彌甚, 貴賤賢愚, 唯務吟詠. 遂復遺理存異, 尋虛逐微, 競一韻之奇, 爭一字之巧. 連篇累牘, 不出月露之形, 積案盈箱, 唯是風雲之狀. 世俗以此相高, 朝廷據茲擢士. 祿利之路旣開, 愛尙之情愈篤. 於是閭里童昏, 貴遊總丱, 未窺六甲, 先製五言. 至如羲皇、舜、禹之典, 伊、傅、周、孔之說, 不復關心, 何嘗入耳."

284) 功令 : 배움에 관한 규정, 學令.

214. 서위 말엽에서 북주 초기까지는 연호가 없었다 魏末周初無號

한(漢) 무제(武帝)가 연호를 만들어 둔 뒤로부터 일을 기록하기에 편리했으니, 참으로 영원히 바꿀 수 없는 좋은 제도였지만, 그러나 후세에는 연호를 사용하지 않는 경우가 있었다. 『주서(周書)』「최선유전(崔宣猷傳)」을 보면, 명제(明帝)가 즉위하여 『주례(周禮)』에 따라 천왕(天王)이라 칭하고 연호를 세우지 않았는데, (최)선유가 계속 연호를 사용해 사실을 기록할 것을 청하니 곧 그 말을 따랐다고 한다.[285] 이는 (북)주(北周) 명제 즉위 초에 연호가 없었다는 것이지만, 이때 시작된 것은 아니었다. 살펴보면 서위(西魏)의 폐제(廢帝)와 공제(恭帝)는 모두 연호가 없었는데, 그때 우문태(宇文泰)가 나라를 맡아 오로지 주나라 제도를 사용하였으므로 연호를 설정하지 않았고, 다만 원년, 2년으로 칭했으며, (북)주 효민제(孝閔帝)가 선양을 받고서도 역시 그것을 따라 바로 명제 3년(559)까지 이어졌는데, (최)선유의 상주로 인해 이에 다시 연호를 사용하였을 뿐이다.

215. 『수서』의 지 隋書志

『수서(隋書)』는 본래 지(志)가 없었는데, 지금의 지는 곧 양(梁), 진(陳), (북)제(北齊), (북)주(北周), 수(隋)의 일을 모아 기록한 것으로, 예전에는 『오대사지(五代史志)』라고 이름하여 따로 단독으로 유통되다가[286] 그 뒤에 『수서』에 부가되어 들어갔으니, 생각건대 '「수지(隋志)」'라고 부를 수는 없는 것이다.

---

285) 『周書』 卷35 「崔猷傳」, 616~617면, "世宗卽位, 徵拜御正中大夫. 時依周禮稱天王, 又不建年號, 猷以爲世有澆淳, 運有治亂, 故帝王以之沿革, 聖哲因時制宜. 今天子稱王, 不足以威天下, 請遵秦漢稱皇帝, 建年號. 朝議從之." 崔猷의 字가 宣猷이다.

286) 『舊唐書』 卷4 「高宗紀」, 75면, "(永徽 7年)五月己卯, 太尉長孫無忌進史官所撰梁陳周齊隋五代史志三十卷."

개황(開皇)과 인수(仁壽)[287] 때 이후로 왕소(王劭)가 『수서』 80권을 만들어[288] 비슷한 내용끼리 서로 모았지만 편년이나 기전은 오히려 빠져 있었다. 당(唐) 무덕(武德) 5년(622)에 영호덕분(令狐德棻)이 오대사(五代史)[趙注 : 양, 진, (북)제, (북)주, 수]를 편찬할 것을 상주하자, 봉덕이(封德彝), 안사고(顔師古)에게 조서를 내려 『수서』를 편찬하게 했으나,[289] 여러 해를 지나도록 이루지 못하자 그만두었다. 정관(貞觀) 3년(629)에 다시 위징(魏徵)에게 조서를 내려 편찬하게 하고 방현령(房玄齡)에게 감수하도록 했는데, (위)징은 또한 상주하여 안사고, 공영달(孔穎達), 허경종(許敬宗)이 함께 편찬하도록 했으니, 서론(序論)은 모두 (위)징이 지은 것이고 모두 제기 5권, 열전 50권으로 (정관) 10년(636) 정월에 만들어 올렸으니[290] 이것이 『수서』이다. (정관) 15년(641)에 또한 우지녕(于志寧), 이순풍(李淳風), 위안인(韋安仁), 이연수(李延壽)에게 조서를 내려 함께 『오대사지』를 편찬하게 하니 모두 10지 30권을 완성했고, 현경(顯慶) 원년(656)에 장손무기(長孫無忌) 등이 그것을 올리니, 이것이 『오대사지』이다.[291] 이러한 내용은 유반(劉攽)이 교간할 때 기록한 것[292]에 보인다.

---

287) 隋 文帝의 年號. 開皇 年間은 581~600년이고, 仁壽 年間은 601~604년이다.

288) 『隋書』 卷69 「王劭傳」, 1609면, "劭在著作, 將二十年, 專典國史, 撰隋書八十卷"; 『舊唐書』 卷46 「經籍志」, 1994면, "隋書八十卷(王劭撰)"

289) 『舊唐書』 卷73 「令狐德棻傳」, 2598면, "永徽元年, 又受詔撰定律令, 復爲禮部侍郎, 兼弘文館學士, 監修國史及五代史志."

290) 『舊唐書』 卷3 「太宗紀」, 45~46면, "(貞觀 10年)春正月壬子, 尙書左僕射房玄齡侍中魏徵上梁陳齊周隋五代史, 詔藏于秘閣."

291) 『舊唐書』 卷73 「李延壽傳」, 2600면, "嘗受詔與著作佐郎敬播同修五代史志, 又預撰晉書, 尋轉御史臺主簿, 兼直國史."

292) 『隋書』 「宋天聖二年隋書刊本原跋」, 1903면, "隋書自開皇、仁壽時, 王劭爲書八十卷, 以類相從, 定爲篇目. 至於編年紀傳, 並闕其體. 唐武德五年, 起居舍人令狐德棻奏請修五代史(五代謂梁、陳、齊、周、隋也.) 二月, 詔中書令封德彝、舍人顔師古修隋史, 緜歷數載, 不就而罷. 貞觀三年, 續詔秘書監魏徵修隋史, 左僕射房喬總監. 徵又奏於中書省置秘書內省, 令前中書侍郎顔師古、給事中孔穎達、著作郎許敬宗撰隋史. 徵總知其務, 多所損益, 務存簡正. 序、論皆徵所作. 凡成帝紀五, 列傳五十. 十年正月壬子, 徵等詣闕上之. 十五年, 又詔左僕射于志寧、太史令李淳風、著作郎韋安仁、符璽郎李延壽同修五代史志. 凡勒成十志三十卷. 顯慶元年五月己卯, 太尉長孫無忌等詣朝堂上進, 詔藏秘閣. 後又編第入隋 書, 其實別行, 亦呼爲五代史志."

216. 한 황제에 여러 황후一帝數后

한 황제에게는 한 황후가 있는 것이 예이다. (그러나) 어지러운 조정에 이르면 곧 법과 기강이 어지러이 없어져서, 동시에 여러 황후를 세우는 경우가 있었다. 손호(孫皓)의 부인 등(滕)씨는 총애를 받지 못해 장추궁(長秋宮)[293] 관료들이 정원을 갖추었을 뿐이었지만, 궁 안의 다른 여러 첩들 가운데 황후의 도장과 인끈을 차고 있는 자가 매우 많았다[趙注 : 『삼국지(三國志)』].[294] 유총(劉聰)은 멋대로 제위에 올라 그 아내 호연(呼延)씨를 책립해 황후로 삼았다. 황후가 죽자, 유은(劉殷)의 딸을 들여 황후로 삼았다. (다시) 황후가 죽자, 또 근준(靳準)의 딸을 황후로 삼았는데, 얼마 안 가 상황후(上皇后)로 올렸으며 귀비(貴妃) 유(劉)씨를 책립해 좌황후(左皇后)로 삼고 귀빈(貴嬪) 유(劉)씨를 우황후(右皇后)로 삼고[295] 또한 번(樊)씨를 세워 상황후(上皇后)로 삼았으며, 네 명의 황후 외에도 황후의 도장과 인끈을 찬 이가 또 일곱 명이었다.[296] 나중에 또한 환관 왕침(王沈)의 양녀를 좌황후(左皇后)로 삼고, 선회(宣懷)의 양녀를 중황후(中皇后)로 삼았다[趙注 : 『진서(晉書)』 재기(載記)].[297] 북주[後周] 선제(宣帝)는 처음 즉위하여 비(妃) 양(楊)씨를 황후로 삼았다. 그 뒤 스스로 천원황제(天元皇帝)라 칭하며 또한 비 주(朱)씨를 책립해 천원제후(天元帝后)로 삼고, 비 원(元)씨를 천우황후(天右皇后)로 삼았으며, 진(陳)씨를 천좌황후(天左皇后)로 삼

293) 長秋宮 : 後漢의 궁전 이름. 皇后가 거처한 데서 황후라는 뜻으로도 쓰인다. 長秋는 황후궁의 일을 맡아보는 벼슬.

294) 『三國志』 「吳書」 卷50 「滕夫人傳」, 1202면, "而夫人寵漸衰, 皓滋不悅, 皓母何恒左右之. …… 牧見遣居蒼梧郡, 雖爵位不奪, 其實裔也, 遂道路憂死. 長秋官僚, 備員而已, 受朝賀表疏如故."

295) 『晉書』 卷102 「劉聰載記」, 2668면, "時聰以其皇后靳氏爲上皇后, 立貴妃劉氏爲左皇后, 右貴嬪靳氏爲右皇后. 左司隸陳元達以三后之立也."

296) 『晉書』 卷102 「劉聰載記」, 2673면, "聰立上皇后樊氏, 卽張氏之侍婢也. 時四后之外, 佩皇后璽綬者七人, 朝廷內外無復綱紀, 阿諛日進, 貨賄公行, 軍旅在外, 饑疫相仍, 後宮賞賜動至千萬."

297) 『晉書』 卷102 「劉聰載記」, 2676~2677면, "中常侍王沈養女年十四, 有妙色, 聰立爲左皇后. …… 聰又立其中常侍宣懷養女爲中皇后."

았다. 이어 양씨를 올려 천원대황후(天元大皇后)로 하고 주씨를 천대황후(天大皇后)로, 원씨를 천우대황후(天右大皇后)로 삼았으며, 진씨를 천좌대황후(天左大皇后)로 삼았다가,[298] 진씨는 또 고쳐 천중대황후(天中大皇后)로 삼고, 비인 위지(尉遲)씨를 천좌대황후(天左大皇后)로 삼았다[趙注 : 『후주서(後周書)』 본기].[299]

217. 수나라 문제의 우문씨 자손 학살隋文帝殺宇文氏子孫

예로부터 수(隋) 문제(文帝)처럼 천하를 쉽게 얻은 예가 없었으니, 장인이라는 친분으로 (북)주(北周) 선제(宣帝)가 일찍 죽게 되자, 정역(鄭譯) 등과 결탁하여 조서를 고쳐서 정사를 보좌하는 자리에 들었고,[300] 마침내 편안히 앉아서 제위를 빼앗았다. 그때 비록 울지형(尉遲逈),[301] 우문주(宇文胄), 석손(石愻), 석비(席毗), 왕겸(王謙),[302] 사마소난(司馬消難)[303] 등이 군사를

298) 『周書』 卷9 「宣帝楊皇后傳」, 145면, "帝在東宮, 高祖爲帝納后爲皇太子妃. 宣政元年閏六月, 立爲皇后. 帝後自稱天元皇帝, 號后爲天元皇后. 尋又立天皇后及左右皇后, 與后爲四皇后焉. …… 尋又立天中大皇后, 與后爲五皇后."

299) 『周書』 卷7 「宣帝紀」, 123면, "甲辰, 初置天中大皇后, 立天左大皇后陳氏爲天中大皇后, 立妃尉遲氏爲天左大皇后."

300) 『隋書』 卷38 「鄭譯傳」, 1136~1137면, "行有日矣, 帝不悆, 遂與御正下大夫劉昉謀, 引高祖入受顧託. 旣而譯宣詔, 文武百官皆受高祖節度. 時御正中大夫顏之儀與宦者謀, 引大將軍宇文仲輔政. 仲已至御坐, 譯知之, 遽率開府楊惠及劉昉·皇甫績·柳裘俱入. 仲與之儀見譯等, 愕然, 逡巡欲出, 高祖因執之. 於是矯詔復以譯爲內史上大夫. 明日, 高祖爲丞相, 拜譯柱國·相府長史·治內史上大夫事. 及高祖爲大冢宰, 總百揆, 以譯兼領天官都府司會, 總六府事."

301) 尉遲逈(?~580) : 北朝時代 代郡 사람으로 字는 薄居羅이다. 西魏初 大丞相帳內都督이 되었으며, 文帝의 딸 金明公主와 결혼하였다. 宇文泰를 따라 東魏를 공격하여 弘農을 수복하고 沙苑에서 승리하여 전공이 높았으며 尙書左僕射 大將軍을 역임하였다. 廢帝 元年(552) 梁의 武陵王 蕭紀가 蜀을 근거로 稱帝하자 다음해 군대를 이끌고 蜀을 취하였다. 이 공으로 大都督 益潼等十八州諸軍事 益州刺史가 되었다. 北周初 柱國大將軍 蜀公에 제수되었으며, 후에 相州總管이 되었다. 大象 2년(580) 隋國公 楊堅의 찬탈에 대항하기 위해 군대를 일으켜 大總管을 자칭하며 수십만을 결집하였으나 鄴城에서 韋孝寬·高熲과 싸워 패하여 자살하였다.

일으켜 상황을 바로잡아 회복하려 했지만, 수문(제)는 오히려 (북)주(北周)의 국력을 빌려서 반년이 지나지 않아 그들을 죽여 없앴다. 이에 대권이 (문제의) 손안에 있게 되자 우문(宇文)씨 자손들은 차례로 주살되어 거의 남은 자손이 없게 되었다.

이제 『주서(周書)』에서 그것을 고찰해 보면, (북)주 문제(文帝)의 아들 가운데 송공(宋公) (우문)진(宇文震), 초왕(譙王) (우문)검(宇文儉), 기공(冀公) (우문)통(宇文通)이 앞서 죽고, 위왕(衛王) (우문)직(宇文直)이 앞서 죄로 주살된 것 이외에도, 조왕(趙王) (우문)초(宇文招), 진왕(陳王) (우문)순(宇文純), 월왕(越王) (우문)성(宇文盛), 대왕(代王) (우문)달(宇文達), 등왕(藤王) (우문)유(宇文逌)가 모두 살해되었다. 아울러 (우문)초의 아들인 (우문)원(宇文員), (우문)관(宇文貫), (우문)건선(宇文乾銑), (우문)건령(宇文乾鈴), (우문)건갱(宇文乾鏗) 등과 (우문)순의 아들인 (우문)겸(宇文謙), (우문)양(宇文讓), (우문)의(宇文議) 등과 (우문)성의 아들인 (우문)침(宇文忱), (우문)종(宇文悰), (우문)회(宇文恢), (우문)치(宇文憒), (우문)흔(宇文忻) 등과 (우문)달의 아들인 (우문)집(宇文執), (우문)전(宇文轉) 등과 (우문)유의 아들인 (우문)우(宇文祐), (우문)유(宇文裕), (우문)예(宇文禮), (우문)희(宇文禧) 등을 죽였고, (우문)진의 아들인 (우문)실(宇文實)과 (우문)검의 아들인 (우문)건운(宇文乾惲), (우문)통의 아들인 (우문)현(宇文絢) 역시 모두 살해되었으니, 이에 (북)주 문제의 자손은 다 없어

---

302) 王謙(?~580) : 北周 太原郡 사람으로 字는 勑萬이다. 아버지의 功으로 驃騎大將軍으로 승진하고 庸國公을 襲爵하였다. 建德 5년(576) 武帝를 따라 北齊를 공격하여 전공을 세워 上柱國이 되었고, 다음 해 益州總管에 제수되었다. 大象 2년(580) 丞相 楊堅의 전횡에 불만을 품고 北周의 광복을 도모하여 益州·潼州 등 10州를 이끌고 반란을 일으켰으나 行軍元帥 梁睿에게 패하여 살해되었다.

303) 司馬消難(?~589) : 北朝時代 河內郡 溫縣 사람으로 字는 道隆이다. 北齊에 벼슬하여 著作郎·豫州刺史를 역임하였다. 北齊 天保 9년(558) 北周에 항복하여 大將軍 滎陽公, 大司寇를 역임하였다. 大象 元年(579) 大後丞을 역임하였다. 딸이 靜帝의 皇后가 되었고 鄖州總管이 되었다. 다음 해 楊堅이 輔政하자 相州總管 尉遲迥이 거병할 때 鄖州·隨州 등 9州 8鎭의 호응으로 이에 응하였다. 전쟁에 패한 후 陳에 투항하여 司空, 隨公에 봉해졌다. 開皇 9년(589) 陳이 평정된 후 長安에 이르러 죽음을 면했으나 곧 죽었다.

진 것이었다.

절민제(節閔帝)의 하나뿐인 아들 (우문)강(宇文康)은 먼저 죽었는데 그 아들 (우문)식(宇文湜) 역시 살해되었으니, 이에 절민제의 자손이 모두 없어져 버렸다.

명제(明帝)의 아들인 필왕(畢王) (우문)현(宇文賢), 풍왕(酆王) (우문)정(宇文貞)은 모두 살해되었고, 아울러 (우문)현의 아들인 (우문)홍의(宇文弘義), (우문)공도(宇文恭道), (우문)수양(宇文樹孃) 등과 (우문)정의 아들인 (우문)덕문(宇文德文) 등이 살해되었으니, 이에 명제의 자손이 모두 없어져 버렸다.

무제(武帝)의 아들인 한왕(漢王) (우문)찬(宇文贊), 진왕(秦王) (우문)지(宇文贄), 조왕(曹王) (우문)윤(宇文允), 도왕(道王) (우문)충(宇文充), 채왕(蔡王) (우문)태(宇文兌), 형왕(荊王) (우문)원(宇文元)이 모두 살해되었고, 아울러서 (우문)찬의 아들인 (우문)도덕(宇文道德), (우문)도지(宇文道智), (우문)도의(宇文道義) 등과 (우문)지의 아들인 충성공(忠誠公) (우문)정지(宇文靖智), (우문)정인(宇文靖仁) 등이 살해되었으며, 나머지는 본래 자식이 없었으므로 이에 무제의 자손이 모두 없어졌다.

선제의 아들인 정제(靜帝)는 이미 수 문제에게 해를 당했고, 나머지 아들인 업왕(鄴王) (우문)연(宇文衍), 영왕(郢王) (우문)술(宇文術)이 모두 어려서 살해되니, 이에 선제의 자손이 모두 없어졌다.

그 종실 가운데 우문주는 군사를 일으켜 울지형에게 호응했다가 살해되었고, 또 우문흡(宇文洽), 우문춘(宇文椿) 및 아들 (우문)도종(道宗), (우문)본인(宇文本仁), (우문)린무(宇文鄰武), (우문)자례(宇文子禮), (우문)헌(宇文獻) 등과 우문중(宇文衆) 및 아들 (우문)중화(宇文仲和), (우문)숙륜(宇文孰倫) 등이 모두 살해되었다. 오직 우문락(宇文洛)은 촌수가 먼 일가인 데에다 어린 나이였기 때문에 개국공(介國公)에 봉해져 수나라의 빈객이 될 수 있었지만,[304] 얼마 되지 않아서 또한 죽었다. 이에 우문(宇文)씨 종족 가운데

304) 『周書』 卷10 「虞國公仲傳」, 161면, "洛字永洛. 九歲, 命爲虞國公世子. 天和四年, 詔襲興爵. 建德初, 拜使持節、車騎大將軍、儀同三司. 及靜帝崩, 隋文帝以洛爲介國

역시 남아 있는 자가 없었다.

남의 나라를 훔치고 그 자손을 죽여 남김이 없기에 이르렀으니, 이는 그 잔인하고 참담한 해악이니 어찌 다시 조금이라도 사람의 마음이 있었겠는가. 그 뒤 수 문제의 다섯 아들을 보면, 맏아들 태자 (양)용(楊勇)은 폐위된 뒤에 사사되었다.[305] 다음 양제(煬帝)는 우문화급(宇文化及)에게 시해되었다. 다음 진왕(秦王) (양)준(楊俊)은 먼저 죽었다. 다음 월왕(越王) (양)수(楊秀)는 직위를 박탈당해 강도(江都)의 난리 때 죽었다. 다음 한왕(漢王) (양)양(楊諒)은 모반으로 주살되었다.[306] 계산해 보면 다섯 아들 가운데 진왕 (양)준을 제외하고는 제대로 죽을 수 있었던 경우가 한 사람도 없었다. 그리고 (양)용의 아들 10명 중에 (양)엄(楊儼)은 독주를 마셔 죽고, (양)유(楊裕), (양)균(楊筠), (양)억(楊嶷), (양)각(楊恪), (양)해(楊該), (양)소(楊韶), (양)경(楊煚), (양)효실(楊孝實), (양)효절(楊孝範)은 모두 영외(嶺外)로 쫓겨나 매맞아 죽었다.[307] (양)준의 아들인 (양)호(楊浩), (양)담(楊湛) 및 (양)수, (양)양의 아들은 모두 (우문)화급에게 해를 당했다.[308]

양제의 세 아들을 보면, 맏아들 태자 (양)소(楊昭)는 먼저 죽었다. 다음 제왕(齊王) (양)간(楊暕), 다음 조왕(趙王) (양)고(楊杲)는 모두 강도의 난리에서 죽었으며[309] 아들이 없었다. 그리고 (양)소의 아들인 대왕(代王) (양)유

公, 爲隋室賓云."

305)『隋書』卷45「房陵王勇傳」, 1238면, "高祖寢疾於仁壽宮, 徵皇太子入侍醫藥, 而姦亂宮闈, 事聞於高祖. 高祖抵曰 : '枉廢我兒!' 因遣追勇. 未及發使, 高祖暴崩, 秘不發喪. 遽收柳述, 元巖, 繫於大理獄, 僞爲高祖勅書, 賜庶人死."

306)『隋書』卷3「煬帝紀」, 60면, "四年七月, 高祖崩, 上卽皇帝位於仁壽宮. 八月, 奉梓宮還京師. 幷州總管漢王諒擧兵反, 詔尙書左僕射楊素討平之."

307)『隋書』卷45「房陵王勇子儼傳」, 1239면, "長寧王儼, 勇長子也. …… 煬帝踐極, 儼常從行, 卒於道, 實鴆之也. 諸弟分徙嶺外, 仍爲在所皆殺焉."

308)『隋書』卷45「秦孝王俊子浩傳」, 1241면, "煬帝卽位, 立浩爲秦王, 以奉孝王嗣. 封湛爲濟北侯. …… 宇文化及殺逆之始, 立浩爲帝. 化及敗於黎陽, 北走魏縣, 自僭僞號, 因而害之. 湛驍果, 有膽烈. 大業初, 爲滎陽太守, 坐浩免, 亦爲化及所害."

309)『隋書』卷5「恭帝紀」, 101면, "(義寧 2年)三月丙辰, 右屯衛將軍宇文化及殺太上皇於江都宮, 右禦衛將軍獨孤盛死之. 齊王暕, 趙王杲, 燕王倓, 光祿大夫・開府儀同三司・行右翊衛大將軍宇文協, 金紫光祿大夫・內史侍郎虞世基, 銀青光祿大夫・御史

(楊侑)[310]는 당(唐)에 의해 옹립되었으나[311] 얼마 되지 않아서 선양하고는 휴국공(酅國公)에 봉해졌다가 몇 달 지나지 않아 죽었다. 다음 연왕(燕王) (양)담(楊倓)도 역시 강도에서 해를 당했다. 다음 월왕 (양)동(楊侗)[312]은 동도(東都)에서 황제를 칭하다가 왕세충(王世充)에게 시해되었다.[313] 이에 양제의 자손 역시 남은 후손이 없어졌던 것이다. 오직 제왕 (양)간에게 하나의 유복자인 (양)민(楊愍)이 있어서 소태후(蕭太后)를 따라 돌궐(突厥)에 들어갔다가 나중에 당으로 돌아와 상의봉어(尚衣奉御) 벼슬을 지내게되니,[314] 양(楊)씨의 후손은 겨우 이 하나의 선으로 이어졌다. 그리고 양제의 죽음은 또 공교롭게도 성이 우문이라는 사람의 손을 빌려서 죽게된 것이었다[趙注 : 우문화급은 (북)주 황실과 같은 성이나 같은 일족은 아니다]. 이것이 어찌 하늘의 도가 갚아주기를 좋아한다는 것의 분명한 근거가 되는 바가 아니겠는가.

생각건대 수 문제가 진(陳)을 멸할 때는 오직 진 후주(後主)만이 곱게 죽을 수 있었던 것은 아니고, 모든 진(陳)씨 자손 가운데 악양왕(岳陽王) (진)숙신(陳叔愼)이 항거하여 피살되었던 것[315]을 제외하면 그 나머지는 하나

大夫裴蘊, 通議大夫・行給事郎許善心, 皆遇害."

310) 楊侑(605~619) : 隋 恭帝(617~618)로서, 煬帝의 손자이다. 大業 3년(607) 陳王에 봉해지고 후에 代王으로 改封되었다. 大業 13년(617) 李淵이 長安을 점령하고 그를 皇帝로 옹립하여 즉위하였으며 年號를 義寧이라 하였다. 다음해 李淵에게 讓位하고 酅國公에 봉해졌다. 諡號가 恭帝이다.

311) 『隋書』 卷4 「煬帝紀」, 93면, "(大業 13年)十一月丙辰, 唐公入京師. 辛酉, 遙尊帝爲太上皇, 立代王侑爲帝, 改元義寧."

312) 楊侗(?~619) : 字는 仁謹이며, 隋 煬帝의 손자이다. 大業 2년(606) 越王에 봉해졌다. 煬帝가 巡游할 때 늘 東都를 留守하였다. 楊玄感이 반란을 일으키자 兵部尙書 樊子蓋와 함께 방어하였다. 大業 13년(617) 煬帝가 江都로 가자 다시 洛陽을 留守하다가 다음해 煬帝가 살해되자 元文都・王世充의 옹립으로 즉위하여 연호를 皇泰로 바꾸었다. 唐 武德 2년(619) 王世充이 稱帝하자 含涼殿에 유폐되어 목졸려 죽었다. 王世充이 恭皇帝로 추증했으며, 사서에서는 皇泰主로 칭하기도 한다.

313) 『隋書』 卷23 「五行志下」, 657면, "洎于末年, 數聞其處鬼哭, 有呻吟之聲. 與前同占. 其後王世充害越王侗于洛陽."

314) 『舊唐書』에는 楊愍의 이름을 楊正道라 하였다; 『舊唐書』 卷105 「楊愼矜傳」, 3225면, "楊愼矜, 隋煬帝玄孫也. 曾祖隋齊王暕. 祖正道, 大業末, 隨宇文化及至河北, 爲竇建德所破, 因與其祖母蕭皇后入于建德軍, 建德送于突厥處羅可汗牙. 貞觀初, 李靖擊破頡利可汗, 胡酋康蘇密以蕭后及正道歸, 授尙衣奉御."

도 해를 입은 자가 하나도 없었고, 모두 농우(隴右) 및 하서(河西)의 여러 주에 살도록 안배해서 각각 땅과 할 일을 주어서 그곳에 거처하게 했다. 똑같이 나라를 멸망시켰지만, 우문씨에 대해서는 곧 그들을 모두 죽였고 진씨에 대해서는 곧 모두 그들을 보전했다. 무릇 수가 (북)주를 찬탈하매 본래 올바른 방법으로 하지 않았기 때문에 우문씨와 같이 설 수 없는 형세를 가졌고, 게다가 울지형(尉遲迥) 등 군사를 일으켜서 바로잡아 회복시키려는 자가 있는 것을 두려워하였으니, 그 뿌리의 싹을 모두 끊지 않을 수 없었던 것이다. 진나라를 취함에 이르러서는 곧 수의 기틀이 이미 굳건했고 진의 자손은 또한 모두 약해서 염려할 만하지 않았기 때문에, 다시 혹독한 일을 휘두르지 않았던 것이다. 양제가 (진) 후주의 여섯째 딸을 귀인(貴人)으로 삼아 가장 총애하게 되자, 이어 진씨 자손을 불러서 모두 서울로 돌아오게 하여 재주에 따라서 벼슬을 주고 등용하니, 이로 말미암아 모두 지방관이 되어 천하에 두루 퍼졌다.[316] 이것은 곧 진씨가 나라를 세운 초기에 본래 살육이 심하지 않았기 때문에 자손도 또한 주살되는 것이 적었던 것이니, 역시 하늘의 도가 어그러지지 않은 것이고, 또한 커다란 액운이 장차 끝나려 하여 살기(殺氣)가 점차 없어진 것이기도 하다.

---

315) 『陳書』 卷28 「岳陽王叔愼傳」, 371~372면, "仍遣人詐奉降書於龐暉, 暉信之, 克期而入, 叔愼伏甲待之. 暉令數百人屯于城門, 自將左右數十人入于廳事, 俄而伏兵發, 縛暉以徇, 盡擒其黨, 皆斬之. …… 未至, 隋遣中牟公薛冑爲湘州刺史, 聞龐暉死, 乃益請兵, 隋又遣行軍總管劉仁恩救之. 未至, 薛冑兵次鵝羊山, 叔愼遣正理及樊通等拒之, 因大合戰, 自旦至于日昃, 隋軍迭息迭戰, 而正理兵少不敵, 於是大敗. 冑乘勝入城, 生擒叔愼. …… 仁恩虜叔愼、正理、居業及其黨與十餘人, 秦王斬之于漢口. 叔愼時年十八."

316) 『陳書』 卷28 「鄱陽王伯山傳」, 361면, "長子君範, 太建中拜鄱陽國世子, 尋爲貞威將軍、晉陵太守, 未襲爵而隋師至. …… 及六軍敗績, 相率出降, 因從後主入關. …… 大業二年, 隋煬帝以後主第六女女婤爲貴人, 絶愛幸, 因召陳氏子弟盡還京師, 隨才铨用, 由是咸爲守宰, 遍於天下."

218. 수나라 독고황후는 질투가 신하와 아들에까지 미쳤다 隋獨孤后妒及臣子

예로부터 궁궐의 질투는 수(隋) 독고후(獨孤后)[317]보다 더한 경우가 없었으니, 투기가 자기에게만 해당하는 것이 아니라 아울러 아들이나 신하 가운데 첩이 있는 경우 역시 그 부인을 대신하여 질투했다. 「(독고)후전(獨孤后傳)」에 이르기를 후궁이 황제를 모실 수 있는 기회가 드물었는데, 울지형(尉遲逈)의 딸이 적몰되어 입궁하자 문제(文帝)가 사사로이 그녀를 총애하니, (독고)후는 문제가 조정의 일을 듣는 것을 틈타 바로 몰래 그녀를 살해했다. 무릇 여러 왕 및 조정 신하들 가운데 첩이 임신을 하는 경우가 있으면, 반드시 문제에게 권해서 그를 내쳤다. 황태자 (양)용(楊勇)은 총애하는 여인이 많았는데, 그의 비(妃) 원(元)씨가 갑자기 죽자, (독고후는) 태자가 총애하는 첩인 운(雲)씨를 의심하여 그녀를 해쳤고, 이로 말미암아 문제에게 은근히 말해 태자를 폐위하도록 했다. 고경(高熲)[318]의 아내가 죽자 (독고)후는 그를 위해 후실을 들이고자 했으나 (고)경은 늙었다면서 사양

---

317) 獨孤后(544 혹은 553~602) : 隋 河南郡 洛陽縣 사람으로 이름은 伽羅이며, 北周 大司馬 獨孤信의 딸이다. 14세에 楊堅(隋文帝)과 결혼하였는데, 언니가 北周 明帝의 皇后이고, 큰딸이 北周 宣帝의 皇后였기 때문에 一門이 크게 홍성하였다. 隋 開皇 元年(581) 皇后가 되었다. 독서를 좋아하고 古今을 통달하여 文帝를 위해 조언한 적이 많았으며, 朝政에 간여하여 宮中에서는 二聖이라 칭했다. 開皇 19년(599) 文帝에게 참소하여 宰相 高熲을 실각시켰다. 다음에 楊素 등과 모의하여 太子 楊勇을 폐위하여 庶人으로 삼고 晉王 楊廣을 太子로 삼았다. 투기가 심하여 三妃를 두지 못하게 하였다. 諡號는 文獻이다.

318) 高熲(?~607) : 隋 勃海郡 蓨縣 사람으로 一名 敏, 字는 昭玄이다. 北周에서 벼슬하여 北齊를 평정한 공으로 開府가 되었다. 楊堅이 집권한 후 相府司錄이 되어 楊堅의 심복이 되었다. 韋孝寬의 군대를 감독하여 尉遲逈을 격파하였다. 柱國·相府司馬를 역임하였고, 隋初 尚書左僕射 兼僕射 渤海郡公에 제수되었다. 20여 년 동안 정치를 잘하여 朝野에서 감복하였고, 그가 추천한 蘇威·楊素·賀若弼·韓擒虎 등은 모두 一代의 名臣과 名將이었다. 刑律을 개정하고 戶籍정돈에 힘썼으며, 晉王 楊廣을 보좌하여 陳을 정복하는데 공을 세웠다. 이 공으로 上柱國 齊國公에 제수되었다. 太子 楊勇의 폐위에 이의를 제기하여 獨孤后의 미움을 사서 免官되고 除名되어 民이 되었다. 煬帝 즉위 후 太常卿으로 복직했으나 누차 간언하였으나 煬帝의 미움을 사서 賀若弼 등과 함께 朝政비방죄로 살해되었다.

했는데, 나중에 (고)경의 첩이 아이를 낳자 황후는 이것을 미워해 문제에게 고경을 헐뜯어 마침내 내쫓아 죽였다【趙注 : 『수서(隋書)』 「후비전(后妃傳)」】.[319]

「태자(양)용전(太子(楊)勇傳)」을 보면, (양)용은 총애하는 여인이 많았는데 소훈(昭訓) 운씨를 특히 사랑하여 예우가 본부인에게 필적했다. (양)용의 비 원씨는 총애를 받지 못하다가 일찍이 마음의 병을 얻어 이틀 만에 죽었는데, 독고후는 다른 이유가 있는 것으로 생각해 (양용을) 매우 책망했다. 나중에 진왕(晉王) (양)광(楊廣)의 참언을 듣자 독고후는 분개하여 "현지벌(睍地伐)【趙注 : (양)용의 어릴 때 이름】은 점점 참아줄 수가 없다. 내가 그를 위해 원씨의 딸을 얻어 들였지만 끝내 제대로 부부가 되었다는 말을 듣지 못했는데, 오로지 아운(阿雲)을 총애하니 이와 같이 어리석고 못난 놈이 있게 했구나[使有如許豚犬].[320] 신부는 본래 병이 없었는데 갑자기 죽었으니, 나는 또한 그 까닭을 끝내 이해할 수 없다. 매양 생각건대 동궁이 끝내 올바른 본부인 없이 지존의 자리에 올라 모두 만세를 부른 뒤에 너희들에게 아운을 향해 거듭 절하고 안부를 묻게 한다면, 이것은 얼마나 큰 고통이겠느냐"[321]라고 말했다. 이에 날마다 문제 앞에서 태자 (양)용의 단점을 죄로 유도해 마침내 그를 폐위했다.

또 「고경전(高熲傳)」을 보면, (고)경의 아내가 죽자 독고후가 문제에게

---

319) 『隋書』 卷38 「后妃」 「文獻獨孤皇后傳」, 1108~1109면, "然性尤妬忌, 後宮莫敢進御. 尉遲迥女孫有美色, 先在宮中. 上於仁壽宮見而悅之, 因此得幸. 后伺上聽朝, 陰殺之. 上由是大怒, 單騎從苑中而出, 不由徑路, 入山谷間二十餘里 …… 后見諸王及士有妾孕者, 必勸上斥之. 時皇太子多內寵, 妃元氏暴薨, 后意太子愛妾雲氏害之. 由是諷上黜高熲, 竟廢太子立晉王廣, 皆后之謀也."

320) '如許'는 '이와 같음'이고, '豚犬'은 돼지와 개인데, 어리석고 못난 자식을 가리킨다. 곧, 자기 자식의 謙稱이다.

321) 『隋書』 卷45 「房陵王勇傳」, 1231~1232면, "勇多內寵, 昭訓雲氏, 尤稱嬖幸, 禮匹於嫡. 勇妃元氏無寵, 嘗遇心疾, 二日而薨. 獻皇后意有他故, 甚責望勇. …… 皇后忿然曰 : '睍地伐漸不可耐, 我爲伊索得元家女, 望隆基業, 竟不聞作夫妻, 專寵阿雲, 使有如許豚犬. 前新婦本無病痛, 忽爾暴亡, 遣人投藥, 致此夭逝. 事已如是, 我亦不能窮治, 何因復於汝處發如此意? 我在尙爾, 我死後 當魚肉汝乎? 每思東宮竟無正嫡, 至尊千秋萬歲之後, 遣汝等兄弟向阿雲兒前再拜問訊, 此是幾許大苦痛邪!'"

"고복야(高僕射)가 늙었지만 부인을 잃었으니 마땅히 그를 위하여 아내를 들여야 합니다"라고 말했다. 문제가 이를 (고)경에게 말하니 (고)경이 사양하여 "신은 이제 이미 늙어 그저 서재에 기거하며 불경이나 외우니, 후실을 받아들이는 것은 실로 원하는 바가 아닙니다"라고 대답하여 문제가 이에 그만두었다. 나중에 (고)경의 첩이 아들을 낳자 문제는 그를 위해 매우 기뻐했다. (그러나) 독고후가 문제에게 "폐하는 여전히 (고)경을 믿으십니까? 폐하께선 그를 위해 부인을 맞아들이고자 하셨습니다. (고)경은 마음으로 첩을 사랑하여 폐하를 눈앞에서 속였습니다. 이제 그 속임이 이미 드러났는데 어찌 그를 믿으십니까"라고 했다.[322] 문제는 이로 말미암아 (고)경을 멀리하고 죽음을 내리기에 이르렀다. 자식이 첩을 후대하고 처를 박대하는 것을 어미가 싫어하였으니, 이것은 오히려 가정의 보통 실정이겠지만, 그러나 신하가 첩이 있는 경우는 또한 무엇이 황후와 관계가 있는 일인가. 그런데 또한 이로 인하여 그것을 유감으로 삼았으니 어찌 기이한 투기가 아니겠는가.

322)『隋書』卷41「高熲傳」, 1182면, "初, 夫人卒, 后言於上曰 : '高僕射老矣, 而喪夫人, 陛下何能不爲之娶!' 上以后言謂熲, 熲流涕謝曰 : '臣今已老, 退朝之後, 唯齋居讀佛經而已. 雖陛下垂哀之深, 至於納室, 非臣所願.' 上乃止. 至是, 熲愛妾産男, 上聞之極歡, 后甚不悅. 上問其故, 后曰 : '陛下當復信高熲邪? 始陛下欲爲熲娶, 穎心存愛妾, 面欺陛下. 今其詐已見, 陛下安得信之!'"